Histoire et problème de l'intégration économique des Noirs en Afrique du Sud

De la race à la classe

Du même auteur

Sow, Aliou, *Le courage d'agir. Une nouvelle vision de la politique au Sénégal*, Paris, L'Harmattan, 2014, 338p.

Aliou Sow

Histoire et problème de l'intégration économique des Noirs en Afrique du Sud

De la race à la classe

Préface du professeur Mamadou KANDJI

L'Harmattan

5-7, rue de l'École-Polytechnique ; 75005 Paris

http://www.librairieharmattan.com
diffusion.harmattan@wanadoo.fr
harmattan1@wanadoo.fr

ISBN : 978-2-343-05159-8
EAN : 9782343051598

À ma fille chérie Aïssata Arsiké Aïcha Balquis Sabah Sow dite Aïcha Balquis

À ma femme, Marie Lô

À Tacko et Birahim

À la mémoire de mon défunt père, Demba Djibel Kagou Diaffé Sow, à mon maître et mentor en politique, Maître Abdoulaye Wade, ancien président de la République du Sénégal et à papa Thierno Mamadou Amadou Ly et au Ministre d'État Cheikh Tidiane Sy

À ma mère Aïssatou et à mes beaux-parents, Tonton Ismaël et Tata Fa

Aux élèves, étudiants et enseignants africains

À mes amis du Cabinet de consultance et d'investissements, AS INVEST

« La conquête de la terre, qui signifie principalement la prendre à des hommes d'une autre couleur que nous, ou dont le nez est un peu plus plat, n'est pas une jolie chose quand on la regarde de trop près. »

Joseph Conrad
Au cœur des ténèbres

« Le racisme est une connerie très humaine.
Et chacun est libre d'être con ! »

Pape Diouf
Ancien président de l'Olympique de Marseille

PRÉFACE

Dans ce livre qui porte sur les multiples enjeux et défis de l'intégration des Noirs en Afrique du Sud, Aliou Sow démontre la complexité des différents modes de représentation dans l'écriture et la réécriture de l'histoire d'un peuple soucieux de se réinventer un destin. Le livre retrace la trajectoire du « problème noir », des débuts de l'exploration coloniale aux implications sociales post-apartheid. L'ouvrage est écrit avec une rigueur méthodologique et le souci constant d'expliquer avant d'interpréter avec une remise en cause des certitudes dans un environnement caractérisé par un renversement apparent des signes perçus dans le processus de ce qu'il est convenu d'appeler déracialisation et reracialisation. *Autant de processus qui reposent en permanence la lancinante question des différences et rappellent l'actualité de l'œuvre séminale d'Edward Said :* Orientalism. *C'est là que réside l'originalité de l'essai dans la production intellectuelle et artistique très fournie portant sur les problèmes de races et de classes en Afrique australe. La race et la classe y font l'objet d'une analyse critique très serrée.*

Histoire et problème de l'intégration économique des Noirs en Afrique du Sud : de la race à la classe *est une mine d'informations précieuses et très actuelles qui devra susciter des réactions critiques, à partir des questions posées et des conclusions tirées.*

Les nombreuses références explorées, la convocation simultanée de l'histoire des idées, de la littérature et des sciences sociales ont permis de dégager des conclusions pertinentes sur l'actualité du débat, sur l'impact de l'apartheid quant à la condition et au futur du Noir, notamment les nouveaux grands défis d'ordre économique, sécuritaire, social et de représentations identitaires basées sur de nouvelles considérations non raciales.

La démarche méthodologique de l'essayiste reflète une bonne maîtrise des méthodes d'investigation critique aussi bien en civilisation qu'en littérature, et une grande motivation à aller dans le sens de l'excellence au profit de la communauté universitaire par l'affirmation d'un leadership émergent dans les histoires de peuplements et la problématique de l'altérité, pour ne citer que ces sujets-là.

Cette étude sur l'Afrique rappelle à bien des égards les grandes similitudes des méthodes coloniales et d'exploitation des peuples indigènes dans l'empire britannique, avec leurs ramifications dans des continents aux cultures si irréductibles. C'est ce que semble confirmer la politique de greffe culturelle à des fins politiques et économiques pratiquées par les Anglais en Asie. En effet, en 1902, l'administrateur colonial de la Birmanie, le brillant intellectuel britannique John Furnivall, connu comme le grand théoricien de la "plural society", décrivait la difficile cohabitation entre les nombreuses entités raciales et religieuses dans les ''British and Dutch empires'' du sud-est asiatique, même si, au demeurant, la compréhension et l'extension qu'il avait données au concept de « pluralité » se sont par la suite avérées très différentes de la perception actuelle : "Rather than referring approvingly to a rainbow of ethnicities choosing freely to live together, Furnivall coined the term to criticise the imposition of immigrant races on indigenous societies in the name of commerce and free trade"[1].

Cette collusion coloniale entre Anglais et Hollandais et ses conséquences identitaires, surtout raciales, et leurs implications conflictuelles entre autochtones et allogènes dans une nouvelle « nation de minorités » et à la manière du « melting pot » *américain est ce que Aliou Sow décrit et analyse en profondeur à travers l'expérience de l'Afrique du Sud.*

Il n'est certes pas Furnivall, l'Afrique du Sud n'est pas non plus Myanmar, mais à son image, Sow décrit, dénonce, explique et propose en intellectuel averti à la fois indépendant et concerné qui se bat pour éviter des prises de position axiologiques.

L'Afrique du Sud actuelle est la synthèse d'une pluralité d'identités d'origines diverses, si l'on se réfère à l'histoire et à la composition de son peuplement. Lieu de rencontres, de compétitions, d'adversités de toutes sortes, lieu géométrique d'alliances de toutes natures puis de complicités et de retrouvailles entre différents groupes raciaux, ethniques et religieux, l'Afrique du Sud, cette nouvelle nation arc-en-ciel, offre une palette de domaines de recherche. Des peuples persécutés y ont élu domicile et d'autres en quête de richesses, de même que d'autres peuples encore, sans trop le vouloir, y étaient drainés de force pour servir de main-d'œuvre.

---

[1] Lire "Race and Religion in South-East Asia. The Plural Society and its Enemies", in *The Economist,* August 2nd-8th 2014, p. 39-40.

Devenu une nation multiraciale, le pays en devient du coup un point de chute de migrants de toutes sortes, de tous horizons à la recherche d'un mieux-être. On comprend dès lors les raisons pour lesquelles, dans cette société plurielle, se côtoient des descendants d'Anglais, d'Afrikaners, de Huguenots français, d'Indiens, de Chinois, de Malaysiens, de Grecs, de Polonais, de Suédois, d'Indonésiens, de Malgaches et d'Africains, entre autres, qui ne connaissent que ce pays et qui ne se réclament d'aucune autre origine ou patrie, sinon de l'Afrique du Sud. Et c'est ce pays digne de curiosités intellectuelles que l'auteur de l'essai explore dans ce livre tout en dénonçant une certaine tendance à stigmatiser le continent africain, ce qui fait transparaître son engagement militant dont les positions apparaissent par moments dans ses écrits.

Pour l'avoir vivement recommandé, à l'occasion de la soutenance de sa thèse de doctorat de 3e cycle, d'orienter ses recherches de thèse de doctorat d'État vers la période post-apartheid en Afrique du Sud et la prospective actuelle, de manière pédagogique, Sow nous plonge dans le passé colonial aux multiples facettes, nous fait découvrir des facteurs et acteurs du pays dans cette étude fouillée sur l'ère de la colonisation, de la ségrégation raciale et de l'apartheid, pour, enfin, nous révéler les grands enjeux, les défis et les perspectives relatifs à la réconciliation nationale, à la reconstruction et à la rectification des erreurs et errements du passé.

Ce livre instructif à plus d'un titre est plein d'informations de haute qualité, très originales, en dépit des nombreux écrits sur l'Afrique du Sud, le seul pays africain membre du G 20. Les étudiants et les chercheurs qui s'intéressent aux questions postcoloniales, identitaires et de représentations y trouveront de nombreuses nouvelles pistes de réflexion et d'analyses qui les aideront, au besoin, à orienter, voire réorienter leurs recherches. Ils trouveront également dans ce livre une très riche bibliographie que l'auteur a exploitée avec beaucoup de minutie et de rigueur.

À la fois célébration de l'interdisciplinarité et surtout de l'interculturalité si présente au pays de Madiba, ce travail de recherches est une invite au sens du pardon et du réalisme, une incitation à l'optimisme. Que la voix de l'essayiste soit entendue !

Inscrit au cœur des "area studies", *l'essai dégage enfin de nouvelles perspectives de réflexions en rapport avec les questions postcoloniales en milieu francophone sur des cas d'études anglophones.*

Mamadou Kandji
Professeur titulaire des Universités
Officier de l'Ordre International des Palmes Académiques du C.A.M.E.S
Ancien Doyen de la Faculté des Lettres et Sciences Humaines,
Université Cheikh Anta Diop de Dakar

LISTE DES SIGLES, ACRONYMES ET ABRÉVIATIONS

ANC:	African National Congress
AAC:	All African Convention
AB:	Afrikaner Broederbond
ANCYL:	African National Congress Youth League
APF:	Afrikaner People Front
ASA:	African Students Association
ASM:	African Students Movement
ASUSA:	African Students Union of South Africa
AWB:	Mouvement de Résistance Afrikaner
AZAPO:	Azanian People's Organisation
BAAB:	Bantu Affairs Administration Board
BCM:	Black Consciousness Movement
BEE:	Black Economic Empowerment
BIT:	Bureau International du Travail
BOSS:	Bureau of State Security
BPC:	Black People's Convention
CADHP:	Charte Africaine des Droits de l'Homme et des Peuples
CADHP:	Commission Africaine des Droits de l'Homme et des Peuples
CADHP:	Cour Africaine des Droits de l'Homme et des Peuples
CAT:	Campagne d'Action pour un Traitement
CPSA:	Communist Party of South Africa
COD:	Congress of Democrats
COSATU:	Congress of South African Trade Union
DA:	Democratic Alliance
DRC:	Dutch Reformed Church
EFF :	Economic Freedom Fighters
FEANF:	Fédération des Étudiants d'Afrique Noire Francophone
FOSATU:	Federation of South African Trade Unions
ICC:	Industrial and Commerce Wookers Union
IDASA:	Institute for a Democratic Alternative for South Africa
IFAN:	Institut Fondamental d'Afrique Noire
IFAS:	Institut Français d'Afrique du Sud
IFP:	Inkhata Freedom Party

MAP:	Millennium African Plan
MDALI:	Music, Drama and Literature Association
MIT:	Massachusetts Institute of Technology
NDP:	New Development Plan
NEPAD:	New Partnership for Africa's Development
NGP:	New Growth Path
NLC:	National Land Committee
NP:	Nationalist Party
NUSAS:	National Union of South African Students
OIT:	Organisation Internationale du Travail
ONU:	Organisation des Nations Unies
OPEC:	Organisation of Petroleum Exporting Countries
OPEP:	Organisation des Pays Exportateurs de Pétrole
OUA:	Organisation de l'Unité Africaine
PAC:	Pan Africanist Congress
PANSALB:	Pan South African Language Board
PC:	Parti Communiste
PN:	Parti National
PNB :	Produit National Brut
PND :	Plan National de Développement
PP:	Progressive Party
SACP:	South African Communist Party
SACP:	South African Communist Party
SACP:	South African Congress of People
SACPC:	South African Coloured People Congress
SACTU:	South African Congress of Trade Union
SADC:	Southern African Development Community
SADET:	South African Democracy Education Trust
SAIC:	South African Indian Coloured People Congress
SALSA:	South African Liberal Students Association
SASM:	South African Students Movement
SASO:	South African Student's Organisation
SIDA:	Syndrome Immuno-Déficience Acquise
SOWETO:	South Western Township
SSRC:	Soweto Students Representative Council
TRC:	Truth and Reconciliation Commission
UA:	Union africaine
UCAD :	Université Cheikh Anta Diop de Dakar
UNESCO:	United Nations Education, Science and Culture Organisation

URSS :	Union des Républiques Soviétiques Socialistes
USA:	United States of America
UWUSA:	United Workers Union of South Africa
VOC:	Verenigde Oostindische Compagnie (Dutch)
ZAR:	Zuid-Afrikaansche Republiek (plus connue sous le nom de Transvaal)

AVANT-PROPOS

Ce livre est le produit de notre thèse de doctorat d'État ès lettres remaniée. Encouragé par nos collègues, nos étudiants et le public venu très nombreux assister à notre soutenance, nous avons pris la décision de mettre à la disposition du public un bon nombre de nos convictions, réflexions, aspirations, projets et propositions et surtout de nos recherches académiques : d'où le démarrage d'une série de publications avec notre essai politique *Le courage d'agir, une nouvelle vision de la politique au Sénégal*. D'autres vont suivre. Et cet ouvrage en fait partie. C'est notre volonté ferme et notre décision personnelle.

Nous avons très tôt compris que la lecture et la recherche sont nos meilleurs loisirs et nos plus fidèles amies pour lesquelles notre attachement ne fait que se renforcer. En plus, nous sommes convaincu que l'école est notre meilleur refuge et le savoir le plus efficace de nos alliés dans nos combats quotidiens, et pour être conséquent avec nous-même, nous avons décidé de ne jamais perdre inutilement une seule minute de notre vie tant que notre santé et nos droits nous le permettent, sans la consacrer à des actions patriotiques, d'adoration de notre Créateur, de quête et de partage du savoir. La parution de ce document s'inscrit en droite ligne de cette dynamique à laquelle nous tenons énormément.

Le travail ayant conduit à la publication de ce livre nous a offert l'incommensurable plaisir de découvrir de multiples facettes du génie humain. Tant du point de vue de sa bonté (l'homme bon de Jean-Jacques Rousseau) que de sa cruauté (l'homme-loup de Thomas Hobbes), ainsi que sa capacité de faire preuve de dépassement en s'amendant et de s'engager dans la construction d'un monde où il fait mieux vivre pour tous.

Les expériences coloniales sud-africaines et une de leurs conséquences directes qu'est l'apartheid sont presque une synthèse de toute l'histoire de l'humanité. L'histoire du peuplement et la nouvelle composition hétérogène des citoyens de ce pays, cette « nation de minorités » devenue celle arc-en-ciel appartenant désormais à tous ceux qui vivent par le triomphe de l'humain sur le diable en font un sujet d'intérêt majeur de recherches et d'analyses des nombreux enjeux et défis des récurrents conflits intra et intercommunautaires et raciaux.

En dépit de son passé peu enviable sur le plan du respect et de la protection des droits humains, notamment ceux de la majorité non blanche, l'Afrique du Sud, qui est devenue par la suite la première puissance économique de l'Afrique (à l'heure actuelle, la deuxième), polarise à elle seule le tiers du produit national brut (PNB) du continent. Première économie industrielle africaine par le rang et dans le temps avec une agriculture, des infrastructures sanitaires et des universités et centres de recherches scientifiques très modernes, l'Afrique du Sud n'en demeure pas moins le pays ayant enregistré le chiffre le plus élevé de la planète en termes de personnes infectées par le virus du SIDA (cinq millions de personnes vivant avec le VIH en 2003). La criminalité et le viol y sont des réalités quotidiennes banales.

La rédaction de ce livre qui porte sur ce pays de superlatifs aux grandes performances et nombreuses contradictions et incohérences, qui est aussi l'incarnation de l'Afrique d'avenir et d'espérance, est motivée par un souci pédagogique de tirer de bonnes leçons des expériences du pays et de les partager avec les afro-pessimistes. C'est aussi l'occasion pour nous de nous adresser, pour nous démarquer d'eux, à ces autres champions des lamentations qui ne trouvent d'explications principales au retard économique de l'Afrique que dans son passé colonial et non dans les nouvelles politiques publiques défaillantes encore moins au niveau de la qualité des visions et des comportements d'une certaine catégorie de dirigeants politiques. Ainsi, l'Afrique du Sud offre un cas d'études assimilable à un cas d'école très riche en enseignements.

Notre ambition est donc de l'explorer et de l'exploiter à fond en vue de créer un nouveau débat sur l'avenir de l'Afrique : le continent de toutes les convoitises et de toutes les spéculations. L'Afrique est dénigrée, mais elle attire. Parfois elle est négligée alors qu'elle ne laisse personne indifférent. Pour ma part, elle incarne l'avenir du monde. Tout y est parti et tout y reviendra. Ce n'est qu'une question de date et de volonté : la jeunesse est interpellée, la jeune élite en tête. Et c'est à elles que je m'adresse particulièrement à travers ce livre.

Pour réaliser ce projet, nous avons bénéficié de soutiens multiformes dont la portée est incommensurable. C'est l'occasion de remercier toutes ces bonnes personnes qui ont bien voulu nous accompagner directement ou indirectement dans ce projet. Elles se reconnaîtront assurément. Au Professeur Mamadou Kandji dont, l'érudition et la rigueur scientifiques sont reconnues par la « communauté des meilleurs » et qui a bien voulu accepter de passer en revue le texte et de préfacer le livre, nous exprimons notre profonde gratitude au même titre que notre directeur de recherche, le Professeur Mamadou Gaye, et à l'ensemble des éminents professeurs ayant jugé et enrichi notre travail. Nous remercions également le ministre d'État Cheikh Tidiane Sy et son épouse, le Professeur Marième Sy, mon frère Lamine Tall, le maire Khalifa Sall, Ndiagna Ndiaye, Pierre Baillet, secrétaire permanent de l'AIMF, Dr Omar Thiam, Bachir Sall, Grand Sydose, Dr Amady Aly Dieng, un homme d'expérience honnête et courageux qui a notre affection filiale et notre respect bien mérité, Massine Seck dit Mara, l'ami qui s'acquitte de ses devoirs fraternels, MM. Samba Aly Bâ, Samba Guèye, El Hadji Cheikh Ahmet Tidiane Samb, Sadio Traoré, Justin Diouf, Marco Lô Spangenberg, Alfousseynou Kane, et Monsieur le Doyen, le Pr Amadou Abdoul Sow. Enfin, nous tenons à rendre de nouveau un hommage appuyé à notre femme, Marie Lô, qui n'a jamais cessé de nous créer des conditions confortables, favorables à la production intellectuelle et à l'optimisme politique. Si elle n'a pas pu assister à la soutenance de notre thèse d'État, c'est parce qu'elle devait mettre au monde trois jours après notre fille aînée, Aïcha Balquis, la reine de Saba, ce trésor sans commune mesure que nous attendions depuis très longtemps et qui a appris très tôt à illuminer notre vie par son beau et pur sourire.

Nous nous rejouissons également des encouragements fraternels et des soutiens amicaux pleins de symboles de Monsieur Macky Sall, président de la République du Sénégal et de son épouse, du premier Ministre Maître Souleymane Ndéné Ndiaye, du Ministre d'État, Maître Ousmane Ngom et son épouse, du Ministre d'État Karim Wade, de Monsieur Alseny Bathily, Cheikh Diallo, Maître Nafissatou Diop Cissé, Aliou Mboup et l'ensemble des responsables, membres et sympathisants du MPD/Liggeey.

INTRODUCTION

Classée pendant très longtemps première puissance économique africaine[2], l'Afrique du Sud est l'unique membre africain du G 20. Sur le plan militaire, elle est le seul pays africain, au sud du Sahara, qui dispose de sa propre industrie d'armement et de son salon, *l'Africa Aerospace and Defence*. Elle n'est pas tenue d'importer du matériel de déminage, de munitions, encore moins de véhicules militaires. Elle en produit. Et pourtant, elle a connu un des passés coloniaux les plus sombres du continent. Aujourd'hui, elle n'est plus sous domination coloniale ou soumise au régime d'apartheid. Elle est devenue une démocratie multiraciale depuis l'abolition de l'apartheid le 30 juin 1991[3] par l'abrogation totale des lois et règlements ségrégationnistes qui régissaient le mode de fonctionnement du pays et la nature des relations humaines entre ses populations. Elle a également adopté l'ensemble des textes universels et africains relatifs à la protection et à la promotion des droits humains, notamment la Charte africaine des droits de l'homme et des peuples et tous ses protocoles additionnels[4].

---

[2] Depuis le 6 avril 2014, elle est désormais devancée par le Nigeria en termes de PIB (cinq cent dix milliards de $ US) enregistrés à l'issue d'une révision et d'une réactualisation de son mode de calcul. Le pays le plus peuplé d'Afrique (170 millions d'habitants) devient ainsi la 26è économie la plus forte au niveau mondial. Les résultats de ce nouveau mode de calcul sont validés par le Fonds monétaire international (FMI), la Banque mondiale et la Banque africaine de développement (BAD). Ils sont également restés incontestés par l'Afrique du Sud après leur publication, tout au moins dans l'immédiat. Cependant, sur certaines questions essentielles, le Nigeria traîne encore très loin derrière l'Afrique du Sud : pour le revenu annuel par habitant, l'Afrique du Sud affiche 7500 $ US, contre 3000 pour le Nigéria et pour la capacité électrique, pendant que l'Afrique du Sud est forte de 44000 MW, le Nigeria ne dispose que de 5000 MW pour une population qui fait trois fois celle sud-africaine.

[3] La libération de prison de Nelson Mandela le 11 février 1990, après un séjour carcéral de 27 ans, avait accéléré le processus d'abolition de la politique d'apartheid en Afrique du Sud.

[4] La Charte a été adoptée le 27 juin 1981 à Nairobi (Kenya) à l'occasion de la XVIIIè Conférence des chefs d'État et de gouvernement du continent africain avant d'entrer en vigueur le 21 octobre 1986 après avoir été adoptée par 25 États membres. Quant à l'Afrique du Sud qui était soumise au régime de l'apartheid au moment de l'adoption de la Charte, celle-ci a toutes les particularités qui en font une série de propositions

Dans cette nouvelle démocratie libérale, les Noirs, les métis, les Jaunes et les Blancs ont les mêmes droits et devoirs et la ligne de démarcation raciale entre Blancs et non Blancs[5] est désormais effacée, mais les traces demeurent avec encore des conséquences très négatives. Ainsi, la nouvelle question que l'on se pose est de savoir si l'acte officiel de la réhabilitation du Noir sud-africain, d'ailleurs majoritaire, est suffisant pour effacer l'impact des pratiques racistes sur les conditions de vie et de travail de cette communauté. Les nombreuses successions, les collusions, les conflits et parfois les violentes guerres entre pouvoirs coloniaux, d'une part, et l'adversité féroce entre ces mêmes pouvoirs et les indigènes d'autre part, ont joué des rôles prépondérants sur la situation actuelle du pays. Ce constat est vérifiable tant du point de vue de son développement économique que du niveau de l'ampleur des grandes inégalités et injustices entre classes sociales et groupes raciaux.

Malgré les nombreuses réalisations sur le plan social et économique et les multiples initiatives en faveur de la lutte contre la pauvreté et les inégalités, le tableau des dernières statistiques socioéconomiques et sécuritaires demeure plus que sombre, avec des chiffres qui inspirent le pessimisme. L'économie florissante léguée par les pouvoirs coloniaux et d'apartheid à la nouvelle élite politique et l'ampleur des richesses naturelles disponibles dans le pays dans un contexte marqué par la multiplication des partenaires au développement et l'arrivée massive d'investisseurs étrangers n'empêchent pas cependant le pays d'afficher une situation sociale, économique et sécuritaire presque catastrophique. La croissance y est une des plus faibles d'Afrique au moment où le

---

alternatives aux pratiques qui y étaient notées, elle a ratifié la Charte le 9 juillet 1996 sous la présidence de Nelson Mandela, bien après l'abolition des lois et règlements ségrégationnistes et racistes qui régentaient le pays. Avec le temps, d'autres protocoles additionnels sont venus compléter les dispositions de la Charte : le protocole portant création de la Cour africaine des droits de l'homme et des peuples adopté en juin 1998 à Ouagadougou (Burkina Faso) et le protocole relatif aux droits des femmes adopté en juillet 2003 à Maputo (Mozambique) pour l'interdiction des mutilations génitales féminines.

Lire la version originale adoptée en 1981 de la Charte africaine des droits de l'homme et des peuples.

[5] Dans ce livre, le terme *Noirs* englobe à la fois les Africains, les métis, les Indiens et toutes les autres personnes de couleur en lieu et place de non-Blancs en conformité avec la loi N° 53 de 2003, relative à la politique économique de discrimination positive, plus connue sous l'appellation de *Black Economic Empowerment* (BEE).

continent commence à battre les meilleurs records en la matière. L'état global de la nation sud-africaine est alarmant :

> « Le chômage de masse reste (…) endémique : il atteint officiellement 34 % de la population active. L'économie s'est en effet transformée à un point tel que, faute de formation adéquate, des millions de gens sont structurellement inemployables. Les niveaux d'inégalité entre les pauvres (en majorité noirs) et les riches figurent parmi les plus élevés au monde ; 60 % de la population – en général noire et peu éduquée – gagne moins de 42 000 rands (5 000 euros) par an, tandis que 2,2 % perçoit un revenu annuel de plus de 360 000 rands (37 000 euros) et vit à l'occidentale.
>
> Chaque année, les chiffres cumulés des morts, victimes d'accidents de la circulation, de crimes de toutes sortes, du sida et de la tuberculose s'élèvent à plus d'une centaine de milliers. La criminalité est si lourdement présente au quotidien que n'importe qui peut perdre la vie n'importe quand, n'importe où et pour n'importe quelle raison. Plusieurs milliers de femmes et de jeunes filles font également l'objet, chaque année, de violences sexuelles.
>
> Les vols à main armée, viols et crimes divers aidant, une partie de la population est surarmée (y compris chez les pauvres) ou, si elle peut s'offrir une telle protection, barricadée dans des enclaves urbaines protégées. Pour le moment, ces désordres ne sont pas politisés. Mais ils contribuent fortement à la cristallisation, puis à la relative généralisation, d'une culture du racket et de la prédation. »[6]

Cette description de la réalité de la situation sociale, économique, politique et sécuritaire du pays est l'expression de la conséquence des politiques économiques et raciales pratiquées en Afrique du Sud pendant plus de trois siècles et demi par les multiples pouvoirs blancs qui s'y sont succédé. Le pays n'est pas pauvre. Les ressources et opportunités pour l'épanouissement de tous ceux qui y vivent ne manquent pas non plus. Le problème réel se pose en termes de mauvaise répartition des richesses. Et pour le résoudre, les disparités et inégalités structurelles favorisant des positions de monopoles, d'accaparement et de rentes doivent faire l'objet de profondes réformes qui vont au-delà de la simple inversion des rôles et des pourcentages de représentation dans les sphères de prises de décisions politiques. Et pour faire triompher l'avènement d'une nouvelle

[6] Achille M'bembé, « Le lumpen-radicalisme du président Zuma », in *Manière de voir. Le monde diplomatique,* N° 108, décembre 2009-janvier 2010, p. 94-95.

société multiraciale conforme à l'esprit et à la lettre de la nation arc-en-ciel, qui fait plus ou moins l'objet d'un consensus national, les réformateurs ont vite et très tôt compris que les tentatives d'enrichissement rapide et illimité, la volonté de vengeance et la tentation de règlements de comptes sont devenues les nouveaux ennemis de la cohésion sociale et d'une meilleure nation telle que théorisée par les pionniers et acteurs majeurs de l'abolition de l'apartheid et la fin des conquêtes et de la domination coloniales. Malheureusement, le peuple, las d'attendre le changement social tant espéré et rêvé, n'est pas encore entièrement au même niveau que les dirigeants qui en tirent énormément de bénéfices.

L'Afrique du Sud n'est cependant pas un cas isolé dans le continent africain, si la référence est faite à la perception et aux représentations caricaturales dont l'Afrique fait l'objet et aux réalités qui y sont vécues. L'ampleur des dégâts n'enlève en rien l'étendue des solutions et des possibilités alternatives qui, encore de nos jours, profitent plus à ses supposés partenaires qu'au continent lui-même. L'Afrique fait peur, mais l'Afrique est toujours courue et convoitée. Ce qui s'y passe de mauvais est plus mis en avant que les performances et les réalisations positives qui y sont enregistrées. Et pourtant, le continent n'est pas une exception négative d'un monde en profondes mutations et tenaillé par des crises multiples et complexes, à en croire l'analyse de la journaliste Anne – Cécile Robert :

> « Si les mutations qui s'opèrent en Afrique, souvent sous des formes dramatiques (mouvements sociaux, coups d'État, guerres, maladies, pauvreté, etc.), donnent l'impression d'un grand chaos, les choses n'y sont pas moins compréhensibles qu'ailleurs. Ce sont souvent les simplifications médiatiques et les préjugés dépréciatifs qui créent 'l'insoluble complexité'[7] du continent. »[8]

De cette relecture des affaires africaines apparaît clairement le double mal du continent : les maux multiples qui rongent pernicieusement le continent et l'afro-pessimisme dont il est victime, avec ses conséquences négatives relatives à la peur et à la méfiance de l'étranger.

---

[7] Concept emprunté à Jean-François Dupaquier, « De la Françafrique à la maffiafrique », in *Mouvements*, Paris, 17 mai 2002.

[8] Anne-Cécile Robert, « Rêve d'une 'seconde indépendance' », in *Manière de voir (Le Monde diplomatique)*, Bimestriel N° 108, décembre 2009-janvier 2010, p. 70.

Les caractérisations caricaturales dont l'Afrique fait l'objet injustement le plus souvent, mais parfois de manière fondée et prouvée, n'enlèvent en rien son statut de continent d'avenir ayant déjà apporté dans le passé plusieurs solutions aux problèmes des grandes puissances économiques. Son attractivité pour les nouveaux pays émergents en est une preuve supplémentaire de ses nombreuses potentialités qui lui ouvrent de belles perspectives de développement plus rentables et plus durables. Les enjeux économiques de ses relations de partenariat avec les BRICS[9] dont est membre l'Afrique du Sud n'échappent plus aux pays les plus développés du monde avec, à leur tête, le premier, les États-Unis d'Amérique, dont le président invite à une reconsidération des formes de représentations médiatiques et stratégiques du continent dans les relations internationales :

> « L'Afrique ne fait pas toujours l'objet de la concentration médiatique de nos médias, sauf s'il y a crise. Alors que les économies les plus fortes sont ici. Il ne faut pas oublier l'essentiel. Je souhaite qu'on change de paradigme en nous concentrant sur le commerce et le développement. »[10]

En réalité, l'Afrique du Sud, à l'instar du reste du continent africain, continue de subir les conséquences de son passé colonial, tant du point de vue des pratiques subies que des représentations faites sur ses valeurs et ses populations autochtones. C'est à cause de l'évidence des liens de causes à effets qui existent entre les politiques coloniales et la légalisation, les législations et les pratiques d'apartheid que nous plaçons cette étude dans un cadre plus global qui ne s'isole pas de l'histoire et de la situation générales de l'Afrique.

Officialisée en 1948 avec la victoire du National Party (le Parti National) sur l'United Party (le Parti Uni) aux élections générales sud-

[9] Brésil, Russie, Inde, Chine et Afrique du Sud. Le poids démographique des BRICS tourne autour de 43% de la population mondiale avec un contrôle du quart du PIB (Produit Intérieur Brut) de la planète. Lors de leur sommet tenu à Durban (Afrique du Sud) les 26 et 27 mars 2013, ces pays émergents ont mis l'accent sur les questions économiques en misant sur l'industrialisation du continent africain et la création d'une banque de développement commune, en lieu et place, de la Banque mondiale. Le Groupe des 5 travaille à s'affranchir de la tutelle pesante et inefficace à leur goût des institutions de Bretton Woods (FMI et Banque mondiale).

[10] Extrait de la déclaration de Barack Obama prononcée à Dakar (Sénégal) lors de sa conférence de presse co-animée avec son homologue, le président Macky Sall le jeudi 27 juin 2013 à l'occasion de sa tournée africaine l'ayant conduit au Sénégal, en Tanzanie et en Afrique du Sud.

africaines tenues la même année, l'apartheid était un choix politique de la majorité de la minorité blanche qui avait opté pour le triomphe du programme politique du parti proposant une vision basée sur la discrimination raciale formalisée. Le rappel historique du contexte électoral de l'époque et des orientations programmatiques, en plus de l'évolution des formations politiques concurrentes, démontre la popularité du racisme d'État dans le corps électoral non représentatif de la population générale :

> « En 1948, l'électorat, très majoritairement blanc, se vit proposer un choix clair entre deux politiques raciales. Le National Party de Malan proposa l'apartheid, terme de création récente, qui désignait un système de ségrégation plus rigide, qui serait instauré par l'État. Il consisterait à assigner fermes ou villes aux travailleurs africains, à confiner chaque race dans des zones spécifiées, tout en garantissant à chacune la liberté de pratiquer sa propre culture et de gérer ses propres affaires. Inversement, l'United Party de Smuts affirmait vouloir défendre l'ordre racial traditionnel, où l'État aidait les communautés à organiser elles-mêmes, la ségrégation, tout en considérant l'urbanisation des Noirs comme irréversible, et leur assimilation graduelle dans la culture occidentale comme souhaitable. »[11]

En accordant la victoire de justesse (40 %) au Parti National, le parti des racistes, l'électorat cautionnait ainsi de facto le racisme d'État tout en exigeant sa formalisation comme nouvelle politique nationale conformément aux engagements du camp gagnant. Ainsi, les nouveaux tenants du pouvoir savaient également à quoi s'en tenir s'ils comptaient se maintenir aux commandes pour longtemps : prendre et appliquer des mesures draconiennes basées sur des discriminations raciales figées et une séparation raciste des communautés sous des rapports dominants-dominés en vue de renforcer et de pérenniser les privilèges de la race blanche. En effet, l'ayant nettement bien compris, le nouveau gouvernement s'empressa de multiplier ses opérations de charme par la radicalisation de sa ligne de gouvernance politique : interdiction des mariages mixtes, nouvelles dispositions de classification raciale pour

[11] John Iliffe, *Les Africains. Histoire d'un continent,* Paris, Flammarion, 2009, p.561-562.
John Iliffe est professeur d'histoire africaine à l'Université de Cambridge. Il est auteur de plusieurs ouvrages en langue anglaise sur les questions africaines. Le titre original de son livre sus-mentionné publié en 1995 par la Cambridge University Press est *Africans. The History of a Continent.*

mieux diviser toutes les personnes non blanches, adoption de la loi relative à la ségrégation en matière d'habitat (1950) appelée la Group Areas Act, etc. Comme pour valider ces séries de mesures ségrégationnistes radicales, les électeurs faisaient enregistrer au parti au pouvoir des scores plébiscitaires allant d'une élection à une autre : en dix ans ses résultats électoraux ont évolué de 25 %, passant de 40 % en 1948 à 65 % en 1978.

Le système de l'apartheid est une véritable séquelle des politiques coloniales pratiquées en Afrique du Sud pendant plusieurs siècles. Les rapports de causalité entre ordre colonial et politique d'apartheid ne souffrent d'aucune contestation. En 1948, le Parti National n'a, en réalité, fait que formaliser et imposer les pratiques ségrégationnistes dont la mise en œuvre par les précédents gouvernements avait atteint un certain paroxysme dans l'entre-deux-guerres. Pour comprendre et pouvoir bien analyser la situation sociopolitique et surtout économique actuelle de l'Afrique du Sud, il faut nécessairement étudier en profondeur et objectivement l'histoire et les faits coloniaux du pays qui est devenu par la suite la première puissance économique du continent africain. Compte tenu de tous ces paradoxes, le cas de l'expérience coloniale mérite une attention bien particulière.

Les spécialistes ont beaucoup de mal à s'entendre sur sa description scientifique. L'écrivain libéral Léo Marquard (1957) décrit, pour sa part, l'expérience coloniale d'apartheid de l'Afrique du Sud comme étant un « ***internal colonialism*** ». Selon lui, il s'agit d'un phénomène exclusivement racial, politique et idéologique n'ayant aucune relation avec l'économie.[12]

Face à la thèse de la résistance à l'apartheid incarnée par l'ANC (African National Congress), Harold Wolpe nous permet de découvrir à la fois le contentieux conceptuel et la pleine conscience que les Noirs ont de leurs luttes de libération. L'ANC perçoit la situation comme un « ***colonialism of a special type*** » que Wolpe explique comme suit :

> "On one level, that of 'white South Africa', there are all the features of an advanced capitalist state in its final stage of industrial monopolies and the merging of industrial and finance capital... But on another level, that of 'Non-White South Africa', there are all the features of a colony. The indigenous population is subjected to extreme national oppression, poverty and exploitation,

[12] Léo Marquard, cité par Harold Wolpe, *Race, Class and the Apartheid State*, London, Addis Ababa, Paris, James Currey, OAU & UNESCO Press, 1998, p.29.

lack of all democratic rights and political domination… Non-White South Africa is the colony of white South Africa itself."[13]

Avec des rapports raciaux basés sur de telles conditions durant plusieurs siècles, la fin officielle de la manifestation du colonialisme qu'est l'apartheid n'assure pas forcément la fin des malheurs et des misères des victimes du passé récent.

C'est en ce sens qu'en Afrique du Sud post-apartheid, l'extrême pauvreté et la richesse indécente cohabitent et s'influencent négativement au quotidien sur fond de violences.

Malgré les initiatives politico-économiques actuelles et les leçons du passé, les disparités demeurent et prennent des tournures inquiétantes. Le conflit officiel porte désormais sur la classe et non sur la race. Ainsi, le choix d'étudier les impacts des liens entre ordre colonial et politique d'apartheid en Afrique du Sud sur l'intégration économique des Noirs pour une meilleure analyse de l'état actuel du pays se justifie d'abord par des préoccupations relatives à la recherche d'explications aux conditions socioéconomiques, à la gestion des droits humains à l'épreuve des disparités sociales renforcées par les luttes des classes et aux problèmes psycho-sociologiques actuels des Sud-africains de l'ère post-apartheid dans un contexte de cohabitation avec les traces des politiques raciales. Contrairement à la ligne de validation ou de contestation systématique qui ne cherche pas beaucoup à comprendre la vraie part de responsabilité morale directe et indirecte des uns et des autres, il s'agit ici pour nous de mener une étude sur les grandes questions relatives à l'implantation des systèmes ségrégationnistes et d'apartheid à partir du croisement de visions coloniales synthétiques d'idées reçues, d'histoires et d'expériences de peuples et d'enjeux économiques conjoncturels. Autrement dit, il sera question de présenter un processus à interroger pour mieux appréhender les nouvelles réalités sociales et économiques de l'Afrique du Sud dans un contexte marqué par l'élimination de ce qui était perçu comme la « cause exclusive » ou principale de la misère du Noir : le racisme d'État. Et c'est sur ces bases que les processus de socialisation des membres des différents groupes raciaux et sociaux à travers la fabrication des systèmes de représentation de l'autre (le Noir, le Blanc et l'étranger), de son propre devenir et celui de sa communauté seront au cœur de notre analyse des disparités socioéconomiques et des responsabilités politiques de l'ère postapartheid et de leurs liens directs,

[13] (ANC Strategy and Tactics in the South African Revolution, in *ANC Speaks*, 1977) cité par Harold Wolpe, *op. cit.*, p. 29-30.

sous forme de survivances du passé, avec les contacts et mélanges des traditions autochtones et les idéologies étrangères imposées ou importées.

L'analyse de l'état psycho-sociologique et culturel des différentes parties en présence va être ainsi sollicitée pour bien aborder la problématique des attitudes raciales, des actions instinctives et le caractère bien particulier de la place et des apports des droits humains dans la nouvelle démocratie multiraciale d'une nation faite d'identités cosmopolites et hantée par son passé de violations de la dignité humaine et des droits les plus élémentaires.

À l'état actuel de la recherche, il existe une abondante littérature sur l'apartheid et l'histoire coloniale de l'Afrique du Sud, mais elle est surtout et principalement militante. La particularité de l'évolution et de la nature des rapports raciaux dans le pays fait qu'aborder la question sans tomber dans le piège du manichéisme relève d'une tâche scientifique très ardue. Étudier et analyser la question sans condamner est le difficile défi à relever. Ainsi, beaucoup de travaux d'études et de recherches, de productions littéraires et artistiques, pour ne pas dire l'essentiel, ont versé dans la justification des fondements de l'apartheid ou la dénonciation de cette politique avec des accusations nettement tranchées. Le militantisme prend le dessus sur l'approche scientifique le plus souvent. S'en éloigner autant que faire se peut en est devenu l'élément différenciateur dans les études nouvelles portant sur la phase postapartheid dont la durée avoisine la vingtaine d'années : une période assez conséquente pour faire l'objet d'une évaluation d'une politique publique globale.

De la même façon également, le travail de description des faits et phénomènes de l'histoire du pays incluant en grande partie la phase de l'apartheid a pris le dessus sur l'analyse neutre des aspects de la question pour comprendre la situation actuelle de violence et de pauvreté extrême qui prévaut dans la riche Afrique du Sud. L'euphorie suscitée par l'abolition de l'apartheid a pavé le chemin à l'apologie de la nouvelle Afrique du Sud multiraciale, démocratique et réconciliée avec elle-même. Cependant, derrière cette image apparente d'espoir se cache tout un ensemble de malheurs, de contentieux historiques résiduels et de confrontations découlant du passé colonial et d'apartheid, et qui enferme encore totalement une grande majorité dans le désespoir.

En toute objectivité, on peut affirmer sans grandes réserves que la seule colonisation ne peut pas être à la base du développement économique d'une ancienne puissance impérialiste à la place d'une bonne vision et d'efficaces et rentables politiques sociales et économiques, tout comme la domination et l'exploitation coloniales ne sauraient condamner une ancienne colonie à la pauvreté permanente, à l'indigence de son peuple, à la corruption et à la cruauté de ses dirigeants, encore moins à l'instabilité sans fin de son système politique. Une relecture et une réévaluation dépassionnées des effets de la colonisation et des politiques qui en ont découlé permettront de mieux appréhender la nouvelle Afrique du Sud et son avenir politico-économique. C'est ainsi aussi que les Africains vont pouvoir prendre part, et de façon responsable, au grand débat mondial sur la globalisation et déterminer la place du continent dans cette dernière. Le lauréat 2002 du Anthony Fisher Memorial Award, Johan Norberg a apporté une illustration, quoique discutable, à la nécessité de faire remplacer le débat sur les contentieux coloniaux par un débat sur les nouvelles politiques socioéconomiques et les visions de l'avenir développés dans le monde post-colonial. Sans condescendance, ni présentation comparative de certaines nations de continents différents, son analyse peut aider les anciennes colonies à revoir leurs rapports à l'avenir. Il ne défend pas les anciennes puissances coloniales et n'accuse point non plus les anciennes colonies, mais attire l'attention de tous sur la responsabilité de chacun dans la construction de son avenir :

> "Natural resources were of course stolen in the age of imperialism, but those thefts have played a negligible part in the prosperity of the western world and the poverty of the poor. Even though colonialism did great harm in places, this in itself does not account for differences between North and South. The affluent world has grown fastest since losing its colonies. Several of the world's richest countries - never had any colonies of importance. Others, such as the USA, Canada, Australia, New-Zealand, Hong Kong and Singapore, were colonies themselves. On the other hand, several of the world's least developed countries-Afghanistan, Liberia, Nepal and Tibet, for example-have never been colonies."[14]

Cette analyse comparative démontre l'impertinence de vouloir continuer à justifier systématiquement les misères et les échecs du présent par le passé colonial sombre fait d'injustices et d'inégalités sans raisons valables ou durables. Parmi ces injustices qu'ont subies l'Afrique, celles perpétrées dans sa partie australe, notamment en Afrique du Sud,

[14] Johan Norberg, *In Defence of Global Capitalism,* Stockolm, Timbro, 2001, p. 144 / (Version originale en Suédois sous le titre de : *Till varldskapitalismens forsvar*).

constituent un cas à part. Sa résistance au temps jusqu'à en être la dernière, et une des pires incarnations et conséquences de la domination coloniale au moment où la totalité des colonies africaines avaient accédé à la souveraineté internationale, a permis à l'Afrique du Sud, une ancienne colonie, de continuer à abriter une « colonie » en son sein dans les années 90. L'apartheid était aussi, après l'indépendance de l'Afrique du Sud, la recolonisation revancharde et opportuniste d'une partie du pays par une autre.

Tiré de la langue afrikaans, le mot *apartheid* est étymologiquement composé de « *apart* » qui signifie en anglais « *apart* », c'est à dire « *à part* » et « *heid* » qui signifie « *hood* » en anglais. Littéralement, en termes simples, apartheid veut dire « vivre séparément ». Appelé « *white leadership with justice* », « *white baaskap* », c'est-à-dire domination blanche et, enfin, à ses derniers moments d'existence « *separate development* » par souci de conformité à un vocabulaire du politiquement correct, la politique d'apartheid est un ensemble de pratiques, de lois et de règlements fondés sur la discrimination raciale et un système d'exploitation, d'exclusion, d'oppression et de répression d'une majorité noire autochtone par une minorité blanche en terre étrangère.

Ainsi, en appréciant la dure réalité des pratiques régissant les relations humaines entre personnes de races différentes sur le terrain et la vraie signification politique et économique des dispositions législatives et réglementaires de l'apartheid, on se rend vite compte que le sens simpliste qu'on a voulu donner à ce concept n'était qu'une stratégie de propagande pour masquer une des pires politiques et pratiques de discrimination raciale de l'histoire de l'humanité. La lecture preste et serrée qu'en a faite le Professeur Kinfé Abraham[15] est assez illustrative de l'énorme décalage sémantique et lexical qui existe entre le contenant et le contenu du concept. Plus qu'un concept, il nous démontre en quoi l'apartheid est une idéologie selon ses propres termes :

> "The term apartheid is an Afrikaans word dnoting (sic) separeteness and the concept involves, inter alia, a separation of

[15] Kinfe Abraham est un spécialiste des questions éducatives, un économiste et spécialiste de l'histoire littéraire et culturelle. Diplômé de plusieurs universités européennes et américaines, il est l'auteur de plusieurs ouvrages dont *From Race to Class* (1982), *Politics of Black Nationalism* (1991), *Africa : From Dream to Reality* (1992), *Scars of Apartheid : A 20th Century Cultural and Political History of Blacks* (1992-93). En sa qualité d'expert international, il a beaucoup travaillé pour le compte des Nations Unies, plus particulièrement pour l'Organisation Internationale du Travail (OIT).

> races, indirect rule via the chiefs, Afrikaner socio-economic control and the separation of social institutions through language, culture and education. Its aims are to perpetuate white supremacy and guarantee the expansion and competitiveness of the South African economy by means of a lowly paid and docile African labour force. The main pool of the cheap labour force are the Africans working in the mines, but a few entered law, journalism and the liberal arts and managed to acquire some semi-skilled jobs. The overwhelming majority, however, live in rural areas working on white farms or living in reserves. The rest of the cheap labour is provided by Asians and coloureds while the Afrikaners and the English-speaking South Africans are the main beneficiaries of this ignominious system and practice of law."[16]

Et pour donner un caractère légal à cet objectif poursuivi, finement conçu et sans états d'âme, les tenants et les principaux bénéficiaires de l'apartheid, en dépit de leurs conflits et contentieux permanents, ont toujours réussi à s'entendre sur la réglementation à mettre en vigueur en vue de renforcer et de pérenniser leurs privilèges de « race dominante ».

À l'époque où la plupart des pays d'Afrique australe étaient absorbés par des guerres d'indépendance, l'Afrique du Sud avait déjà acquis son indépendance en se prévalant de son statut de « *British dominion of a colonial type* », pour reprendre la thèse communiste de l'époque[1]. L'Afrique du Sud a obtenu le statut de dominion britannique en 1926 assorti d'un État central fort depuis l'adoption de la loi relative à l'Union sud-africaine (Act of Union) de 1910. Mais en ce qui concerne les conditions de vie et de travail, pires que partout ailleurs, les populations autochtones et celles qui y étaient drainées de force par le pouvoir colonial se retrouvaient enserrées dans un corset de réglementations et de privations étouffantes qui ne sont susceptibles d'être rattachées à aucun code moral ou éthique. La violation flagrante des droits les plus élémentaires des plus faibles y était érigée en règles observées au quotidien par les plus forts. C'est ce qui fera dire à D. M. Zwelonke que la question sud-africaine est avant tout d'ordre colonial, car l'apartheid est une politique née d'un système colonial. Selon lui, le type colonial qui particularisait cette colonie britannique avec le statut de *dominion* qu'était l'Afrique du Sud se reconnaît à travers les quatre caractéristiques suivantes :

[16] Kinfe Abrahams, *Politics of Black Nationalism. From Harlem to Soweto*, Trenton, New Jersey, Africa World Press, 1991, p. 147-148.

1. "the exploitation of the country by British imperialism, with the participation of the white bourgeoisie, with British capital occupying the principal economic position;[17]
2. the overwhelming majority of the population were natives and coloureds;
3. the almost complete landlessness of the natives, who held only one eighth of the land the great bulk of it had been expropriated by the white minority;
4. the corruption of the white workers as registered in the great difference in wage and material conditions of the white and black proletariat, and the corruption of the white workers by imperialistic racist ideology (apartheid)"[18].

Ce tableau très sombre qui résume la nature des relations raciales en Afrique du Sud pendant les périodes coloniales et d'apartheid trouve toutes ses justifications dans les fondements de base de la colonisation en Afrique australe. La question de l'apartheid, il est clair, est avant tout une question d'ordre colonial.

En ce qui concerne les nombreux contrastes entre les pratiques inhumaines et les raisons humanitaires évoquées par les différentes forces coloniales pour justifier leur présence dans cette partie du continent, le fossé est tellement grand que les vrais objectifs visés sont à chercher dans les enjeux idéologiques et historiques des uns et les enjeux économiques des autres.

Alors qu'au début des missions d'exploration et de colonisation de l'Afrique, l'impérialisme occidental s'est basé sur le postulat selon lequel les Africains laissés à eux-mêmes ne peuvent pas se développer, car incapables de s'organiser socialement ou économiquement à cause de leur ignorance totale des mécanismes de ce genre. Et c'est partant de ce point de vue à la fois erroné et fallacieux, sans fondement valable, que les Européens sont venus envahir l'Afrique pour des raisons humanitaires et salvatrices, si l'on en croit leurs thèses coloniales. Ce sur quoi reposait d'ailleurs l'essentiel de l'anthropologie coloniale.

Dès lors, aucune partie du continent africain n'a pu se faire épargner les conséquences de leur passage dont les stigmates sont toujours perceptibles dans certaines anciennes colonies telles que l'Afrique du

---

[17] En 1928 les communistes ont développé la thèse de l'Internationale communiste en faveur d'un slogan du Native Republic pour l'Afrique du Sud en la caractérisant comme « *a British dominion of a colonial type* ».
[18] D.M. Zwelonke, "Historical Background of the Apartheid System" , p.126.

Sud. En ce qui concerne l'Afrique du Sud coloniale, pour une bonne partie des porteurs d'idées anti-apartheid, il n' y a vraiment pas eu de bon Blanc ou de mauvais Blanc, mais des Blancs plus ou moins efficaces dans la terreur, l'exploitation, l'exclusion, l'expropriation et l'humiliation hiérarchisées du Noir, de l'Indien, du métis ou de l'Asiatique.

La volonté des pouvoirs coloniaux de contrôler cette partie du continent révéla très tôt les enjeux internes et les défis externes de son invasion. Le Cap est un point stratégique pour une bonne présence coloniale en Afrique et en plus de cela, il peut bien servir de capitale commerciale pour l'Europe, tellement son accessibilité comparée au reste du continent est sans commune mesure.

D'ailleurs, à ce propos, l'Angleterre, la force coloniale principale qui finira par laisser son empreinte avec sa méthode « *d'indirect rule* » clairement conçue pour l'exploitation économique, était très engagée dans le combat de justification de la légitimité, la justesse et l'utilité de sa présence en Afrique du Sud. Ainsi agissait également la Hollande, sa principale rivale, dans l'ambition de contrôler le pays.

Les enjeux économiques et stratégiques qu'offre cette colonie sont nombreux et variés : la fertilité des terres arables, la richesse minière du pays (or, diamants, entre autres) et les conditions climatiques similaires dans certaines parties du pays à celles des pays d'origine des colonisateurs sont autant d'atouts qui attireront et fixeront ces derniers.

Une autre donnée majeure, déjà évoquée du reste, est celle de l'atout fondamental qu'offre l'Afrique du Sud dans la politique mondiale de l'époque, toujours actuelle telle que très tôt comprise par le colonisateur. C'est sa position géographique que nous fait découvrir l'analyse de Jacques Rabemananjara[19] :

> « À la confluence de trois océans, la position géographique du pays lui donne une valeur stratégique d'une importance quasi unique sur la planète. Celui qui s'en assure la maîtrise peut facilement rêver de la conquête du continent, et c'est le moment de se remémorer la prophétie de Lénine : il avait prédit la prise de l'Europe par le détour de l'Afrique. »[20]

---

[19] Jacques Rabemananjara a été vice-président du gouvernement malgache. Il a aussi occupé les fonctions de ministre d'État aux Affaires étrangères. En plus d'être une grande personnalité politique malgache, il appartient au mouvement de la Négritude.

[20] Jacques Rabemananjara, « Réflexions sur l'apartheid », in *L'Afrique du Sud aujourd'hui. Nous sommes tous des Noirs d'Afrique du Sud*, cahier spécial de la Revue Présence Africaine, 2, Paris, Présence Africaine, 1978, p.33.

À la lumière de cette présentation des enjeux coloniaux, il reste évident que l'Occident ne s'est pas lancé dans une aventure sans une mûre réflexion sur les intérêts à court, moyen et long termes. Dans le court terme, il s'agissait de l'enrichissement rapide et facile des envahisseurs au prix du dénuement total des populations indigènes avec l'aide d'un plan qui se décline en trois phases :

> "firstly, by creating political and economic power structures that put them in a privileged and entrenched position vis-à-vis the indigenous population groups;
> secondly, by depriving indigenous people of land, surface water, and cattle and;
> thirdly, by reducing slaves and indigenous people to different forms of unfree and exploitable labour."[21]

Dans cette perspective, il reste évident que rien des préoccupations réelles des colons, qu'ils soient Hollandais, Anglais, huguenots français[22] ou protestants allemands ne militait en faveur des populations indigènes non blanches.

De surcroît, la plupart des communautés de colons étaient constituées de victimes de persécutions, surtout religieuses, dans leurs pays d'origine. Les huguenots français et les protestants allemands étaient à la recherche de terres de refuge, mais ils étaient également animés d'un sentiment de vengeance et d'une volonté de renversement des tendances en leur faveur. Une telle situation est également valable pour les Afrikaners, les premiers à débarquer en Afrique du Sud, et qui, au moment où ils commençaient à en faire leur chasse gardée, firent face subitement à la détermination des Anglais de s'emparer de tous les leviers et mannes économiques.

Il est à rappeler que tout est parti d'une banale décision de la Compagnie Hollandaise des Indes prise en 1652 ayant abouti à la création d'une escale de ravitaillement sur la route de l'Orient.

C'est pour cela que John Bosco Adotévi considère l'Afrique du Sud, sous l'angle de son histoire coloniale et d'apartheid, comme un accident

---

21 Sampie Terreblanche, *A History of Inequality in South Africa (1652-2002)*, Pietermaritzburg, University of Natal Press, 2002, p. 6.

22 Les huguenots, suite à la nuit de la Saint Barthélémy pendant laquelle des milliers de protestants ont été exécutés par ordre royal le 24 août 1572 sous Cathérine De Médécis (Reine de France) ont fui la France pour l'Allemagne notamment et plus tard pour l'Afrique du Sud aussi.

de l'histoire, car selon lui, tout est parti de cette escale, des dissensions entre la Compagnie et ses émissaires et la transformation progressive de l'escale technique en une colonie de peuplement pour les marchands hollandais.

Et à partir de ce moment, le grand ballet impérialiste a suivi sur fond de contestations, de conflits larvés, de batailles ouvertes, de réconciliations stratégiques entre les Hollandais (les précurseurs), les Anglais engagés au Cap entre 1799 et 1806 pour la protection de leurs communications avec les Indes pour coloniser ensuite le Cap, les huguenots français et les protestants allemands et autres Anglais sécessionnistes pro-Hollandais par intérêt et par simple calcul.

Ainsi, comme si l'envahissement ne suffisait pas, le comble est que les impérialistes sont allés jusqu'à traiter les Africains[23] d'émigrés[24] venus d'Afrique centrale en même temps qu'eux pour s'installer en terre étrangère.

En contestant de la sorte la légitimité historique des populations indigènes, il ne restait qu'à s'en référer à la loi de la jungle (celle du plus fort) qui est en faveur du colon blanc militairement mieux armé et stratégiquement mieux organisé.

L'Afrique du Sud ainsi définie comme un « *no man's land* » suscita plein de convoitises pour ce qui concerne la paternité de la colonie entre Anglais et Hollandais ; d'où l'éclatement de la guerre anglo-boer. Mais tout cela s'est opéré au détriment de la communauté noire indigène majoritaire, comme l'atteste l'assertion selon laquelle quand deux éléphants se battent, c'est l'herbe qui en pâtit. Les effets de tels combats et de leurs manifestations confirment l'antériorité de l'apartheid par les faits sur son officialisation par la législation en 1948 avec l'arrivée du Parti National au pouvoir.

De par les faits qui en donnent les preuves, on peut affirmer qu'au-delà des rapports de causalité entre politique coloniale et pratiques d'apartheid, il s'agit plutôt d'un même contenu aux contenants différents selon les épreuves et les tempéraments des maîtres à fouet.

[23] Il s'agit des populations indigènes de race noire.

[24] Les premières Blancs établis en Afrique du Sud, disons cette partie australe de l'Afrique devenue l'actuelle Afrique du Sud, ne sont pas considérés par certains historiens comme des occupants du pays d'autrui mais comme des pères fondateurs.

L'apartheid est un résidu, un sous-produit du colonialisme, pense D.M. Zwelonke, selon qui les deux systèmes sont indissociablement liés. Ainsi, leur combat visait principalement l'effondrement et l'effacement du colonialisme, de ses traces, de ses tares et de ses tâches, comme la déclaration qui suit :

> "Apartheid is rooted in colonialism, and it cannot be removed without removing colonialism.
> That is why we, in Azania, have to fight a colonial national struggle for total liberation."[25]

Ensuite, il ajoute avec désolation, comme pour s'en démarquer, son constat amer sur la maladroite comparaison entre les combats pour la cause noire menés aux États-Unis d'Amérique et ceux enregistrés en Afrique du Sud. En dehors des persécutions communes dont étaient victimes des personnes de même race sous l'instigation, l'inspiration et par l'action d'autres semblables de race opposée, les différences étaient très nombreuses :

> "Dreamers equate our struggle with the civil rights campaigns in USA, where the Negroes are a minority and not indigenous there.
> This is the correct view of apartheid, historically analysed."[26]

En dépit de la vérité historique qui est le fondement de cette assertion basée sur la comparaison des données relatives aux rapports de forces numériques entre les Noirs et les Blancs vivant en Afrique du Sud et aux États-Unis d'Amérique, les Blancs se sont très souvent soutenus mutuellement dans leurs politiques de discrimination, tout comme les Noirs américains ont énormément inspiré ceux d'Afrique du Sud dans leurs luttes pour la liberté, l'équité et la démocratie. Beaucoup d'Américains de race blanche très influents avaient d'énormes intérêts financiers dans les compagnies sud-africaines, surtout minières, les plus puissantes de la période d'apartheid ; d'où l'ampleur des actes de lobbying au profit des tenants de l'apartheid aux USA. Pendant que les Noirs sud-africains étaient plutôt victimes de leurs divisions ethniques, tribales et linguistiques internes entretenues à dessein par le pouvoir blanc pour affaiblir ou empêcher toute tentative de rébellion raciale commune, les Noirs nord-américains étaient traversés par de profondes

[25] D.M. Zwelonke, "Historical Background of the Apartheid System", p.127.

[26] *Id.*,

divisions en "*'sectes', 'associations', ou 'églises' aux idéologies le plus souvent opposées*".[27]

Bien que dans les deux pays le Noir fût à la fois dominé et exploité par le Blanc tout en étant séparé de lui[28], les victimes n'en demeuraient pas moins en désaccord sur les finalités et les moyens des luttes. Aux États-Unis d'Amérique, les séparatistes et les intégrationnistes[29] noirs s'opposaient et en Afrique du Sud les partisans d'un racisme et d'une domination inversés par la violence et la confrontation directe faisaient face à ceux favorables à l'instauration d'une nation multiraciale et d'égalité des chances négociée et fondée sur le pardon et la réconciliation. L'issue des deux guerres de races est, en revanche, marquée partout par le triomphe des idéaux d'une nouvelle société mixte dans laquelle Noirs et Blancs vivent et travaillent côte à côte dans un premier temps et pour finir par se retrouver ensemble enfin.

Des analystes simplificateurs des questions raciales ont vite essayé de faire un rapprochement de type nouveau entre l'avènement de Nelson Mandela et de Barack Obama à la tête de leurs pays respectifs en des moments différents sous l'angle d'une inspiration que les Américains blancs auraient subie des Blancs sud-africains. Non seulement les histoires de peuplement et les compositions des populations sont très différentes, mais aussi le régime raciste d'apartheid a progressivement lâché du lest, car voyant venir une force supérieure l'envahir de tous bords avec l'appui de la majorité du monde.

---

[27] Roger Bastide, préface du livre-discussion : Margaret Mead et James Baldwin, *Le racisme en question,* Paris, Calmann-Levy, 1972, p. 7.

[28] *Id.,*

[29] Dans l'esprit des séparatistes, il faut deux Amériques séparées par une frontière raciale étanche comme le seraient deux pays voisins. L'idée était principalement théorisée par Marcus Garvey à travers sa Universal Negro Improvement Association (UNIA) et les musulmans noirs. Garvey militait en faveur du retour des Noirs en Afrique et y créer des conditions leur permettant de se suffire à eux-mêmes en se passant totalement du Blanc. Sa démarcation allait jusqu'à théoriser l'invention d'un Christ noir ; d'où l'idée d'une nation chrétienne. Et c'est là où réside sa divergence de vues avec les séparatistes noirs musulmans des années 30 dont le choix portait sur une nouvelle nation islamique dans le territoire américain avec aucune place pour les Blancs, les chrétiens et les militants de la laïcité. Cependant, pour les intégrationnistes amenés par les écrivains noirs de Harlem comme Langston Hughes et Richard Wright, les Noirs peuvent et doivent vivre la totalité de leurs droits sans discrimination avec les Blancs dans la même société en gardant intacte leur propre identité. Lire *Le racisme en question* de Margaret Mead et de James Baldwin.

Pour le cas des États-Unis d'Amérique, les électeurs ont simplement porté leur choix sur un homme qui est au centre des races, (un métis (Luo), non descendant d'esclaves, de mère américaine blanche et de père africain noir), qui a pu remplir tous les critères d'excellence, de mérite et de persévérance attendus d'un *self-made-man* incarnant parfaitement le rêve américain. Il a d'ailleurs battu une campagne victorieuse autour de la victoire de cet *american dream* portant sur sa personne, sa "légende personnelle" et sa vision de l'avenir.

Ainsi, en partant d'un constat de départ basé sur les liens étroits entre les politiques coloniales mises en œuvre en Afrique du Sud pendant plus de trois siècles et les systèmes de gouvernance pratiqués sous les différents régimes de l'apartheid avec leurs relations directes avec l'État, les enjeux et les défis de la nouvelle nation arc-en ciel, le livre est structuré autour d'un plan divisé en trois grandes parties.

À cause des dimensions anthropologiques et civilisationnelles du thème développé, nous solliciterons régulièrement des sources historiques, de même que des théories économiques et des éclairages sociologiques. Dans certaines situations, des aspects géographiques seront aussi exploités pour mieux traiter des questions relatives aux politiques publiques mises en œuvre dans la perspective d'apprécier leurs impacts sur la nouvelle condition socioéconomique des Noirs. La littérature étant une composante essentielle de la civilisation d'un pays, nous ferons régulièrement recours à la production littéraire et artistique du pays et sur le pays relative à notre thème d'études, sans oublier les analyses de sciences politiques pouvant faciliter une meilleure compréhension de l'apartheid, de l'Afrique du Sud et des nouveaux défis auxquels elle est confrontée.

En ce qui concerne l'approche méthodologique, il s'agira d'allier en même temps des démarches descriptive, analytique et prospective. En effet, plusieurs dimensions de la notion d'altérité, celle fabriquée par l'anthropologie coloniale et la philosophie de l'apartheid et ses avatars, ses représentations et ses conséquences sur la nouvelle Afrique du Sud démocratique et multiraciale feront l'objet de notre attention.

Ainsi, sur la base d'un traitement chronologique du déroulement des faits historiques et de leurs implications de plusieurs ordres avec des allers retours à des fins d'illustrations explicatives des situations du présent par des actes du passé, chaque partie est répartie en plusieurs chapitres (trois en général), subdivisés à leur tour en sections.

En effet, il est presque impossible d'aborder avec succès la question de l'apartheid en faisant abstraction des signes avant-coureurs perceptibles dans les méthodes et visées du système colonial établi sur place, d'où notre recours au rappel des différentes principales expériences coloniales, leur évolution et aussi leurs conséquences directes sur la situation générale actuelle de l'Afrique du Sud.

L'apartheid n'était pas une politique spontanée ou une pratique conjoncturelle, mais l'aboutissement d'un long processus colonial destiné à l'exploitation des personnes, de leurs avoirs et des terres, comme l'ont confirmé les Hollandais et les Anglais pendant leur établissement impérialiste en Afrique du Sud. C'est pour cela que la première partie va porter sur ces questions sus-mentionnées en abordant les nombreuses contradictions entre les justifications philanthropiques manifestées et les véritables fondements économiques manifestes notés à travers l'histoire coloniale et de peuplement du pays et leurs implications politiques et surtout raciales dont la plus achevée est l'instauration d'un système de réglementation liberticide, d'exploitation et d'exclusion des populations noires.

Pour la deuxième partie, il s'agira d'évaluer l'ampleur des dégâts causés par les violations des droits humains sous diverses formes et dans plusieurs secteurs d'activités et segments de la vie et des réactions protéiformes qui en découlent pour l'imposition ou la négociation de l'avènement d'une société démocratique, juste et équitable dans laquelle les droits et les devoirs n'ont ni race ni sexe. De l'émergence d'une conscience politique favorable au refus de l'acceptation ou de la tolérance de la posture victimaire de la « servitude volontaire » ou du réalisme fataliste aux confrontations physiques et intellectuelles directes, nous allons passer en revue, tout en analysant les phénomènes sociologiques, les influences idéologiques et les enjeux programmatiques et prospectives des stratégies de luttes contre l'apartheid et les scories de la colonisation en Afrique du Sud.

Enfin, la troisième et dernière partie traitera essentiellement des nouveaux défis et problèmes de l'Afrique du Sud postapartheid et des mécanismes et politiques alternatives mis en œuvre pour conformer la jouissance de la liberté politique à l'épanouissement économique et social sans trop d'entraves raciales et sociales. Les conséquences psycho-sociologiques de la longue durée des dénis extrêmes de droits et de libertés relatives aux abus des libertés et des droits par les anciens « sujets » entièrement à part, comme le voulait la politique du

« développement séparé », devenus des citoyens à part entière tel qu'exigé par la nouvelle nation arc-en-ciel vont servir de socles d'appréciation et d'évaluation de la problématique de l'intégration socioéconomique des Noirs en Afrique du Sud postapartheid.

Première partie

Histoire et fondements des expériences coloniales et d'apartheid de l'Afrique du sud : la réalité entre les dynamiques économiques manifestes et les justifications philanthropiques manifestées

L'Afrique du Sud a été pendant très longtemps le haut lieu de rudes et féroces compétitions entre forces impérialistes occidentales. La recherche d'une « terre promise » et l'attachement hystérique à celle-ci pour certains, les enjeux et les retombées économiques relatifs aux richesses naturelles du pays pour d'autres, en plus des conditions climatiques et géographiques particulièrement favorables qui la rapprochaient des réalités et des conditions de vie et de travail du monde européen, en faisaient une terre de convoitises, de compétitions, de batailles, de bagarres, de guerres et surtout de résistances très farouches de la part des autochtones. À l'image des réalités inversées de la situation de l'esclave d'origine africaine réduit en un vil sujet sans le moindre droit, encore moins de perspectives acceptables dans son bourbier de plantation américaine, l'autochtone sud-africain était devenu le moyen, l'instrument et la grande victime des ambitions de toutes ces forces colonisatrices qui se sont succédé ou croisées dans cette partie australe du continent africain.

Cependant, l'histoire coloniale de l'Afrique du Sud ayant débouché sur la politique d'apartheid semble relever d'un simple fait du hasard, ce qui explique les nombreuses contradictions politico-économiques et morales de l'apartheid qui ont été notées par la suite. Sans programmation formelle et bien planifiée de sa conquête coloniale aux débuts, les nombreuses découvertes de richesses naturelles et minières précieuses et stratégiques ont fini de faire du pays une des plus grandes priorités coloniales des forces impérialistes transformées en un vaste champ de batailles, de rapports de forces et de colonie de peuplement à construire à l'image de l'Europe, en ce qui concerne la partie occupée par les Blancs.

Considérés comme des étrangers dans leur propre pays, les Noirs y étaient devenus des parias exclus et exploités à des fins d'enrichissement et de glorification des nouveaux envahisseurs sur des bases principalement raciales. Les origines, les histoires et les préoccupations psychologiques différentes des forces d'occupation et de domination impérialistes rendaient plus complexes et compliquées les expériences et les méthodes coloniales vécues en Afrique du Sud au même titre que les résolutions des conflits qui en découlaient régulièrement. C'est ainsi qu'il faut d'ailleurs comprendre l'établissement d'un rapport de causalité entre la colonisation qui y était mise en œuvre et la politique d'apartheid qui y a été pratiquée par la suite.

Colonie d'asile et d'exil, terre d'accueil et de refuge de persécutés, d'exclus et de victimes d'ailleurs, mais aussi de victimisation, de massacres et de cohabitations douloureuses et difficiles, l'Afrique du Sud était un nouveau cadre d'expérimentation de fantasmes, d'idéologies étrangères rétrogrades et déshumanisantes et de réalisations de rêves et d'ambitions sans terre d'élection. Ainsi, pour une analyse juste des enjeux, des défis et des dynamiques de la présence coloniale de multiples forces expansionnistes dans le pays, il devient essentiel de prendre en compte les fondements idéologiques et historiques des peuples en présence. C'est ensuite qu'on va tenter de bien appréhender la portée des préoccupations économiques et politiques qui ont finalement généré à cette partie australe du continent africain sa modernité et son industrialisation actuelles à côté de la pauvreté et de l'extrême indigence de l'écrasante majorité de sa population non blanche à l'heure de la démocratie, de l'égalité, de l'équité et de la multiracialité.

Les caractéristiques physiques, économiques et politiques de l'actuelle Afrique du Sud qui peuvent fournir les preuves du décalage entre les invocations philanthropiques manifestées et les causes économiques réelles manifestes vont être présentées dans cette présente partie dans la perspective d'une présentation et d'une étude du défilé et du ballet impérialiste, d'une part, et les formes et implications des conflits d'intérêts, d'autre part.

La formalisation étatique de la politique d'apartheid en 1948 par le National Party des Afrikaners racistes avec ses vagues de lois et de règlements portant orientation, réglementation, organisation et propagande de la séparation raciale totale feront l'objet d'études en dernière phase de cette première partie de notre travail.

CHAPITRE I

APPROCHES D'IMPLANTATION ET ACTIONS D'IMPOSITION DES POLITIQUES DES POUVOIRS COLONIAUX

L'Afrique du Sud coloniale a fait l'objet d'une grande convoitise des puissances coloniales étrangères. Quelques traces apparentes en sont toujours perceptibles de nos jours dans les villes sud-africaines, à travers le traitement bilingue de presque toutes les informations d'intérêt public. Panneaux de signalisation et tableaux de publicité portent la plupart du temps des inscriptions en anglais et en afrikaans. Lieu de convergences des peuples persécutés comme les Boers et les huguenots français à la recherche d'une patrie d'épanouissement sociopolitique, économique et religieux des puissances impérialistes pures comme l'Angleterre, l'Allemagne, le Portugal, etc., l'Afrique du Sud a vécu toutes sortes de sollicitations économiques et d'exploitation de ses populations autochtones et celles qui y étaient drainées de force (esclavage), comme des ouvriers agricoles et des travailleurs dans les mines pendant la période de la pénétration et de l'occupation coloniales.

Les enjeux économiques y étaient nombreux et variés, les conflits opposant les différents protagonistes dans l'assouvissement de leurs désirs réguliers rudes et permanents et les justifications de leur présence parfois peu convaincantes. Mais le ballet impérialiste a à tout point de vue donné raison à Guy de Bosschère qui, en appréciant la colonisation de manière générale, est convaincu qu'elle « *aura représenté simultanément la promotion du colonisateur et de la déchéance du colonisé* »[30]. Les expériences coloniales sud-africaines ne font pas exception à cette règle. Elles le confirment d'ailleurs de la pire des manières du fait des nombreuses découvertes de richesses naturelles, en plus des excellentes conditions climatiques et des avantages géographiques qui caractérisent le pays. Ce qui fait que la brutalité des méthodes de conquêtes était à la hauteur des opportunités à saisir et de la détermination des protagonistes en compétition.

---

[30] Guy de Bosschere, *Autopsie de la colonisation. Les deux versants de l'histoire,* Paris, Albin Michel, 1967, p.9.

Ainsi, pour traiter de ces questions, dans ce chapitre qui suit, nous nous intéresserons particulièrement aux deux principales puissances coloniales en présence ; la Grande-Bretagne et la Hollande et les principaux protagonistes: les Anglais et les Boers.

Tout d'abord, nous procéderons à une présentation générale sous forme de fiche signalétique des traits marquants et particularisants de l'Afrique du Sud, puis nous aborderons les raisons cachées derrière celles apparentes qu'ont en commun les deux pouvoirs coloniaux, pour enfin présenter la colonisation selon les pratiques et les points de vue des Boers, sans omettre leurs contours et leurs véritables enjeux sous le règne des Britanniques et les contacts permanents et les influences mutuelles entre les deux forces. .

1. Présentation générale de l'Afrique du Sud actuelle : tentative d'explication du passé par le présent à partir des aspects physiques, économiques, culturels et politiques

Au moment de l'abolition de l'apartheid, l'Afrique du Sud était un des pays les plus riches en termes de potentialités économiques avec des ressources naturelles dont les réserves disponibles lui garantissaient d'excellentes perspectives de développement. Elle abritait 44 % des réserves mondiales de diamant, 82 % des réserves de manganèse, 64 % de platinium, le tiers de la production mondiale d'or en tant que premier producteur[31]. L'héritage politique, social et culturel reposait sur des passifs difficiles à maîtriser à cause du racisme d'État qui venait de s'effondrer, mais les acquis et les potentialités économiques, en dehors des disparités raciales graves, offraient des bases solides de rectifications sociales et de relance d'une politique de développement durable et équitable. Pour mieux comprendre les nouveaux enjeux et défis socioéconomiques de la nouvelle Afrique du Sud, il est essentiel de passer en revue ses caractéristiques majeures qui fondaient les causes principales de son attractivité coloniale d'hier et sa place actuelle dans les relations internationales.

En abordant l'histoire du peuplement de l'Afrique en général et celle de l'Afrique australe en particulier, l'historien français François-Xavier Fauvelle-Aymar, qui se réfère aux derniers millénaires, perçoit l'Afrique

[31] Martin Meredith, *The Fate of Africa. A History of Fifty Years of Independance,* New York, BBS, Public Affairs, 2005, p. 649.

australe des origines comme un finistère. Voici la description qu'il en fait :

> « Un finistère dans lequel auraient pénétré, par vagues successives, des groupes humains condamnés en quelque sorte à un développement sur place et à un mélange avec les populations déjà présentes. »[32]

Ensuite, ce docteur en histoire qui s'intéresse particulièrement aux questions liées à l'histoire du peuplement et à la construction des identités en Afrique australe nous décrit les traits géographiques de la zone sur la base de métaphores.

L'Afrique australe lui donne l'impression d'un vase. Sa description cartographique de cette partie du continent noir se passe de commentaires, tellement l'image est saisissante et vraisemblable dans ce qu'il présente comme un vase.

> « Un vase fermé par le désert du Kalahari, posé comme un bouclier sur le cœur du sous-continent, bouchon plus ou moins étanche selon les époques et laissant sur les bords deux couloirs de pénétration. De ce vase peu de groupes sont sortis, tandis que les contacts avec le reste du monde semblaient devoir se limiter aux apports humains et aux innovations culturelles infiltrés par le nord. »[33]

En effet, il reste évident que l'histoire de cette partie australe du continent a été marquée à grands traits par l'utilisation excessive de ces couloirs de pénétration par de multiples forces étrangères en partance pour ce qui est devenu aujourd'hui l'Afrique du Sud multiraciale. Cependant, les contacts qui devaient se résumer à des apports humains et à des innovations culturelles ont débouché à partir de l'époque coloniale, et même bien avant pour l'Afrique du Sud, sur une surexploitation à la fois économique et humaine. Les raisons de cette déviation de l'histoire des contacts entre peuples d'origines différentes et les conséquences qui en ont découlé semblent se trouver dans la présentation physique et économique de l'Afrique du Sud actuelle.

---

[32] François-Xavier Fauvelle-Aymar, *Histoire de l'Afrique du Sud*, Paris, Editions du Seuil, 2006, p.103.

[33] François-Xavier Fauvelle-Aymar, *op, cit.*,p. 103.

Avec une superficie de 1.219.090 km²[34] pour une population totale estimée à 44.819.778[35] d'habitants en 2001[36], l'Afrique du Sud occupe la presque totalité de la partie australe du continent africain.

Elle se situe entre les latitudes 22° et 35° Sud et entre les longitudes 17° et 33° Est[37].

Elle est limitée à l'ouest, au sud et à l'est par les océans Atlantique et Indien, au nord-est par la République du Mozambique et le royaume du Swaziland.

Elle partage ses frontières également avec la Namibie, le Botswana et le Zimbabwe. Entièrement inclus dans le territoire sud-africain, le Royaume montagne du Lesotho se situe dans le sud-est du pays.

A 1920 kms au sud-est de Cape Town, dans l'océan Atlantique on trouve les îles Prince Edward et Marion annexées par l'Afrique du Sud depuis 1947, un an avant l'institutionnalisation officielle de l'apartheid. L'Afrique du Sud a des côtes qui s'étalent sur 3000 kms.

Avec un climat doux et tempéré, on trouve dans le pays des montagnes, des déserts, de vastes plages, de larges forêts avec leurs parks zoologiques et de vastes, luxuriants et verdoyants paysages. Le pays est presque ensoleillé toute l'année.

Ce grand pays qui, à lui tout seul, couvre une superficie totale supérieure à celle des États de la Californie, de l'Arizona, de l'Utah et du Nevada réunis est une grande attraction touristique tant du point de vue de son histoire peu commune que de ses caractéristiques physiques.

La richesse de sa faune et de sa flore ajoutée à ses lacs, rivières et fleuves (Orange, Vaal et Limpopo) constitue un potentiel touristique de plus pour l'économie du pays. Sur le plan topographique, on distingue quatre régions géographiques :

---

[34] *South Africa Yearbook 2001/02,* p.6.

[35] *South Africa, Yearbook 2004/05*, Pretoria, Government Communications (GCIS), p. 1.

[36] Rendus publics en juillet 2003, les résultats du deuxième recensement démocratique de la population opéré en 2001 ont produit le tableau de classement qui suit : se considèrent Noirs 79%, Blancs 9,6%, personnes de couleur 8,9% et Indiens et Asiatiques 2,5%.

[37] *South Africa Yearbook 2001/02*, p. 6.

- les plateaux encore appelés les velds[38] ;
- les zones montagneuses notamment le Great Escarpment, et tout un ensemble de hautes terres ;
- les régions côtières et enfin
- les zones désertiques.

C'est ainsi que la côte ouest sud-africaine donne sur le désert. Il est à noter cependant que le désert de Kalahari occupe l'essentiel de la partie nord de la province du Cap tout le long du moyen veld jusqu'au Botswana et à la Namibie voisins[39]. En ce qui concerne les montagnes, à la frontière entre l'Afrique du Sud et le Lesotho se dresse le point culminant du pays qu'est le Champagne Castle, avec ses 11.073 pieds[40] au-dessus du niveau marin.

Au plan des ressources naturelles, l'Afrique du Sud est un pays qui regorge d'énormes potentialités économiques dont certaines parmi elles la placent au rang des plus grands producteurs mondiaux dans bien des cas. Déjà à l'époque coloniale, la richesse de son sous-sol en avait fait une zone de grandes convoitises sur fond de conflits parfois très violents. À elle seule, l'Afrique du Sud détient actuellement presque les deux tiers de la production mondiale d'or et le quart de la même dimension de celle du diamant de grande qualité. Elle dispose également de dépôts très riches de fer, de chrome, de charbon, d'uranium, de platinium, d'étain et d'amiante. Ses entreprises d'exploration et d'exploitation aurifères et diamantifères commencent à s'imposer dans les pays africains qui disposent de ressources minières. En revanche, le pays ne produit pas encore de pétrole.

Connue pour son passé agricole et pastoral, l'Afrique du Sud se distingue toujours par son agriculture florissante favorisée par ses nombreuses zones pluvieuses, en plus de la modernisation (mécanisation très avancée) du secteur qui le rend moins dépendant de la pluviométrie.

Dans le cadre des échanges commerciaux, pour les produits agricoles il faut noter que l'Afrique australe s'est toujours particularisée positivement dans le secteur agricole. De nos jours, la question de la redistribution des terres et ses conséquences relatives à leur exploitation

[38] Mot afrikaans pour dire plaines herbacées.
[39] *South Africa Yearbook 2001/02.*
[40] R. L. Watson, *South Africa... in Pictures*, Minneapolis, Lerner Publications Company, 1996, p.9.
1 pied ou feet en anglais au pluriel = 30,48 centimètres.

empoisonnent l'atmosphère dans le secteur, avec son cortège de contre-performances et de violences, comme l'atteste le problème des fermiers blancs au Zimbabwe voisin. La gestion rationnelle et équitable de la question foncière est devenue aujourd'hui un problème à la fois politique et économique.

Depuis 1994, la nouvelle politique de redistribution équitable plus conforme à un esprit de meilleure répartition des richesses et des opportunités ne parvient toujours pas à aboutir à des résultats satisfaisants. Jusqu'à présent, c'est « *moins de 8 % des terres arables* (qui ont) *changé de mains, et 80 % restent exploitées par des Blancs* ».[41]

Cependant, la nouvelle politique *d'affirmative action* sud-africaine mise en œuvre à travers le *Black Economic Empowerment* (BEE), les nouveaux bénéficiaires chez les Noirs commencent à faire émerger de grands entrepreneurs agricoles nantis et créateurs d'emplois chez les plus pauvres.

En effet, malgré le tableau très reluisant de ses potentialités économiques, le pays est confronté à de sérieuses menaces contre ses ressources humaines les plus dynamiques. La pandémie du SIDA fait des ravages dans le pays qui affiche un des taux de prévalence les plus élevés du continent, 25 % de la population générale.

Sur le plan politique, l'Afrique du Sud est devenue une démocratie qui garantit la libre participation de tous les citoyens dans l'occupation de l'espace public. Le multipartisme ne souffre d'aucune entrave majeure. L'esprit consensuel y est fortement encouragé et soutenu. L'entreprenariat privé reçoit le soutien politique et les incitations à l'investissement des pouvoirs publics. L'expression harmonieuse et libre de la diversité culturelle et raciale a retrouvé ses cadres de plénitude et d'épanouissement.

En ce qui concerne les questions linguistiques, les langues isindebele, isixhosa, isizulu, sepedi, sesotho, setswana, siswati, tshiwenda et xitsonga sont désormais considérées comme langues officielles au même titre que l'anglais et l'afrikaans qui demeurent les langues principales de travail administratif. Les autres langues pas très usitées, qui sont presque en voie de disparition, font l'objet de protection par des appuis divers dans le respect du droit linguistique par le Pan South African Language Board (PANSALB).

---

[41] Patricia Huon, « Afrique du Sud. Les gagnants de la réforme agraire », in *Jeune Afrique*, N° 2734 du 2 au 8 juin 2013, p. 118.

Derrière ce multilinguisme soutenu se cache un pays multiconfessionnel avec une prédominance des chrétiens qui font 80 % de la population. Cependant, à cause de la provocation, pour des besoins de main-d'œuvre bon marché, de la présence massive d'immigrés venus de la Malaisie, de l'Indonésie, de l'Inde, entre autres, beaucoup de musulmans sud-africains d'origine étrangère, mais qui sont établis dans le pays depuis des siècles, habitent la zone du Natal.

À leurs côtés on peut distinguer les Hindous, les Juifs et les adeptes des religions traditionnelles ou même des animistes. Cette cohabitation, d'abord tumultueuse puis paisible, de peuples de plusieurs origines étrangères, mais bien établis dans le pays depuis plusieurs générations en fait une *« nation de minorités »* devenue une nation arc-en-ciel depuis l'abolition de l'apartheid.

Ce sont autant de diversités qui font du pays un riche carrefour de rencontres de plusieurs peuples, de plusieurs cultures, de multiples convergences et divergences dont la bonne gestion ajoutée aux potentialités économiques donne une large avance au pays sur les autres du continent dans un nouveau contexte mondial de hautes compétitions dans tous les domaines. Son niveau de développement économique, en dépit des disparités sociales héritées des fossés raciaux du passé, sort l'Afrique du Sud carrément du lot des pays africains soucieux de la satisfaction primaire des besoins de réalisation des infrastructures de base nécessaires à leur décollage économique. Avec un Produit National Brut (PNB) qui a pu atteindre en dix ans de démocratie 156 milliards de dollars des États-Unis d'Amérique, le pays se rapproche de plus en plus, sur le plan des priorités de partenariats économiques, de ses véritables pairs : les pays émergents qui se retrouvent dans le cadre des BRICS (Brésil, Russie, Inde, Chine et Afrique du Sud).

La politique de répartition du pouvoir décisionnel repose sur la provincialisation et un transfert important de pouvoirs à la gouvernance locale.

Le pays est subdivisé en neuf provinces[42] disposant chacune de sa propre assemblée législative, avec des pouvoirs conséquents en matière de programmation et de mise en œuvre de ses projets de développement et de partenariats financiers.

---

[42] Il s'agit de Western Cape, Eastern Cape, Kwazulu-Natal, Northern Cape, Free Sate, North-West, Gauteng, Mpumalanga et le Northern Province.

À la tête de chaque province est élu un chef de l'exécutif local (le Premier) avec des membres du conseil exécutif provincial (Provincial Members of Executive Council).

La stabilité sociopolitique du pays, malgré le taux élevé de criminalité lié à l'extrême pauvreté de certaines couches populaires et à la culture de violence héritée des durs siècles de luttes, permet au pouvoir politique actuel de faire disparaître efficacement et judicieusement les disparités sociales.

En effet, ces nombreux atouts dont dispose le pays constituent à la fois des obstacles et des opportunités majeures pour le gouvernement sud-africain pour mieux jouer un rôle prépondérant dans les relations internationales et s'imposer comme une puissance économique en Afrique, respectable par le niveau et la qualité de répartition équitable des ressources du pays et des retombées de sa politique de coopération avec le reste du monde. La chance du pays repose principalement sur le fait que ses potentialités économiques n'ont pas été abusivement exploitées à des finalités exclusives de modernisation ou de développement d'autres pays. L'exploitation et l'exclusion de la majorité noire pendant les périodes successives de la colonisation, de la ségrégation et de l'apartheid ont profité à la construction d'une nation moderne et bien équipée (le pays du Blanc dominant), à côté de la nation noire qui manquait de tout jusqu'à la fin des années 90. Une nouvelle politique tirant les leçons du passé fait d'inégalités et partant des bons acquis de départ pourra bien, par une approche d'harmonisation des différentes parties du pays dans une logique de rééquilibrage minimal par de nouveaux investissements et de dotation de nouvelles infrastructures, rendre l'Afrique du Sud homogène dans la préservation de la diversité qui fait son charme historique et touristique.

L'Afrique du Sud a, en effet, toujours été attractive hier comme aujourd'hui. Les secrets de son charme et les intérêts qu'elle cache sont les grands enjeux de la succession des forces coloniales dont les stratégies, les conflits et les politiques appliquées sont les socles de la situation actuelle d'une des économies les plus compétitives de l'Afrique.

2. La VOC (*General Veerenigde Nederlandsche Geoctroyeerde Oostinddische Compagnie*), le Cap et l'établissement du pouvoir colonial hollandais

À la suite de la présence portugaise en Afrique du Sud un peu plus tôt, les Hollandais et les Anglais étaient appelés par leurs intérêts à marquer le pays de manière historique inaltérable et incontestable. Tout est parti de 1652, une année qui est sans nul doute la plus emblématique de l'histoire coloniale de l'Afrique du Sud. Elle marque l'arrivée, le 21 avril[43], de Jan Van Riebeeck au Cap de Bonne-Espérance à la tête de bateaux remplis de criminels, de condamnés, de repris de justice, de fanatiques religieux, de dépressifs mentaux et de sanguinaires, etc[44]. La première conséquence immédiate de l'arrivée de cette vague de nouveaux venus était la fin du monopole des transactions commerciales existant depuis le XVI[è] siècle autour du Cap et menées par les Portugais qui ont su bien profiter de la rentabilité de l'exportation d'esclaves en provenance du Congo, de l'Angola, du Mozambique (...) vers les Amériques.

Ultérieurement d'ailleurs, l'enjeu des projets impérialistes avec des réalisations d'envergure occidentale est devenu plus perceptible avec la réalisation de la ligne ferroviaire reliant Lourenzo Marques (Mozambique) et le Transvaal (Afrique du Sud). Malgré son achèvement tardif dans la période post-apartheid, l'enjeu tout comme l'importance stratégique qu'elle constituait pour le pays dans le contexte économique mondial d'alors sont incontestables, comme nous le résume Abou Haydara :

> « La construction de cette voie ferrée qui s'est achevée avec beaucoup de retard était vitale pour les intérêts des deux pays ; elle permettait au Portugal d'exploiter notamment les potentialités économiques de l'intérieur, et aux Boers d'avoir accès à la mer. »[45]

---

[43] L'historien Ibrahima Baba Kaké donne la date du 5 avril. Lire Ibrahima Baba Kaké, *Combats pour l'histoire africaine,* Paris, Présence Africaine, 1982, p.147.

[44] Leur nombre s'élevait à quatre-vingt dix hommes, selon les chiffres les plus fréquents donnés par les historiens spécialistes de l'Afrique australe.

[45] Abou Haydara, « L'Atlantique, voie alternative à la méditerranée (le Portugal et l'expansion outre-mer au XV[è] siècle) », in *Regards croisés sur les peuples de la Méditerranée* (Actes de colloque, FLSH, UCAD) Dakar, Faculté des Lettres et Sciences Humaines, 2003, p.88.

Cela s'est passé après le départ des Boers du Cap. Le Cap donne directement sur la mer, avec ses multiples potentialités économiques vers l'hinterland réputé hostile à cause de la détermination des populations indigènes à exercer le plein pouvoir sur leurs territoires moins riches. Cependant, il est à noter que les Boers n'ont pas pu réaliser ce projet eu égard aux nouveaux enjeux économiques suscités par la découverte de minerais dans le Transvaal. Tout semble montrer que cet état de fait suscite et entretient les conflits, comme le démontrent plusieurs pays africains en proie à des guerres civiles sanglantes justement parce qu'ayant découvert de l'or, du fer, du diamant, du pétrole ou autres minerais dans leurs sous-sols. La région du Transvaal n'a pas échappé à la règle et commençait, selon Abou Haydara, *« à susciter beaucoup d'intérêts chez les Allemands et chez les Anglais (...). La dispute pour la mainmise sur le couloir ferroviaire de Lourenzo Marques, seul accès efficace vers ces territoires, devenait donc inévitable »*[46].

Cette tournure des événements confirme le terrible constat de Johan Norberg sur les conséquences générées dans beaucoup de cas par la découverte de ressources dans une zone géographique. Le Suédois pense que ces richesses naturelles constituent des facteurs et des causes de retard économique. Pour lui, les pays les mieux dotés par la nature ne sont pas forcément les plus développés, car étant le plus souvent les espaces de conflits d'intérêts qui s'exposent aux fléaux et aux difficultés sociales les plus incompréhensibles et les plus incohérentes du monde moderne. D'ailleurs, dans beaucoup de situations, ces pays qui sont les plus riches en ressources naturelles abritent les populations les plus pauvres de la planète. C'est cette particularité avec ses contradictions économiques qu'il nous décrit en des termes très simples: "*It is not the countries with abundant raw materials that have grown fastest, and often they are held back, because natural assets give rise to internal conflicts.*"[47]

En effet, le parcours colonial des Boers en Afrique du Sud allant du Cap au Transvaal en passant par l'État libre d'Orange ne pouvait jamais être facile à cause des nombreux et récurrents obstacles traversés par ces derniers tout au long de leur quête de terres pour leur épanouissement économique. Les nombreuses richesses hasardeusement découvertes dans le pays ont généré par la suite énormément de rivalités, de convoitises, de conflits, de guerres féroces et de réconciliations pragmatiques bien

---

[46] Abou Haydara, *op. cit.*, p.89.

[47] Johan Norberg, *In Defence of Global Capitalism*, Stokholm, Timbro, 2001, p.144.

calculées entre eux et les Britanniques, d'une part, et eux et les populations indigènes de l'intérieur du pays, d'autre part.

En effet, la création d'une escale de ravitaillement sur la route de l'Orient par la Compagnie Hollandaise des Indes Orientales, la *General Veerenigde Nederlandsche Geoctroyeerde*, plus connue sous le nom de VOC, allait ouvrir une nouvelle page de l'histoire sud-africaine, devenue particulièrement riche au point de faire confondre les bases de tout l'avenir du pays à cette phase de son évolution. Déjà en 1602, suite à une fusion de huit compagnies maritimes donnant naissance à la VOC, celle-ci obtint le monopole du commerce à l'est du Cap de Bonne-Espérance et à l'ouest du détroit de Magellan. Au départ, il n'a jamais été question de la création d'une colonie de peuplement, encore moins d'une entreprise au motif de l'exploitation des ressources naturelles du pays au profit des populations indigènes, mais simplement d'une action devant lever des barrières et faciliter les transactions commerciales de la Compagnie : établir un poste de ravitaillement avec, pour mission, « *d'y construire un fort, de cultiver un potager et un verger, et de s'assurer que les vaisseaux de la compagnie puissent s'y approvisionner en eau fraîche et en nourriture* [48]». Dès la satisfaction de cette première préoccupation technique de base qui n'avait rien d'une entreprise coloniale proprement dite survinrent l'ambition et l'ordre d'engager la création sur des bases serviles d'une « *petite Europe blanche* [49]» insulaire dans la zone du Cap. Avec ces nouveaux projets, les populations indigènes (les Khoikhois et les Sans) ont commencé à subir un traitement politique, économique,

[48] Lucie Pagé, *Une femme au cœur de l'apartheid,* Paris, Presses de la Renaissance, 2004, p. 226.
Lucie Pagé est une femme blanche d'origine québécoise qui s'est rendue en Afrique du Sud pour la première fois pour des besoins professionnels. Elle était journaliste, reporter et correspondante en Afrique du Sud pour Radio Canada de 1991 à 1999. Tombée amoureuse du syndicaliste d'origine indienne Jay Naidoo (leader du puissant syndicat noir COSATU pendant trois mandats), elle s'est mariée à lui et du coup s'est retrouvée au cœur de la vie des grands dirigeants de l'ANC comme Mandela en tant qu'observatrice et actrice, avec même le grand privilège d'avoir pris part à la première élection démocratique et multiraciale avec son droit de vote conféré par le mariage aux termes des textes d'alors. Son mari, Jay Naidoo, fut élu député lors de la première législature de l'Assemblée nationale multiraciale, puis nommé ministre sans portefeuille chargé des Programmes de Reconstruction et de Développement dans le cabinet de Mandela avant de devenir ministre des Télécommunications, des Postes et de la Diffusion. Ses écrits sur la phase transitoire menant à l'abolition de l'apartheid font foi. Ils sont des témoignages d'une *insider* vigilante et consciente de sa participation active à l'écriture d'une riche histoire.

[49] Id.,p. 227.

social et culturel similaire au sort réservé ultérieurement (des siècles après) aux Noirs sud-africains avec l'apartheid. Contraints d'abandonner leurs habitudes de vie quotidienne par la force, à défaut de fuir la zone, dominés, domptés, assimilés culturellement et religieusement, leur nation céda sa place aux réalités et à la suprématie d'une nouvelle nation étrangère forgée par un peuple décidé à s'approprier des terres, des ressources et des habitants autochtones.

Leurs activités de loisirs et d'évasion pour se faire plaisir ont conduit à ce qui est considéré, de nos jours, comme un véritable génocide sur les populations indigènes. Comme pratique sportive, les colons ont pendant très longtemps organisé des parties de chasse à l'homme en allant tuer des Khoisans comme du gibier sous forme de compétitions dans la maîtrise et la manipulation des armes à feu. La question à se poser aujourd'hui est de savoir si le mobile de telles pratiques inhumaines était simplement la soif du sang, l'assimilation de cette catégorie de Noirs (ils sont assez particuliers de par leur petite taille, leur parler avec une langue à clics et leur choix de vivre en brousse) à des animaux sauvages. Pouvait-on les considérer comme étant simplement l'expression d'une volonté de se débarrasser d'une communauté réticente et très mal préparée à jouer un rôle important dans les activités agricoles nécessaires à la réussite des projets de ces nouveaux occupants ?

Déjà, au point de départ, l'établissement du *Dutch Verenigde Oostindische Compagnie* (VOC) à Table Bay (Cap) en 1602 fit face à la détermination des groupes indigènes appelés Khoisan[50] de bien marquer leur autorité sur leur territoire.

Alors, la bonne et conviviale ambiance commerciale qui existait entre les populations indigènes et les nouveaux venus ne fut que de courte durée avant de s'envenimer, bien que Jan Van Riebeeck, le premier à avoir commandé le VOC (1652-1662), ait réussi à reporter l'éclatement de la crise par une attitude et des actes qui évitaient, dans un premier temps, de perturber leur intégrité culturelle et leur stabilité socioéconomique.

La volonté exprimée par les Boers de s'accaparer des terres insuffisantes pour tout le monde mit l'huile sur le feu, comme le révèlent les échanges heurtés entre Van Riebeeck et le chef Khoikhoi, Harry the Stranloper, plus connu sous le nom de Autshumao lors d'une discussion

[50] Khoisan est le nom collectif des deux tribus vivantes au Cap depuis plus de 8000 ans avant l'arrivée des colons hollandais. Il s'agit des *Khoikhoi* qui sont des éleveurs et des *San*, des chasseurs.

en avril 1660, alors qu'on venait de le sortir de prison (Robben Island) pour des négociations de paix :

> - Austhumao: "if the country is too small, who has the greater right: the true owner, or the foreign intruder?"
> - Van Riebeeck: "Ons dan haer lant, door diffencive oorlogh rechtvaerdigh als met it swaert gewonnen, toegevallen, ende't welck wij ook voornemens waren te behouden" / 'We have won this country in a just war manner through a defensive war, and it is our intention to keep it' [51].

En d'autres termes, nous avons gagné ce pays d'une manière juste à travers une guerre défensive, et notre intention est de le garder. Cette réponse est sans équivoque quant à la détermination du pouvoir colonial hollandais à garder sans partage les espaces conquis et à conquérir, et aux solides convictions boer sur la légitimité et la justesse de leur combat d'enrichissement par la force et la négation du droit d'autrui (le Noir) à la propriété.

De toute façon, à la lumière de la culture et des valeurs khoikhoi, les Hollandais se sont vite rendu compte que ce n'étaient pas ces indigènes qui pouvaient régler intégralement et efficacement leurs besoins en main-d'œuvre. Les Khoikhoi ou Hottentots[52] constituent un peuple pastoral très peu attaché au travail agricole. Leur apport principal aux côtés des Blancs était plutôt de s'acquitter des tâches domestiques. Ce qui obligea les Hollandais à se tourner vers l'importation d'esclaves à partir d'abord des pays les plus proches, au lieu de recourir à l'immigration européenne estimée très coûteuse comme main-d'œuvre à entretenir. Ainsi, l'île de Madagascar a fourni plusieurs esclaves au Cap qui, avec le temps, est devenu une colonie de peuplement. Beaucoup de travailleurs ont également été amenés d'Inde, d'où l'importance actuelle du nombre de Sud-Africains d'origine indienne, de Malaisiens et d'Indonésiens. Ces relations de travail colonial servile ont généré beaucoup de naissances de plusieurs cas de métissage entre les Blancs et les Hottentots au XVIè et au XVIIè siècle, de même qu'avec les Malais du Cap. Pour l'importation d'esclaves, les principales cibles visées étaient les jeunes de seize à vingt quatre ans, surtout des garçons saints et robustes. Les filles n'étaient pas très prisées, car la gent féminine locale était suffisante pour assurer la reproduction des esclaves.

---

[51] Sampie Terreblanche, *History of Inequality in South Africa 1652-2002*, University of Natal Press, 2002, p. 154-155.

[52] Nom péjoratif pour désigner les Khoikhoi.

Encore, dans cette stratégie de mobilisation d'une main-d'œuvre servile, les Hollandais allaient affronter un autre obstacle majeur avec le colonialisme britannique marqué en un moment par l'abolition de l'esclavage dans les colonies anglaises en 1833. Toutes les dépendances de l'Empire britannique étaient concernées par ladite mesure qui allait énormément perturber les ambitions et les projets des Boers.

Dès 1865, devenus maîtres du Cap par un acte du Congrès de Vienne (Autriche), les Anglais contraignirent les Boers à se conformer à la législation en vigueur en Angleterre en ce qui concerne l'esclavage, car au Cap, les Anglais avaient fini d'y imposer leurs lois, leur autorité et leur langue[53].

Le recours à l'immigration européenne s'imposait naturellement, surtout avec la décision prise par le nouveau gouverneur Van der Stel en 1680 en vue de transformer la modeste escale technique pour le ravitaillement des bateaux de passage en une colonie qui devait se particulariser par sa prospérité et son aura internationale. L'accroissement immédiat et rapide de la population blanche dans la colonie du Cap a été aussi renforcé par l'arrivée massive d'immigrants hollandais, allemands, danois, suédois en fuite pour échapper définitivement aux atrocités et à la misère engendrées par la guerre de Trente Ans. Les coïncidences des malheurs et des violences qui s'abattaient sur divers peuples dans le monde ont également conduit, en 1688, plusieurs centaines de huguenots français à débarquer en Afrique du Sud suite à la révocation de l'édit de Nantes. Ces derniers n'avaient d'autres choix que d'être affectés à la culture de la vigne dans un contexte marqué par la fin du travail servile et la recherche d'une main-d'œuvre bon marché et capable de réaliser les ambitions économiques du pouvoir colonial. Aujourd'hui, on peut noter des influences de la culture française dans la vie quotidienne sud-africaine et son environnement social, surtout au Cap : des patronymes typiquement français de même que des noms de rue, de café et de bars y sont très nombreux. L'Afrique du Sud était un carrefour des peuples du monde qui est devenue aujourd'hui le pays de tout le monde.

Dans cette opposition politique et idéologique, les Anglais annexèrent le Natal en 1843 alors que les Boers tentaient d'y exercer leurs ambitions et d'y appliquer leurs lois. Le réalisme guida les Boers qui obtempérèrent pour l'application de la mesure de l'abolition de l'esclavage avec, comme

---

[53] Lire Robert Lacour-Gayet., *Histoire de l'Afrique du Sud,* Paris, Fayard, 1970.

contrepartie, la création des deux Républiques boers : Transvaal (1852) et Orange (1854) et leur libre administration par eux-mêmes[54].

Le partage du gâteau local aux dépens des Noirs autochtones est ainsi ficelé, mais en ravivant davantage l'imagination boer à poursuivre son combat économique. Toujours dans leur élan « *paternaliste* » pour contourner les pertes des sources gratuites de main-d'œuvre, les Boers eurent recours à un système de rechange alternatif situé entre la pratique de l'esclavage et le respect de sa prohibition dit « *d'apprentissage* » aux termes duquel une nouvelle prescription fut retenue :

> « Tout enfant[55] né d'un père esclave et d'une Khoikhoi était retenu au service du colon sur le domaine duquel il était né, jusqu'à l'âge de vingt cinq ans. Ce n'est qu'à ce terme qu'il acquérait la liberté »[56].

Ce contournement de l'abolition de l'esclavage sur la question relative à la satisfaction des besoins en main-d'œuvre est une des illustrations les plus achevées de la banalisation et du mépris de l'esprit des lois pouvant comporter la dimension la plus résiduelle de la possibilité pour le Noir de franchir un pas vers la liberté.

En effet, les Boers en sont arrivés à ce jeu de passe-passe par la mauvaise alliance forcée entre la Hollande et la France révolutionnaire puis napoléonienne, qui profita aux Anglais qui ont pris possession du Cap après s'être introduits de manière coloniale au Cap depuis 1795 pour bénéficier du commerce sur la route des Indes. Par la ruse et par la force et la violence sans négligence de leur grande capacité à recourir à la négociation, en faisant des concessions inattendues au besoin, les Afrikaners ont pu en définitive tirer leur épingle du jeu colonial avec les Africains, d'une part, et les Britanniques, d'autre part.

3. Les Britanniques en Afrique du Sud et leurs stratégies et politiques de domination économiques (1890-1948)

Les difficultés traversées par le système économique anglais qui a pendant très longtemps servi de modèle de développement socioéconomique au monde entier n'ont en rien remis en cause les ambitions politiques du royaume d'étendre son empire pour renforcer ses

---

54 Lire Robert Lacour-Gayet, *op. cit.*

55 Ces enfants sont appelés les Bastaard-Hottentos.

56 François Renault et Serge Daget, *Les Traites négrières en Afrique*, Paris, Karthala, 1985, p. 215.

possibilités de domination. Dans cette optique, le royaume a su toujours exploiter stratégiquement les situations difficiles et les maladresses de ses concurrents en atouts. Sa philosophie de l'impérialisme reposait sur un pragmatisme et un réalisme qui lui balisaient le chemin pour le ralliement facile des récalcitrants à sa cause sans diminuer ses ambitions. L'adage selon lequel le malheur des uns fait le bonheur des autres s'applique parfaitement aux conditions d'implantation coloniale de l'Angleterre en Afrique du Sud (le Cap). L'alliance forcée entre la Hollande et la France révolutionnaire a bien profité à l'Angleterre à laquelle est revenu officiellement le Cap à l'issue du Congrès de Vienne de 1815. Et à partir de ce moment une série de mesures à l'encontre des intérêts des Afrikaners a été prise par la métropole britannique, avec la percée très dynamique des mouvements et des partisans de l'abolition de l'esclavage et de l'exploitation démesurée de l'homme par l'homme. Ainsi, en 1823 fut supprimée la mesure sur les laissez-passer obligatoires pour les Noirs, suivie par l'abolition de l'esclavage dans les colonies anglaises en 1833[57].

Bien que la transition pour l'application stricte de telles mesures fût facilitée par un moratoire en faveur des Boers qui firent recours au système dit « *d'apprentissage* », les Afrikaners ne se retrouvèrent pas moins privés du monopole sans contraintes de la main-d'œuvre indigène. Et du contrôle du pouvoir colonial au Cap par les Anglais découle le début de la descente aux enfers des Boers qui furent contraints d'entamer leur Grand Trek. Car les Boers étaient à la fois confrontés aux dures conditions dans lesquelles devaient se réaliser leurs ambitions, l'hostilité des indigènes et les idées économiques d'inspiration libérale que les Britanniques venaient d'instaurer au Cap. Et ainsi leur survie était au bout de plusieurs épreuves. Cette réaction de survie contre l'hégémonie anglaise ou Grand Trek s'avéra être une éternelle course poursuite entre Anglais et Afrikaners, car leur première tentative d'établissement au Natal fut vaine, avec l'annexion de cette région par la Grande-Bretagne en 1843.

Dès lors, le motif des Britanniques concernant une mainmise sur le commerce de la route des Indes entamée en 1795 (début du colonialisme britannique) se transformera très vite en une entreprise coloniale à vocation politico-économique et culturelle en Afrique du Sud.

[57] Auparavant, en 1807, le commerce des esclaves était aboli.

Au sujet des enjeux de la présence coloniale des Anglais, il convient de souligner qu'au début du XIX^{è} siècle, l'Angleterre, qui était le pays le plus industrialisé au monde (Londres étant la ville, la première à être électrifiée au monde), commençait à se faire rattraper par d'autres pays tels que l'Allemagne. Ce début de compétition pour le développement économique et la gloire supposait le recours à d'autres alternatives plus durables devant passer par une politique d'ouverture et d'expansion économique, surtout qu'avec les succès des groupes de pression anti-esclavagistes à Londres, l'esclavage n'était plus ce filon aussi rentable qu'il était auparavant.

Au même moment, l'Afrique du Sud commençait à révéler ses richesses minérales par plusieurs découvertes et qu'il fallait faire triompher par la propagande les thèses de la supériorité de la civilisation occidentale, d'une part, et la supériorité de la race britannique, d'autre part.

En effet, pour garder son statut de leader industriel du monde, l'Angleterre se tourna vers les règles économiques conçues par ses fils pour garder le cap ébauché dès le début du XIX^{è} siècle. La stratégie fut toute simple:

> "In order to pioneer the first industrial revolution at the end of the 18th century, it needed to break down mercantilism and the monopoly of the merchant monopolist. Britain accomplished this important transition on the strength of Adam Smith's doctrines[58] of the alleged merits of economic liberalism, self regulating markets, atomistic individualism, and the sanctity of property rights"[59].

Il est évident que le soubassement réel de cette philosophie n'était nullement la libération du non Blanc du joug de l'asservissement, mais de contraindre les Boers à partager avec eux l'exploitation de la région avant de finir par les phagocyter ou de les repousser comme des malpropres vers l'intérieur du pays, comme l'attestent les péripéties du *Grand Trek*. Tout au plus, ce que le pouvoir libéral de Londres de 1823 a rapporté n'a profité que symboliquement aux gens de couleur avec l'adoption de l'Ordinance 50[60].

---

[58] Lire Smith Adam, *The Wealth of Nations,* New York, Bantam Classic, 2003 (first published in 1776), 1231 p.

[59] Sampie Terreblanche, *A History of Inequality in South Africa 1652-2002*, p.179-180.

[60] L'Ordinance 50 a promu l'égalité en droits en faveur des gens de couleur vivant dans les colonies.

Ainsi, l'addition d'idées philanthropiques et libérales a eu comme unique résultat l'élévation des gens de couleur sur les Noirs devenue plus mise en exergue avec l'institutionnalisation de l'apartheid avec sa politique de segmentation et de classification des races par ordre de valeur.

Cette nouvelle approche valorisée par des idées novatrices à connotation libératrice a facilité l'émergence de la Grande-Bretagne au Cap où elle est pourtant toujours intervenue directement, bien que timidement, entre 1795 et 1910. Cette période a ainsi milité au préalable en faveur de la diffusion de ses idéaux et de l'édification de ses intérêts avant de contrôler systématiquement le Cap en 1814. Et c'est à partir de cette période que, selon Sampie Terreblanche[61], l'expansionnisme britannique se raviva avec sa tentative d'établissement sur fond de conflits à l'Eastern Cape en 1820.

Ces mouvements vers l'est par conquêtes de terres et de main-d'œuvre se heurtèrent aux mouvements des Xhosas vers l'ouest à la recherche de pâturages ; d'où les collisions meurtrières entre eux dans la période allant de 1834 à 1853 soldées par des défaites des Xhosas. Ces défaites très dures ont beaucoup appauvri les Xhosas.

Ainsi s'estompaient déjà les lumineuses lueurs d'espoir suscitées par l'application de l'abolition de l'esclavage au Cap depuis le 1er décembre 1834. Donc après l'esclavage, c'était la prolétarisation accélérée des Bantous qui se retrouvaient repoussés jour après jour vers des lieux de misères et de dépendance vis-à-vis du Blanc.

En somme, ce que les Anglais ont essentiellement donné à l'Afrique du Sud par la main droite, ils l'ont repris par la main gauche. Le mérite, comme nous l'avons déjà indiqué, reposait sur la performance suivante :

> "The closed and regulated economic system of the Dutch period was swept away as the Cape Colony was integrated into the dynamic international trading empire of industrialising Britain"[62].

Mais malheureusement, la triste reculade était qu'eux seuls en tiraient profit au grand détriment des populations indigènes prolétarisées avec l'aide d'un ultralibéralisme d'exclusion et d'écrasement des plus faibles, y compris les Boers.

Ces derniers se retrouvent libérés du joug de la discrimination légalisée.

[61] Sampie Terreblanche, *A History of Inequality in South Africa 1652-2002.*

[62] *South Africa Year Book, 2001-02*, p.27.

Ces derniers se retrouvaient ainsi condamnés à projeter leur revanche politique et économique sur les fébriles indigènes, surtout les tribus zoulous des Fleuves Orange et Vaal, qu'ils allaient conquérir en créant les États d'Orange et du Transvaal.

Les Anglais passaient ainsi pour le marteau, les Boers l'enclume et les indigènes pour le morceau de fer à forger.

Économiquement, en faisant abstraction de la morale, l'option britannique était compréhensible quoiqu'inacceptable, par la perte de son statut de « *fournisseur exclusif* » (...) des nations réputées « *civilisées* » et des peuples dits « *sauvages* »[63] et la percée très rapide des nationalismes expansionnistes en Europe. La concurrence devenait partout rude et aux antipodes des intérêts et de la puissance industrielle de la Grande-Bretagne de 1815. Au même moment, les partisans et les adversaires de l'impérialisme et de l'expansionnisme se succédaient au sommet du pouvoir[64].

Dans la tourmente et ses multiples complications économiques, les partisans de l'impérialisme sortirent l'idée de « *l'Angleterre universelle* ». Un des grands apologistes et théoriciens d'une telle trouvaille impérialiste dans la dynamique d'extension de l'empire britannique, Seeley, explique l'esprit et la lettre de la nouvelle vision tout en délimitant ses contours en ces termes :

> « La vieille notion de métropole et de colonie a pris fin. Il y a maintenant un empire dispersé dans le monde, mais formé par un grand peuple, uni par le sang, la langue, la religion et les lois. Pour nous, partout où habite une population anglaise, là est l'Angleterre.»[65]

En substance, il apparaît clairement que les pouvoirs coloniaux qui se sont relayés et croisés en Afrique du Sud avaient en commun des ambitions purement économiques. Même leurs tentatives d'aliénation culturelle des populations indigènes étaient destinées à mieux baliser le

---

[63] Guy de Bosschère, *Autopsie de la colonisation*, p. 267.

[64] Disraeli théorisait la renaissance impérialiste comme une doctrine politique et une morale cohérente. Arrivé au pouvoir, il annexa le Transvaal vers 1880, contrairement à son adversaire et successeur libéral Gladstone qui militait, quant à lui, farouchement contre l'expansionnisme. L'Angleterre était profondément divisée sur ces questions. Le peuple, très attaché à la gloire et à l'honneur patriotique, trancha le débat électoralement en favorisant le retour des impérialistes au pouvoir.

[65] Seeley, *The Expansion of England*, cité par Henry Grimal, in *Histoire du Commonwealth britannique.*

chemin à l'exploitation économique du pays avec l'aide d'un peuple dompté. En effet, les similitudes des ambitions des Britanniques et des Boers étaient principalement les causes récurrentes de leurs nombreux conflits.

Le refus des populations autochtones de subir passivement la pénétration coloniale et ses conséquences ne militait pas non plus en faveur d'une paix durable. Les portes aux conflits sanglants étaient donc très largement ouvertes. Les jeux de massacres n'obéissaient à aucune autre logique que celle de mieux se servir tout en tirant le maximum de profits de la nouvelle vache laitière qu'était devenue l'Afrique du Sud.

CHAPITRE II

LES CONFLITS D'INTÉRÊT ENTRE FORCES COLONIALES : EXPRESSIONS, CAUSES ET CONSÉQUENCES

Les successions et les rencontres entre les puissances étrangères impérialistes en Afrique du Sud n'étaient pas toujours caractérisées par une simplicité et une complicité dans la manifestation de leurs relations. Moins que des divergences de vues, les conflits d'intérêts ont très régulièrement mis la poudre au feu. En dehors des enjeux économiques qui étaient au cœur des problèmes, les rapports d'adversité avaient également des implications de fierté patriotique et religieuse, sans oublier les résistances à la domination coloniale.

Sans exagération aucune ou prise de position partisane, on peut affirmer que l'histoire coloniale de l'Afrique du Sud se distingue de façon singulière par la férocité des adversités multiformes entre les forces étrangères présentes sur le terrain, compte non tenu de leurs conflits avec les populations indigènes. Les populations locales ont également de tout temps opposé une résistance farouche et héroïque, ballotées entre succès éphémères et humiliations suprêmes.

La volonté et la détermination des populations indigènes et des étrangers de disposer de l'essentiel des terres et des richesses en imposant leurs propres règles et lois taillées sur mesure, comme si le pays était leur bien propre, ont débouché sur des difficultés majeures et des déchirures profondes dans les rapports de cohabitation.

À la lumière de ce qui précède, ce chapitre a pour objectif d'expliquer les enjeux et la genèse de la guerre des Blancs en pays des Noirs plus connue sous le nom de la guerre des Boers, avant d'analyser l'impact de la découverte des métaux précieux dans le sous-sol sud africain dans un contexte mondial particulier pour les puissances étrangères impliquées, pour enfin mettre en évidence les forces et faiblesses des pouvoirs politiques traditionnels locaux dans leurs combats de résistance à la pénétration coloniale.

1. Industrialisation, mines et situations socioéconomiques des différents groupes raciaux : de « *l'enfer mécanisé* » de l'or et du diamant au profit des Blancs

Les mouvements impérialistes des diverses forces coloniales vers l'Afrique du Sud sont à inscrire dans la dynamique générale de la ruée vers le continent africain. Que les convoitises soient inscrites dans le cadre de l'esclavage transatlantique, des missions d'exploration, des conquêtes coloniales, des velléités néo-coloniales ou des relations d'affaires post-indépendance, elles ont les mêmes motivations en tout temps et en tout lieu. Rares sont les fois où l'Afrique en a tiré un grand profit. Elle en est une victime permanente, comme le fait ressortir l'étude co-signée par Louis Vincent Thomas et René Luneau au sujet des différentes phases de contacts entre elle et le reste du monde, notamment les anciennes puissances coloniales :

> « L'Afrique a connu tour à tour une domination coloniale ; puis une domination capitaliste commerciale ; enfin et malgré les indépendances, financière et industrielle. (sic).
> Dans les trois cas il s'agit toujours, pour les puissances dominantes, de se procurer à bon compte les matières premières dont elles ont besoin, de vendre le plus cher possible leurs produits manufacturés ; en bref d'exploiter hommes et ressources, de maximiser les profits dans tous les domaines. Même si le processus d'exploitation se masque derrière le prétexte socioculturel : civiliser ! ou socio-humanitaire : aider ! les institutions traditionnelles et les hommes devaient nécessairement en être sérieusement ébranlés »[66].

L'Afrique du Sud n'est pas une exception à cette règle, mais une des illustrations les plus crues de l'exploitation à grande échelle des populations et des ressources d'un pays qui avait presque l'essentiel de ce qui est nécessaire pour satisfaire la totalité de ses besoins vitaux. La particularité de l'expérience coloniale sud-africaine est liée au nombre impressionnant de nationalités étrangères ayant marqué leur présence dans le pays. À l'image de la composition hétéroclite du peuplement des États-Unis d'Amérique lui ayant valu l'appellation de « *melting pot* »[67],

---

[66] Louis Vincent Thomas et René Luneau, *La terre africaine et ses religions,* Paris, éditions Larousse, 1975, p. 265.

[67] Le terme « *melting pot »* est tiré de la pièce de théâtre de Israel Zangwille et signifie au sens premier du terme « creuset », mais sa connotation métaphorique veut dire un

l'Afrique du Sud est devenue par la force des choses l'autre Amérique de l'Afrique. D'ailleurs, avec la découverte du diamant en grandes quantités industrielles dans le Kimberley, en plus de l'exode enregistré à l'échelle nationale, des vagues d'Américains, d'Australiens, d'Européens surtout des Anglais, ont migré en masse vers l'Afrique du Sud, déclenchant par la même occasion un processus d'industrialisation du pays et de son peuplement par de futurs citoyens d'origines multiples, comme on peut le noter dans l'actuelle configuration démographique de l'Afrique du Sud.

La description des opportunités et des potentialités économiques de l'Afrique faite par Donald Woods, à qui l'exploitation des richesses du continent donne parfaitement raison, explique de fort belle manière les enjeux qui faisaient courir les forces impérialistes vers l'Afrique australe :

> "The image of Africa as poor, unhealthy continent had long been inappropriate. Africa was now acknowledged generally as the richest continent of all in natural resources and mineral wealth, with the most benevolent climate known on earth, with few of the extremes of heat and cold that afflicted North and South America and Asia.
> Africa had little experience of ice and snow, but was generally warm or temperate, with all varieties of climatic condition varying from desert to tropical rain forest but mostly temperate savannah or grassland. Perhaps it was because it had for so long been so favourable for human habitation that Africa was now acknowledged also as the site of the earliest traces of human life."[68]

Cette présentation du continent, qui s'applique parfaitement à sa partie australe, justifie à maints égards l'insistance et la détermination avec lesquelles les pouvoirs coloniaux ont cherché à élire domicile en Afrique du Sud, surtout si on admet, toujours avec Donald Woods, que déjà à l'époque, cette région australe de l'Afrique recelait d'énormes potentialités :

---

mélange de tous genres en référence aux hommes et aux femmes d'origines diverses qui forment un peuple homogène : les Américains. Les États-Unis d'Amérique sont en réalité une nation d'immigrés.

[68] Donald Woods, *Rainbow Nation Revisited (South Africa's Decade of Democracy)*, London, André Deutsh, 2003, p.230.

> "Southern Africa had a huge agricultural potential, and if intensively cultivated could feed not only all of Africa but Asia and South America as well"[69].

En effet, le peuple indigène de l'Afrique du Sud est victime des privilèges et avantages naturels dont dispose son pays, ce qui de fait constitue un centre d'intérêt économique pour un bon nombre de puissances impérialistes.

La découverte des richesses naturelles dans le sous-sol est une des sources principales de la série de misères des populations autochtones de l'Afrique du Sud sous domination coloniale. Elle fait également partie des causes ayant accéléré l'avènement officiel de l'apartheid pour une meilleure exploitation de celles-ci à moindre coût par une main-d'œuvre servile. Si les ressources naturelles sont très souvent à la base de conflits sanglants ou de violentes déstabilisations de pouvoirs politiques par des forces extérieures dans beaucoup de pays africains, en Afrique du Sud, elles ont été plutôt causes de pratiques esclavagistes formalisées. Leur exploitation n'est rien d'autre qu'une exploitation sans foi ni loi d'innocentes populations au profit exclusif d'une minorité d'envahisseurs ayant fini par s'établir définitivement dans leur pays d'accueil au prix des larmes et du sang. Ainsi, la pérennisation de la joie des Blancs, qui a découlé des découvertes des métaux précieux, devait passer l'application d'une palette de mesures ayant pour vocation d'entretenir des rapports maîtres-sujets dans les zones aurifères et diamantifères. Comme le soutient une satire populaire sénégalaise, le cous-cous du riche est traité avec les larmes du pauvre, dans les mines sud-africaines, le pauvre enrichi en s'appauvrissant et en s'affaiblissant physiquement. Pourtant présentées au début comme de grandes opportunités pour tous, notamment les populations indigènes dont le rapport au temps et à la richesse demeurait peu rentable dans le long terme, les richesses ont fini par remettre en cause toutes les habitudes et coutumes de vie. Une toute nouvelle vie s'imposait à elles. Les espaces jadis réservés à la vie pastorale et aux activités agricoles devaient faire place à l'exploration et à l'exploitation minière. Sans alternative aucune, les populations devaient se convertir en ouvriers peu outillés et sans mots à dire sur le système de rémunération de leurs activités. Le travail était presque servile. Puisque faute de grives on mange des merles, la résignation et la réclamation pour déboucher sur la rébellion ouverte devenaient les seules alternatives à court, moyen et long termes pour les populations paysannes.

[69] Donald Woods, *op.cit.,*p. 230.

En devenant du coup la destination d'une grande « *diamond rush* » internationale, l'Afrique du Sud s'exposait ainsi, à partir de 1867, à une exploitation sans merci de son sous-sol sur fond de divergences violentes entre conquérants-concurrents sur son sol, avec tout ce que cela comportait comme exclusion et exploitation des populations autochtones non blanches, dont la découverte de la richesse fermait pour elles toutes les portes du bonheur. Le bonheur des uns fait le malheur des autres, dit-on. Les Noirs sud-africains l'ont appris à leurs dépens, car devant par moments arbitrer, à l'image de l'herbe, deux éléphants qui se battent.

L'Afrique du Sud confirme son statut de la poule aux œufs d'or, avec la découverte de ses richesses aurifères en 1885 par Frederick et Henrik Struben dans le Witwastersrand[70]. Déjà, vers la fin des années 1890, les quantités les plus importantes, plus du quart de la production aurifère mondiale, se trouvaient dans le Rand.

Avec la découverte des métaux précieux, l'Afrique du Sud qui, par sa position géographique stratégique, intéressait toutes les grandes puissances coloniales, devint du coup un enjeu de batailles à mort dans une ambiance de compétitions exceptionnelles. Les hommes riches voulaient en profiter pour étendre leur empire financier. La pratique très actuelle du contrôle du pouvoir politique par les hommes d'affaires et leurs lobbies, qu'on peut appeler l'achat du pouvoir politique fit son expérience. Les investissements des hommes d'affaires obéissaient aux logiques des enjeux miniers:

> "The colony of Griqualand West thus created was incorporated into the Cape Colony in 1880. By 1888, the consolidation of diamond claims had led to the creation of the huge De Beers monopoly under the control of Cecil Rhodes. He used his power and wealth to become Prime Minister of the Cape Colony (1890-1896) and, through his chartered British South Africa Company, conqueror and ruler of modern-day Zambia and Zimbabwe"[71]

Même de nos jours, le contrôle direct des pouvoirs politiques par des hommes et femmes de grosses fortunes, en dehors de leurs influences discrètes à travers des réseaux, des lobbies et des soutiens financiers et matériels apportés aux acteurs politiques, commençait à avoir l'effet de promotion de régimes affairistes où le législatif, en complicité avec les pouvoirs exécutif et judiciaire, était au service exclusif des intérêts d'une

[70] La région tire son nom de White Waters Rand : la « crête aux eaux blanches ».

[71] South Africa Yearbook, 2001/02, Government Communication and Information System, Durban, p. 29.

personne ou d'un groupe de personnes. De la réussite des initiatives pour la préservation des intérêts des groupes miniers et ceux de la race blanche dépendaient, en grande partie, la force et la durée de vie des régimes en place.

Étant donné que la voie la plus rapide de l'enrichissement du Blanc en Afrique du Sud était celle de l'exploitation de la main-d'œuvre noire sous domination, l'ordre social se retrouvait soumis à des conditions sociales et économiques plus draconiennes à l'encontre des indigènes et des esclaves importés.

En faisant de l'Afrique du Sud un point de chute, une escale de ravitaillement, une colonie de peuplement et un grenier économique, les colonisateurs ne pouvaient s'imaginer avoir si bien choisi. Au-delà des enjeux apparents, elle allait par la suite se révéler le meilleur prolongement des valeurs et conditions de vie et de travail des Européens. Ce n'est pas par hasard que l'Afrique du Sud d'aujourd'hui est la force principale du continent africain sur le plan économique et surtout dans le domaine commercial.

Au moment où toute l'Afrique occupe à peu près 2 % du commerce mondial, l'Afrique du Sud à elle seule polarise plus de la moitié. Dans la même foulée les tableaux de classement des meilleures et plus puissantes entreprises africaines sont toujours dominés, aussi bien par les rangs que par le nombre, par celles sud-africaines depuis très longtemps.

La découverte du diamant, de l'or et des autres minerais et leur exploitation, bien qu'ayant beaucoup participé à l'accroissement de l'exploitation des Noirs, leur ont permis aujourd'hui d'hériter d'un pays post-apartheid superbement urbanisé et moderne, malgré les nombreuses poches d'extrême pauvreté.

Les ouvriers surexploités, les valets de chambre méprisés, les réceptacles d'injures et de crachats, les humiliés et bastonnés, les tuberculeux rongés par les mines ont payé de leur énergie et de leur dignité, par la sueur et le sang, la construction de ce qui est devenu l'Afrique du Sud d'aujourd'hui. Ces grandes victimes d'hier peuvent désormais se consoler en partie de la respectabilité de leur pays sur le plan international et de la place prépondérante qu'occupent les Noirs en harmonie avec toutes les autres communautés blanches.

La découverte de l'or n'a-t-elle pas débouché sur la transformation d'un banal et minable cadre pastoral perdu en pleine campagne en la ville industrielle de Johannesburg[72] devenue aujourd'hui une des plus grandes villes d'Afrique ? La découverte de l'or a accéléré le rythme de modernisation et d'industrialisation du pays dans le souci d'une meilleure exploitation de celui-ci. Des voies ferrées furent construites en grand nombre et une urbanisation rapide en découla naturellement au grand dam de la vie rurale et agricole. La production électrique découlant de l'expérience de l'exploitation du charbon pour la production minière a vite fait du pays la première puissance industrielle dès le début du XXe siècle. En 1914 déjà, le Witwatersrand s'est doté de la *« plus grosse centrale électrique du monde avec une technologie allemande de dernier cri ».*[73] Cette nouvelle politique d'industrialisation rapide préconisée et mise en œuvre principalement à ses débuts par le gouvernement du Général Smuts, premier ministre de l'époque (1919-1924), a engendré un exode rural sans précédent, avec le besoin croissant de main-d'œuvre locale en complément de celle des migrants. Les populations autochtones qui préféraient de très loin leur vie pastorale et agricole n'avaient plus le choix avec la nouvelle concurrence des Blancs dans ce domaine, la mécanisation de l'agriculture et enfin l'expropriation des terres cultivables.

Ce fut également la même situation qui était notée dans de petits villages aux alentours pleins de richesses minières. Les nouvelles découvertes faisaient sortir de l'anonymat total de petits villages perdus en pleine brousse en y installant une ambiance tout autre, comme le confirment ces lignes qui suivent :

> « Du bas en haut des collines qui bordent la rivière on apercevait des tentes de toiles, des maisons primitives, des voitures, des charrettes. Toute la journée, on entendait le bruit de sept cent tamis, sinon plus, que leurs propriétaires agitaient sans se lasser.
> Brouettes, chariots ne cessaient de circuler. Se déplacer était difficile et, à certains endroits, dangereux. Le soir, lorsque les tentes étaient éclairées, la musique montait de partout, des rives du fleuve et du fleuve lui-même sur lequel circulaient des barques. Il y avait dans l'atmosphère quelque chose de magique … »[74]

---

[72] Au moment de la découverte des mines d'or dans la localité, le président de la République tout comme le directeur des Mines s'appelaient Johannes, nous signale Robert Lacour-Gayet, in Robert Lacour Gayet, *op.cit.*, p.208.

[73] John Iliffe, *Les Africains. Histoire d'un continent,* Paris, Flammarion, 2009.

[74] Robert Lacour-Gayet, *Histoire de l'Afrique du Sud*, p.184.

Cette poétique description d'un missionnaire allemand d'une petite localité de la vallée du Vaal au bord de l'Orange, jadis inconnue, faisait suite à la découverte du premier diamant en Afrique du Sud au détour d'un jeu d'enfants.

L'effet direct des métaux précieux fut le déplacement massif de personnes vers les lieux bénis et l'émergence d'embryons de zones urbaines et d'installation de grands investisseurs en course vers le contrôle des points stratégiques. C'est ainsi qu'après avoir essaimé à Kimberley suite à la découverte du diamant, les nouveaux riches avaient vite fait d'élire domicile aussi à Johannesburg pour tirer profit des opportunités qu'offraient les mines d'or.

Avec la nouvelle situation, les découvertes des mines régulaient les mouvements des populations et les ambitions politico-économiques des hommes d'affaires. La spéculation foncière avait également connu ses débuts avec l'acquisition quasi symbolique de plusieurs hectares de terrains par des magnats des métaux précieux qui parviendront à les revendre plus tard à des prix exorbitants défiant toute prévision en termes de bénéfices dans une opération financière. Le sens des affaires était aussi une des forces des pouvoirs coloniaux.

Tous ces concours de circonstances ont favorisé les conditions d'émergence d'une mentalité porteuse de grands projets impériaux individuels pour la gloire patriotique. C'est ce que Robert Lacour-Gayet nous démontre à travers la description des ambitions de Cecil Rhodes lorsque ce dernier créa en 1887 la société Gold Fields of South Africa :

> « Rhodes[75], un solitaire, ne s'entourait que de quelques amis ; il détestait le bruit, l'agitation, la foule ; les femmes ne comptaient pas ; à vrai dire, il n'était mû que par une idée, faudrait-il dire une obsession : la création d'un empire britannique qui, sous une direction anglaise – à la rigueur anglo-saxonne –, réunirait les peuples de l'Afrique, et, plus tard, ceux de l'univers ; non pas, toutefois, à la romaine, mais dans des fédérations qui, respectant

[75] La description est faite comparativement à Barney Issacs dit Barnato, ex-clown, saltimbanque, boxeur londonien devenu magnat du diamant, majoritaire du Kimberley Mines réputé plus puissante que la De Beers de Rhodes. Les deux finiront par fusionner leurs sociétés pour créer en mars 1888 la De Beers Consolidated Mines Limited.
Contrairement à Rhodes, Barnato est un mondain, très exubérant et grand coureur de femmes. Il faisait des affaires mais ne portait point de projet impérialiste.

> traditions et identité, assureraient à tous liberté et progrès, à l'ombre de l'Union Jack . »[76]

Ainsi, le projet colonial britannique allait se retrouver dans une meilleure posture, d'autant plus que les plus grands intervenants dans le secteur minier, secteur le plus important dans la détermination des rapports de forces et l'accès à la fortune et à la domination, sont des ressortissants britanniques. La domination culturelle en trouva également un terrain favorable à son expression avec l'approche de la politique culturelle britannique décrite plus tard par Thackeray dans un autre contexte :

> "Those who Know the English colonies abroad, know that we carry with us our pride, pills, prejudice, Harvey-sauces, cayenne-peppers, and other Lares, making a little Britain wherever we settle down."[77]

En plus de l'intérêt de la puissance coloniale qui se confondait à la nécessité d'investir dans l'exploitation minière, l'industrialisation était également liée, dans l'entendement de John Iliffe, à l'indépendance politique des Blancs et à la percée du nationalisme économique de ces derniers. La Grande-Bretagne qui dominait économiquement le monde devait faire face à la fin du XIX[è] siècle à l'amorce du déclin de son économie au profit des Etats-Unis et de l'Allemagne, les nouvelles puissances émergentes. La reconversion de son système économique dans l'or et son exploitation ont renforcé naturellement son intérêt pour l'Afrique du Sud où elle devait faire face à quatre obstacles majeurs. D'abord il y avait le double rejet des Afrikaners et des Africains du système capitaliste britannique de production qui, d'une façon ou d'une autre, avaient tous une vision économique qui repose sur l'accumulation primitive.

Malgré leur opposition et leurs différences de manière générale, ces deux communautés n'en demeurent pas moins similaires en ce sens qu'elles sont deux sociétés très féodales. Les Afrikaners incarnent, selon Terreblanche, un « *pastoral feudalism, led by a rather corrupt nouveaux riches agricultural elite interested in primitive accumulation* »[78].

---

[76] Robert Lacour-Gayet, *op.cit.,* p.212

[77] Thackeray, *Vanity fair 1947-1978*, cité par Elleke Boehmer, *Colonial and Post-colonial Literature*, Opus, oxford university Press, 1991, p.66.

[78] Sampie Terreblanche, *op.cit.*, p. 244.

Quant aux Africains, ajoute-t-il, ils ont un *« maize-producing and cattle-farming feudalism (still maintaining its traditionalist redistributive economy), led by an equally corrupt tribal chiefs who were also interested in primitive accumulation »*[79].

En plus, le chef des Afrikaners, Paul Kruger, ne s'entendait pas avec les exploitants miniers alors que le Haut-commissaire britannique en Afrique du Sud, Alfred Milner, entretenait les pires rapports d'adversité avec les tenants de l'industrie minière. Milner avait d'ailleurs fait état de ses états d'âme dans une correspondance adressée à la haute hiérarchie pour proposer des solutions de coexistence pacifique entre Afrikaners, Africains, Britanniques et propriétaires de mines dans le contexte de la guerre des Boers ou guerre de l'or, pour certains, en des termes fermes :

> "The ultimate end is a self-governed white community supported by well-treated and justly-governed black labour from Cape Town to Zambezi."[80]

La recommandation était surprenante, car venant de la part d'un administrateur britannique blanc pour une Grande-Bretagne en proie à des contre-performances économiques sans précédent aux allures de crise économique et dont le recours le plus immédiat était l'or de l'étranger pour soigner les maux de l'intérieur.

Dans son analyse de la situation économique de la Grande-Bretagne, le Professeur Terreblanche ne dit pas le contraire. Pour lui, la puissance coloniale n'avait d'autres choix que d'explorer la piste sud-africaine de la recherche de la richesse dont avait besoin son pays :

> "In a desperate attempt to protect its shrinking economic interests in large parts of the world, Britain conducted an increasingly more aggressive and ruthless policy of imperialistic conquest and capitalist exploitation of colonised people in an attempt to solve its internal socio-economic problems."[81]

En effet, pour une fois au moins, tous ces agrégats de conflits, d'enjeux et de perspectives avaient conduit à une organisation plus ou moins acceptable des règles de cohabitation dans les zones minières.

Cependant, l'on peut comprendre aisément que cette cohabitation allait fondamentalement s'opérer au détriment des Noirs. Devant constituer la force principale de production, les Noirs se sont retrouvés

---

[79] *Ibid.*

[80] Alfred Milner, novembre 1899, cité par Sampie Terreblanche, *op.cit.*, p.245.

[81] Sampie Terreblanche, *op.cit.*, p.243.

malheureusement exposés à toutes sortes de dangers, de risques périlleux, mais surtout de maladies, en particulier pulmonaires. Les mauvaises et difficiles conditions de forage des puits, dont la profondeur pouvait atteindre 1100 mètres dans certains cas, ajoutées au statut précaire et servile des travailleurs noirs, n'étaient pas de nature à favoriser la bonne santé, encore moins l'épanouissement des mineurs.

N'est-ce pas d'ailleurs là le fondement de la perversion, de la violence, de la criminalité, du recours excessif aux boissons alcoolisées et aux perturbations de la personnalité, noté plus tard dans la vie des habitants des townships de la période d'apartheid ?

L'industrialisation progressive, avec son cortège d'avantages économiques et d'inconvénients sociaux et ses effets d'exode rural, avait instauré un esprit d'individualisme féroce qui continue jusqu'à maintenant à saper le socle des valeurs traditionnelles de solidarité mutuelle et de tolérance des Africains. La dureté de la vie rendait même les femmes « viriles » et impitoyables dans un environnement où le matérialisme s'imposait à tous, comme l'attestent les comportements de Ma Plank et de ses voisines dans le roman *Mine Boy* de Peter Abrahams.

Ce personnage atypique du roman racial tient un Shebeen, débit clandestin de boissons alcoolisées. Dans son adresse au géant et viril Xuma, venu des zones rurales du nord pour gagner sa vie dans la ville minière de Johannesburg et qu'elle a accueilli et hébergé, elle le prévient des réalités d'un monde sans sentiments où la peur encore moins la confiance n'ont pas droit de cité :

> "(…) In the city it is like this: all the time you are fighting. Fighting. Fighting! When you are asleep and when you are awake. And you look only after yourself. If you do not you are finished. If you are soft everyone will spit in your face. They will rob you and cheat you ant betray you. So, to live here, you must be hard. Hard as a stone. And money is your best friend. With money you can buy a policeman. With money you can buy somebody to go to jail for you. That is how it is, Xuma. It may be good, it may be bad, but there it is. And to live one must see it. Where you come from it isn't so. But here it is so."[82]

Mais en dépit de ce réalisme imposé par la vie dure sous l'apartheid, l'unité et la solidarité entre Noirs dans les malheurs créés par les Blancs

[82] Peter Abrahams, *Mine Boy*, Heinemann, 1989, p.50.

ont toujours été une réalité quotidienne. Peter Abrahams nous le démontre à partir du soutien mutuel entre les Shokiaan Queens :

> "They are the Stockvelt. They are all women who sell beer. And if one is arrested they all come together and collect money among themselves and bail out the arrested one."[83]

Le début d'industrialisation de l'Afrique du Sud déclenché par la découverte des métaux précieux, au lieu de produire un mieux-être chez les Noirs, a en revanche désagrégé le tissu social de cette communauté. Les mines sont devenues les causes des malheurs des non Blancs aussi bien pendant la période coloniale que celle de l'apartheid, au cours de laquelle elles ont exposé ces derniers aux pires affres de la vie. Les avantages liés à l'industrialisation de l'Afrique du Sud coloniale ne pouvaient pas être durables, tellement les conséquences latentes liées à ceux-ci ont eu des ampleurs non maîtrisables dans la dernière phase de l'apartheid. En effet, l'apartheid peut être considéré comme une séquelle de la politique industrielle mise en vigueur dans le pays. L'industrialisation rapide avait encouragé l'accroissement de la population urbaine et causé d'énormes problèmes d'habitat. L'industrialisation a grandement participé au processus de développement et de modernisation, mais aussi à l'instauration formelle de la ségrégation raciale de l'Afrique du Sud en y créant les moyens nécessaires à la force de l'apartheid pour enfin générer les explosions de colère et l'éclatement de révoltes ayant facilité et précipité sa chute en définitive.

Ainsi, la précarisation des conditions de subsistance des populations sud-africaines sous le joug colonial n'a pu rien enlever de la détermination de celles-ci à défendre leur patrie. Par le mépris de l'organisation sociale des indigènes comme un peuple, une nation avec son système politique et ses stratégies de développement économique, le pouvoir colonial établi en Afrique du Sud s'est exposé, s'il ne l'a pas, au demeurant, provoqué à la mobilisation patriotique désorganisée des populations autochtones. À cause de cette volonté excessive de tirer le maximum de profits des richesses du sous-sol sur fond d'extension du fossé racial entre employeurs et travailleurs blancs et ouvriers noirs, la communauté blanche se retrouva traversée par de profondes crises internes dues aux rudes concurrences auxquelles ses membres se livraient sans merci. En dehors des réconciliations stratégiques sans convictions profondes et alliances conjoncturelles, les raisons et les causes des

---

[83] *Ibid*, p. 48-49.

compétitions et des tentatives et pratiques de neutralisations mutuelles ne faisaient que se renforcer régulièrement en sapant tout esprit de confiance et de tolérance entre les différents acteurs. Les conflits et les guerres intra-raciaux fratricides devenaient naturellement inévitables. L'*enfer mécanisé*, pour emprunter cette expression d'un missionnaire qui décrivait l'ambiance de la vie et du travail dans les zones minières, a aussi ouvert la voie de la mort à de nombreux partisans des maîtres de ce monde de l'or.

2. La « Guerre des Boers » et ses liens avec les richesses naturelles

L'enjeu principal de la colonisation, de la ségrégation et de l'apartheid en Afrique du Sud est le contrôle de la terre, la maîtrise du sol et de son exploitation. Ainsi, tous les colons qui se sont succédé dans cette partie australe de l'Afrique se sont spectaculairement illustrés dans l'expropriation des biens, surtout fonciers, et l'exploitation abusive de la main-d'œuvre locale après l'avoir divisée et mise en mal avec elle-même. Déçus par la modicité des terres insuffisantes données par les chefs hottentots, les Boers firent recours à la force pour déloger leurs hôtes et les refouler plus à l'intérieur du pays. Hormis le départ, la réduction à la servilité coloniale devenait l'unique alternative qui s'offrait à ceux qui n'avaient pas quitté leur territoire conquis par les nouveaux venus. Dans un autre contexte, pour une question similaire d'histoire de peuplement et d'occupation de terres par des étrangers en Amérique du Nord à l'époque coloniale, le dénouement a été plus heureux. En dépit des ressemblances de leurs histoires de migrants persécutés venus d'Europe en des époques différentes pour des destinations différentes, l'Amérique et l'Afrique du Sud marquées par des conflits raciaux d'envergure, les immigrés ont été plus souples et plus conciliants avec leurs hôtes. Les méthodes et les destins dans leurs nouveaux pays d'accueil de ces deux peuples de migrants européens en ont apporté la confirmation. La qualité du bon voisinage entre les tribus indiennes d'Amérique du Nord (Boston) et les passagers du Mayflower et leur volonté de vivre ensemble dans la préservation de leurs intérêts mutuels, en dehors de quelques désaccords et conflits compréhensibles, ont résulté en des débuts d'une cohabitation paisible dont les conséquences positives font toujours l'objet de grandes célébrations à l'occasion du Thanksgiving Day[84] annuel.

[84] Célébré annuellement chaque dernier jeudi du mois de novembre aux USA. Cette fête célèbre les premières récoltes (maïs) pour la centaine de passagers anglais du Mayflower

Les nombreux enjeux économiques, la volonté d'accaparement des Boers de toutes les richesses du pays et leur approche guerrière au service de leur appétit et de leur expertise de fermiers n'ont pas facilité l'apaisement des relations de voisinage avec leurs hôtes, encore moins avec leurs parents européens, pour les mêmes raisons d'intérêts politico-économiques.

L'affirmation de la supériorité culturelle et la richesse de la civilisation de chacune des communautés blanches établies en Afrique du Sud devaient naturellement aussi déteindre sur la qualité de leur coexistence.

S'autoproclamant Africains (Afrikaners) malgré leurs origines hollandaises, leur couleur blanche et leur statut d'immigrés, les Boers contestaient l'africanité des populations indigènes et considèrent tous les autres hommes d'origine européenne comme eux, et en particulier les Britanniques, comme d'indésirables envahisseurs à qui il faut livrer une guerre de libération.

Guerre féroce, guerre d'honneur sans justification de légitimité aucune, pour ne pas dire simple conflit d'intérêts, guerre des exploitants économiques se traitant mutuellement de voleurs et d'usurpateurs, la Guerre des Boers éclata le 11 octobre 1899 pour ne prendre fin que le 31 mai 1902 par la Paix de Veoreniging[85]. Son bilan faisait partie des plus lourds jamais enregistrés dans l'histoire des conflits coloniaux dans cette sous-région avant son éclatement. Elle fut *la plus grande guerre coloniale de l'ère de l'impérialisme moderne,* selon les termes utilisés et les chiffres du bilan fournis par Henry Wesseling :

---

ayant débarqué aux USA (Cape Cod) en 1620. Elle marque à la fois l'arrivée d'un deuxième bateau d'Anglais fuyant la persécution religieuse, les bonnes récoltes, la générosité de leurs hôtes et voisins ; les Indiens et la grâce à rendre à Dieu. C'est aussi la fête de la dinde et du maïs. Aujourd'hui Thanksgiving est un jour chômé et payé aux USA.L'entretien d'excellentes relations de voisinage paisible entre étrangers et autochtones dans une contrée sert de modèle de cohabition harmonieuse à toute l'Amérique ; symbole illustre d'une nation d'immigrés et de la diversité homogène et dynamique. La dinde est pour cette fête ce que le mouton représente pour les musulmans le jour de la *Tabaski (Aid el Kébir)*, communément appelée la fête du mouton.

[85] C'est le 31 mai 1902 sur fond de prières de consolation boer que le traité de Vereeniging a été signé à Pretoria sous l'intitulé : « Terms of surrender of Boer forces in the field », en d'autres termes, Termes de reddition des forces armées boers sur le terrain du conflit.

Suite à ce traité, Kruger, le chef des Boers, s'exila mais il est partout bien accueilli en héros, honoré et soutenu tout au long de son voyage qui le mena dans plusieurs pays d'Europe.

> « Les Britanniques y engagèrent environ un demi-million de soldats, dont 22 000 trouvèrent la mort en Afrique du Sud. Leurs pertes totales, c'est-à-dire l'ensemble de leurs tués, blessés et disparus. Les Boers, quant à eux, mobilisèrent plus de 100 000 hommes. Ils perdirent plus de 7 000 combattants et près de 30 000 des leurs moururent dans les camps. Un nombre indéterminé d'Africains combattit aux côtés des uns et des autres. Les pertes qu'ils subirent sont elles aussi indéterminées. Des dizaines de milliers d'entre eux perdirent sans doute la vie. Le War Office britannique (Ministère de la Guerre britannique, notre précision) calcula également que 400 346 chevaux, ânes et mules périrent lors de ce conflit, ainsi que des millions de têtes de bétail appartenant aux Boers. Cette guerre coûta aux contribuables britanniques 200 000 000 de livres sterling, soit dix fois le budget annuel de l'armée ou 14 % du revenu national de 1902. Si l'assujettissement des futurs sujets britanniques d'Afrique coûta en moyenne quinze pennies par tête, la soumission des Boers coûta en revanche 1000 livres sterling par homme. »[86]

Encore connue sous les noms de « *English war* » (la Guerre des Anglais), la Guerre anglo-boer ou la Deuxième Guerre d'indépendance, la Guerre des Boers (1899-1902), remportée par les Anglais, a eu comme conséquence majeure l'amplification de la misère du Noirs. Car le réalisme et la prise de conscience de la nécessité d'une alliance stratégique autour de l'exploitation d'une communauté non blanche divisée et en lambeaux, incapable de s'unir pour survivre, Britanniques et Boers se sont accordés sur un *modus vivendi* pour profiter des divisions traditionnelles des ethnies africaines. Ce pacte dont le seul mérite était le fait d'avoir reprécisé, pour l'envahisseur, que le seul combat qui valait la peine d'être mené demeurait celui du Blanc contre le non-Blanc, était très fragile, car conjoncturel. L'objectif de leurs combats les unissait, mais l'usage en à faire et le profit à en tirer étaient des facteurs d'adversité incontournables. Serge Thion nous en précise l'objectif :

> « La formation d'une caste servile vouée aux labeurs les plus durs et de plus marquée par la couleur. »[87]

Et à l'arrivée, il était envisagé l'acceptation d'une ligne de démarcation basée sur la prédominance de la race blanche sur tous les autres groupes humains sur terre. La classification raciale repose sur

---

[86] Henry Wesseling, *Le partage de l'Afrique, 1880-1914,* Paris, Denoël, 1996, p. 619-620.

[87] Serge Thion, *Le pouvoir pâle*, Paris, Seuil, extrait de J.B.Adotévi, *op.cit.*, p.19.

l'idée selon laquelle le Blanc a sa tête et ses idées pour dominer le monde et les autres disposent de leurs bras pour exécuter ses ordres et défendre ses intérêts. Appartenir à la race blanche est un privilège qui dispense l'heureux membre de certaines activités :

> « Quiconque est Blanc appartient par nature à un groupe fermé supérieur pour qui le travail manuel devient dérogatoire ».[88]

Avec cette vision élogieuse du Blanc et en particulier du Boer, ajoutée à la ferme conviction des Afrikaners que Dieu est de leur côté et que l'Afrique du Sud est leur propriété exclusive sur laquelle ils comptent dominer et faire prévaloir leurs règles et leur volonté sur toute personne qui serait tentée d'y élire domicile, ne militait pas en faveur d'une éventualité de devoir partager les ressources des deux Républiques du Transvaal et d'Orange avec d'autres communautés, fussent-elles blanches.

À l'origine du conflit anglo-boer qui a très tôt pris de l'ampleur, apparaissaient clairement la question de l'exploitation des ressources du sous-sol et l'ambition d'insulaires des Anglais de ne laisser aucun obstacle majeur sur le chemin de la construction de leur suprématie en Afrique australe. Comme si le bonheur qui génère les ressources minières ne peut être que de courte durée et que leur découverte est congénitale aux conflits et aux guerres, l'euphorie suscitée par le diamant et l'or en Afrique du Sud fit long feu.

En effet, la guerre des Boers était l'aboutissement d'un long processus et de nombreuses péripéties. Elle germa de la découverte du premier diamant du pays en 1867 à Kimberly (Colonie du Cap). En réalité, le centre diamantifère principal était Colesberg Kopje, auquel on donna par la suite le nom du ministre anglais des Colonies, Kimberly. Le principal facteur déclencheur de la guerre fut l'existence de mines aurifères (parmi les plus importantes à l'échelle mondiale) dans le Transvaal en 1886. Et, ainsi, à l'image du *gold rush* nord américain, le Transvaal était devenu la principale zone de convoitise du pays, le point de ralliement de tous les chercheurs de fortune et d'une vie meilleure. Ils étaient originaires de partout, d'Europe et même d'Amérique. Les Boers, peuple attaché à la différence et à la catégorisation, appelaient ces envahisseurs sur leurs

[88] *Ibid.*

territoires les Uitlanders[89]. Ils étaient à la fois jaloux et méfiants vis-à-vis d'eux, donc ils guettaient leurs moindres ambitions et comportements, bien que ces derniers fussent plus ou moins conciliants dans leur quête de droits civiques et politiques pour leur épanouissement total en tant que citoyens à part entière de l'Afrique du Sud.

La peur bleue de se faire déborder par un surnombre d'immigrés propre à toutes les minorités s'emparait des Boers. Un tel cas de figure constituait à la fois une menace socioéconomique et culturelle contre les Boers qui sont connus pour leur fermeture culturelle, leurs mystères et leur culture de domination. Puisque un malheur ne vient jamais seul, leur expansion politico- économique allait également se heurter au projet de même nature que celui des Britanniques. Etouffant dans leur monde insulaire, les Britanniques étaient aussi très dépendants sur le plan commercial malgré leur puissance militaire et industrielle comparée aux autres pays du monde, surtout ceux engagés dans les conquêtes coloniales et qui devenaient de fait des forces concurrentes.

La Grande-Bretagne étant un pays qui se particularisait à l'époque par de grandes théories et réussites économiques et politiques, il était paradoxal qu'elle continuât à mener une politique commerciale basée sur les intermédiaires à qui profitaient beaucoup de commissions dans les transactions, alors qu'à la même période, la quantité de monnaie amassée déterminait la puissance économique d'un pays dans le concert des nations. Antérieurement à l'impérialisme britannique en Afrique du Sud, de grandes idées économiques et diplomatiques porteuses de projets de conquêtes d'outre-mer fédéraient le royaume en orientant sa politique étrangère vers l'expansion de son empire colonial. L'idée qui rallia tous les Britanniques fut résumée par l'économiste Misselden en 1623 :

> « Si les marchandises nationales exportées dépassent en valeur les produits étrangers importés, c'est une règle absolue que le royaume devient riche et prospère en biens et en valeurs, parce que le surplus doit nécessairement entrer en réserve. S'il en était autrement, le commerce serait la plus ruineuse des opérations et entraînerait infailliblement la ruine de l'État. »[90]

[89] Appellation donnée à toutes les personnes non bœrs vivant dans les deux Républiques boers et visant particulièrement les immigrants, d'autant plus que tous les autres segments de la population ont leurs propres appellations.

[90] Guy de Bosschère, *Autopsie de la colonisation. Les deux versants de l'histoire,* éd. Albin Michel, Paris, 1967, p.157, citant Misselden (1623), cité par Henri Grimal, *Histoire du Commonwealth britannique*, PUF, Coll. « Que sais-je ? », Paris, 1962.

Avec une telle philosophie économique largement partagée par les Britanniques, il est évident que le rappel insistant de cette loi universelle de la balance commerciale à l'opinion publique était une interpellation patriotique pour la caution politique des mesures qui allaient en découler, mais surtout des méthodes qui devaient être mises en œuvre pour leur réussite.

Exportations> importations = balance commerciale excédentaire.
Exportation< importations = balance commerciale déficitaire.

Donc, pour booster les exportations du pays en maîtrisant dans la limite des enjeux économiques de l'époque les importations, le gouvernement ne pouvait qu'aller directement vers la prise d'initiatives allant dans le sens du contrôle des sources de ces mêmes biens en s'érigeant contre toutes les barrières opposées à la réussite de l'entreprise, et ce, par le dialogue ou par la force. À ce sujet, il est d'ailleurs de bon aloi de rappeler que la théorie froide sur la préservation des intérêts de la patrie qui doivent primer sur toute autre considération est bien d'un Britannique, Lord Palmerston, selon qui l'Angleterre n'a pas d'amis ou d'ennemis permanents, mais des intérêts permanents. Et c'est ce que les Anglais ont exactement fait en attaquant les Boers. À ce sujet, Bernard Lugan tente une explication sur la guerre inévitable que les Britanniques ont livrée aux Boers :

> « La puissance économique montante du Transvaal se faisait au détriment des ambitions coloniales de la Grande-Bretagne. Cette dernière ne pouvait pas tolérer que les Boers réussissent à constituer des États puissants interdisant l'établissement de sa propre suprématie en Afrique australe. Pour Londres, il était donc devenu impératif d'isoler l'État libre d'Orange et le Transvaal. La manœuvre était d'ailleurs largement entamée depuis qu'en 1885 la Grande-Bretagne avait annoncé qu'elle étendait sa souveraineté jusqu'au fleuve Zambèze. »[91]

Avec l'aide de tous ces concours de circonstance, la coupe était bien pleine pour le retentissement des premiers coups de feu mettant face à face des Blancs en terre africaine le 12 octobre[92] 1899 à Kraaipan, près de Mafeking.

Auparavant, dès 1880, il y avait une insurrection au Transvaal. Considérée comme la première guerre anglo-boer, elle avait conduit au

[91] Bernard Lugan, *Villebois-Mareuil. Le héros de l'Afrique du Sud*, Monaco, éd du Rocher, édit. Jean-Paul Bertrand, 1990, p. 22.
[92] Certains spécialistes de l'Afrique du Sud parlent du 1er octobre.

recouvrement de l'indépendance du Transvaal suite aux conventions de Pretoria et de Londres de 1881 et 1884. Il s'agit là de la première libération des Boers du joug anglais, avec l'annexion du Transvaal par la Grande-Bretagne en 1877 qui avait bien avant reconnu, respectivement en 1852 et 1854, l'indépendance du Transvaal et de l'État libre d'Orange.

Entre Anglais et Boers c'étaient des rapports en dents de scie qui les unissaient et les opposaient en fonction des rapports de forces, avec des territoires qui valsaient entre le contrôle des uns et des autres au gré des mouvements d'une balançoire sur lesquels on les aurait largué. Telle est l'image que donnaient les deux Républiques boers entre les Anglais et les Boers.

Dans ce conflit, les Boers, en plus de leurs fortes convictions religieuses du soutien inaltérable de Dieu et de la dépendance totale du verdict de la volonté irrévocable du Tout-Puissant, pouvaient compter sur le soutien d'une bonne partie de la communauté internationale, notamment la Hollande, l'opinion française, l'Allemagne, (…) et les immigrés blancs dans leurs deux Républiques. Ces derniers ont même au début de la guerre combattu aux côtés du commando boer. Les Portugais, quant à eux, sont allés jusqu'à offrir des facilités portuaires à Lourenço Marqués (terminus du chemin de fer du Transvaal).

À leur tour, les Anglais s'appuyaient sur une solide opinion publique très attachée à la grandeur de l'empire britannique et du prestige international du royaume. Il existait une sorte de convergence nationale chez les Anglais, y compris chez les acteurs politiques les plus opposés tant sur le plan doctrinaire qu'idéologique, le point de ralliement était le même. Seuls différaient les arguments et les caractéristiques de la guerre, comme le font remarquer les opinions de ces deux hommes politiques de camps opposés. Sir Edward Grey[93] parle d' « *Une guerre juste qui nous a été imposée…* »[94].

Et Sydney Webb[95], lui, pense qu'il s'agit d' « *Une guerre injuste, mais entièrement nécessaire…* »[96].

---

[93] Sir Edward Grey était membre de l'opposition. Homme politique libéral, il est nommé secrétaire d'État aux Affaires étrangères dans le gouvernement libéral de 1905.

[94] Edward Grey, cité par Robert Lacour-Gayet, *Histoire de l'Afrique du Sud*, Paris, Fayard, 1970, p. 266.

[95] Sydney Webb est un travailliste de convictions. Il est membre fondateur de la Fabian Society qui a résulté à la création du Labour Party.

[96] Sydney Webb, cité par Robert Lacour-Gayet, *op.cit.*, p. 266.

Malgré les cafouillages des débuts face à la ténacité et au surnombre des Boers renforcés par leurs aptitudes aux combats non réglementaires, eu égard à une bonne majorité rurale, les Anglais ont réussi à renverser les tendances en leur faveur. Les Boers pouvaient également compter sur des soutiens de taille des hommes expérimentés déterminés à démontrer leurs valeurs et leurs mérites militaires, à savoir le corps des volontaires étrangers placé sous le commandement du colonel d'origine française, Villebois Mareuil.

Même si dans la logique de recherche d'alliés et de soutiens de chacune des deux parties personne ou rien ne devait être négligé. Toutes les deux ont prouvé de nouveau leur mépris et leur manque de confiance vis-à-vis des Noirs. Et chaque partie s'est découvert une sympathie soudaine pour les Noirs en accusant l'autre de pratiques contre nature par rapport à ces derniers qui affichaient une naïveté plaisante en s'adonnant à un double jeu. Chaque groupe se prenait pour la tutelle légitime et accusait l'autre d'être le bourreau :

> « Les deux camps prétendirent que les Noirs étaient en leur faveur ; chacun accusa l'autre de les utiliser, en fait, les indigènes ne semblent avoir été employés, pendant un temps, que comme domestiques, coursiers, espions, conducteurs de transports, la neutralité du Bassoutoland fut, d'un commun accord, respectée, ce qui a valu à la « Suisse africaine » de devenir le repaire des agents secrets ».[97]

La guerre des Boers est, à coup sûr, un des conflits les plus marquants de l'histoire coloniale sud-africaine dont l'issue a été aussi très déterminante sur la suite des événements marquants du pays. Le résultat est connu : c'est l'annexion de l'État libre d'Orange le 24 mai 1900 comme cadeau d'anniversaire à sa Majesté la Reine d'Angleterre[98], puis l'entrée de l'armée anglaise dans Johannesburg le 31 mai avant le passage du Transvaal sous contrôle anglais le 4 juin.

Enfin, la Grande-Bretagne a atteint son objectif, mais en laissant derrière elle une macabre réputation à travers ces camps barbares de concentration, ces camps marqués par des atrocités du Blanc, malhonnêtement appelés « *camps de refuge* » à but humanitaire pour protéger les femmes et les enfants en les laissant mourir à petit feu, et de

[97] Robert Lacour-Gayet, *op.cit*, p.272.

[98] A l'époque, le trône était occupé par la Reine Victoria dont le jour de naissance est le 24 mai. Elle est décédée le 21 janvier 1901 et est remplacée par Edward VII.

façon indigne, de faim, de soif, d'odeurs puantes et de maladies. Ainsi se comportait l'homme blanc en Afrique du Sud.

Mais en tout état de cause, cette guerre a eu pour effet plus ou mois acceptable la restructuration politique du pays en le plaçant sous la tutelle d'une seule puissance[99] qui devait en assurer l'organisation administrative.

Au bout du compte, l'Afrique du Sud morcelée fit place à l'Union sud-africaine composée des quatre provinces du Cap, du Natal, du Transvaal et de l'État libre d'Orange, avec l'ambition de constituer la grande entité complétée par les trois protectorats britanniques du Basoutoland, du Bechouanaland et du Swaziland avec la Rhodésie du Sud.

3. Les résistances des pouvoirs traditionnels locaux et des populations indigènes

Les Africains n'ont jamais adopté une posture passive dans la rédaction de leur histoire. Ils ont toujours opposé une résistance victorieuse ou vaine à toutes les tentatives de domination de leurs peuples ou d'exploitation injuste de leurs ressources et de spoliation de leurs biens. Bien que ces nombreuses résistances multiformes face à la traite négrière, la colonisation et la néo-colonisation aient été très rarement célébrées ou rendues publiques de manière objective et honnête dans les écrits portant sur l'Afrique, aujourd'hui, beaucoup d'intellectuels et acteurs politiques africains mènent un nouveau combat de rectification et de réparation de cette injustice faite à l'Afrique. Abdoulaye Wade, l'ancien président de la République du Sénégal (2000-2012) fait partie de ces grands dénonciateurs d'une telle forfaiture intellectuelle et politique, à l'instar d'autres chercheurs comme C Fluchard et André Salifou. Ils dénoncent et corrigent en tentant de restaurer la vérité :

> « Faite par les Européens, soucieux de célébrer l'action des coloniaux, l'historiographie de la conquête militaire a longtemps masqué la résistance, souvent héroïque, des populations

[99] A partir du 1er Septembre 1900, la République sud-africaine est devenue Dominion britannique. Le système de gouvernance prévoit un gouverneur général à la tête de l'exécutif. Il est nommé par la Couronne et représente Sa Majesté pour 5 ans.
Le système politique est parlementaire et la réalité du pouvoir est exercée par un premier ministre, chef de file de la majorité parlementaire et responsable devant les deux chambres du Parlement. Le gouverneur général a compétence de convoquer, d'ajourner et de dissoudre le parlement.

> autochtones. Il semble aujourd'hui incongru de parler de la pénétration et de la conquête du continent noir sans évoquer ces résistances. »[100]

Ce constat est relatif au traitement partiel et partial de l'histoire de l'Afrique et des Africains, pour ne pas parler de tentatives de falsification de l'histoire du continent particulièrement marquée en Afrique du Sud coloniale et renforcée pendant la période d'apartheid. En ce qui concerne les résistances indigènes à la pénétration coloniale, surtout à la tendance à vouloir contrôler toutes les bonnes terres et tous les points géographiques stratégiques du pays, elles ont été permanentes et ont pris de multiples formes d'intensités diverses. Au cœur des résistances résidait la question liée à la terre. Les chefs traditionnels avaient toujours été motivés par des visions expansionnistes avec, en toile de fond, la quête du *self agrandissement* par l'extension des frontières de leurs empires.

L'attachement à la bravoure et à la collection de hauts faits d'armes a toujours débouché sur des violentes guerres tribales fratricides avant même l'arrivée des premiers Blancs au Cap. L'impréparation à l'affrontement avec un adversaire de type nouveau doté d'armes plus destructrices et plus efficaces dans le combat a rendu très difficiles les premières résistances face à l'envahisseur blanc.

De pareilles circonstances, en plus des facteurs climatiques favorables à l'intégration facile des colonisateurs européens, ont fait perdurer les batailles entre étrangers et indigènes au détriment des richesses et de la liberté de ces derniers, malgré les victoires enregistrées dans le temps et dans l'espace.

Ainsi, des enjeux coloniaux aux défis d'apartheid on peut noter plusieurs réalités différentes :

> "The indigenous resistance to the colonial onslaught took different forms, depending on the relative balance of forces at a particular time or place. They ranged from open warfare in moments of relative strength, to the continuous acts of subversive rebellion, using the 'weapons of the weak' (Scott, 1948)…
> The times when open warfare was waged by Africans against the settlers are thus the peaks of continuous resistance"[101]

[100] C. Fluchard, A. Salifou, *L'Europe et l'Afrique du XVe siècle aux indépendances,* Ed. Boeck, Université de Kinshassa, 1987, p.59, cité par Abdoulaye Wade, *Un destin pour l'Afrique*, Ed. Michel Lafon, 2005, p.126.

[101] Eveleth, A, and Mngxitama, A., *Country by Country South-Africa 2003 Report: The Widening Gap Between Rich and Poor, National Land Committee (NLC*), 2004 cités par

Cette description retrace avec exactitude le syndrome de la violence qui s'est emparée de l'Afrique du Sud en la plongeant dans une sorte d'impasse. Cependant, ce cercle vicieux de la violence physique et morale n'est pas de la seule responsabilité du colonisateur, mais il est aussi établi que les populations autochtones, en particulier les maîtres d'esclaves, dans l'assouvissement de leur pouvoirisme politico-économique, ont toujours pratiqué l'exploitation de l'homme par l'homme sous ses formes les plus dégradantes et humiliantes.

En réalité, le colonisateur s'est invité en maître Aliboron avec les mêmes méthodes basées sur la violence, mais seulement sans fondement légitime, ou légal. Il s'agit d'un choc de violences étrangères et locales sur fond de conflits d'intérêts et d'ambitions. L'aigreur intériorisée des uns et le sentiment de vengeance des autres, en plus de la peur de la contre-performance, disons du retour de bâton des vainqueurs de toutes les séries de batailles, ont fait projeter à l'Afrique du Sud l'image d'un pays de violence, d'un pays d'une histoire exceptionnellement violente, et ce, pendant plus de trois cent cinquante ans, pour reprendre ainsi Sampie Terreblanche[102]. Il résume systématiquement la période coloniale de ce pays en une domination politique, une exploitation économique et une oppression sociale.

Cette culture de la violence a singulièrement déshumanisé ses acteurs et entaché le passé de bien des innocents et des victimes au même titre que les réels responsables, au point d'ouvrir une brèche au profit des afro-pessimistes. Certains en déduisent des fondements de la criminalité et de la propagation du VIH/Sida comme l'expression guerrière de faire des victimes héritée d'un passé glorieux de combats et de vengeances.

La résistance à la colonisation anglo-boer a également permis de découvrir la fragilité des relations entre tribus indigènes qui ne se privaient pas de nouer des alliances contre nature avec l'ennemi commun pour prendre le dessus sur la tribu rivale. Ce manque de solidarité dans la misère, basé sur les divisions, a beaucoup profité aux Anglais et aux Boers, qui, en revanche, ne se privaient pas non plus de recours similaires au partage de l'Afrique opéré lors des Conférences de Berlin. Même au cœur de leurs conflits, chaque fois que l'occasion de se réconcilier sur le dos des Africains se présentait, ils ne la rataient jamais.

Bongani Xeswi, "Landless people's movement" RASSP Research Report N°10, in *From the Depths of Poverty/Community Survival in Post-Appartheid South Africa,* Ed, Centre for Civil Society-RASSP Research Reports 2005, Vol.1, p.182.

[102] Sampie Terreblanche, *op.cit.,*

Malheureusement, les Africains ne se sont pas inspirés de ce constat tiré de la sagesse africaine des époques coloniales selon lequel « *united we stand, divided we fall* »[103]. Cependant, à la décharge des populations autochtones, elles ont fait preuve d'ouverture vis-à-vis des colonisateurs à leurs débuts et cela pouvait apparemment durer aussi longtemps que les nouveaux venus s'accommodaient de leurs us et coutumes tout en évitant de menacer leurs intérêts directs. Si l'on en croit la déclaration de ce chef xhosa[104] qui est une dénonciation ferme, mais argumentée de la présence coloniale dans sa contrée,

> « Les contacts entre les colons et les Xhosas étaient bons jusqu'à ce que les troupeaux grandissent au point d'irriter les Boers. Ce que ces hommes avides ne pouvaient obtenir de nos pères contre de vieux boutons, ils nous l'ont pris par la force. Nos pères étaient des hommes. Ils aimaient leur bétail, leurs femmes et leurs enfants vivaient de lait. Ils combattaient pour défendre leurs biens. Ils commencèrent à haïr les colons qui les convertissaient tous et visaient à leur destruction.
> Si nous avions gagné, notre droit aurait été juste…
> Nous avons perdu et vous êtes ici ».[105]

Avec les similitudes existantes sur le plan culturel entre les peuples d'Afrique, il est aisé de comprendre le malheur et la profondeur des propos de ce chef tout comme les sentiments de sa communauté face à une telle situation en interrogeant un Peulh du Sénégal sur sa réaction, même de nos jours, face à la même situation. L'éleveur peulh, au-delà de l'utilité économique de son bétail et du prestige social que lui confère ce dernier, entretient des relations quasi passionnelles, émotionnelles avec ses bêtes. Il ne peut résister à aucune provocation ou menace pesant sur son bétail qu'il est d'ailleurs toujours disposé à défendre, et à protéger au prix de sa vie. Son honneur et son bonheur résident en ses animaux. Il s'agit là d'une question d'honneur, d'une question de vie ou de mort. Ainsi, écouter ce chef xhosa, c'est comprendre les enjeux de la résistance indigène à la pénétration coloniale anglo-boer en Afrique du Sud.

Cependant, malgré les défaites enregistrées du côté des indigènes à la suite des neuf guerres « *cafres* », il est difficile de l'imputer à leurs

---

[103] Lire Chinua Achebe, *Things Fall Apart*, London, Heinemann, 1986.
[104] Selon René Lefort qui rapporte ces propos, cette confession a été faite à l'époque de la « cinquième guerre cafre ».
[105] Propos d'un chef traditionnel xhosa, rapporté par René Lefort, *L'Afrique du Sud. Histoire d'une crise,* Paris, Ed. François Maspero, 1977, p.58.

inaptitudes individuelles ou à leur manque de discernement. Il est plus juste de constater la désorganisation des populations autochtones ultra-divisées, et la supériorité militaire des étrangers blancs. Même cette supériorité militaire qui reposait sur l'efficacité de l'armement s'est régulièrement heurtée à la résistance indigène et à plusieurs reprises a reculé devant la bravoure et l'indomptable détermination des porteurs de sagaies, de haches de guerre, de boucliers, etc.

Malgré ces divisions, de grandes initiatives allant dans le sens de l'unification du peuple noir sud-africain avaient été prises par le roi zoulou, Chaka[106]. Selon Ibrahima Baba Kaké, « *le chef zoulou voulait fondre dans une seule nation tous les peuples noirs d'Afrique australe* »[107]. Ce qui fait que sa stratégie s'inspirait de la nation et de l'État et non de l'ethnie et de la chefferie. Tous ses vaincus étaient fondus dans la grande nation zoulou. Comme Alexandre le Grand, il n'humiliait ni ne déshonorait ses vaincus. Même les soldats ennemis capturés ou rendus, au lieu d'être tués, étaient incorporés dans son armée après recyclage, changements de noms, renonciation à leur langue d'origine, nous explique Kaké qui l'immortalise avec admiration bien que reconnaissant son statut de dictateur sanguinaire :

> « Les grandes nations d'Afrique australe sont nées au cours du siècle dernier (XIXe siècle)[108] sous la conduite de disciples, d'imitateurs de Chaka. Ce fut le cas notamment des Matabele, du Zimbabwe avec Mzilikazi, des Swazi avec Sobhuga et des Basouto, du Lésotho avec Moshoeshoe. »[109]

[106] Chaka est le fils naturel du chef de clan, Senzangakona et de Nanda « la délicieuse ». Il a connu une enfance difficile liée à son statut de bâtard, mais battant et endurant, il a réussi à se hisser au-dessus de tout son clan qu'il a transformé en empire à coups de conquêtes, de victoires, d'annexions et l'instauration de la peur partout par la seule évocation de son nom ou de celui de son clan. Il lui est accordé par les historiens la paternité du nom zoulou donné à son empire et qui veut dire « ceux du ciel », « les habitants du ciel ». Son peuple a fini par le défier. On l'appelait « Bayété », celui qui se tient entre Dieu et les hommes », Nkoulou - Nkoulou étant le Dieu suprême des Zoulous. Il est mort en 1828, victime d'un complot de ses deux frères cadets qui ont toujours été animés par une jalousie viscérale à son égard, sans manquer de prédire la précarité de leur position avec l'imminence de la victoire des Blancs sur eux.

[107] Ibrahima Baba Kaké, *Combats pour l'histoire africaine,* Paris, Présence Africaine, 1982, p.171.

[108] La précision est de nous.

[109] Ibrahima Baba Kaké, *op.cit.*, qui fait référence à Brian Roberts, *The Zulu Kings. A Major Reassessment of Zulu History,* New York, Charles Scribner's Son, 1974.

L'histoire lui donne encore raison avec l'établissement d'abord des Boers dans le royaume zoulou puis sa colonisation en 1877 par les Anglais. Déjà en 1838, le 16 décembre précisément, lors du combat de Blood River, les Boers ont largement pris le dessus par des massacres des troupes zoulou de Dingaan.

Les Zoulous enregistrèrent trois milles tués alors que du côté des Boers on ne dénombra que trois blessés. Dopés par de telles prouesses, les Boers ne comptaient plus s'arrêter en si bon chemin, n'eût été l'insurmontable obstacle britannique ayant cassé leur montée en puissance dans l'affirmation de leur suprématie incontestable sur toutes les zones riches et utiles de l'Afrique australe.

Du nom de la rivière *Ncome,* devenue par la suite Blood River (le fleuve du sang) à cause des massacres et du bain de sang qui y ont eu lieu à l'occasion d'une violente confrontation entre les Zoulous et les Boers le 16 décembre 1838 pendant le Grand Trek, la guerre de Blood River était aussi le résultat d'une quête de gloire d'un successeur, le roi Dingane, qui nourrissait toujours intérieurement un complexe d'infériorité vis-à-vis de l'œuvre de son prédécesseur de cousin (son demi-frère), Chaka, qu'il avait tué pour occuper le trône royal des Zoulous (en 1928), de l'impression d'une toute-puissance militaire, de l'excès de confiance des Zoulous, mais aussi de la naïveté des Boers qui pensaient pouvoir amadouer les autochtones, de leur esprit de vengeance et de leur volonté de laver un affront horrible qu'on leur avait fait subir la veille. Dans le cadre du Grand Trek, les Boers voulaient des terres et ils ont mandaté leur chef Piet Retief pour obtenir par la voie de la négociation des terres de la part des populations propriétaires foncières qu'étaient les Zoulous. L'armée de Dingane répondit par l'assassinat de Retief et le massacre de cinq cents *voortrekkers* boers. Les Boers mobilisèrent à leur tour quatre cent soixante-quatre hommes lourdement armés autour de la rivière Ncome, qui se retrouvèrent encore encerclés au petit matin par dix milles soldats de l'armée des Zoulous. À la surprise générale de tous, d'hier comme de nos jours, à l'issue des affrontements, les Boers, qui considèrent et diffusent l'idée selon laquelle Dieu a combattu à leurs côtés, pour n'avoir enregistré que trois blessés dans leurs rangs, ont pu tuer trois mille soldats zoulous. Cette miraculeuse victoire participa à renforcer le caractère religieux que les Boers ont voulu donner au Grand Trek et l'origine divine de leur suprématie et de leur mission en terre sud-africaine.

Aux ambitions économiques similaires des puissances coloniales et aux opportunités majeures dont recèle encore le pays, en plus du refus affiché des chefs traditionnels et des populations autochtones de subir les effets de la colonisation sans réagir, il serait très difficile d'imaginer une cohabitation paisible dans la colonie. Les conflits étaient donc incontournables. De même, la poursuite des objectifs économiques de départ appelait à son tour tout un programme de justifications et de propagande pour expliquer le colonialisme et son excroissance qu'est l'apartheid.

Les liens directs entre l'ordre colonial établi en Afrique du Sud et les dynamiques d'apartheid qui en ont résulté se traduisent surtout dans le rapport à la terre des indigènes. Les conséquences d'extension des terres de l'empire des Zoulous par l'œuvre conquérante de Chaka ont été progressivement anéanties par la compression continue des espaces au profit des pouvoirs blancs venus de l'étranger. Des conquêtes de terres par la force aux annexions validées par la signature de traités et d'accords en passant par les lois du développement séparé et celles relatives aux questions foncières et au domaine national, les implications sociales et économiques et même psychologiques pour un peuple habitué à la grandeur, aux honneurs et au pouvoir furent terribles. Et aucun des pouvoirs qui se sont succédé à la tête du pays n'a voulu faire la moindre concession à l'effet de permettre aux Zoulous de reconstituer les réalités de leur histoire sur leurs anciens espaces. Avant l'arrivée des Blancs, fait rare dans un continent de petits royaumes, le Zululand tel qu'organisé par le roi Chaka est l'équivalent d'un des pays les plus grands et les plus vastes de l'Afrique post-indépendante :

> "In the days of Shaka, Zululand was vast indeed, bordering on modern-day Mozambique in the north and the Transkei in the south, stretching from the Indian Ocean in the east to the Drakensberg in the west. During the reign of Mpande, this land was almost cut in half, with the land north of the Thukela River deemed Zululand and that which lay south of the river declared Natal. This demarcation was, however, fraudulent and contrary to history, and meant that Shaka's grave – a sacred shrine to the Zulus – in Stanger was located in Natal, the land of the whites. How did these white people then assimilate the fact that the area

> that included Port Natal (Durban) was ceded to Francis George Farewell and his party by Shaka on 7 August 1824?"[110]

La réponse à cette dernière question se trouve dans les manipulations des faits et réalités de l'histoire et dans le recours à la force et à la ruse par les Blancs pour repousser, d'un règne à l'autre, le plus loin possible, les populations autochtones parfois au prix de viles et puériles promesses en faveur de leurs intérêts. Autant du côté des Africains, avec la colonisation, le degré et le niveau d'extension de son territoire sous contrôle étaient des éléments de mesure de la gloire et du mérite dans l'affirmation de son autorité politique, autant la dimension de la réussite de Chaka en la matière est révélatrice de l'ampleur de l'échec de ses successeurs, même si les forces adverses en présence n'étaient pas d'égales valeurs et n'avaient pas les mêmes visées.

> "In 1879, after the conquest of King Cetshwayo by the British, that small portion north of the Thukela known as Zululand was further divided into three parts. The northern area (around present – day Vryheid) was alloted to Zibhebhu, Cetshwayo's archenemy, while the southern part (around Eshowe) was declared a reserve under the administration of a British resident. The king was thus left with only the central part (around Mahlabathini). This division led not only to unprecedented conflict and blood – letting, but also to overcrowding and overpopulation. The situation then worsened during the rule of Dinuzulu, King Cetshwayo's successor, when he proceeded to sign away to the Boers most of the northern and central parts."[111]

La question foncière a toujours été le nœud gordien des incompréhensions et conflits entre les forces impérialistes blanches et les populations indigènes d'Afrique du Sud. Ainsi, à titre illustratif, la superficie officielle du Kwazulu arrêtée au moment de l'apartheid par Verwoerd représentait à peine 10 % des terres du royaume zoulou conquis et dominé par Chaka. Le ministère des Affaires bantoues avait la vocation de renforcer la profondeur du fossé foncier par des présentations trompeuses de nouvelles politiques de promotion de l'autorité bantoue dans les territoires noirs pour mieux les diviser à travers leurs oppositions, leurs divergences de vues et leurs compétitions internes

---

[110] Nxumalo, O. E. H. M, Msimang, C. T, Cooke, I. S, *King of Goodwill. The authorised biography of King Goodwill Zwelithini kaBhekuzulu,* Cape Town, Nasou Via Afrika, 2003, p. 60.

[111] King of Goodwill, *op. cit.,* p. 60-61.

autour de la question. Ce besoin maladif des Boers de vouloir contrôler le maximum de terres dans leur pays d'accueil revêt un caractère éminemment idéologique et psychologique dont l'analyse exige de faire appel à l'histoire et à la psycho-sociologie de ces derniers.

CHAPITRE III

LES TRAITS DE CARACTÈRES DES ACTEURS MAJEURS ET LES JUSTIFICATIONS IDÉOLOGIQUES DU COLONIALISME ET DE L'APARTHEID

L'impérialisme n'est pas un phénomène gratuit. Il ne résulte pas du hasard. Il a une histoire, mais aussi des raisons et des objectifs précis. Il n'est guère l'œuvre d'aventuriers hasardeux, encore moins de capricieux touristes en manque d'exotisme ou de soleil pour se bronzer. Il est pensé et planifié. En ce qui concerne sa stratégie de communication, sans souci réel de convaincre par un argumentaire résistant, elle s'est fondée sur une série d'affirmations et d'accusations contre le colonisé ou la victime de l'apartheid sur ses carences, ses failles et ses incapacités et inaptitudes, s'il ne lui est pas nié tout simplement sa valeur humaine. Toute une littérature coloniale très abondante a été mise en branle pour soutenir des thèses sur la noblesse des intentions et des ambitions soutenant la colonisation vis-à-vis de l'Afrique et des Africains. Les tenants de la philosophie et de la pratique de l'apartheid n'ont pas non plus dérogé à la règle de la propagande. Des raisons spécieuses sont avancées et défendues à la place des vraies causes de la mobilisation des forces coloniales en Afrique. Sont mises en avant les valeurs humanitaires et évangéliques sous une approche paternaliste en lieu et place des visées économiques et culturelles.

En effet, pour essayer de comprendre les dimensions de la désinformation structurelle sous le colonialisme et l'apartheid telles qu'elles apparaissent dans l'histoire rédigée par les vainqueurs et les faiblesses qu'elles comportent à travers une lecture des révélations ressorties de ses contacts avec les réalités économiques du terrain, ce chapitre a pour objectif d'aider à faire comprendre cette communauté. Aussi déterminée dans sa quête mystérieuse difficile à cerner tout comme dans sa situation et son idéologie, nous allons étudier son environnement socioéconomique et historique et les défis et combats ayant jalonné son évolution des origines aux terres africaines.

Nous allons également, dans ce chapitre, soumettre les thèses avancées pour justifier la présence coloniale et le recours à l'apartheid à l'épreuve de la réalité sur le terrain, en confrontant l'idéologique à l'économique pour, enfin, étudier les politiques diplomatiques et de propagande mises à contribution et les théories économiques de mobilisation.

1. Présentation psycho-sociologique et historique de la communauté afrikaner

L'histoire des relations raciales et des inégalités en Afrique du Sud est intimement liée à l'histoire et à la psycho-sociologie des Afrikaners. Il est presque impossible de comprendre l'apartheid sans connaître ce peuple dans ses convictions les plus profondes et ses aspirations les plus cachées.

Largement majoritaires parmi les Blancs, certains avancent le taux de 57 %, les Afrikaners considèrent l'Afrique du Sud comme étant leur patrie, leur propriété personnelle et que toute autre personne y serait étrangère et doit se soumettre à leur volonté et aux règles qu'ils y avaient établies. Et c'est sur cette « *fausse vérité* » des Afrikaners que sont partis tous les problèmes de cohabitation dans ce pays à grands enjeux économiques et stratégiques. Ils s'agrippent à ce pays comme une personne qui se noie et qui soudainement tombe sur une branche, et qui naturellement préfère mourir plutôt que de lâcher cette dernière. Telle semble être la conclusion de Lucie Pagé sur leur cas, en rapportant sa conversation avec un richissime sud-africain blanc, anti-apartheid et proche de l'ANC, qui suggérait la déclaration de la région du Cap terre de Blancs et qu'elle fut accordée aux Afrikaners.

Elle qui se préoccupait du sort qui serait réservé aux millions de Noirs vivant au Township du Cap, Khayelistha se vit répondre par une invocation du recours à la politique de la pelle mécanique :

> « Khayelistsha n'est rien sur une carte. On n'aura qu'à les envoyer ailleurs. »[112]

C'est ainsi qu'elle en arriva à la conclusion qui suit :

> « Voilà le problème des Afrikaners. Ils ont tout sauf un pays. Et certains sont déterminés à l'obtenir, ce pays. »[113]

Et dans cette quête de l'obtention définitive d'un « chez eux » pour leur plein épanouissement, ils ont entrepris un certain nombre d'initiatives parfois périlleuses, toujours violentes, sans partage ni

[112] Lucie Pagé, *Une femme au cœur de l'apartheid*, p. 65.
[113] *Id.*

concessions, parsemées de heurts et de batailles soit avec des Blancs d'autres origines, soit avec les populations indigènes.

D'origine hollandaise, française (huguenots) et allemande, les Afrikaners se présentent comme un peuple opprimé par les Britanniques, à l'image des Juifs victimes de persécutions, un peuple sans terre à la recherche d'une terre perdue. Leur ambition principale était de recréer et de revivre leur histoire : d'où leur solide unité dans le désespoir et la défaite. C'est ainsi que dans les moments les plus tumultueux, ils ont réagi par leur *Broederbond,* une sorte de fraternité à la fois agissante et mythico-religieuse dont l'objectif, selon CG Weeramantry, est toujours la prééminence du peuple afrikaner et de ses valeurs sur tous les autres. En voici, clairement résumée l'ambition sans ambages :

> "The advancement to power of the Afrikaner, the elevation of the Afrikaner language, and the revival and fostering of Afrikaner culture"[114].

Ce *broederbond* est un cercle fermé avec des réalités internes tenues très secrètes, assorties de règles très contraignantes protégées par la foi, la rigueur et la sanction. La discrétion, la loyauté et la confidentialité sont des valeurs sacrées pour les Afrikaners.

Ils n'aiment pas le mélange avec l'autre, croient en leur supériorité sur les autres hommes, entretiennent la discrimination sous toutes ses formes, prêts à tout sacrifier pour exprimer leur particularité et leur identité propre. C'est pour cela qu'ils cherchent à diffuser avec hargne leurs croyances traditionnelles, religieuses, culturelles et économiques, leur histoire par l'Afrikaans, leur langue, mais aussi dans un cadre nouveau qu'ils disent le leur : l'Afrique du Sud.

Alors, pour refaire leur histoire, les Afrikaners comptent sur la falsification de l'histoire par la manipulation intentionnelle de la vérité et la négation pure et simple de certains de ses aspects qui s'érigent contre leurs intérêts immédiats.

Très imbus des valeurs chrétiennes, ils s'en inspirent pour étayer la thèse de leur supériorité sur les Noirs et s'entourent de mythes et d'une mission divine dont la réalisation exige un prix difficile à payer.

C'est en résumé ce que Paul Coquerel[115] essaie de présenter comme étant le combat afrikaner, sa quête :

---

[114] C.G. Weramantry, *Apartheid; the Closing Phases?*, Melbourne, Lantana Books, 1980, p. 80.

> « Une culture spécifique émerge, fondée sur une langue : l'afrikaans, une religion : le calvinisme, un territoire : les vaste espaces du Karoo, et surtout l'intime conviction d'appartenir à un groupe privilégié, dans le cadre d'une société esclavagiste. »[116]

En effet, pour atteindre cet objectif, les Afrikaners s'appuient surtout sur la fibre sensible de la religion (opium du peuple) pour convaincre de la noblesse de leur cause, ce qui est une façon adroite d'éviter tout débat de fond sur la question de la justification argumentée de telles théories fanatiques.

Chez l'Afrikaner, la religion est à la base de tout et tout doit être au service de la religion. La politique, tout comme l'économie, est d'inspiration calviniste au sens austère du terme[117]. Puisque la volonté divine est indubitable alors que la supériorité afrikaner est décrétée par Dieu, la domination boer sur la terre des hommes et sur les hommes de la terre ne doit souffrir d'aucun soutien. À ce titre, toute défaillance ou insoumission est assimilable à un péché suprême vouant son auteur aux gémonies de l'enfer et à la misère des incrédules d'ici-bas. C'est cela la conviction fermée à tout débat des Afrikaners sur ce qui doit fonder et réguler les relations humaines en Afrique du Sud. Ils adoptent d'habitude des positions très figées, qu'elles soient politiques ou religieuses, surtout que le calvinisme met beaucoup l'accent sur la prédestination de l'homme et sur la répartition définitive des tâches sur terre entre catégories humaines suivant la logique du parallélisme, peuple élu de Dieu et peuple à diriger. S'appuyant sur une morale calviniste, les Afrikaners croient profondément à l'ordre basé sur les règles d'une communauté patriarcale très hiérarchisée. La vigueur, la force, la virilité et l'affirmation ferme d'une autorité incontestable font partie des principes immuables de leur organisation interne. La famille n'échappe pas à l'observation individuelle stricte pour son bon fonctionnement et la

[115] Paul Coquerel est un chercheur français spécialiste de l'Afrique du Sud qui a travaillé au laboratoire Tiers-Monde Afrique du CNRS tout comme au Centre de Recherches Africaines de Paris.

[116] Paul Coquerel, « Les mythes afrikaners », in *Politique africaine, l'Afrique du Sud ambiguë*, Paris, N° 25, éditions Karthala, mars 1987, p. 7.

[117] Le calvinisme est théorisé et mis en œuvre par John Calvin, homme de Dieu suisse né en 1509 de parents français. Sa doctrine vise, entre autres, la réhabilitation des protestants persécutés et l'obtention d'espace d'influence où ces derniers pourront exercer leur autorité totale. Sa doctrine est aux antipodes de l'égalité, de l'équité et de la souveraineté. En revanche, Calvin préconise soit la voie de l'autoritarisme ou celle révolutionnaire. Il est le repère des Afrikaners.

parfaite transmission de ces valeurs aux tout-petits qui doivent être ainsi moulés psychologiquement.

Au cœur des préoccupations calvinistes figure la purification de l'homme et de la société par l'ancrage dans le christianisme.[118] La docilité est vivement recommandée, car le sort de chacun et de chaque communauté est déjà scellé par le Maître de l'univers.

C.G. Weeramantry campe le débat en ces termes en rappelant la place que cette communauté accorde à la prédestination :

> " The State is divinely ordained and created and in the fulfilment of its God-given responsabilities which permeate every department of life, has exclusive powers over its citizens. "The rulers of such a State are God's earthly agents, acting in His name".
> A strong belief in predestination and in the assignment of each individual to a predestined station in life underpins the entire doctrine."[119]

Pris sous cet angle, il existe plusieurs similitudes entre les Boers d'Afrique du Sud et les Juifs d'Israël. Toutes les deux communautés partagent l'expérience de la persécution et la recherche d'une terre d'élection et d'oppression vindicative appelée Terre promise dans la logique de la prédestination. Boers et Juifs se disent peuples élus de Dieu mènent tous des missions d'expropriation et d'exploitation et affirment bruyamment par le sang, la sueur et l'humiliation leur prétendue supériorité et autorité sur les peuples lilliputiens sans valeurs réelles, ni culture authentique, encore moins de civilisation ou registre de hauts faits en valeurs contributives aux conditions d'existence de l'humanité.

Leur seule grande différence est la conception qu'ils ont de la place des indigènes en Afrique du Sud et en Israël. Dans son étude comparative entre l'histoire coloniale d'Afrique du Sud et celle du Proche-Orient (conflit israëlo-palestinien), Leila Farsakh[120] relève que là où les Juifs ont expulsé les populations arabes indigènes de leur terre qui est devenue Israël en 1948, les Afrikaners, eux, à partir de 1948 (démarrage officiel de l'apartheid), ont décidé de s'accaparer des terres en quantité et en

---

[118] W. H. Watcher, *White Laager*, p.110.
[119] C.G.Weeramantry, *op.cit.*, p.83.
[120] Leila Farsakh est une chercheuse au Centre for International Studies, Massachusetts Institute of Technology (MIT), Boston, USA. Elle est l'auteure d'un article intitulé « De l'Afrique du Sud à la Palestine », publié dans *Le Monde Diplomatique* de novembre 2003.

qualité non pas en expulsant les indigènes, mais en les domptant pour les dominer comme des citoyens de seconde classe bons pour le dur labeur de production.

Donc les uns voulaient la terre sans ses hommes et les autres, la terre avec ses hommes, mais toujours avec une politique de séparation claire et nette des deux peuples que sont les occupants et les indigènes. En Israël, nous avons les colonies, les permis de circulation et la fermeture des frontières précise Leila Farsakh, pour enfin conclure après comparaison qu'en Afrique du Sud nous avons les « *Bantoustans* » et les « *laissez-passer* » (cf. les *Pass laws*), et partout on retrouve la fragmentation des communautés radicalisées par des mesures coercitives d'une extrême sévérité.

Peuples opprimés devenus oppresseurs, les deux peuples, Juifs et Afrikaners, partagent la même angoisse existentielle liée à la liberté de leurs victimes. Celles-ci doivent toujours être minutieusement surveillées en ce qui concerne leurs actes et mouvements. L'évêque sud-africain Desmond Tutu, Prix Nobel de la Paix, les met dans le même sac lors d'une visite dans les territoires occupés. Les notes de son carnet de voyage renvoient à une description comparative entre la situation de son peuple et celui du peuple palestinien dont l'affirmation identitaire se cogne sur maints obstacles sur ses propres terres:

> « Cela ressemble beaucoup à ce qui est arrivé aux Noirs de l'Afrique du Sud. J'ai vu l'humiliation des Palestiniens au point de passage et aux barrages routiers, souffrant comme nous quand de jeunes policiers blancs nous empêchaient de circuler. »[121]

Enfin, au-delà de toutes ses méthodes pratiques, l'Afrikaner cherche une emprise solide sur l'ensemble de son environnement immédiat et sur le reste du monde. C'est ce qui constitue le soubassement de son approche clanique, il croit beaucoup à la force des lobbies et des réseaux. En vérité, son fameux Boerderbond n'était qu'un puissant lobby, une société secrète qui administrait l'Afrique du Sud indirectement. L'exclamation-interrogation de son premier président lors du cinquantième anniversaire du *Boerderbond* en 1968 le confirme :

[121] Desmond Tutu, in *The Guardian*, Londres, 29 avril 2002, cité par Leïla Farsakh, « De l'Afrique du Sud à la Palestine », in *Le Monde Diplomatique*, Paris, novembre 2003, p. 22.

"Do you realise what a powerful force is gathered here tonight between these four walls?
Show me a greater power on the whole continent of Africa!
Show me a greater power anywhere..."[122]

Cette expression de sentiment de la toute-puissance et de la suprématie est le propre du peuple afrikaner et sa quête identitaire en terre sud-africaine. Son parcours, sa philosophie de la vie et sa quête sont assez significatifs de ses méthodes de mise en œuvre de son projet esclavagiste dans un pays qui n'est pas le sien. Donc ses seuls moyens ne peuvent être que le reniement, la brutalité et la violence, l'exclusion, le totalitarisme et le fanatisme, qui ferment toutes les portes à la persuasion soutenue, à la démocratisation et à l'idée d'égalité et d'équité entre les hommes.

En conclusion, si la civilisation s'oppose à la barbarie, n'est barbare que celui qui s'appuie sur des pratiques d'une rare barbarie pour civiliser le « *barbare* » au nom des valeurs de sa civilisation et du prix de son acquisition. On est toujours, disait déjà Montaigne[123], le barbare de quelqu'un. En effet, les Afrikaners n'étaient-ils pas en vérité les vrais barbares d'Afrique du Sud y ayant semé la violence comme étant leur plus grande contribution au devenir de ce vaillant peuple à la fois guerrier, tolérant et conciliant ?

La suite des événements découlant du démantèlement de leurs politiques racistes mises en œuvre pendant plusieurs siècles dans « leur pays » fait encore bien douter sur leurs grandes aptitudes à pouvoir triompher sur les démons du racisme. Le réalisme qui a conduit certains de leurs chefs à lâcher du lest pour négocier la fin d'une politique unique au monde et intenable à la longue, sans subir le même sort que celui qu'ils ont infligé sans ménagement et avec une rare férocité à leurs remplaçants à l'essentiel des postes de responsabilités et de prises de décisions, n'est pas la chose la mieux partagée parmi eux si on prend en considération certaines velléités de création d'un petit État de Blancs dans l'État enregistrées dans leurs rangs. Le racisme suicidaire et les viles tentatives de se détacher de la nouvelle nation arc-en-ciel de quelques rares Blancs illuminés au moment où les pouvoirs publics se débattent pour contenir les assauts compréhensifs, mais non tolérables, expressifs d'un désir de vengeance d'une certaine jeunesse émotive, désœuvrée,

[122] C. G. Weeramantry, *op. cit.*, p. 82.
[123] Lire Montaigne, *Essais*, chapitre Coches, Paris, Pléiade.

pauvre et sans perspectives rassurantes dans un futur proche peut à tout moment réveiller des forces de déstabilisation raciale.

2. Le Grand Trek des Afrikaners

Le Grand Trek des Afrikaners est avant tout l'affirmation en actes d'une quête identitaire d'un peuple qui veut s'imposer et s'épanouir dans son propre cadre. Ce cadre nouveau était donc à créer par tous les moyens imaginables.

Ainsi, à l'image d'un peuple à la recherche d'une terre perdue, les Boers se sont lancés dans un Grand Trek. Comme les Juifs pour qui Israël est la Terre promise, les Boers, en bons nouveaux exilés, élisent domicile en Afrique du Sud pour infirmer l'histoire et la recréer à leur grand profit. Pour eux, ce pays est leur destination finale, une terre à apprivoiser pour, enfin, exercer une domination totale sur les indigènes devenus indésirables chez eux. C'est pour cela que le Grand Trek tient tout d'abord au mythe et au spirituel, si on en croit les termes de l'analyse de Simon Njami :

> « Le sang coulé, les guerres menées contre les Anglais, contre le veld et contre quelques autochtones, les guerres menées contre les terres arides et les maladies, tout cela participe du mythe, tout cela fait le Grand Trek, et de tous ceux qui ont participé aux luttes, les seules propriétaires de la terre d'élection. Avec, en prime, la bénédiction divine.»[124]

C'est ainsi qu'apparaît le Grand Trek comme une grande randonnée coloniale et d'inspiration épique organisée par des calvinistes dogmatiques, fervents religieux, nationalistes et profondément attachés à la terre africaine pour des raisons purement idéologiques liées à leur histoire parsemée d'embûches, mais également pour des enjeux économiques.

Les Boers se présentent comme un peuple opprimé, et c'est la réalité, et se fixent pour ambition principale la démonstration de leur supériorité génétique, spirituelle et la primauté de leur civilisation. Ils veulent ainsi exprimer leurs croyances et valeurs traditionnelles, religieuses, culturelles et économiques à travers l'afrikaans, leur langue, dans un cadre nouveau qui leur est exclusivement réservé, l'Afrique du Sud.

[124] Njami Simon, « La question blanche en Afrique australe... », in *L'Afrique du Sud Aujourd'hui*, Numéro Spécial, Paris, Présence Africaine, 1978, p. 62.

Cependant, cette volonté ferme de création d'un *Afrikanerdom* (nation boer) ne peut pas se réaliser sans rancune, vengeance et inversion de leur oppression subie contre les hommes de couleur de l'Afrique du Sud, d'où la dimension subversive et inacceptable de leur quête.

Aussi faudrait-il, pour remplir cette sale besogne, s'appuyer sur la falsification de l'histoire et la négation pure et simple de certaines vérités historiques qui s'érigent contre leurs intérêts immédiats.

Se prenant pour un « *peuple élu* » de Dieu dont la propagation de son « *histoire sacrée* » marquée par de nombreuses souffrances et privations exige un prix non négligeable à payer par les peuples à civiliser avertissent les Afrikaners.

Pour eux, il s'agissait « *d'apporter les lumières de la civilisation dans les ténèbres de l'Afrique* » et d'universaliser les valeurs du peuple boer comme une référence fondamentale. Mais c'est ce que l'histoire va démentir à la fin, tant leurs pratiques ont laissé apparaître de façon provocante et sans équivoque leurs ambitions de domination totale sur toutes les autres composantes de la population.

En fait, si « *trek* » veut dire migration, déplacement en afrikaans (la langue des Afrikaners), *Grand Trek* ne signifie rien d'autre qu'une réaction de certains Afrikaners à la politique britannique envers les gens de couleur.

Dans leur quête de nouvelles terres, leur volonté est d'y fonder des États où ils seraient en mesure de maîtriser sans entraves l'organisation des rapports interraciaux, sociaux et économiques. Les Afrikaners ne sont pas tous des Hollandais d'origine, mais des Sud-africains d'ascendance hollandaise, germanique ou huguenote ayant le goût commun et la même volonté de construire de nouvelles nations plus propices à leur épanouissement culturelle et économique. Ils sont pour la plupart des fermiers, des agriculteurs, des paysans, bref des travailleurs de la terre attachés à celle-ci avec une obsession similaire à celle qui lie un berger peul à ses animaux domestiques sans lesquels sa vie n'a aucune signification valeureuse à ses yeux. Ils sont appelés Boers, une déformation populaire de *Burger* ou *Burgher* qui veut dire citoyen des Républiques, boers, bourgeois, d'ascendance non britannique.

Selon eux, leur mission est d'ordre divin et pour cette raison qu'ils sont tenus de l'accomplir. Étant convaincus de l'adoubement divin, il leur revient de faire comprendre et de faire admettre par tous que participer à la réussite de la mise en œuvre de la politique d'apartheid relève d'une pure expression de la foi chrétienne :

> « L'apartheid ne s'aurait être autre chose que la défense farouche de l'humanisme chrétien que les Afrikaners ont mission d'affirmer et de répandre »[125.]

Chez le Boer tout est d'abord fondé sur la religion, sa dimension ultra-religieuse, son sectarisme maçonnique. C'est ce qui justifie son rejet total de toute possibilité de mélange avec l'autre, même s'il est des siens, pour peu qu'il lui soit opposable l'argument de la non authenticité. Ainsi, la non mixité raciale est au cœur des préoccupations boers, d'où les fondements de base très solides de l'Afrikaner Broederbond qui n'est rien d'autre qu'une philosophie raciale visant à préserver l'existence et la pérennité du « *Ware Afrikaaner* », c'est-à-dire l'Afrikaner authentique.

Tout cela pour dire que le « *Grand Trek* » n'est pas seulement un mouvement, une quête dans l'histoire pour l'affirmation d'une histoire, mais également un comportement, l'observation d'un certain nombre de règles et d'obligations et l'endurance de multiples privations. Parmi ces obligations et privations s'impose au premier plan l'attachement à la fidélité et à la loyauté dans le comportement ségrégationniste vis-à-vis du non Blanc et l'entretien de relations charnelles avec ce dernier. Ici, le simple fait d'avoir un penchant pour le Noir ou d'éprouver une attraction pour lui est considéré comme un des péchés passibles de la plus sévère punition de la communauté, c'est-à-dire la haute trahison ou « *verraad* ». Car selon la croyance afrikaner cela participe à l'atténuation du prix payé par l'Afrikaner pour l'acquisition de sa valeureuse civilisation qu'il doit transmettre au non Blanc. L'Afrikaner se définit en guide, un berger devant conduire un troupeau humain dont le dressage de ses composantes relève de sa lourde responsabilité. Il n'aura réussi sa mission que si ces éléments du troupeau se comporte en des soumis qui lui sont redevables et qui en sont conscients. C'est ce que Jean Sevry résume en ces termes : *« Le berger entend faire profiter le troupeau de son expérience : il est vrai qu'elle a été particulièrement douloureuse. »*[126]

Et cette série de douleurs et de privations, au grand mépris de la dignité humaine et des droits fondamentaux de l'homme, était ce que le législateur blanc a prévu pour celui qu'il considère comme son inférieur, le Noir. C'est ainsi que les Afrikaners ont purement et simplement réduit

---

[125] Jacques Rabemanajara, *op.cit.*, p. 34.

[126] Jean Sevry, « Réalités économiques et justifications idéologiques en Afrique du Sud : l'aparthied et l'institutionnalisation de la ségrégation raciale », in *L'Afrique du Sud aujourd'hui/South Africa Today*, Paris, Présence Africaine, 1978, p.291.

les populations indigènes du Cap en des êtres taillables et corvéables à merci au service de leurs intérêts économiques. Les Afrikaners étant des fermiers pour la plupart, ils étaient principalement concentrés dans la partie est du Cap où ils régnaient en des maîtres sans pitié, avec des règles et des pratiques permettant de tenir les populations indigènes en respect sans autre alternative émancipatrice.

Les terres et la main-d'œuvre indigène étaient à la merci de la communauté afrikaner. Malheureusement, l'arrivée des Britanniques a entièrement remis en question cette domination totale des Boers sur les pauvres Noirs dociles. Le colonialisme britannique est venu ainsi apporter une nouvelle définition de la propriété terrienne en fixant de nouvelles et non moins contraignantes conditions d'accès à la terre et de son utilisation, au grand détriment des Boers. Ces derniers se retrouvent du coup dans la nécessité de réagir par la migration vers d'autres terres : les États situés au nord du fleuve Orange. C'est ce mouvement des populations afrikaners du Cap (côté est) vers le nord du fleuve Orange connu sous le nom de Grand Trek que Sampie Terreblanche considère comme un moyen de reconstitution de nouvelles réalités communautaires qui sont propres aux Boers :

> "A deliberate attempt by the voortrekkers to recreate in their new states the labour patterns, property relations, and patriarchal feudal order that prevailed at the Cape before the arrival of the British"[127].

Cette démarche de déplacement de l'oppression et de l'exploitation d'une partie du pays à une autre s'est en grande partie opérée entre 1834 et 1840 et ne s'est pas passée sans grandes difficultés. Bien qu'étant à l'origine du Grand Trek, les Britanniques ne peuvent pas être perçus cependant comme des sauveurs, car leur politique de redéfinition des règles régissant les rapports économiques n'obéit qu'au seul paramètre de préservation de leurs intérêts économiques. Pour les indigènes, il ne s'agit que d'un changement de maître pour l'esclave, cela n'est nullement un acte d'affranchissement ou d'émancipation.

Étant donné donc que les raisons du Grand Trek sont d'abord une volonté de libération des Boers de la domination britannique, une quête pour la liberté au prix du confinement de la liberté du Noir d'une autre région puis économique, les Boers ont vite déchanté en se confrontant aux réalités politico-économiques du Transorangia.

---

[127] Sampie Terreblanche, *op.cit.*, p. 21.

3. Les fondements idéologiques et religieux de l'apartheid et ses politiques diplomatiques et de communication (propagande)

De la défense de thèses, théories pseudo-scientifiques et autres arguments tirés de l'anthropologie coloniale dont la presque totalité est démantelée de nos jours par des travaux scientifiques plus solides d'intellectuels africains et d'honnêtes non-Africains en passant par les vastes opérations de communication, les dernières au moment de l'apogée de l'apartheid, destinées à une opinion internationale ayant fini par les lâcher en toute connaissance de cause, la justification des dynamiques coloniales et de la philosophie et des pratiques d'apartheid n'ont en réalité jamais pu drainer des foules d'adhérants en dehors de leurs bénéficiaires directs. Les tenants du colonialisme et de l'apartheid s'appuient sur des thèses. Celles-ci, la plupart anthropologiques, embrassent l'être humain dans sa totalité de même que son environnement. Elles sont fondées sur l'histoire, la culture, les sciences etc., ou elles cherchent à l'être et visent le corps et l'esprit de l'homme mis en cause.

À partir des descriptions faites par des étrangers qui la connaissent à peine, l'Afrique a de tout temps occupé une place sombre et dégradante dans la perception et l'esprit du colon. Si elle n'est pas considérée comme le « cœur de ténèbres », « *heart of darkness* » par Joseph Conrad, elle est présentée comme le « continent de l'enfance éternelle », *« continent of an eternal childhood* » par Hegel, où vivent des personnes d'une *«mentalité prélogique »,* selon Levi Bruhl, à qui Claude Levi-Strauss fait doter une « *pensée sauvage* ». C'est avec de tels clichés que l'homme blanc est entré en contact pour la première fois avec l'Afrique et les Africains pour sa mission dite, selon les situations, d'ordre humanitaire, évangélique, salvateur. Selon ce même *« bienfaiteur »,* l'Afrique est une sorte de *terra nullius* dépourvue de toute trace d'histoire, contrairement aux convictions de Chinua Achebe selon qui "*the African past was no 'long nigth of savagery' 'but like everywhere else, was filled with significant human interaction - conflict, tragedy, friendship, ceremony"*[128].

Le continent africain a fait l'objet de diffamations répétées et amplifiées tendant vers la chosification de ses peuples. De manière générale, c'est la race noire qui est vilipendée comme une race sale et salissante. Elle est la cible permanente d'attaques en règle et par la parole

---

[128] Chinua Achebe, *The Novelist as a Teacher*, cité par Elleke Boehmer, *Colonial and Post-colonial Literature,* Opus, Oxford University Press, 1991, p.195.

et par la plume. Cette assimilation de l'homme noir à une chose a été plus manifeste d'ailleurs à l'époque des traites négrières. Les récits du défunt conservateur de la Maison des esclaves[129] de Gorée, Joseph N'diaye, sur les conditions et méthodes de déportation des esclaves à partir de l'île des voyages sans retour n'ont jamais laissé indifférents ses visiteurs, qu'ils soient Blancs ou Noirs. Soit un sentiment de culpabilité morale, soit une compassion redoutable accompagnée d'un brin de vengeance et de rejet de l'autre, entre autres, s'emparent de ses visiteurs de façon perceptible à travers leurs regards, réactions et initiatives ultérieures.

François Renault et Serge Daget[130] ne disent pas le contraire dans la conclusion de leur ouvrage lorsqu'ils dénoncent avec un souci d'objectivité la responsabilité humaine dans de telles tragédies :

> « Au cours des siècles, des hommes n'ont cessé d'être réduits en objets de trafic par leurs semblables. L'odieux d'un tel commerce a paru peut-être s'effacer devant les descriptions apparemment froides ici données : celles-ci n'avaient en fait d'autre but que de le mettre en relief. » [131]

Ils ont passé en revue, avec images à l'appui, pour mieux illustrer leurs écrits, les atrocités inhumaines qu'ont subies captifs et esclaves pendant ces siècles noirs des dures épreuves du Noir en mettant dos à dos auteurs, complices et bénéficiaires. La volonté de chosification de l'homme noir affichée par l'explorateur, le colonisateur ou le Blanc tout court n'allait pas s'exprimer sans la négation de l'existence d'une culture chez ce même objet supposé, sous le prétexte fallacieux et plus tard battu en brèche qu'un peuple sans écriture est un peuple sans culture.

Pris sous cet angle, le racisme est une avancée positive dans les rapports entre Noirs et Blancs, d'autant plus qu'ici la discrimination repose sur la couleur de la peau et non sur la qualité ou non d'un être humain. De la « *chose* » ou de « *l'objet* », il devient « *l'homme*

---

[129] La Maison des esclaves se trouve sur l'île de Gorée non loin de Dakar. Compte tenu de la position géographique stratégique du Sénégal (porte de l'Afrique), l'île servait de point de départ aux nègriers vers des destinataires divers. Le conservateur retrace l'histoire de ces lieux en décrivant les scènes qui s'y déroulaient aux visiteurs. Son tour est tellement pathétique et son art si bien maîtrisé que ses récits ont tendance à avoir des effets d'envoûtement sur son auditoire.

[130] Ils ont co-écrit l'ouvrage intitulé *Les traites négrières en Afrique*. L'ouvrage est assez illustratif des multiples expériences du commerce des êtres humains dans diverses parties du continent à travers les méthodes variées des différentes forces étrangères en présence.

[131] François Renault et Serge Daget, *Les traites négrières en Afrique*, Paris, Karthala, 1985.

déficient » traînant des défaillances tellement profondes et nombreuses que ses aptitudes à raisonner et à se comporter comme un être humain, un être social jouissant de toutes ses facultés sont remises en cause. Aimé Césaire n'affirmait-il pas d'ailleurs que la colonisation a comme équivalence la chosification de l'humain ? Et c'est là où la socialisation de l'homme noir devient un enjeu crucial pour l'homme blanc qui l'a ainsi représenté. C'est le sens et la signification qu'il faut donner à la mobilisation des penseurs, des intellectuels et des sages noirs par des réactions littéraires et des courants de pensées, quoique réactionnaires, vis-à-vis de l'abondante littérature coloniale.

Les premiers écrits sur le monde noir ont simplement mis en évidence ses aspects carenciels et des prescriptions suggestives pour les combler, ou mieux encore, pour les réduire, donnant ainsi place aux premières lignes d'une plate-forme au profit supposé de ce même monde.

Considérant le nègre comme un primitif perfectible (perspective laïque) ou un païen apte à recevoir la « *bonne parole* » (langage de missionnaire)[132], la valeur symbolique que le colonisateur donne du nègre et les explications qu'il fournit à ses comportements et à ses idées sont simplement alarmantes :

> « L'Africain n'a pas de langue, mais tout au plus des idiomes ou des dialectes ; pas d'histoire (n'est-il pas privé d'écriture), mais à la rigueur des chronologies ; pas d'art, mais seulement un folklore ; pas de droit, mais des coutumes ; pas de religion ou, en tout cas, pas de religion vraie, c'est-à-dire révélée , universelle , il n'est pas capable de science ou de philosophie, son seul avoir étant magique ou empirique ; ni de morale puisqu'il obéit à ses pulsions, singulièrement celles du sexe, etc. »[133]

La description du nègre sous ces caractéristiques augure d'une ambition de le dompter, de le dresser comme un animal sauvage. Pourtant, beaucoup de découvertes ont par la suite mis à nu la légèreté de telles affirmations. L'Afrique australe, qui a connu le traitement colonial le plus barbare par la résistance au temps, a également beaucoup contribué à la réhabilitation de l'histoire et de la valeur de l'Afrique par les découvertes qui y sont faites par des scientifiques blancs.

---

[132] L'analyse est de Louis-Vincent Thomas et de René Luneau qui ont utilisé le pluriel là où nous avons écrit au singulier.

[133] Louis-Vincent Thomas et René Luneau, *La terre africaine et ses religions*, Paris, Larousse, 1975, p. 277.

La perception de l'inconnu et le rapport à l'autre sont déterminants dans la marche du monde, comme le souligne un proverbe africain selon lequel *'l'homme est le remède de l'homme',* parce qu'il n'est en définitive que ce que son prochain fait de lui. Un autre proverbe xhosa semble confirmer sur la base de la même ligne de défense l'effet de la représentation de l'être humain par son prochain dans la vie et l'avenir des peuples. Les Xhosa pensent que *« People are people through other people »*[134]. Toutes ces idées africaines sur la question de l'altérité expliquent les habituelles réactions accueillantes vis-à-vis des premiers étrangers venus à sa découverte avant que ces derniers ne violent les pactes de bon voisinage pour des intérêts inavoués. La poursuite de buts cachés derrière un « dressage » humanitaire de « sauvages » à sauver et à assister a naturellement favorisé une représentation imaginaire des Africains par les forces impérialistes, sans souci d'explications scientifiques fiables. L'homme blanc nie pour sa cause à l'homme noir sa valeur et ses capacités humaines. Ce qui fait que les Africains ont aussi réfuté d'une manière ou d'une autre la valeur humaine de l'homme blanc dès les premiers contacts directs par le surdimensionnement des capacités et aptitudes de ce dernier. Le Blanc a pendant longtemps joui des privilèges de représentant d'une super-puissance invisible sur la terre des Noirs. Et quoi de plus confortable pour se convaincre du fondement de leur complexe de supériorité sur le Noir qui n'a même pas, à leurs yeux, le mérite de comparant ?

À titre illustratif, dans le cadre du premier contact humain entre la société traditionnelle Igbo et les missionnaires, Chinua Achebe décrit comment cette communauté s'est fait impressionner au point de lui concéder une supériorité surnaturelle sur terre. Dans la mythologie et les croyances populaires traditionnelles du monde igbo, la « *forêt maudite* » n'a jamais été défiée ou désacralisée sans que les ancêtres aient sévi sévèrement contre la personne indélicate, alors que les missionnaires à qui un périmètre est affecté pour exploitation afin de les exposer à la colère des esprits en sont sortis indemnes. Achebe présente au détail près comment les « *fous* », selon les Igbo, sont devenus et acceptés comme les nouveaux maîtres qui suscitent et inspirent peur, respect et considération au sein de cette communauté africaine :

[134] En xhosa : « *Ubuntu ungamntu ngabanye abantu* ».

> "The next morning the crazy men actually began to clear a part of the forest (the Evil-Forest)[135] and to built their house. The inhabitants of M'banta expected them all to be dead withing four days. The first day passed and the second and third and fourth and none of them died. Everyone was puzzled. And then it became known that the white man's fetish had unbelievable power.
> It was said that he wore glasses on his eyes so that he could see and talk to evil spirits. Not long after, he won his first three converts"[136]

Dans toute l'Afrique coloniale, des scènes similaires se sont produites au grand profit des colonisateurs. La tournure des rapports de forces et de perceptions entre Blancs et Noirs sous ce registre consolide le premier dans ses convictions figées sur le retard et l'ancrage archaïque du Noir. Avec de telles certitudes qui empêchent le colonisateur de percer en profondeur l'environnement civilisationnel et culturel du Noir dont l'existence est a priori niée, pour mieux appréhender l'Afrique, les Africains et leur histoire, le trésor culturel caché se retrouve piétiné, enfoui davantage ou effondré purement et simplement.

Selon Allister Sparks, l'Afrique n'est pas à la traîne sur le plan socio-économique, mais mal comprise ou maladroitement interprétée :

> "Traditional African societies were sophisticated organisms, finely tuned to the exigencies of climate and environment in a harsh continent. In their communal relationships and elaborate links of mutual responsability, with their generic love of children and respect for an aged, they cultivated a respect for human values and human worth far in advance of the materialistic West.
> Political systems were interwoven with the social order, with chieftaincies based on extensions of family and lineage relationships. Whites, given their own history of autocratic monarchies, mistook the tribal chiefs for dictators and dealt with them accordingly"[137].

Toujours fondant son argumentaire sur les découvertes scientifiquement irréfutables des géologues, archéologues et autres chercheurs, Sparks rappelle des raisons supplémentaires justifiant la respectabilité historique de l'Afrique, un continent qui dominait le monde

[135] La précision est de nous.
[136] Chinua Achebe, *Things Fall Apart*, London, Heinemann, 1986, p.108.
[137] Allister Sparks, *The Mind of South Africa. The Story of the Rise and Fall of Apartheid*, Johannesburg Cape Town, Jonathan Ball Publishers, 1990, p. 3.

déjà à l'âge de la pierre (Old Stone Age). Il existe de multiples pistes prouvant la retraçabilité de la valeur de l'Afrique comme berceau de l'humanité.

Ainsi, si la colonisation s'était limitée à bâtir son argumentaire justifiant sa mise en œuvre sur ses aspects économiques de façon brute en épargnant des fondements de base de la valeur humaine du nègre et de sa richesse culturelle, elle aurait fait l'objet de moins de raturages et de critiques relatives à la barbarie qui l'accompagnait. Avec plus de considération vis-à-vis de l'homme noir dont la différence avec le Blanc se limite simplement à la couleur de la peau, le colonisateur allait être lui-même moins barbare, manichéen et narcissique, sans en prendre la pleine mesure de sa propre culpabilisation par les faits marquants de l'histoire de ses relations avec ses victimes noires.

L'interprétation excessive et gratuite de la différence entre les races noire et blanche constitue un socle pour l'une des thèses les plus répandues parmi celles défendues par les puissances impérialistes dans leur pénétration en Afrique et leur définition de ce que doivent être la place et le rôle de chacun sur le continent. En des termes plus globalisants et totalisants, la légendaire malédiction de Cham fut toujours invoquée comme un argument religieux et historique à l'encontre du Noir. Pour le cas particulier de l'Afrique du Sud, les Afrikaners, dont la dimension ultra-religieuse est sans pareille, se sont simplement servis à merveille des théologies chrétiennes et judaïques pour justifier la misère des Noirs, à qui ils niaient d'ailleurs leurs origines sud-africaines, par un châtiment d'un Dieu providentiel. Pour eux, comme vont le théoriser et le défendre leurs églises par la suite, les Noirs sont les descendants de Cham, victimes de la malédiction infligée par Noé à un fils subversif et dont le cours de l'histoire ne saurait jamais aboutir à sa réhabilitation ou à son élévation chez les humains normaux et réglementaires. Cham est assimilé à l'ancêtre des Noirs, au mépris de tout fondement scientifique ou historique solide.

Et en substance, le sort du Noir étant ainsi scellé, le secourir est similaire à la commission d'un pêché aussi grave et impardonnable que la perception visuelle de la nudité de son père à l'image du maudit Cham. En réalité, dans les justifications idéologiques coloniales, hormis les préjugés raciaux, la fabrication de mensonges manipulés comme des vérités scientifiques, historiques ou religieuses était une méthode de conquêtes et de gouvernance en Afrique sous domination étrangère.

En effet, les préjugés des Blancs ont causé des préjudices inestimables aux Africains dont certains sont perceptibles encore à travers l'impact de la rupture des '*chaînes de transmission initiatique*'[138] des connaissances sur l'histoire et la maîtrise des rouages, des symboles et des formes d'organisation de la culture en Afrique. À ce sujet, Einstein affirmait qu'il est d'ailleurs plus facile de désintégrer un atome qu'un préjugé. L'Afrique l'a appris à ses dépens et à ses frais, tellement il a été réussi par endroits et par moments à faire douter aux Africains leur vraie valeur devant les Occidentaux. L'immixtion de l'étranger dans la chaîne initiatique classique allant d'une génération à une autre a engendré des conséquences graves dans la riposte africaine contre les agressions que le continent continue de subir toujours. Amadou Hampathé Bâ impute au colonisateur la responsabilité de l'interruption de la liaison intergénérationnelle en matière d'éducation traditionnelle :

> « Cette transmission régulière s'est trouvée interrompue du fait d'une action extérieure, extra-africaine : l'impact de la colonisation. Celle-ci, venant avec la supériorité technologique, avec ses méthodes et son idéal de vie propres, a tout fait pour substituer sa propre façon de vivre à celle des Africains. Comme on ne sème jamais dans la jachère, les puissances coloniales ont été obligées de 'défricher' la tradition africaine pour pouvoir y planter leur propre tradition ».[139]

La première compréhension qu'on peut avoir des thèses développées par les puissances étrangères dans le cadre de leurs missions coloniales, ce sont les effets corrosifs et de raturage de la mise en œuvre des projets qu'elles soutenaient sur les valeurs et richesses culturelles et civilisationnelles du vieux continent sur l'antériorité de son histoire et celle de ses habitants sur le reste du monde est largement défendue et démontrée par le Professeur Cheikh Anta Diop sur des bases scientifiques. C'est ce que la vaste littérature coloniale a toujours rejeté en bloc, le pouvoir blanc anti Noir d'apartheid a nié en Afrique du Sud par la violence raciste et la propagande de l'accusé-accusateur et que la nouvelle race des afropessimistes et des racistes de type nouveau de la modernité continue de remettre en question.

[138] A. Hampaté Bâ, *Aspects de la civilisation africaine,* Paris, Présence Africaine, 1972, p.26.
[139] A Hampathé Bâ, *op. cit.,*

La France est allée jusqu'à tenter de faire voter un projet de loi sur les effets positifs de la colonisation.[140] Quant aux effets négatifs de celle-ci, aucune loi n'est encore pensée ou proposée. Pourtant, une évaluation globale et objective ne peut qu'être utile dans ce sens qu'elle peut rapprocher les concernés par la restauration de la vérité historique.

En vérité, il est à noter que toute utilisation politicienne de nos jours de la colonisation à des fins électoralistes ou de mobilisations patriotiques des peuples par l'histoire recréée ou re-rédigée partiellement et partialement, aussi bien par le canal de l'approche apologétique que de la négation systématique à allure de procès d'intention pour justifier le retard économique ou les conflits d'une catégorie de pays, comporte d'immenses risques de réveil de la haine, de la vengeance et du mépris pouvant somnoler en chaque membre de toutes les communautés concernées.

En ce qui concerne l'image de l'Afrique du Sud pendant sa politique d'apartheid, le pays et ses dirigeants avaient mauvaise presse. Rares étaient leurs alliés qui s'autorisaient le soutien assumé de cette politique. Tous se cachaient derrière les relations économiques ou leur refus de s'immiscer dans les affaires intérieures d'un État souverain. Cependant, cette ligne de défense avait des limites objectives. Beaucoup l'abandonnèrent pour se démarquer radicalement d'une posture historiquement lourdes de conséquences en exerçant amicalement des pressions en vue de l'abandon progressif et maîtrisé d'un système voué fondamentalement à l'échec. D'une manière générale, le pays était mis au banc des accusés de la communauté internationale malgré ses nombreux complices cachés. Son combat de communication était immense et les défis très difficiles à relever. Appartenant

---

[140] Il s'agit du projet de loi du 23 février 2005 notamment son article 4 qui dispose que « les programmes scolaires reconnaissent en particulier le rôle positif de la présence française outre-mer, notamment en Afrique du Nord, et accordent à l'histoire et aux sacrifices des combattants de l'armée française issus de ces territoires la place éminente à laquelle ils ont droit ». L'exposé des motifs du projet de loi tel que présenté à l'Assemblée nationale le 10 mars 2004 est plus que tranché :

« Durant sa présence en Algérie, au Maroc, en Tunisie ainsi que dans les territoires anciennement placés sous sa souveraineté, les apports de la France ont été multiples dans les domaines scientifiques, techniques, administratifs, culturels et aussi linguistiques (...).

Reconnaître l'œuvre positive de nos compatriotes sur ces territoires est un devoir pour l'État français : ce sera notamment la vocation du mémorial de la France d'outre-mer ».

Avec les vives contestations que l'article a suscitées, le président Jacques Chirac a été contraint de le faire retirer du projet de texte.

géographiquement au continent africain, l'Afrique du Sud en était soustraite sur le plan diplomatique et des échanges économiques en se considérant comme un pays de Blancs opprimant la majorité non blanche considérée comme étrangère et indésirable. Dans une pareille situation d'isolement du pays et de ses régime et système politiques, le gouvernement décida d'inverser la tendance au sujet de la perception dont il était l'objet dans le monde entier à travers la présentation peu enviable de son image à travers les médias du monde.

Sous la plume d'Eschel Rhoodie[141], le responsable de la propagande internationale de l'Afrique du Sud, particulièrement sous Vorster, nous découvrons un plan de communication digne des méthodes d'information de Goebbels. Sa stratégie consacre le mensonge d'État comme moyen de manipulation à grande échelle de l'opinion internationale. L'axe de communication se fonde sur l'omission des sujets importants, mais indéfendables par l'imposition d'autres questions moins compliquées et plus valorisantes pour le pouvoir en place. En résumé, parler et faire parler des résultats et des performances économiques du pays et non des horribles conditions de leur réalisation :

> « une véritable guerre de propagande (…), au cours de laquelle devraient être soigneusement mises sous le boisseau les questions raciales et développés au contraire, de façon outrancière, les divers aspects du développement économique de l'Afrique du Sud et de son rôle stratégique pour le monde occidental ».[142]

Et pour parvenir à une telle prouesse, le gouvernement sud-africain n'a pas lésiné sur les moyens matériels comme financiers.

Les services secrets (Bureau Of State Security : BOSS), les réseaux diplomatiques, les fonds secrets, le département de l'Information, les amis politiques et personnels, la corruption, les menaces et chantages voilés, rien n'est épargné pour la réussite de la campagne médiatique.

---

[141] Eschel Rhoodie a été attaché à l'information à l'Ambassade d'Afrique du Sud à la Haye, puis Secrétaire à l'Information sous Corneliuis Mulder en tant que ministre. Il a été à la fois concepteur et maître d'œuvre des plans de propagande du gouvernement sud-africain. Il a facilité plusieurs rapprochements entre le régime de son pays et beaucoup de dirigeants dans le monde à l'époque de l'isolement de l'Afrique du Sud. Il a publié en 1969 *Le rideau de papier*. C'est lui-même l'artisan de la rencontre tripartite, entre Voster, Houphouët et Senghor en mai 1974 à Yamoussoukro, même si ce dernier a nié avoir été de la partie.

[142] Jacques Marchand, *La propagande de l'apartheid*, Paris, Karthala, 1985, p.59, reprenant la thèse d'Eschel Rhoodie.

Des instituts de sondages sont mobilisés, des études payées, des journaux rachetés ou créés, des chefs d'État et de gouvernement approchés, des promesses mirobolantes faites à des dirigeants, des facilitateurs commis et des journalistes corrompus, alors que l'étau se resserrait davantage sur les victimes de la violation des droits inaliénables de l'homme au nom de l'application de la loi.

La campagne de propagande pour une Afrique du Sud plus acceptée, car mieux perçue, s'inspire de l'assertion selon laquelle *« la fin justifie les moyens »*. Dans cette bataille de l'opinion, ce que la morale ou la décence reprouve compte peu aux yeux du premier ministre J.B.Voster, comme l'atteste la teneur de ses instructions au général H.Van Der Bergh, chef du BOSS et à C.Mulder, son ministre de l'Information[143] en 1974 :

> « Ce que je vous demande d'approuver n'est pas une campagne d'information, mais une véritable guerre de propagande dans laquelle il n'y aura ni loi ni règle »[144]

L'objectif de la propagande sud-africaine est bien évidemment, sans le dire, l'obtention de complices par le silence coupable sur la politique intérieure. Elle parle de progrès économiques et évite la question des droits humains, alors que c'était sur ce terrain qu'elle était attendue.

Par la suite, les changements et glissements sémantiques allaient être interprétés comme des évolutions positives dans le cadre de l'amélioration des conditions de vie et de travail des Noirs et assimilés. Et c'est sous cet angle qu'il faut comprendre l'insistance faite sur la politique de développement séparé avec un surdimensionnement de ses supposées conséquences utiles et émancipatrices en faveur des victimes de l'apartheid. Les relations internationales, bien que muettes parfois sur des questions difficilement négligeables, car exigeant clairement des prises de positions tranchées, n'en demeurent pas moins enserrées avec l'apartheid dans des situations d'extrêmes exagérations en matière d'inhumains traitements infligés à l'homme pour ne pas s'en émouvoir et prendre des mesures fermes.

La vaste opération secrète de propagande et de corruption d'État a débouché sur le plus long et grave scandale politico-économique qu'a

---

[143] Cette information est rendue publique dans le cadre des déballages effectués par Eschel Rhoodie lors d'un entretien avec M. Ferry A. Hoogendrik, rédacteur en chef du périodique hollandais Elseviers Magazine, août 1979, peu avant son arrestation liée à ses activités antérieures de propagande.

[144] Eschel Rhoodie cité par Jacques Marchand, *op.cit.*, p.15.

connu l'Afrique du Sud sous l'apartheid. Plus connu sous le nom de *Muldergate*, appelé encore *Infogate* ou *Rhoodiegate*, les bases du scandale ont été posées en fin 1970, début 1971, pour prendre fin en juin 1979 avec la publication du Rapport de la Commission Erasmus précédée par les démissions du Dr Connie Mulder du gouvernement de son siège de député à l'Assemblée nationale et de son poste de responsable du National Party dans le Transvaal, et de J. B. Voster de son poste de président de la République, premier ministre au moment de la commission des actes, suivie de l'arrestation de Eschel Roodie.

À la base du scandale était l'utilisation secrète de fonds publics inscrits dans le budget de la Défense pour des missions secrètes de propagande et de corruption à l'échelle nationale et internationale par des services du ministère de l'Information à l'insu du ministre de la Défense compétent, P. W. Botha. Ce dernier s'en offusqua d'ailleurs lorsqu'une négligence dans la couverture *a posteriori* de la dépense devant le Parlement a fait apparaître des bizarreries budgétaires et d'inacceptables découvertes par d'éminentes personnalités exclues du coup. Ce qui n'était pas une opération isolée, car validée et suivie par le premier ministre, le chef des Services secrets, le général Hendrik van der Bergh, le ministre de l'Information et le chef du département de l'Information de l'époque, Gerald Barrie, fonctionnait sur la base de distribution de l'argent liquide sans reçus ni preuves traçables. Les méthodes utilisées relevaient du gangstérisme financier digne d'un État voyou (a rogue State). La durée du scandale a fait que beaucoup d'accusés ont eu à changer de postes au sein de l'État. Le ministre de la Défense au moment des faits, Peter Botha, très mécontent de l'intrusion dans son domaine de compétence est devenu le premier ministre très diligent dans ses instructions pour l'éclatement de la vérité alors que le premier ministre, instigateur de l'opération en sourdine, J. B. Voster, est devenu chef de l'État au moment de la création d'une commission d'enquêtes sur le scandale. Les révélations écrites et verbales de la plus grande victime des sanctions lourdes, Eschel Roodie, qui se considère comme l'agneau du sacrifice, continuent toujours de ternir l'image de l'histoire de l'Afrique du Sud et remet en cause la crédibilité de toute la chaîne d'information du pays. Roodie a fini ses jours dans l'amertume et les dénonciations contre des « innocents » coupables qui l'ont détruit avec sa famille entre l'exil, l'asile, la prison et l'écriture en homme amer qui se sent trahi et jeté à la poubelle.

Avec ce qui se passait en Afrique du Sud, la politique des deux poids deux mesures ne pouvait pas résister durablement à l'entendement et à la mobilisation militante. Et c'est ainsi que tous les lobbies, réseaux financiers et commerciaux du monde ayant des intérêts directs ou indirects alimentés et entretenus par la main-d'œuvre bon marché en Afrique du Sud d'apartheid allaient se joindre aux combats d'infléchissement des perceptions de la communauté internationale et de ses organisations sur le régime sud-africain. Parler de complot international n'était pas exagéré en un moment donné de l'évolution de l'apartheid.

Le pays était à la fois fermé et ouvert, comme l'atteste le degré d'implication de ses relais à l'étranger. Il a été ainsi constaté par les Nations Unies des faits concordants et convaincants sur l'existence de complicités sournoises et manipulatrices au profit du gouvernement sud-africain :

> « La propagande sud-africaine est colportée par une myriade d'associations commerciales et culturelles, notamment dans les pays qui sont les principaux partenaires commerciaux de l'Afrique du Sud...Certaines de ces associations sont patronnées par de grandes sociétés multinationales ayant des intérêts substantiels en Afrique du sud, et dont les membres des conseils d'administration coïncident parfois avec ceux de la Fondation sud-africaine, de sociétés sud-africaines, ou d'autres organisations. Dans tous les cas, par leur nature même, ces associations cherchent à promouvoir de façon plus importante les contacts avec l'Afrique du sud, et elles se font souvent les relais de la propagande sud-africaine ».[145]

Dans les années suivantes, les Nations Unies sont allées même jusqu'à condamner fermement l'apartheid, et de façon tranchée. C'est ainsi que l'Assemblée générale de l'ONU tenue le 16 décembre 1966 a pris la décision (résolution) d'organiser une conférence internationale contre l'apartheid. Cette conférence **contre** et non pas **sur** l'apartheid finalement tenue en 1966 a permis pour une première fois une juste appréciation de cette politique considérée depuis cette rencontre comme étant un « *crime contre l'humanité* ». Auparavant, deux résolutions adoptées le 22 décembre 1965 par la même Assemblée générale des Nations Unies ont respectivement attiré l'attention du Conseil de sécurité

[145] In «*Document préparatoire à un séminaire du Comité contre l'apartheid des Nations Unies* », 28 avril-2 mai 1975, cité par Jacques Marchand, *op.cit.*, p.158.

compétent en la matière sur le caractère de « *menace contre la paix* »[146] qu'était devenue la question raciale sud-africaine et sur la création d'un fonds spécial destiné à l'assistance des personnes victimes de l'apartheid en Afrique du Sud.

Toujours en jouant avec les mots et les objectifs de l'apartheid le président Frederick De Klerk, dans le contexte de libération du très célèbre et encombrant prisonnier Nelson Mandela, ne s'est pas privé de défendre la thèse selon laquelle l'apartheid n'était pas en réalité dirigée contre les Noirs, mais contre le communisme.

Il est à noter qu'à l'époque le communisme était perçu comme un crime et le communiste comme un criminel pestiféré non fréquentable. Mandela a même affirmé dans son ouvrage *Conversations With Myself,* préfacé par le président américain Barack Obama, sa démarcation totale et entière des idées communistes en tant que jeune militant contre la ségrégation raciale qui honorait de sa présence certaines réunions organisées par les communistes par pure courtoisie et curiosité. Il considérait à l'époque le communisme comme une idéologie importée dans son pays. On peut inscrire dans la même logique la ligne de défense de De Klerk en réponse à une question de Lucie Pagé fondée sur l'ambition première du concept original de l'apartheid comme étant une volonté de laisser vivre séparément les races « *comme les Français en France et les Hollandais aux Pays-Bas* »[147] quoique soldée par un échec en Afrique du Sud. En définitive, il est surtout à noter que toute l'histoire coloniale et la politique d'apartheid en Afrique du Sud sont rythmées par des séries d'initiatives de propagande, de désinformation, de manipulation intentionnelle de la vérité communément appelée le « *spinning* » ou le « *spin* ».

La démarche propagandiste sous l'apartheid n'est rien d'autre que le prolongement sophistiqué de l'héritage colonial de substitution de la vérité et de la réalité par la volonté, le virtuel et le mensonge, pour atteindre au plus vite des intérêts cachés ou apparents.

Entre l'apartheid et le colonialisme, le point le plus commun est l'argumentaire bâti sur des bases propagandistes dans le but d'abuser l'opinion et de se faire bonne conscience, en plus de l'exploitation et de

[146] L'ONU ne pouvait intervenir militairement dans un pays tiers sans que sa situation ne soit déclarée « menace contre la paix » par son Conseil de sécurité.

[147] Interview de Lucie Pagé avec De Klerk citée par Lucie Pagé, *op. cit.*, p.314.

l'écrasement de son prochain par l'évocation de justifications fondées sur la civilisation et la race, entre autres, non moins subjectives.

Dans le même ordre d'idées, il faut se souvenir que la propagande coloniale fonctionnait presque de la même manière que celle de l'apartheid avec ses relais quasi omniprésents, et jusqu'à présent, se poursuit l'œuvre de falsification du cours de l'histoire et de ses faits et acteurs majeurs. Pire encore, l'histoire du monde a toujours été écrite par les vainqueurs et sa reproduction et diffusion assurées par ces derniers qui en font l'usage qui leur convient au mépris des règles de la rigueur scientifique et des éminents anthropologues culturels comme Marguerite Mead et Claude Lévi-Strauss.

L'oralité de la culture ou des cultures africaines s'en est retrouvée particulièrement malmenée par l'abondance des écrits sous des formes multiples sur la pénétration coloniale : ses raisons, ses buts, ses apports et ses conséquences directes et latentes.[148]

En dehors des historiens favorables à la colonisation, l'Église, l'école, les réseaux d'affaires et commerciaux constituaient d'importants relais à cet effet. L'usage systématique de stratégies et de méthodes d'asservissement du colonisé et de négation de ses valeurs humaines et civilisationnelles rendait plus complexe la tâche des partisans de l'égalité universelle des hommes et, plus tard, celle des restaurateurs de la vérité historique sur le rôle et la place de l'Afrique dans l'évolution des hommes et de leur histoire.

Ainsi, comment ne pas appréhender comme une démarche cohérente et constante, bien que paralogique et spécieuse, celle des tenants des bienfaits du colonialisme en accusant de déficients mentaux dépourvus

---

[148] En communication des masses, l'élaboration d'un plan vise évidemment des objectifs dont l'atteinte peut se mesurer à travers des conséquences qui découlent de son application. Parmi celles-ci on peut noter les conséquences « manifestes » ou recherchées et celles involontaires dites « latentes ». Par exemple une campagne sanitaire pour inciter les parents à faire vacciner leurs enfants contre une maladie donnée peut déboucher sur une grande fréquentation du centre médical par les populations ; c'est l'objet recherché, la conséquence manifeste. En outre, l'image des travailleurs de la santé de la localité peut s'en retrouver bien positivement, mieux, en suscitant une admiration des populations pour ces derniers et une meilleure collaboration parce que simplement leur travail est mieux revalorisé par les médias.

Cette conséquence très importante, qui n'est tout de même ni attendue ni recherchée à l'origine de la campagne publicitaire, est dite latente. La théorie est de Robert Merton qui est un tenant de la théorie fonctionnaliste de la communication de masse aux côtés des Bernard Berelson, Charles Wright et Jay Blumer.

de valeur intellectuelle et de rigueur scientifique les défenseurs de l'Afrique comme étant le berceau de l'humanité d'où a jailli la lumière qui a éclairé les autres civilisations au moment de leurs plus horribles barbaries ? Est-il, ici, nécessaire de convoquer l'Égypte pharaonique ou Lucie ?

Or c'est vers ce débat de fond que les jeunes générations de toutes les races et de toutes les origines doivent être orientées avec pédagogie pour mieux comprendre, accepter et renforcer l'homme universel dans un monde globalisé. Ce sera un pas vers une socialisation plus solide au profit d'une meilleure acceptation, mais aussi une tolérance mutuelles entre peuples dans un monde où tout laisse croire à un retour vers tout ce qui, dans un passé récent, symbolisait l'interdit, l'immoral, l'amoral ou même l'impensable. Toutes les civilisations sont interpellées. Aimé Césaire écrit à ce sujet dans une intuition fulgurante faisant apparaître un classement percutant :

> « Une civilisation qui s'avère incapable de résoudre les problèmes que suscite son fonctionnement est une civilisation décadente. Une civilisation qui choisit de fermer les yeux à ses problèmes les plus cruciaux est une civilisation atteinte.
> Une civilisation qui ruse avec les principes est une civilisation moribonde. »[149]

Bâtis sur une thèse de départ qui promeut une logique d'entretien de la supériorité historique et économique de l'étranger (colonisateur) ou d'une minorité (tenants de l'apartheid) sur une majorité autochtone inapte à s'intégrer dans l'œuvre humaine ou la cause du développement, le colonialisme et l'apartheid ont fait de l'Afrique du Sud un éternel vestige de la guerre des races.

Ainsi, justifications et démentis, actions et réactions s'entrechoquent sans cesse sous des formes et des méthodes non honorables, ni pour l'accusateur, ni pour l'accusé, de déficit et d'inaptitudes majeurs. Dans cette guerre des races, les séquelles relatives à la question de la représentation de la condition noire et du Noir tout simplement par les médias internationaux demeurent une question très controversée. Pendant que les médias du monde dans leur globalité s'intéressent de façon particulière à l'état de santé du héros de la lutte anti-apartheid, Nelson Mandela (95 ans), hospitalisé pendant plusieurs semaines pour une « *infection pulmonaire récurrente* » à en croire la présidence de la

[149] Aimé Césaire, *Discours sur le colonialisme*, cité par Guy de Bosschère, *op. cit.*, p.47.

République sud-africaine, sa fille aînée Makaziwe Mandela s'en prend violemment à la presse étrangère en dénonçant ce qu'elle appelle le « *racisme des médias occidentaux* ».

Le rôle de l'Église dans l'implantation et le démantèlement du racisme d'État en Afrique du Sud a été un facteur diviseur et des fidèles et de leurs guides religieux. Une position commune à tous n'a jamais pu être arrêtée et défendue avec fermeté. Les positions religieuses étaient guidées par les intérêts et les orientations des fidèles. Toutes les divergences idéologiques entre Anglais et Hollandais d'origine sur la nature et l'évolution des politiques raciales dans le pays ont eu leur prolongement dans les églises dont les uns et les autres sont membres. À l'exception des églises réformées hollandaises (Dutch Reformed Churches), toute la communauté religieuse sud-africaine militait en faveur de l'abolition de l'apartheid et du respect des droits inaliénables de l'humain. Les saintes écritures ne recommandent pas autre chose malgré les diverses interprétations légères et biaisées des enseignements de la Bible.

Ainsi, les religieux professent des idées progressistes et les fidèles résistent et font le contraire, ce qui donne à penser à une influence limitée. Cette remise en question du pouvoir d'influence directe du religieux sur les comportements et les convictions du fidèle sonne comme les effets limités et indirects des médias sur l'opinion publique.

Se basant sur des études empiriques, Paul Lazarsfeld et Elihu Katz (*The People's Choice*, 1948), Elihu Katz (*Personal Influence*, 1955) démontrent dans leurs ouvrages précités que l'influence des médias est sélective. Ils concluent sur le fait que cette influence dépend des opinions préexistantes et du réseau de relations interpersonnelles du récepteur.

Même si les églises ne sont pas des médias proprement dits, elles assurent le rôle de médiation entre Dieu et les fidèles et entre les fidèles eux-mêmes par la transmission des saintes écritures et leurs interprétations. D'habitude, leurs influences sont plus déterminantes et mieux assurées que celles des médias sur le public, surtout dans des sociétés aussi religieuses que celles des Afrikaners et des Britanniques. La réalité du formatage des esprits et des opinions de base à partir du bas statut des non Blancs avec qui aucune possibilité de mélange ou de contact sous l'angle d'égalité n'est envisageable a eu son impact sur les réactions des fidèles vis-à-vis des homélies.

À l'époque des églises réformées hollandaises, l'Institut chrétien qui prônait des idées progressistes, regroupait toutes les forces religieuses anti-apartheid. Multiracial et multiconfessionel, l'Institut s'appuyait principalement sur les églises anglaises. Suivant une ligne de démarcation simplifiée par leurs positions par rapport à la politique d'apartheid, les églises sud africaines se répartissent comme suit :

Schémas représentant les relations entre l'église et l'apartheid*

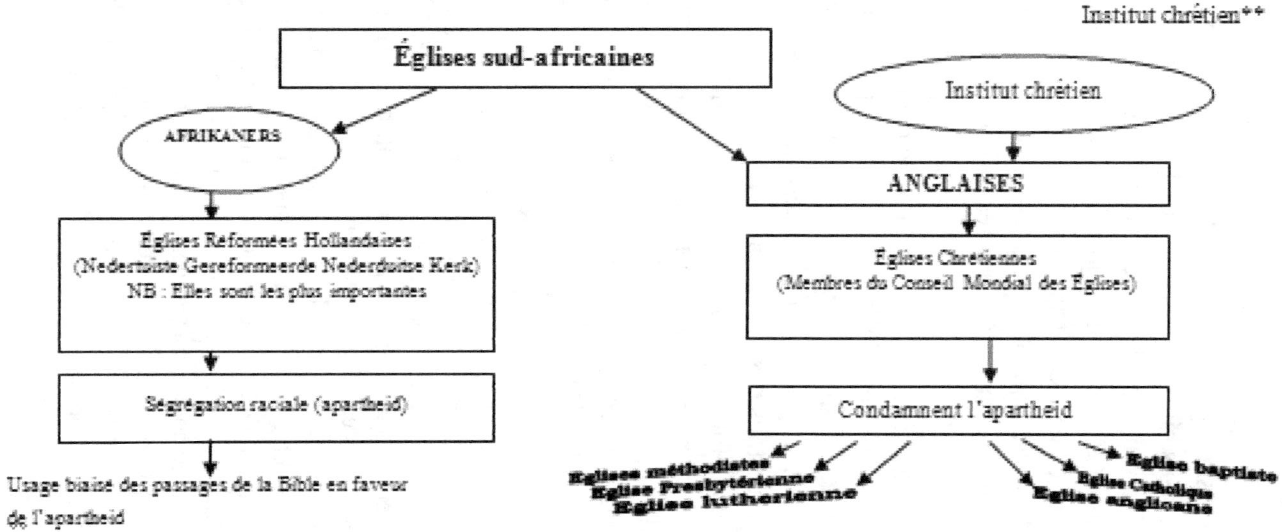

*Source : Schématisation des informations fournies par Paul Bernetel, *op.cit.*, p.140-141.

**Avec cet Institut, les Afrikaners ont subi leur plus grand revers dans la gestion de leurs croyances. Le pasteur Afrikaner Beyers Nande ayant dirigé l'Eglise réformée hollandaise et en même temps membre du groupe fermé du Broerderbond est devenu un des plus farouches opposants de l'apartheid et fut porté à la tête de l'Institut.

L'entrée vigoureuse en scène des religieux dans le combat visant un changement de politique à l'égard des non Blancs a suscité une motivation supplémentaire pour les principaux concernés. La misère étant source de religiosité qui rapproche davantage l'homme et son Créateur, elle renforce dans bien des cas la foi de la victime lorsqu'elle ne la plonge pas dans l'aigreur absolue. Beaucoup de grands leaders ont appris à mieux connaître et à plus pratiquer leur religion en prison ou dans leurs traversées du désert. C'est ainsi que pendant les moments de luttes pacifiques, les Noirs se repliaient vers les églises pour ruminer leur colère et leur misère en pensant que par les prières leurs conditions misérables allaient s'améliorer.

En menant la bataille de la sensibilisation et de la dénonciation ajoutée à celle de l'accusation contre les violations des prescriptions religieuses contenues dans la Bible, l'Église enlève une épine du pied des autres combattants pour la liberté qui s'occupent désormais des combats de terrain. La conjugaison de tous ces efforts place les tenants de l'apartheid dans une très mauvaise posture, défavorable à leur volonté de maintien de la tragédie. Le nombre impressionnant de facteurs explosifs relatifs à la bombe raciale entre les mains des Blancs imposait un arrêt des hostilités ou un envahissement incontrôlable des oppresseurs, comme le prophétisait le cinéaste Timité Bassori :

> « Si les 'Blancs' d'Afrique du Sud persistent dans le racisme, ils verront se dresser en une force incommensurable la somme de misère et de malheur qu'ils ont eux-mêmes créée. Ils seront pris au dépourvu et ne sauront pas d'où vient cette force. Les cités blanches seront submergées par une multitude de nègres, qui déferlent sur elles comme une tempête de criquets. Il en sortira de partout, de dessous la terre, dans les cours d'eau, dans les arbres, dans les airs, et rien ne pourra contenir cette avancée. Ni les grenades lacrymogènes, ni les balles en caoutchouc, ni les policiers et les militaires sanguinaires et impitoyables, ni les mitraillettes, ni les chars, rien ne pourra contrer cette marée de colère. (…)
> Plus on en tuera, plus nombreux ils sortiront, comme s'ils ressuscitaient ou se multipliaient. Et ce jour-là, les nègres s'offriront à la mort pour acquérir leur liberté et retrouver leur dignité. »[150]

[150] Timité Bassori, « La dictature blanche », in *L'Afrique du Sud Aujourd'hui*, Paris, Présence Africaine, Numéro Spécial, 2, p. 82-83.

Cette prophétie chaotique sur la tournure des relations raciales est d'autant plus solide qu'elle repose sur la négligence de la vie qui découle de l'extrême souffrance. De nos jours, le phénomène des attentats-suicides au nom de la religion, de la revanche ou de la libération de son peuple est devenu une réalité macabre quotidienne. Mourir pour l'honneur, mourir pour sauver d'autres générations, mourir pour son peuple et enfin simplement mourir pour aller au paradis étaient les principes devenus les mots de passe.

Dans les conflits interraciaux en Afrique du Sud, la Bible offrait de grandes opportunités de confrontations d'idées selon les interprétations des uns et les compréhensions des autres. À la théorie du bien-fondé théologique de l'apartheid s'oppose celle qui défend l'idée selon laquelle seul le principe de l'égalité des hommes est conforme à l'esprit de la Bible. Cette guerre des théories, thèses et hypothèses constituait un terreau fertile pour le colonisateur devenu autorité étatique dans sa poursuite de son combat de sensibilisation sur sa mission évangélique en terre '*d'obscurantisme*' habitée par des récalcitrants.

En Afrique du Sud, par l'apartheid on assistait à la politisation de la religion. La politique et la religion font une. Chez les religieux on trouve les plus politiques du pays. De même, on rencontre également les plus religieux chez les politiques, d'où l'analyse d'Ariane Bonzon sur les rapports entre le spirituel et le temporel.

À en croire Bonzo, dans le cadre de l'apartheid, dominants et dominés se servent sans distinction de la politique et de la religion à la fois :

> « L'apartheid est une stratégie politico-religieuse avec pour objectif l'hégémonie de la race blanche et l'exclusion politique de la race noire. N'est-ce pas au nom du christianisme qu'il prive la majorité noire, à 80 % chrétienne, de tous droits politiques ?
> Une stratégie dont conception et mise en place reposent essentiellement sur la cohésion du triptyque afrikaner et calviniste : Broederbond, Parti National, et Église réformée Hollandaise NGK.
> 'Dieu est du côté des opprimés, Dieu est avec les sans-voix.
> Si vous vous trouvez de l'autre côté, sachez que vous êtes contre Dieu', argue Desmond Tutu[151].

[151] Desmond Tutu, cité par Pierre Haski, in *L'Afrique Blanche*, Seuil, 1987, p. 270, cité par Ariane Bonzo, « Les églises dans la tourmente politique », in *Politique Africaine, 48, L'Afrique du Sud. La nouvelle donne*, Paris, Karthala, décembre 1992, p. 60.

> L'opposition à un système politico-religieux ne peut dès lors s'exprimer qu'en termes politico-religieux et cela à deux niveaux : l'un institutionnel, le second communautaire. »[152]

Ainsi, par la dénonciation par voie religieuse et la violence, par l'action politique à l'intérieur et à l'extérieur du pays chaque partie cherchait à tirer la couverture sur elle-même. Cependant, l'extrême religiosité d'une bonne franche des Afrikaners donne de solides raisons de croire à la sincérité, qui n'en assure pas par ailleurs son acceptabilité, de la conviction de ces derniers sur la justesse et la droiture de leurs combats, compte non tenu des enjeux économiques très réels.

L'extrémisme religieux qui semblait caractériser ces calvinistes peut bien faire le lit à toute une série d'extravagances et d'excès commis par des personnes zélées.

De tels comportements très difficiles à défendre ont valu à l'Église pro-apartheid d'enregistrer de cinglants revers de la part de ses alliés traditionnels et naturels.

Les condamnations se succédèrent en s'intensifiant :

> « En 1982, d'abord, l'Alliance réformée mondiale condamne l'apartheid, jugée 'hérésie' et suspend l'Église réformée hollandaise de ses instances. Côté catholique, c'est en 1986 la rédaction du Document Kairos[153] qui démonte les fondements de la théologie de l'Église faite de compromis face à un pouvoir illégitime »[154].

Les contours humanistes de tels récits pamphlétaires contre l'apartheid fondé sur la nécessité de défendre et de protéger les faibles et les opprimés ont de tout temps rapproché l'Église et le communisme en Afrique du Sud. Perçu comme une tare qui n'a d'égal qu'être noir aux yeux du pouvoir blanc, le communisme et ses théories constituaient un obstacle majeur, une hantise pour les tenants de l'apartheid et leur branche religieuse ; l'Église Réformée Hollandaise.

L'armement moral et psychologique des résistants à l'oppression tiré de la foi et des soutiens religieux a conforté ces derniers dans leur option pour la violence pour se défendre de cette dernière. À ceux qui qualifient de terroristes les résistants, surtout l'ANC perçu comme une organisation

[152] Ariane Bonzo, *op.cit.*, p.59-60.
[153] Mot grec qui veut dire « moment de vérité ».
[154] Ariane Bonzo, *op.cit.*, p.60.

terroriste par le pouvoir et ses alliés à l'étranger, s'inspirant de l'humanisme de Lénine, Roger Garaudy leur oppose un démenti tranché :

> « Jamais dans l'histoire, l'initiative de la violence n'est venue des opprimés. Mais les oppresseurs ont toujours appelé violence et subversion la réaction à leur violence institutionnelle. Le violent n'est pas celui qui se dresse contre le régime des pogroms et du knout, c'est celui qui accepte ou défend un tel système. (...). Condamner la violence de l'esclave qui se révolte, c'est se rendre complice de la violence permanente du maître qui le tient enchaîné. »[155]

Les lignes idéologiques incarnées et défendues par les différents acteurs concernés par les enjeux et les défis du problème racial et de la question coloniale ont consacré la place de l'intérêt matériel face aux valeurs et principes. Même si ces derniers finissent toujours par triompher en dernier ressort sur les forces opportunistes, le monde moderne qui fait du respect des droits humains basés sur l'égalité de tous en droits a encore de sérieux obstacles à surmonter dans la soumission du « le légalement fondé » à l'épreuve du « le moralement acceptable ». Dans ce cadre bien précis, la législation d'apartheid, qui n'était rien d'autre qu'une série de légalisations de pratiques raciales indécentes, immorales et porteuses de violence et de haine, en est une parfaite illustration.

[155] Roger Garaudy, *Vladimir Ilitch Oulianov, dit Lénine*, Paris, Hachette, coll. *« Génie et réalités »*, 1972, p.206, cité par Silvain Bemba, « La maison du pendu », in *L'Afrique du Sud Aujourd'hui. « Nous sommes tous des Noirs d'Afrique du Sud »*, 2, Paris, Présence Africaine, Numéro Spécial, 1978, p.132.

CHAPITRE IV

LA LÉGISLATION D'APARTHEID : DROITS, ÉTHIQUE, INTERDITS ET OBLIGATIONS

L'apartheid est un mode de vie pour le Blanc sud-africain. Ensemble d'idées, de convictions et de pratiques au service d'intérêts clairement identifiés, l'apartheid est à la fois une philosophie de vie et un programme économique bâti sur du rocher solide.

Cette politique repose sur un système interprétatif dont la vocation première est de fournir des déductions et des conclusions devant valider les fortes croyances du Blanc quant à sa supériorité raciale et culturelle pour justifier et expliquer les mesures et pratiques pouvant en découler. Donc les concepts doivent rendre acceptables et compréhensibles les faits. Le mal qu'on inflige à l'homme non blanc doit être perçu comme une bonne œuvre destinée en fin de compte à le rendre plus heureux, comme pour dire qu'on ne peut pas faire des omelettes sans casser des œufs.

Cependant, en empruntant à Anne Reboul et Jacques Moeschler leur thèse de « *l'enracinement des concepts dans la réalité* »[156], on se retrouve contraint de devoir s'interroger sur la cohérence entre ce qui, sur la base théorique, devait incarner la séparation absolue de deux catégories raciales que tout oppose (les Blancs et les non Blancs) et l'horreur que l'apartheid a fini de consacrer en Afrique du Sud coloniale et post-coloniale. Dans un tel système, le maître se cache derrière des idées et des concepts pour atteindre un but fondamentalement économique.

Avec beaucoup de précautions, les lois et règlements se succédaient et se ressemblaient en termes de renforcement des inégalités, et l'histoire falsifiée en faveur du Blanc servait par moments de caution. Le totalitarisme politique qui régentait la vie quotidienne des non Blancs en Afrique du Sud aussi bien sous la domination coloniale que sous le régime de l'apartheid n'avait rien de commun avec les bonnes intentions d'évangélisation et celles humanitaires annoncées au début, encore moins

[156] Anne Reboul, Jacques Moeschler, *La pragmatique aujourd'hui. Une nouvelle science de la communication,* Paris, Seuil, 1998, p.121.

avec la notion de séparation physique que renferme le mot afrikaans d'apartheid.

Ainsi, si on peut facilement noter des incohérences et des paradoxes lorsqu'on met en relation les idées avancées par les concepteurs de l'apartheid et les actions menées par ces derniers, on constate en même temps une démarche logique au plan économique, bien que difficile à rendre pérenne dans le dépouillement total du non Blanc de ses valeurs et de ses avoirs. Cependant, l'histoire des Blancs établis en Afrique du Sud étant à l'origine d'un tel système politico-économique mis en œuvre dans ce pays est assez édifiante sur les comportements, la mentalité et les méthodes de ces derniers.

Nous allons procéder à une présentation descriptive de la réalité, la catégorisation de tous les non Blancs en sous-groupes selon leur éloignement ou leur proximité avec la race blanche et leurs origines. Cette politique du « diviser pour mieux régner » par l'opposition de l'Indien à l'Africain, ce dernier au métis, entre autres, et vice-versa, a naturellement débouché sur des politiques d'habitat et éducatives par une série de nouvelles dispositions législatives et réglementaires visant à les éloigner et à les dresser les uns contre les autres. La pire des aliénations étant celle culturelle, l'impérialisme culturel par le canal de l'école a été une des voies d'asservissement les plus programmatiques contre l'émancipation des peuples noirs, comme nous allons le découvrir dans le dernier point.

1. La segmentation de la population

L'apartheid est un ensemble de pratiques discriminatoires qui renforcent les inégalités et injustices sociales et raciales assorti également d'un arsenal législatif qui en fonde la légalité malgré l'illégitimité et l'immoralité, pour ne pas dire l'amoralité.

Ici, respecter la loi, c'est être raciste et le pratiquer et la violation de celle-ci commence par l'expression du plus petit penchant pour l'émancipation du non Blanc.

Cette volonté est clairement exprimée par le législateur blanc dans le projet de Constitution par la présentation de l'apartheid comme une doctrine, un dogme se situant dans une perspective chrétienne.

Apparaissant ainsi comme la perpétuation d'une tradition de pratiques coloniales de domination blanche et étrangère, l'apartheid fait la distinction nette entre les Blancs et les Noirs, comme deux lignes droites parallèles qui évoluent ensemble sous des rapports de dominants à dominés (maître-esclave) sans jamais se rencontrer.

Le projet de Constitution de 1942 détermine d'ailleurs cette ligne de démarcation :

> « Chaque groupe racial, les métis, les Asiatiques, les Indiens, etc., sera soumis à la ségrégation, non seulement en ce qui concerne son habitat où les zones avoisinantes, mais aussi en ce qui concerne les lieux de travail. »[157]

La politique de ségrégation de la population sud-africaine, au delà de la simple dualité Blancs-non Blancs, obéit à une logique de séparation systématique, d'isolement, de catégorisation à outrance et de confinement en défaveur du non Blanc.

Les Noirs ou non Blancs sont morcelés en sous-groupes dont le paramètre de classification en termes d'élévation humaine obéit à la règle de proximité à la race blanche, car il est considéré que plus son teint est clair, plus on est proche de Dieu et plus on est éligible à l'intelligence et à la dignité d'homme.

Évidemment, selon la logique des concepteurs de l'apartheid, le Noir doit être de toute manière l'occupant du bas de l'échelle sociale et raciale.

Au sujet de cette classification raciale, une disposition plus tranchée que le projet de Constitution de 1942, la Population Registration Act (1950), classe les populations en trois catégories distinctes : les Blancs, les Noirs (Africains) et les hommes de couleur d'une descendance mixte complétés par deux sous-groupes majeurs : les Indiens et les Asiatiques.

Pour préserver l'authenticité raciale, chaque groupe racial vit séparément de l'autre dans une zone bien déterminée, comme l'exige la Group Area Act du 23 juin 1950 dont l'objectif principal était de compléter et de renforcer la Population Registration Act (la loi relative à l'enregistrement de la population) pour avoir été voté quatorze jours après celle-ci. Mais ces deux dispositions sont pleines de contradictions et de maladresses internes qui frisent le ridicule en ce qu'elles n'intègrent aucun critère scientifique ou solide pour classer valablement les individus dans une catégorie ou dans une autre, le seul critère retenu étant celui de la couleur de la peau. Les Noirs sont-ils tous noirâtres ? Bien sûr que non. Certains sont de teint clair, d'autres carrément noirs. Tout comme les Asiatiques et les métis dont la couleur de la peau varie d'une personne à

[157] Brian Bunting, *The Rise of the South Africa Reich,* London, Penguin Book, 1970, p.108.

une autre. La conséquence immédiate et directe de cette méthode de classification subjective à vue d'œil sans base scientifique était l'éclatement et la dispersion de familles entières. En guise d'exemple, pour une famille dont le père est de teint clair et le fils de teint noir, l'un est affecté chez les gens de couleur et l'autre chez les Noirs, avec la forte probabilité de ne plus se rencontrer. Toutes ces actions obéissaient à une logique de préservation de l'authenticité raciale et poursuivaient un objectif de domination raciale.

En effet, pour la même cause, la sexualité était strictement contrôlée pour éviter toute possibilité de mélange des races. C'est ainsi que l'Immorality Act de 1927 interdisant formellement tous rapports sexuels entre Africains et Blancs est radicalisée en 1950 par l'Immorality Amendment Act qui précisait que la prohibition des rapports sexuels concernait également les relations entre Blancs et Noirs (les cas de métissage). La mise au monde d'un enfant métissé était considérée comme la preuve divine d'une déloyauté et d'une trahison impardonnable contre sa propre communauté.

Enfin, l'Immorality Amendment Act de 1957 complète cette réglementation avec plus de contraintes par une sanction, une peine maximale de sept ans de prison.

Du coup, les auteurs de l'Illicit Carnal Intercourse, c'est-à-dire les rapports charnels prohibés entre Blancs et Noirs étaient passibles de cette punition au même titre que ceux qui s'évertueraient à encourager ou à faciliter ces « *actes que la morale ou la décence reprouve.* »

En plus de la question du non échange, parmi les nombreux et variés interdits de la législation d'apartheid, se distingue par son caractère dégradant et humiliant la Natives Act de 1952. Elle dispose qu'il est exigé au Bantou de toujours et partout porter son « *Reference book* » qui, comme les signes de marquage de bêtes domestiques comporte tous les éléments informatifs sur son identité, mais aussi ses activités et en guise de renforcement de cette disposition le Native Laws Amendment de la même année confinait l'Africain dans les zones rurales. Ainsi, pour passer plus de vingt-sept heures en ville, l'Africain est soumis à un régime d'autorisation s'il n'est pas natif ou résident permanent de ladite zone, ce qui est quasi inexistant, à moins qu'il soit bénéficiaire du traitement d'exception accordé à ceux qui ont travaillé pendant dix ans chez le même employeur ou quinze ans chez plus d'un.

Bref, toute la législation en vigueur n'était rien d'autre qu'un lot de mesures liberticides au service du renforcement permanent des inégalités sociales et de la séparation raciale. Naturellement, de cette domination de la minorité blanche en découle la négation systématique de l'entièreté des droits civiques et politiques de la majorité non blanche.

L'objectif n'est pas l'extermination totale de cette dernière, mais sa réduction en simples outils et instruments de production, contrairement à la volonté hitlérienne de la race aryenne sur le peuple juif. Mais jusqu'à quand ces types de rapports pouvaient tenir face aux velléités émancipatrices des Noirs dans leur globalité et des Africains en particulier ? La question traumatisait les *baas* (maîtres, patrons) dont s'est emparée l'angoisse existentielle quant à leur avenir dans ce pays, si on s'en réfère au rythme de la reproduction et de l'évolution de la conscience politique des victimes.

Les propos du premier ministre sud-africain de l'époque, Strijdom, le confirment :

> « Notre politique, c'est que les Européens doivent conserver leur place et doivent rester les maîtres (baas) en Afrique du Sud.
> Si l'on doit étendre le droit de vote aux non Européens, comment l'Européen peut-il rester le maître ? Nous estimons que dans tous les domaines, l'Européen doit se réserver le droit de diriger le pays et de lui conserver son caractère de pays de l'homme blanc… »[158]

Dès lors, pour contourner ce piège, les concepts de *white laager* (bastion blanc) et de *black kraal* (camp noir des bantoustans), en plus des communautés des autres hommes de couleur, délimitent les frontières géographiques.

Et de loin, les Blancs dirigeaient les non Blancs, comme des pestiférés qui n'étaient ni électeurs ni éligibles, car devant être initiés à la vie communautaire de façon méthodique et lente comme préalable non négociable.

Dans sa pratique, la législation d'apartheid par sa démarche de segmentation (classification) de la population extirpait en continu à l'homme de couleur toute possibilité d'affranchissement, mais en atténuait le degré dans la théorie par une séductrice politique de communication en procédant par la substitution de concepts chargés par d'autres plus émancipateurs. Ainsi, *« apartheid »* devient *« développement séparé »*, *« Bantoustans »* ou *« États africains autonomes »* se substitue à *« Réserves »* , etc. Cependant, cette révolution

[158] Henry Vatcher, *White Laager, the Rise of Afrikaner Nationalism*, New York, Praeger, 1965, p.160.

sémantique n'a réduit en rien le calvaire quotidien du non Blanc, car le Noir demandeur d'emploi ou de travail en zone blanche est toujours perçu sous l'angle d'un « *mâle-adulte-apte-au-travail»* dont l'acceptation dépendait du fait qu'il soit disposé à subvenir aux besoins de son maître blanc pour une durée déterminée par son utilité et sa rentabilité dans les objectifs et ambitions économiques de ce dernier.

Il en ressort en clair que la législation d'apartheid conçue sur la base de la séparation des races et l'esprit du colonialisme fondé sur l'exploitation évolue comme un cercle vicieux dont le mode de fonctionnement se résume par le graphique qui suit :

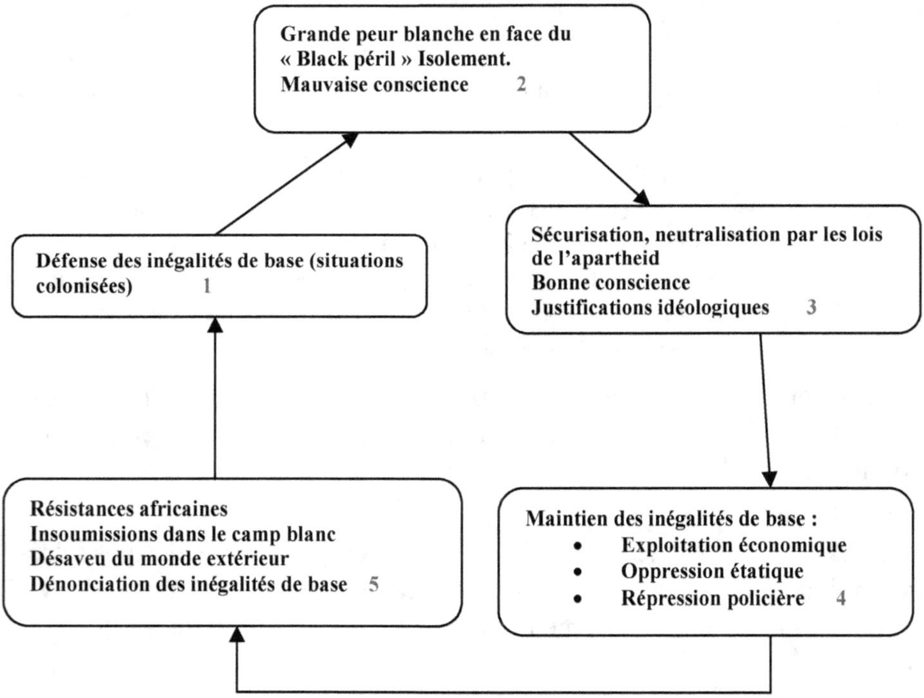

Représentation graphique du fonctionnement du système d'apartheid[159] proposée par Jean Sevry[160]

[159] Le commentaire de la représentation graphique fait par Jean Sevry est le suivant ; « *Les inégalités de base (1), héritées d'une situation coloniale, provoquent une mauvaise conscience (2) qui vient s'ajouter à un sentiment d'insécurité. Le Blanc se sent menacé par les masses africaines. Il cherche à se donner bonne conscience en se forgeant une série de justifications idéologiques qui se traduisent par une législation d'apartheid (3), et le maintien des inégalités (4). Mais c'est en vain : la résistance africaine, les dissensions au sein du camp blanc, le désaveu répété du monde extérieur (5) réalimentent la grande peur blanche* », in Jean Sevry, *op. cit.*, p. 301.

[160] Jean Sevry, *op.cit.*, p. 302.

Par conséquent, pour une bonne mise en œuvre de ces préoccupations politico-économiques et culturelles ainsi schématisées, l'appareil idéologique de l'apartheid a adopté tout un ensemble d'institutions de législation et s'est doté de moyens conformes aux exigences de l'ambition. La grande peur qui s'est emparée de la communauté blanche qui se sentait en insécurité permanente avec une hantise de la probabilité de la fin de ses privilèges indus qu'elle tenait à préserver à tout les prix est une des causes principales de son entêtement à édicter des lois dont la mise en œuvre allait l'exposer à plus de risques et de troubles. Le renforcement et la consolidation du fossé racial nécessitaient ainsi une nouvelle politique d'habitat et de l'occupation de l'espace à d'autres fins plus conforme à l'esprit et à la volonté de cohabitation, sans contacts directs de deux nations qui ne sont que géographiquement voisines. La « nation » blanche n'était appelée à avoir aucune ressemblance physique ou organisationnelle avec celle des Noirs.

2. Le développement séparé, la bantoustanisation et la politique d'habitat

Le changement est un phénomène inhérent à tout être humain. Il peut s'opérer exclusivement dans le discours ou dans les actes de même que dans les deux à la fois. Il peut être provoqué librement, par réalisme en anticipation à des situations ou par contrainte et là il n'a aucune valeur, particulièrement au profit de celui qui l'applique, car il le subit en réalité. En effet, ce qu'englobe le concept de développement séparé ne saurait échapper à l'épreuve de la confrontation avec la sécheresse d'un tel postulat.

Le développement séparé est théorisé pour la première fois par les maîtres dans l'apartheid en Afrique du Sud dans un contexte de nécessaire polissage de l'image du pays et de son régime à l'étranger. L'isolement était devenu pesant et étouffant. Il entre dans le cadre d'une évolution lexicale et sémantique de la gestion de la politique d'apartheid et du développement économique du pays. De ce fait, à travers ce nouveau concept, cette nouvelle trouvaille, les propagandistes de l'apartheid mettent en valeur l'aspect qui repose sur ce qu'ils considèrent comme étant une pratique qui fait l'affaire de tous, car protégeant l'authenticité identitaire de tous les groupes raciaux. Il améliorait plutôt, bien que très légèrement, la condition humaine des 'coloured' qui, à leur tour, développaient un sentiment de rejet renforcé vis-à-vis des Noirs. Et c'est là où il faut noter son impact destructif sur l'éventualité d'une unité consolidée dans le combat commun entre les différentes catégories raciales non blanches. En outre, la race blanche devait toujours garder sa suprématie et les gigantesques avantages que celle-ci lui confère dans sa perception et sa gestion des relations interraciales.

L'analyse du discours de type nouveau au service du développement séparé laisse transparaître clairement la non-renonciation au combat de départ, mais simplement un effort sur le plan lexical à vocation séductrice. Il s'agit simplement du remplacement d'un terme usé, devenu trop chargé et encombrant par un jeu de mots, mais les socles, comparés à l'apartheid, sont les mêmes, comme le soutient Simon Njami qui résume en des mots empruntés à ces derniers les bases de leurs actions contre la mixité raciale :

> « À l'origine, l'idée de 'développement séparé' naît d'un postulat selon lequel la race blanche serait supérieure à la race noire.
> Plus que toute théorie basée sur une méconnaissance fondamentale, l'apartheid a eu tôt fait d'atteindre un cul-de-sac, et d'apparaître à ses propres instigateurs comme une aberration philosophique, physiologique, historique et morale. Forts de ce constat, plutôt que d'infirmer une thèse qu'ils avaient prétendu venir de Dieu lui-même, les tenants du développement séparé ont radicalisé leurs positions, jusqu'au point d'échafauder ce qui représente aujourd'hui le nec plus ultra des systèmes racistes.»[161]

Sous cet angle, il apparaît nettement que la notion de développement n'est pas appréhendée dans sa globalité, avec tout ce qu'elle comporte en termes d'épanouissement de l'être humain dans toutes les dimensions. La question est surtout de savoir même si ce développement théorisé et très éloigné de la réalité du concept s'avérait être concret, qu'allait-il signifier avec la confiscation des droits les plus élémentaires des populations noires ? L'accaparement des moyens de production et du droit à la propriété ne saurait faire bon ménage avec un développement harmonieux de deux groupes opposés sur la question.

Une telle stratégie économique, au lieu de générer une croissance pour tous, ne peut évidemment produire que, d'une part, un développement clanique et rapide et, d'autre part, une précarité absolue et permanente des conditions de vie et de travail des masses ostracisées. Les riches

[161] Simon Njami, « La question blanche en Afrique australe : le Grand Trek ou l'impossibilité d'infirmer l'histoire », in *L'Afrique du Sud aujourd'hui 'Nous sommes tous des Noirs d'Afrique du Sud'*, Paris, 2, Présence Africaine, Numéro Spécial, 1978, p. 60-61.

s'enrichissent davantage par l'accumulation, le recours à la servilité, l'usure et les facilités quasi gratuites, et les pauvres s'enfoncent plus profondément, car exploités abusivement sans aucune possibilité d'alternatives meilleures. L'idée du développement séparé ne prévoyait aucunement de projets de réformes émancipatrices pour les Noirs à court ou moyen terme. Ce progrès de façade qui se substitue à la politique camouflée de l'apartheid dissimulait la triste réalité de la misère chronique dans les townships.

Dans son étude portant sur l'évolution de l'impact de l'apartheid sur la petite ville sud-africaine de Port Nolloth de 1968 à 1985, Martin E. West découvre à partir de ce cas pratique qu'en vérité les améliorations dans les conditions de vie des victimes du système ne va pas au-delà de la manipulation des concepts et du remplacement des plus crus par d'autres politiquement plus corrects dans l'entendement de la communauté internationale et des défenseurs des droits de l'homme :

> "During this period the rhetoric of apartheid had changed from crude racial domination to a more sophisticated emphasis on 'separate development'. With this 'modernizing of racial domination', to use Adam's (1971) phrase, came the relaxation of certain forms of segregation (so called petty apartheid) and attempts to coopt African and Coloured people in various new bureaucratic structures. These changes were reflected in Port Nolloth in various ways, from the further implementation of Group Areas to the creation of a Coloured Management Committee."[162]

En définitive, la politique du développement séparé a permis de constater subséquemment que l'être humain peut très facilement céder à la tentation humaine compréhensible du sectarisme et du sentiment découlant de ce que Martin Luther King Jr appelle le « *drum major instinct* ». Dr King considère qu'en chacun de nous somnolent facilement la volonté et le sentiment selon lesquels on est le meilleur, le premier, celui sur qui l'attention, le respect et l'admiration doivent se projeter. Ce désir d'affirmation de soi et de recherche d'une meilleure place plus conforme à son talent, ses aptitudes réelles ou supposées dans la société devait être tué très tôt chez le Noir. La hiérarchisation raciale qui place le Blanc au sommet de la pyramide humaine et le Noir au bas de l'échelle et au milieu des groupes raciaux d'autres communautés plus « valeureuses » et plus dignes de respect que les Noirs était un moyen de

[162] Martin E.West, *Apartheid in a South African Town, 1968-1985*, IIS-Berkeley, University of California, 1987, p. 121.

combattre idéologiquement toute velléité émancipatrice. C'est pour cela que l'école a été particulièrement ciblée comme cadre de conditionnement psychologique dans l'optique de l'abaissement des ambitions identitaires d'une population composée majoritairement de jeunes et d'enfants.

En effet, avec le traitement partisan des couches non blanches par les tenants de la nouvelle approche de l'apartheid, la logique divisionniste avait fini de convaincre les populations de couleurs (les coloureds) de la justesse de leur complexe de supériorité vis-à-vis des Noirs. Cette stratégie visait l'éclatement du bloc des non Blancs et l'échec de toute tentative d'actions raciales coordonnées contre la race blanche. Par cette catégorisation qui détruit ce camp racial ultra majoritaire, Botha fit obtenir en 1983 aux métis et aux Asiatiques une représentation au niveau du Parlement tricaméral sans grands effets politiques en les jetant ainsi dans les bras du National Party[163]. La finalité était de les opposer systématiquement aux Noirs qui devaient être perçus comme une menace et un danger contre toutes les autres composantes de la population sud-africaine. Ce sentiment se vérifie à travers les résultats de l'étude de Martin West sur la nature et l'évolution de la cohabitation entre Noirs et Coloureds à Port Nolloth.

Lors d'un débat sur la place des Noirs dans leur *lokasie*[164] en ce qui concerne l'admission ou non des Noirs, un participant assez représentatif de l'opinion générale propose sèchement, avec un brin de rejet et de mépris, le contrôle de ces derniers :

> "(...) each African resident should be checked to see if he was really 'detribalized' and if not he should be repatriated."[165]

Mais malheureusement ou heureusement, ce rejet systématique de l'autre co-victime du racisme ne saurait trouver suffisamment de circonstances viables, favorables pour perdurer. Les concessions du Blanc ne doivent jamais se heurter à leurs intérêts immédiats, si minimes soient-ils. Les efforts fournis dans le cadre de l'assouplissement des conditions des victimes de l'apartheid ne visaient aucun but philanthropique, encore moins humanitaire, mais fondamentalement politique. Dans l'apartheid et ses diverses formes d'expression dans le

[163] John Iliffe, *op. cit.,* p. 570-571.
[164] Lokasie, c'est le nom donné au lieu résidentiel des personnes de couleurs (les coloureds).
[165] Martin E.West, *op.cit.*, p-142.

temps, chaque recul ne sert qu'à préparer à mieux sauter. La preuve est donnée par West dans son cas pratique étudié :

> "As part of the 'separate development' phase of apartheid, the segregated Coloured area was theoretically to have the same facilities as the White area.
> In practice this meant that provision was made in planning for a Coloured business district. But as plans began to develop for this area, a number of local Whites suddenly realized that the wholesale movement of lokasie people might not be in their commercial interest."[166]

Contrairement aux généralités ou à la littérature politique engagée pour ou contre l'apartheid, ses théoriciens, ses défenseurs, ses pratiquants, détracteurs et opposants, l'œuvre de West nous donne des grilles de lecture à travers des exemples précis dans des circonstances précises et bien délimitées.

En se fondant sur l'impact de l'apartheid tout comme ses innovations sur la condition du non Blanc, on note une opposition nette entre les avancées notables générées par le Group Areas proclamation que semblent louer les décideurs en matière de législation raciale et les observateurs. D'abord, les justifications sur lesquelles se fonde le développement séparé manquent de consistance. Elles se veulent des preuves de la générosité et de la culture démocratique du Blanc qui répond exactement de façon favorable et diligente aux attentes conformes à la culture et aux intérêts du non Blanc sans base théorique solide. Il s'agit plutôt de juxtaposition d'affirmations et non de démonstrations basées sur des faits fiables. Sinon comment comprendre avec Jacques Marchand, sans s'interroger avec lui, que *« le développement séparé est rendu nécessaire par le fait que les Africains ont gardé leur mode de vie et de pensée traditionnels »*[167], car inapte à l'adaptation au mode de vie occidental en plus de la fausse théorie selon laquelle la structure mentale du Noir ne peut pas s'accommoder à la vie et aux aspirations des Européens ? Sur la base des mêmes besoins de propagande manipulatrice, il était affirmé de manière péremptoire que *« les Noirs veulent le développement séparé »*[168] puisque hostiles à toute domination par un autre groupe. L'esprit tribal et les habitudes de vie isolée en clans des Noirs ont étés également invoqués comme caution à la cause pour

---

[166] Martin E. West, *op.cit.*, p.124.
[167] Jacques Marchand, *op.cit.*, p. 237.
[168] *Id.*

ensuite conclure par une apologie en faveur de la qualité des bantoustans. Étant donné qu'ils disposent de tout ce qui est constitutif d'un État viable, *« les bantoustans sont viables économiquement »*[169] et offrent de bonnes conditions d'épanouissement aux Noirs qui doivent s'estimer heureux des résultats d'une telle politique généreuse, résumaient les maîtres du pays. Si on ajoute à toutes ces affirmations la négation de l'existence d'une nation noire homogène, le développement séparé devient un slogan de campagne médiatique destiné à l'étranger. L'accent est mis sur l'embellie de l'extérieur apparent de la coquille vide dont le contenu donne peu de soucis au pouvoir blanc en dehors de sa valeur fallacieuse.

La conséquence directe de la classification raciale et sociale est la séparation des lieux d'habitation et d'activités économiques et socioculturelles. En effet, en 1951 fut votée la Bantu Authorities Act avec les réserves d'Africains, les *homelands* et la privation simultanée aux Africains de la nationalité sud-africaine. Compte tenu de la modicité des portions de territoires affectées à ces derniers et de l'exploitation humaine qui en découle, un vrai confinement étouffant fut réservé aux Noirs, comme le résume Leïla Farsakh :

> « C'est en 1948 que la minorité blanche imposera, en Afrique du Sud, le système dit d'Apartheid, ensemble de discriminations juridiques, économiques et résidentielles.
> Au cœur de cette politique figure une ségrégation territoriale, avec création de réserves de main-d'œuvre fixée par les Blancs, espaces géographiquement délimités où les Noirs devaient vivre.
> Ces espaces représentaient 13% du territoire sud-africain. »[170]

Cette démarche d'isolement et de placement des Noirs vers des zones très pauvres et insuffisantes est le reflet fidèle de la place et du rôle de la maîtrise du sol, du contrôle de la terre, surtout de la bonne terre au cœur du combat expansionniste occidental. En fait, en Afrique du Sud, le projet colonial vise principalement la terre, mais ne négligeait nullement les occupants indigènes de celle-ci pour les besoins de son exploitation à bon marché pour la maximisation des profits et l'entretien du système de domination.

Cependant, la ségrégation géographique ne pouvait que rendre la tâche plus simple et plus rentable. Ce refus de la multiracialité résidentielle et des contacts inter-raciaux est le socle commun au

---

169 *Ibid*, p. 238.

170 Leïla Farsakh, « De l'Afrique du Sud à la Palestine », in *Le Monde Diplomatique*, novembre 2003, p. 22-23.

colonialisme occidental, à la ségrégation d'une manière générale et à l'apartheid. Bien avant l'officialisation de la bantoustanisation, déjà en 1921 pour maintenir l'hégémonie économique du Blanc et pour sécuriser les zones blanches « *qui sont par nature une création de l'homme blanc* », la doctrine Stallard résumait les critères contraignants édictés aux Noirs pour leur rapprochement avec leurs maîtres. Dans la même veine le Premier Ministre Jan Smuts, lui, écarte quelques années plus tard en 1929 toute idée de regroupement familial des Noirs en zones blanches.

Sa réglementation des conditions de la liberté de mouvements pour les Noirs ne peut souffrir d'aucune interprétation favorable à ces derniers. Sa position là dessus est nettement tranchée comme le précise si bien la déclaration suivante :

> « L'indigène pourra s'il le souhaite sortir de sa zone, tous les ans et pour une durée limitée et venir s'engager chez un Blanc il laissera femme et enfants sur sa terre natale »[171].

Avec de telles règles, les Africains sont, soit obligés de subir la contrainte de confinement dans la misère des ghettos (réserves) et des bantoustans, soit gagner leurs pitances quotidiennes dans la sueur et dans le sang dans l'humiliation sans la moindre possibilité de multiplication par la reproduction. C'est pour cela que cette impossibilité de regroupement familial dressée contre la communauté noire ainsi empêchée de verser dans l'exode rural peut être interprétée non seulement comme un moyen de perpétuelle ruralisation de la race noire et de son appauvrissement par la dimension primitive des moyens de production, mais également une technique de planification familiale pour freiner la *vague noire explosive*[172] face à la minorité blanche. Il s'agit là d'une flagrante violation de la liberté de mouvement fondée sur l'arbitraire pour satisfaire des intérêts égoïstes et des caprices d'hommes dangereux pour l'humanité toute entière.

La volonté de renforcer le fossé démographique en faveur de la minorité blanche était clairement visible. Néanmoins, les projections

[171] Antoine Bouillon, *Immigration africaine en Afrique du Sud,* Paris, Karthala et IFAS, 1999, p.233.

[172] La rapide reproduction des non-Blancs très actifs sexuellement selon les Blancs constitue une terrible menace contre l'hégémonie de la minorité blanche. Cette augmentation de la population non-blanche dans la misère en plus de l'étroitesse des terres (townships et homelands) pour contenir tout ce monde était censée déboucher inéluctablement sur l'explosion d'une colère débordante d'une grande masse incontrôlable.

démographiques de la politique de population mise en œuvre secrètement et qui cherchaient la baisse du taux de natalité des Noirs accompagnée de la hausse de leur taux de mortalité en enregistrant au même moment la tendance contraire chez les Blancs furent soldés par un échec total. L'objectif, à la longue, était d'atteindre l'égalité démographique entre Blancs et Noirs et voire même la supériorité numérique blanche avec le temps. Cependant, avec la réglementation de la politique du développement séparé et la politique d'habitat consacrant le confinement des Noirs en zones rurales et dans les bantoustans et les townships, le régime raciste pensait pouvoir juguler définitivement la menace sécuritaire urbaine et la conscientisation des masses noires par les influences des cultures et de la mentalité urbaines. Mais de telles mesures et stratégies n'ont pas pu empêcher à la politisation des Noirs de gagner du terrain et d'obtenir des soutiens au niveau international.

Dans la même veine, en sapant toute possibilité d'unification ou de coalition des groupes victimes des politiques coloniales et d'apartheid, le pouvoir a participé à l'amplification et à la radicalisation des rivalités tribales et ethniques avant de les plonger dans des divisions et adversités d'ordre social selon qu'ils soient pauvres ou moins pauvres, urbains ou ruraux :

> « La stratégie de réforme visait également à diviser les Noirs entre une minorité urbaine bien payée, pourvue de droits syndicaux et de possibilités d'entrer dans le commerce, et une majorité appauvrie de résidents des homelands. L'Afrique du Sud, 'nation de minorités', pourrait alors devenir une association assez lâche au sein de laquelle les Blancs et leurs alliés pourraient contrôler le cœur industriel du pays et dominer un ensemble indistinct d'unités noires. »[173]

Toutes ces stratégies et réformes contre d'éventuelles actions et réactions efficaces de la part de la majorité noire étaient motivées, au delà des enjeux économiques, par la peur d'une révolution pouvant remettre en cause l'ensemble des avantages liés à la position dominante dont le caractère provisoire revenait régulièrement à la surface de la conscience humaine et du bon sens des Blancs dotés d'un minimum de sens de l'observation et d'analyse de l'évolution des mentalités humaines avec le temps.

[173] John, Iliffe, *op. cit.*, p. 570-571.

Parallèlement à la classification raciale, le couronnement de la versatilité du Boer offrait la possibilité de reclassification d'un non-Blanc d'un groupe à un autre au gré des caprices du maître. Cette reclassification pouvait se faire également pour simplement surpeupler d'avantage les réserves de main-d'œuvre noire prête à aller au travail. Car en dépit des misères communes à tous les non Blancs, il n'en demeure pas moins vrai que les Africains sont de très loin beaucoup moins enviables en termes de conditions de vie et de travail que les Indiens, les Asiatiques et les Métis.

Cependant, même les gens de couleur habitant les abords des zones blanches, parfois se retrouvaient subitement sans propriété résidentielle, car étant expropriés comme le prévoyait la Group Area Act (1950) pour cause d'utilité publique on allait dire aujourd'hui, mais par souci de satisfaire les caprices de quelques Blancs.

Cette politique de démolition des zones à résidences mixtes et de déguerpissement des locataires s'est tristement et maladroitement illustrée par la destruction de District 6 (Cape Town) occupé par des gens de couleur depuis 1834.

L'histoire ayant eu raison des démolisseurs, District 6 est réaffecté plus tard en l'an 2000 à ses vrais propriétaires dont pour la plupart leur situation actuelle leur met dans une posture de contemplation de leurs terres. Il est évident que la majorité pour ne pas dire la totalité de ces derniers, à part la joie éprouvée d'avoir retrouvée une propriété perdue ne peuvent en faire grand-chose. Car après l'apartheid, la société de races est suivie par le renforcement de la société de classes de type nouveau.

En ce qui concerne les métis, bien que victimes de la ségrégation résidentielle, ils jouissaient ironiquement de leurs droits politiques par personnes interposées. L'aspect ironique se trouve dans le fait qu'un Parlement a pour mission de défendre les intérêts généraux et spécifiques du peuple du fait que chaque député étant normalement élu par le peuple et pour le peuple alors que les quatre députés représentant les métis au Parlement de l'Afrique du Sud d'alors étaient des Blancs. Ces députés non seulement étaient des Blancs, mais également n'avaient pas le droit de défendre des positions anti-apartheid alors que c'est cette même politique d'apartheid qui était la racine du mal du métis, la cause de tous les torts qui lui étaient infligés.

La bantoustanisation était alors un excellent prétexte pour la catégorisation généralisée des groupes raciaux sous tous les angles. Aux urbains, il fallait assurer tout ce qui est luxe, modernité, commodités et aisance, et aux ruraux toutes les conditions de misère et d'exploités. Les frontières raciales d'ordre territorial devaient être très étanches sans la moindre possibilité ou imagination pour le Noir de les traverser.

Pour se conformer strictement à la doctrine Stallard, les Africains devaient demeurer des ruraux très éloignés des velléités d'émancipation et de modernisation des urbains. Les bantoustans sont donc des magasins de stockage d'une main d'œuvre prête à l'œuvre et non des cadres d'épanouissement isolés pour les Africains. Selon Stallard, tous les Africains doivent continuellement être considérés comme des « *temporary sojourners* » en zone urbaine pour aider rigoureusement à la réussite de l'*influx control*[174] et de son contrôle stricte par les services compétents en matière de surveillance et de répression des comportements raciaux interdits. La dénonciation de tels comportements qui était vivement recommandée était aussi devenue très courante dans la société blanche.

Cependant, cette philosophie de la politique résidentielle n'était pas du goût de tout le monde et n'avait pas manqué de susciter quelques contestations farouches bruyamment exprimées et défendues.

Les tenants de la doctrine anti-stallardiste par contre militaient en faveur de la promotion résidentielle en faveur des Africains. Non pas en défendant la thèse d'habitats multiraciaux ou déségrégués, mais par l'adhésion à l'urbanisation progressive de ces derniers. Mieux encore les anti-Stallard préconisaient l'industrialisation progressive (à doses homéopathiques) des bantoustans.

L'effet recherché était de faire des homelands à la fois des lieux résidentiels et de travail et non pas des réserves de main-d'œuvre pour des installations industrielles très éloignées. Pour eux les homelands doivent être des zones industrielles et c'est ainsi seulement qu'on peut parler de développement séparé. Au contraire, au lieu de détribaliser la politique d'habitat par l'urbanisation des masses Africaines, la négation des droits civiques et politiques de ces dernières était plutôt renforcée avec des mesures plus contraignantes par les successives Native Urban Areas Acts de 1923, 1937 et de 1945. La situation évoluait de mal en pis avec la reproduction illimitée de la pauvreté et la perpétuation des inégalités dans la politique de l'emploi. La politique de l'emploi exigeait du Bantou une numérisation descriptive dans la banque de données des

[174] Il s'agit de la réglementation, de l'organisation et du contrôle des mouvements migratoires des Noirs de la campagne vers les villes.

chercheurs de travail. De toute façon, le travail n'était qu'une obligation pour contribuer au mieux être économique du *Herrenvolk* relève Weeramantry :

> "At the age of fifteen a person in the homelands is required to register as a work-seeker. This registration continues until the age of sixty-five.
> Job categorisation, employment bureaux, contracts on terms not explained to the employee, separation from home and family for fifty weeks a year, unisex dormitories packed sixteen to all these add up to a picture of total deprivation of industrial rights which gives the migrant worker a status very nearly akin to slavery"[175].

Le traitement de vassalisation au travail des Africains des réserves et des homelands régi par la Bantu Labour Act de 1964 suivi par d'autres proclamations aussi sévères du gouvernement en 1965 et 1968 était devenu plus inique et unique par sa forme avec la catégorisation à vie du travail en 1968. Par cette décision, un Africain sans en donner son opinion était inscrit sur une des dix sept catégories de travail déterminant la nature et la valeur du futur contrat de travail devant être établi pour lui à sa place. En réalité, sa valeur professionnelle dépendait fondamentalement de sa force physique et de sa docilité. Les déficiences et les défaillances professionnelles sur le plan des compétences techniques étaient les résultats de la pauvreté pour ne dire l'inexistence des politiques éducatives qui lui étaient destinées.

3. La politique culturelle et éducative.

L'école a toujours été considérée par les pouvoirs coloniaux comme étant le meilleur véhicule idéologique. Pour dominer ou pour asservir et le réussir pour longtemps, obligation est faite à l'initiateur de formater les esprits à cet effet en vue de mettre en conformité les ambitions et les visions de la victime aux orientations du projet de base. Cette prééminence de l'école dans les dynamiques de domination politique, économique et culturelle est liée à son importance dans la vie humaine. Et ce n'est d'ailleurs pas pour rien que les plus grandes révolutions historiques soient toujours liées directement ou indirectement au monde scolaire ou universitaire. Après le pain, ce que veut le peuple c'est l'éducation, nous enseigne Danton.

---

[175] C.G.Weeramantry, *op.cit.*, p.185.

Aux États-Unis d'Amérique où une politique de ségrégation raciale a été menée pendant plusieurs siècles, l'éducation y était un des secteurs les plus visés au point que les premières mesures de relâchement avec le vent de la révolution nègre des années 60 concernaient la discrimination raciale à l'école. Et c'est ce que le dépositaire du pouvoir politique et économique en Afrique du Sud avait décidé de priver à tous les Noirs de ce pays avec quelques différences dans l'infortune. Étant donné que l'asservissement et la domination se sécurisent et se perpétuent par l'ignorance, la pauvreté et le désespoir alors que l'accès à l'éducation et à la richesse mène irréversiblement à la prise de conscience de la nécessité de s'affranchir et de vivre pleinement ses droits que garantissent l'égalité naturelle des hommes en droits, le régime de l'apartheid agissait en conséquence. Le slogan de campagne des nationalistes en 1948 était assez évocateur à ce sujet. Il sous-entendait à la limite l'élimination physique de tous les non Blancs et la réduction à néant de toutes leurs formes de soutien. Toutes les catégories raciales non blanches et leurs soutiens étaient assimilés à des dangers publics à combattre férocement. Les mots d'ordre et les caractérisations anti-Noirs fusaient de partout sous forme d'appels à la haine et au mépris. *« Gevaar, KKK »*[176] était devenu le mot d'ordre et la nouvelle étiquette collée à tous ceux qui n'étaient pas des Blancs. Les Noirs étaient perçus plus que comme de simples sous-hommes, mais des ennemis et des menaces aux intérêts et à la perpétuation de la race blanche. Le danger et la menace à conjurer avaient deux visages pour les Blancs : les communistes qui sont le danger rouge (*Roi Gevaar*) et les Noirs qui constituent le danger noir (*Swaart Gevaar*)[177].

Ainsi donc, il est visiblement établi que les théoriciens de la supériorité de la race blanche et les défenseurs du statut Afrikaner de «*peuple élu de dieu*» sont plus que déterminés à ne laisser aucune chance à ceux qu'ils perçoivent comme un danger, des empêcheurs de tourner en rond. Et pour la cause, ils ont mis en place ou renforcé par la radicalisation tout un ensemble d'instruments, d'institutions et de pratiques légalisées au service de leur idéal de la séparation définitive des races. De la privation de l'accès à la bonne et utile éducation à la torture et aux exécutions sommaires en passant par la religion, les services de renseignements, les pouvoirs législatifs et judiciaires tous sont mobilisés

[176] Ce slogan de campagne des Nationalistes veut dire « Danger, Kaffer (caffre), Koelie (Indien) Kommunismus (communisme).

[177] Termes Afrikaans pour désigner les Communistes et les Noirs.

et conformés à ce combat et ses enjeux. L'apartheid est une bataille déclenchée par l'homme blanc et qu'il ne compte pas perdre.

Déjà, dès le XVII^{è} siècle, les jalons barrant toutes les possibilités d'éducation et de formation du Noir pour sa libération ont été posé pour préparer l'avenir du Blanc sur ces terres. Ils sont convaincus que l'émancipation et l'implication aux prises de décisions même élémentaires doivent être faites en fonction du niveau d'instruction et des revenus. Pour preuve, les modèles éducatifs appliqués pendant toute la période de domination blanche n'avaient pour objectif principal que la préparation d'indigènes plus soumis et plus aptes à veiller sur les caprices de leurs maîtres lorsqu'ils ont la chance d'exercer des tâches notamment subalternes auprès d'eux.

Ainsi, l'école favorise et entretient un état d'ignorance contrairement à sa vocation première et universelle. Elle devient un cadre d'endoctrinement et de rabaissement, de recul et non de progrès du fait qu'elle se consacre exclusivement à valoriser l'esprit colonial puis l'objectif d'apartheid. Zounga Bongolo la définit comme cadre de « *destruction* » et non « *d'instruction* » pour l'homme noir[178]. À l'échelle universitaire, un semblant d'enseignement supérieur avec une réglementation étouffante contraire à l'esprit de liberté et d'épanouissement intellectuel favorable à l'éclosion de talents respectables, était assuré par l'Université de Fort Hare (Transkei) à quelques rares Noirs privilégiés parallèlement à l'Université Stellenbosch (Cap) qui était aussi une école idéologique pour les futurs dirigeants de race blanche. Stellenbosch était le siège idéologique et doctrinaire des acteurs politiques Afrikaners. On y préparait aussi les étudiants à répondre aux questions à savoir comment et pourquoi haïr, dominer, asservir et réduire psychologiquement le Noir à néant sans se faire installer sur le banc des accusées-coupables par la communauté internationale. En effet, l'individu ne vient pas au monde en étant raciste, il le devient et pour le rester, on l'y prépare en lui donnant raison sur de solides bases.

Avec une telle politique éducative, les tenants de la ligne dure de l'apartheid développaient la stratégie de l'asservissement mental par l'école. L'asservissement et la domination se nourrissant le plus souvent de l'ignorance, de la pauvreté et du complexe d'infériorité, les maîtres blancs de l'Afrique du Sud ne se firent pas prier pour en faire usage sans limite. Étant conscients que l'accès à l'éducation et à la richesse aboutit

[178] Zounga Bongolo, *L'enfant prodigue de Soweto*, Dakar-Abidjan-Lomé, NEA, 1983, p. 51.

naturellement à la prise de conscience de la nécessité de s'affranchir et de jouir pleinement de ses droits que garantit l'égalité naturelle des hommes en dignité, en droits et en devoirs, ils dressèrent des barrières infranchissables contre l'accès des non Blancs au savoir et à l'avoir.

Et dans le but de contourner les pièges de la conscientisation par l'école, il fallait empêcher aux Noirs d'accéder à des connaissances émancipatrices et porteuses d'idées révolutionnaires. Pour preuve, les deux modèles éducatifs de type hollandais et/ou britannique qui se confrontaient, ont fini par obtenir un compromis sur le traitement précaire du Noir dont le niveau d'instruction devait tout simplement lui permettre de s'inspirer maladroitement du Blanc pour le copier. Son niveau d'instruction dont la vocation était simplement de le « crétiniser » pour en faire un homme obéissant qui doit fournir une main-d'œuvre plus ou moins qualifiée à exécuter des tâches de subalterne.

Pire que toute forme d'assujettissement, l'admiration et le plagiat de la culture d'un peuple étranger finissent toujours par écraser toutes les chances de bonheur chez l'homme. Peter Abrahams[179] nous décrit avec finesse cette misère meurtrière de l'homme noir demi-instruit en Afrique du Sud d'apartheid à travers les péripéties et les caprices du personnage féminin principal de son œuvre romanesque intitulé : *Mine Boy.*

Elisa, une enseignante noire des townships est amoureuse d'un Noir comme elle, mais agit comme si elle l'abhorrait. Fréquemment, les dures caprices d'une personne à la quête d'une identité qu'elle n'aura jamais (devenir une femme blanche moderne et aisée) s'emparent d'elle et la rendent furieuse. Elle est malheureuse, rejette sa société et tend vers une autre qui la rejette systématiquement. Elle est schizophrène. En Elisa, on découvre le rôle du système éducatif dit d'apartheid dans l'entretien de l'ignorance des uns et de la misère cauchemardesque des autres.

L'on comprend alors aisément la démarche de l'école hollandaise des zones rurales qui se voulait exclusivement destinée aux enfants blancs et celle britannique en totale contradiction avec la politique du « *indirect rule system* »[180] tendait vers l'assimilation des élites africaines.

[179] Peter Abrahams est l'auteur de plusieurs romans sur l'apartheid et les questions similaires. Il est fils d'une mère de couleur du Cap et d'un père d'origine éthiopienne.

[180] Contrairement au système colonial français qui cherchait à assimiler le colonisé en le transformant en un petit Blanc avec le 'direct rule', les Anglais laissaient quasi intacts les fondements traditionnels des systèmes locaux en s'intéressant surtout au volet économique.

Cependant cette méthode britannique fut une entreprise vite abandonnée, car étant trop risquée eu égard à son rôle extrêmement positif pour l'éveil des masses africaines opprimées. Face à cette menace, le triomphe des nationalistes Afrikaners sur le plan politique empira les tendances.

Le manifeste du Parti National de 1948 sur « *l'éducation nationale chrétienne* » consacra de nouveau les contours de l'éducation des Noirs :

> « L'éducation des indigènes doit être fondée sur les principes de la tutelle, de l'inégalité et de la ségrégation.
> Son but doit être d'inculquer le mode de vie de l'homme blanc, spécialement celui de la nation boer, la tutrice première (Senior Tutor) »[181].

L'école se définit ainsi comme le lieu et le moyen privilégié de la marginalisation du non-Blanc et même de diabolisation de ses capacités intellectuelles et de la valorisation de la politique de catégorisation en Blancs, gens de couleur, Asiatiques et Indiens. De ce point de vue, à côté de l'école, l'église dans son rôle d'évangélisation, d'éducation et de socialisation a joué une partition d'envergure et d'influence dans le système de l'apartheid tout comme dans la politique coloniale tout court. Religion et politique faisaient très bon ménage dans l'enracinement de l'entreprise de la discrimination raciale tentaculaire. En d'autres termes, cela veut dire que la ségrégation se manifestait jusque dans les églises pour finalement les répartir en fonction de leur soutien manifeste, voilé ou non aux fondements religieux de base de l'*Afrikanerdom*. D'où toute la différence de vues entre la *Dutch Reformed Church* et les *Catholic et Protestant Churches* lorsqu'il s'est agi de la formation du *Christian Council* (le Conseil chrétien).

En ce qui concerne la *Dutch Reformed Church*, l'idée défendue est que plus la couleur de la peau de la personne est pâle plus elle est proche de Dieu et se porte mieux génétiquement et spirituellement. Sa conception raciale est catégorique comparée aux églises protestantes (anglicanes, méthodistes, baptistes, etc.) non moins d'accord sur la supériorité du Blanc, mais plus ouvertes à l'évangélisation des Noirs. Cette ségrégation religieuse entretenue par les églises a naturellement abouti à l'émergence d'églises africaines dans les *townships* et

[181] Manifeste du Parti National de 1948, cité par Anne Marie Goguel, « La crise du système éducatif sud-africain », in *Revue Politique Africaine*, n° 25, Paris, Ed. Karthala, Mars 1987, p. 16.

homelands d'où se poseraient les jalons de lutte pour l'émancipation du Noir à côté des organisations politico-syndicales, scolaires et estudiantines. La foi religieuse a beaucoup participé à l'accélération du processus de la contestation et de son éclosion incontrôlable.

Étant donné que les organismes missionnaires constituaient les véhicules de l'éducation et de la promotion culturelle les plus en vue, ces derniers totalement acquis à l'apartheid encourageaient et entretenaient la tribalisation de l'enseignement. Loin d'eux par contre l'idée de doter aux Noirs les moyens intellectuels d'acquisition de la science et de la technique nécessaires pour la prise en charge de leur destin économique et de vulgarisation de leurs valeurs culturelles. Pour cela, l'éducation et la formation sont assurées en fonction de la langue et de la culture de chaque tribu afin de maintenir les divisions tribales qui renforcent la vulnérabilité de ceux-ci dans leurs tentatives de rebellions contre l'establishment blanc.

Contrairement au système colonial français en Afrique dont la politique éducative et culturelle visait entre autres l'assimilation des colonisés pour en faire de vrais relais culturels français chez eux-mêmes et ayant un mépris total pour leurs propres frères ne pouvant pas bien copier le colon, les Britanniques et les Hollandais se suffisaient simplement d'un enseignement au rabais au service de l'ignorance et de l'assujettissement. L'école était un moyen d'oppression et non de libération ni économique, ni mentale encore moins sociale. L'oxymoron se résumant par la règle immorale qui consiste à éduquer pour rendre plus ignorant est à l'image de la fameuse seringue hypodermique[182] de Serge Tchacotine qui vise l'endoctrinement par le matraquage idéologique. C'est la conclusion qu'on peut tirer de la déclaration d'un ancien premier ministre sud-africain introduisant les débats parlementaires sur l'unification du système éducatif bantou :

> « Quand j'aurai le contrôle de l'éducation indigène, je la reformerai pour faire en sorte qu'on fasse comprendre dés l'enfance aux indigènes qu'il n'est pas question pou eux de jamais devenir les égaux des Européens (…). Des enseignants qui croient en cette égalité ne sont pas à souhaiter pour les indigènes.

[182] Serge Tchacotine est l'auteur de l'ouvrage intitulé ; *Le viol des foules par la propagande politique.* Sa théorie de la seringue hypodermique repose sur l'idée selon laquelle les mass-media ne s'adressent pas à la raison mais à l'instinct.
Selon toujours sa théorie chaque individu de l'audience est un sujet à piquer par le message des médiats et chaque réaction dépend de la dose injectée.

> Quand mon département contrôlera l'éducation indigène, il saura quel genre d'éducation supérieure convient à un indigène et dans quelle mesure celui-ci aura la possibilité d'utiliser plus tard son savoir.»[183]

Avec de telles idées et pratiques, les contenus de manuels scolaires destinés aux enfants étaient définis en fonction du groupe racial concerné ; la thèse de l'infériorité des Noirs pour les Bantous et celle de la supériorité de la civilisation occidentale et de la primitivité des Noirs aux enfants d'origine britannique et hollandaise. L'originalité de l'apartheid repose sur son attachement à la législation. L'instinct individuel du racisme et la volonté de domination se traduisent par la règle de droit. Les lois de la minorité sont appliquées à la majorité qui est exclue du processus décisionnel.

L'accès aux secteurs ciblés par les tenants du pouvoir et leur exploitation sont soumis à des lois ségrégationnistes exposants leurs éventuels contrevenants, principalement les Noirs à des sanctions douloureuses.

Au-delà de la volonté de se faire bonne conscience ou d'obtenir une quelconque légitimité, légalité ou soutien psychologique, car la violence est dégradante à la fois pour son auteur et sa victime, on peut comprendre par ce recours au droit un souci de se détacher du monde animalier ou le plus fort blesse et tue sans justification le plus faible. Mais on peut également l'interpréter comme une adresse à tous les défenseurs des droits humains à qui sont naturellement destinés les évolutions conceptuelles de la politique d'apartheid pour mieux masquer les dispositifs de répression. La sophistication et la légalisation à outrance de la répression et de la généralisation sournoise de la terreur ont confiné les mauvaises pratiques et les violations récurrentes des droits humains derrières d'épais rideaux. Au fil du temps, le refus par la jeunesse de cautionner le compromis des aînés dont la plupart commençaient à tomber dans le piège de la résignation comme le voulaient les concepteurs de l'apartheid, faisait appel à d'avantage de violences et de méthodes contraignantes. L'école qui était le meilleur moyen d'inscrire l'apartheid dans la durée sans trop d'efforts par la destruction par anticipation des forces d'avenir dont les compétences, les idées progressistes et l'esprit de contestation devaient être compromis et torpillés, a opposé une réaction inattendue à un tel projet : d'où l'exploration de nouvelles pistes.

---

[183] Jean Bosco Adotevi, *op. cit.,* p.45.

En effet, les causes et les raisons des nombreux conflits, guerres et divergences coloniaux et la promotion d'idées et d'actions discriminatoires et de négation des droits dus à la dignité humaine des Noirs trouvent leurs fondements et motivations réels dans les objectifs économiques des forces impérialistes et les préoccupations psychologiques, culturelles et surtout identitaires de certaines communautés à la recherche d'un cadre de refuge sécuritaire et d'affirmation libre de soi. Les différentes restrictions et interdictions d'ordre racial y découlant et appliquées contre tous ceux qui ne sont pas de la race blanche n'ont pas forcément un soubassement purement et exclusivement raciste. Les préjugés négatifs dont les colonisés faisaient l'objet de la part des nouveaux venus entretenaient plutôt des rapports de mépris, de méfiance et de défiance mutuels qui avaient fini par provoquer des tentatives de domination et d'asservissement des populations autochtones assez fermées au changement et très récalcitrantes face à l'inconnu.

Les oppositions paradigmatiques et les grandes différences en termes de paramètre d'appréhension des situations nouvelles ont élargi le fossé entre les principaux groupes antagoniques. Les découvertes imprévues de richesses naturelles d'ampleurs inattendues sur l'étendue du territoire de l'ancienne colonie située à une position géographique très stratégique pour l'impérialisme occidental et aux conditions climatiques assez favorables ont transformé ce qui devait être un point de passage principal (escale de ravitaillement) en un nouveau pays moderne pour les Blancs. L'avenir colonial de l'Afrique du Sud est le fait d'un accident de l'histoire, d'où l'édiction de politiques de gouvernance économique et de gestion des relations humaines au gré des évènements.

Les situations économiques conjoncturelles commandaient des décisions politiques structurellement bien élaborées pour une bonne protection des avantages au profit des forces dominatrices hantées par l'éventualité de l'effondrement de leur système en construction. C'est ainsi que l'aspect psychologique a toujours occupé un rôle de premier plan dans les relations coloniales, raciales et sociales en Afrique du Sud depuis les premiers contacts au Cap entre les Hollandais et les indigènes jusqu'à l'avènement de la démocratie multiraciale et ses nouvelles réalités. L'enjeu tournait essentiellement autour de la maîtrise du pouvoir dans les relations humaines inter et intra-raciales. Les moyens de faire triompher la volonté de domination politique et économique des forces occidentale sur n'importe quelle résistance dans leur nouveau « paradis » au sein duquel elles comptaient élire domicile à tout prix, reposaient sur la stigmatisation et la culpabilisation raciales, l'asservissement et la répression fondés sur la légalisation à outrance d'idées et de pratiques immorales.

Unies par un destin commun qui les mettait en féroces compétitions et complices dans l'endiguement d'un péril commun qui les exposait au danger permanent, les forces coloniales ont toujours eu à l'esprit le réalisme nécessaire et le pragmatisme utile, au cœur des pires opérations d'oppressions et de répressions contre les Noirs, qui finiraient par s'imposer à elles dans l'optique de la « capitulation triomphale ». C'est ce que la combinaison des diverses stratégies et philosophies de luttes anti-impérialiste et anti-apartheid a aidé à réaliser par les Blancs pour l'abandon progressif d'un système voué à l'échec face à l'éclosion d'une nouvelle conscience noire et le recours à des méthodes de luttes plus originales.

Deuxième partie

Le mouvement du « *black consciousness* » et la lutte pour l'abolition de l'apartheid et l'avènement d'un état démocratique et d'une nouvelle nation multiraciale

Né dans les années 1970 sous l'égide du grand leader noir Steve Biko, le *Black Consciousness Movement* (Mouvement de la Conscience Noire), est l'expression d'une prise de conscience de la majorité noire sud-africaine sur la nécessité de mettre la pression sur le régime de l'apartheid sous toutes les formes possibles et imaginables en vue d'obtenir sa capitulation ou sa disponibilité au dialogue. Contrairement à l'entendement de Mandela qui a très tôt cru à la possibilité d'aboutir à des négociations comme le décrit Mac Maharaj en étant « *the first to discern the possibility of the moment to press home on the regime the need for negociations as a means to resolve the South African conflict* », Biko avait une vision différente du non-racisme basée sur ce qu'il appelle « *the unity and the commonality of Africans, Coloureds and Indians to the exclusion of whites* ». Cette posture radicale allait facilement conduire à une guerre des races dont le triomphe des Noirs ne peut que résulter sur une néo-apartheid anti-Blanc. Le réalisme et le sens de l'objectivité et de la justice équitable de Mandela ont toujours fait de lui à la fois un adversaire indomptable et un interlocuteur fiable pour la résolution du conflit racial. En dépit de l'adversité ferme et féroce l'ayant opposé aux Blancs, ces derniers ont toujours épargné sa vie contrairement à Biko. Son slogan « *Black is beautiful* » lui a valu l'étiquette d'une plate-forme raciste et réactionnaire. Mieux que la célébration de la beauté noire, le Mouvement agissait également de manière concrète dans la résolution des problèmes sociaux des populations. Par le canal du Black Community Project, il apportait une assistance à l'éducation et la formation par des sessions de renforcement de capacités et construisait des infrastructures de base comme des écoles, des postes de santé, des routes, des centres culturels entre autres. Par l'action utile, la Conscience Noire montrait au pouvoir sa véritable mission dans un pays qui se respecte avec des dirigeants dignes de ce nom.

Mouvement révolutionnaire avec de fortes têtes très engagées, la Conscience Noire a vite réussi de devenir un cri de ralliement de tous les persécutés pour qui la vie telle qu'elle se présentait à l'époque n'offrait aucune lueur d'espoir. La dissolution ou le bannissement des organisations de lutte déclarées illégales n'a fait que raviver la flamme de la détermination au combat identitaire et pour le droit d'existence et de perception en tant qu'humain digne de respect. Plus qu'un simple espace idéologique et de réflexions, la Conscience Noire était un cadre fédérateur des organisations poursuivant l'objectif de l'épanouissement intégral des Noirs doté d'un plan d'actions concret avec à son actif des réalisations visibles et utiles pour les exclus.

En fait, même au cœur des révolutions les plus violentes et les plus populaires, le sens du dialogue et du compromis demeure nécessaire et utile pour ne pas résumer une vie de leader, à priori destinée à de grandes œuvres, à de simples funérailles grandioses. Et pourtant, son sens de la mesure n'a pas empêché à Nelson Mandela de former un groupe de feu avec de bouillants jeunes comme Walter Sisulu, Olivier Tambo, Anton Lembede, Peter Mda entre autres pour créer en 1944 la Ligue de la jeunesse de l'ANC (ANCYL) ayant contraint le parti à choisir la voie de la bataille frontale.

Volontaire national en chef de la campagne de défiance lancée le 26 juin 1952, puis commandant en chef de *Umkhonto we-Sizwe*, l'aile militaire combattante de l'ANC avec une sommaire formation militaire, Mandela a curieusement toujours cru et prouvé sont attachement à la résolution pacifique de la crise raciale de son pays et l'avènement d'une nation unie dans la diversité dans laquelle les droits de tous sont protégés sans considération de race, de religion, d'origine, de sexe, d'opinion, etc. La maitrise de son sang froid et de ses émotions est sa force principale dans la lutte, d'où sa profonde conviction selon laquelle « *self-control is not self-denial* ». À travers Mandela, le Mouvement de la Conscience Noire disposait d'un grand combattant pouvant servir de pont doublement avec l'ennemi.

L'histoire de l'Afrique du Sud est particulièrement marquée par la permanence des combats opposant dominants à dominés aussi bien entre les pouvoirs coloniaux présents pendant des siècles dans ce pays qu'entre ces mêmes puissances impérialistes rivales et les populations autochtones non blanches. Telle dans la jungle où les relations sont régies par la règle selon laquelle « *la loi du plus fort est toujours la meilleure* »[184], les Sud-africains de souche, ces victimes des rapports de forces inégales ont toujours et sous ses formes multiples et diverses, tactiques ou stratégiques, organisées ou non, réagi contre cette domination permanente dont la tendance vers la radicalisation et la pérennisation s'accentuait jour après jour.

Donc, des résistances indigènes organisées par les tribus autochtones contre les envahisseurs européens aux révoltes populaires contre les dures lois en faveur de l'apartheid en passant par les réactions politico-syndicales et littéraires par la mobilisation des intellectuels sans oublier l'implication à plusieurs visages de la communauté internationale, cette partie en fera la synthèse. Il s'agira également de saisir et de camper leurs enjeux, mécanismes opérationnels et surtout leurs impacts sur le devenir du non-Blanc et du colonisé pour ensuite chercher à déterminer, compte tenu des changements qui se sont opérés en Afrique du Sud, la place et le rôle de ce pays sur l'échiquier politique et économique africain et du reste du monde dans le nouveau contexte des relations internationales marquées par l'émergence de grandes entités socio-économiques et diplomatiques.

Mouvement d'idées, mais aussi de combats et de pressions fermes sur l'adversaire qu'est le Blanc, le Black Consciousness Movement poursuivait un idéal, qui le rapproche de la philosophie et des stratégies de la lutte des Noirs aux États Unis d'Amérique à l'époque des pires discriminations raciales, si l'on en croit Paul Bernetel qui nous donne ci-après une définition comparative à cette dernière :

> « Ce mouvement proche de l'idéologie du 'Black Power' américain, se caractérise d'abord par l'affirmation d'une identité noire qu'aliène la culture blanche. Ces Noirs refusent de se définir en fonction des critères de la société et de la civilisation blanche. Ils rejettent tout ce qu'ils considèrent comme une imitation de comportement des Blancs ou une tentative d'intégration dans leur système culturel. Ils proclament la dignité de la race noire et leur fierté d'être noirs.
> A l'intérieur même du système de l'apartheid, ils refusent l'épithète 'non White' (non Blancs), définition négative, et le remplacent par celle de 'Blacks' (Noirs) »[185].

---

[184] C'est la leçon de morale tirée de la fable de Jean de La Fontaine intitulée : *Le loup et l'agneau.*

[185] Paul Bernetel, *op. cit.*, pp. 40-41.

Cette orientation radicale du Mouvement est le résultat d'une violence et d'une série de persécutions anti-Noirs qui assimilent la vie de ces derniers à un enfer terrestre qui soustrait la peur, l'optimisme et la patience des sentiments humains de la victime.

Cette partie concerne une présentation globale de la genèse et de l'organisation de la lutte pour la liberté par la percée de ce qu'il convient d'appeler le mouvement de *la conscience noire* renforcée par la volonté claire de l'homme noir de prendre sa responsabilité face à son destin et celui de sa communauté. Les nombreuses contradictions politico-économiques, morales et stratégiques décelées dans la mise en œuvre des politiques ségrégationnistes et d'apartheid ont été d'apports considérables dans l'émergence du Mouvement de la Conscience Noire et les mobilisations exceptionnellement irréversibles des populations noires, rurales comme urbaines, dans les multiples luttes menées par celle-ci.

Ainsi, il s'agira d'explorer les diverses facettes, les implications et les retombées politiques et économiques. Tout d'abord, nous allons aborder les contours et les implications de la violence physique et morale comme instrument de domination mentale et d'incitation des Noirs à la résignation pour empêcher et / ou freiner toute prise de conscience à vocation émancipatrice chez les victimes de leur race. Les postures et les positions des femmes et de leurs conséquences vont faire également l'objet de notre attention.

Ensuite, nous traiterons des problèmes et implications liés aux soulèvements et stratégies de luttes des forces politiques, syndicales et sociales pour enfin analyser les réactions de l'intelligentsia sud-africaine et l'évolution des écoles de pensée et des acteurs du monde des arts et de la culture dans la prise en charge militante des anciens comme des nouveaux défis de leurs sociétés.

CHAPITRE I

STRATÉGIES ET INSTRUMENTS DE PROTECTION DE L'HÉGÉMONIE BLANCHE

Pour réussir l'imposition et la pérennisation de leurs politiques de domination et d'asservissement d'une majorité raciale noire par une minorité blanche, la terreur et la violence restaient les ultimes recours des tenants du pouvoir. Ainsi, nous allons explorer dans ce chapitre les aspects relatifs à l'arsenal répressif et la gestion des interdits prévus par la loi et l'« éthique » Afrikaner en matière de relations raciales telles que prévues par la philosophie et la politique de l'apartheid.

La stratégie de la double blessure ; physique et psychologique appliquée aux sujets de l'apartheid à des buts de déstabilisation et de démoralisation des victimes s'élaborait à partir d'officines idéologiques fondant l'essentiel de l'espoir boer sur la violence comme solution pour ne pas la subir un jour. Le degré de la peur de la situation inversée était l'unité de mesure de l'ampleur de la terreur et de la misère réservées aux supposés « terroristes » subversifs et très dangereux pour la quiétude des Blancs. Le nouveau concept de « terrorisme » qui est à la mode depuis la délimitation du monde en « axe du mal » contre l' « axe du bien » remplaçant ceux des « barbares » et des « civilisés » par l'ancien président américain Georges Bush suite aux attentats du 11 septembre 2001 contre l'Amérique, a été déjà théorisé par les Afrikaners pour qualifier et étiqueter l'ANC et ses militants dans leurs combats contre l'arbitraire, l'exclusion et l'exploitation dont subissaient les populations noires. Considérer comme tel une victime sans grand moyen de défense de ses intérêts face à la force étatique partisane à ce moment précis de l'histoire relevait d'une peur blanche et d'une volonté propagandiste de convaincre la communauté internationale de l'inscription de sa posture dans la ligne de la légitime défense.

Au lieu de contraindre les victimes à la passivité et à la résignation aux senteurs de démissions coupables, l'escalade de la répression et de l'oppression n'a fait qu'accélérer le processus ultérieur des expressions violentes d'hostilité des non-Blancs du au réveil de leur instinct de survie et à l'atteinte de leurs capacités d'endurance et de souffrance dans l'attente de l'arrivée du ciel d'un *deus ex machina.*

1. Des dynamiques d'ordre public et de la domination mentale : méthodes et implications de la répression physique et morale.

Les idéologues de l'apartheid ont inspiré beaucoup de lois au service de la discrimination raciale et des inégalités socio-économiques. D'ailleurs, la particularité de l'apartheid repose sur le fait qu'il s'agit d'un racisme d'État qui se justifie par l'application stricte de la loi, mais une loi d'essence exclusionniste et raciste.

Pour se faire bonne conscience, les concepteurs et les praticiens de telles lois cherchent toujours à se fonder sur la vérité selon laquelle « *dura lex sed lex* », la loi est dure, mais c'est la loi.

Certains chercheurs intéressés par l'immensité du volume des textes légiférés contre la dignité, l'émancipation et l'épanouissement des non Blancs parlent de mille deux cents (1200) pages de lois régissant le sort et la situation de cette catégorie sociale qu'aurait d'ailleurs abrogé Frederik De Klerk les unes après les autres dans les années 1990. Mais la législation d'apartheid malgré sa diversité et ses spécificités repose sur quatre piliers fondamentaux :

- La loi sur l'habitation séparée ;
- La loi sur le partage des terres ;
- La loi sur l'enregistrement de la population ;
- La loi sur l'éducation.

En effet, les visées et modes de fonctionnement de la législation d'apartheid, comme nous allons le découvrir plus tard, font ressortir un secret de polichinelle qu'est l'embrigadement mental du Noir destiné à faciliter sa soumission physique et sa résignation comme étant le but final. Toute cette réglementation bien élaborée aux fins d'une soumission permanente du Noir aux ordres et aux volontés de celui qui est appelé à le commander de gré ou de force, c'est à dire le Blanc, exigeait naturellement de gros moyens de répression et de domination idéologique. Il était également question de mettre l'accent sur les effets de la législation en faveur de la domination mentale par l'éducation et la culture. En vue de mettre un terme à cette pire forme d'esclavage dont le mode d'emploi et les stratégies de consolidation favorisent l'acceptation tacite de la servilité à cause du conditionnement psychologique et de la peur de l'inconnu liée à une nouvelle vie sans maître ni « protecteur » puissant, des voies conscientes très écoutées avaient sonné très tôt la mobilisation pour la révolte. En Afrique australe, les similitudes des méthodes visant la soumission et le larbinisme intellectuels des masses colonisées et leurs caractères ostentatoirement liberticides et profondément attentatoires à l'esprit critique et aux idées contradictoires faisaient de la sous-région une vaste prison des mentalités et de l'intellect.

Pour prévenir la propagation et la victoire contagieuses de tels fléaux dans le monde noir, des esprits éclairés et libres comme le militant de la cause noir et chantre des valeurs de la race noire, le chanteur de reggae d'origine jamaïcaine, Robert Nesta Marley[186] recommandait tout haut le recours à l'émancipation mentale pour pouvoir triompher de la domination physique et politique dont étaient victimes les Noirs dans le monde : « *Emancipate yourself from mental slavery. None but ourselves can free our minds* »[187]. Ses mots se sont propagés à l'échelle planétaire comme des slogans et des antidotes contre ce projet de promotion de l'acceptation "volontaire" de la servitude. Avec ce début de prise de conscience, la révolte et la violence allaient gagner gravement et progressivement du terrain dans les relations raciales et les rapports économiques. En réalité, la violence est un facteur particularisant de l'histoire et du quotidien des peuples sud-africains.

La violence devenait de facto le pont de liaisons entre dominants et dominés. En Afrique du Sud, le régime de l'apartheid ne badinait pas avec le respect strict de ses lois ségrégationnistes à but d'exploitation économique et de domination totale de l'homme blanc sur toutes les autres communautés. Inutile donc, sous ce régime, de rappeler que la force doit rester à la loi, car quoi qu'injustes, pour l'application des règles de droit, le pouvoir ne s'embarrassait pas de trop de nécessités de dialogues, de concertations ou de sensibilisation en direction de la grande majorité des justiciables. La contrainte y était la voie politique et la négation de l'autre la voix de « Dieu ». Les textes de lois votés par les représentants élus de la minorité sont directement appliqués à la majorité exclue du processus avec l'aide de la répression tous azimuts.

---

[186] Il est plus connu sous le nom de Bob Marley. Tête de file des « Wailers », ce chanteur noir Jamaïcain a vécu lui aussi les dures sévices du racisme et de la pauvreté dans son bidonville de Trenchtown, à Kingston, la capitale de la Jamaïque. Il est mort le 11 mai 1981.

[187] Bob Marley in *Redemption Song*.

En effet, la répression est institutionnalisée en Afrique du Sud sous l'apartheid. Elle s'illustrait à travers des formes multiples et variées. Elle était à la fois physique et morale et disposait de solides soutiens structurels pour réussir par ailleurs son autre mission d'assujettissement absolu du Noir par la résignation et le réalisme face aux moyens colossaux mobilisés contre ses éventuelles réactions d'hostilité. Les moyens militaires et policiers au service des Blancs étaient d'une envergure inquiétante pour dissuader toute tentative de confrontations physique directes de la part des Noirs dont les organisations de luttes étaient finalement qualifiées de terroristes pour pouvoir légitimer la violence disproportionnée qui devait leur être opposée.

En réalité, la survie de l'apartheid dépendait en grande partie de sa force répressive comme l'atteste cet auteur anonyme qui après avoir passé en revue les institutions d'oppression nationale du pays en arrive à la conclusion suivante :

> "These institutions of national oppression are the foundations of the Apartheid system. By wielding these instruments the White minority regime is able to regiment the Black majority for purpose of exploitation. The whole of the South African economy as it is presently organised rests on this foundation"[188].

Pour se donner bonne conscience et mieux masquer cette réalité à l'opinion internationale, de nouveaux concepts aux dénotations émancipatrices tels que le « *développement séparé* » ont vu le jour sans changer grand-chose dans la misère quotidienne de la majorité des Noirs. Par le système du « *white leadership* », le pouvoir politique était exclusivement concentré entre les mains de la minorité blanche (en un moment 19% de la population totale).

La conséquence directe est naturellement la conjugaison des efforts des pouvoirs exécutif, législatif et judiciaire pour le développement de l'exclusion raciale et le renforcement des institutions d'oppression et de persécution.

Le Noir est ainsi en permanence humilié, rappelé à l'ordre par le bâton et non par la parole à moins que ce soit par l'injure. L'exigence de la présentation du « *pass* » et du « *reference-book* » qu'il doit toujours tenir comme du bétail et ses marques d'identification de son propriétaire, réduit sa liberté de circulation à sa simple expression tellement elle est

[188] Anonyme, « South Africa : Apartheid and the Struggle for Freedom », in *L'Afrique du Sud Aujourd'hui/South Africa Today*, *op. cit.*, p. 39.

soumise à un système de contrôle à la fois étouffant et dégradant. Et même dans l'espace réduit où il lui est autorisé de circuler, il se confronte en permanence à l'obstacle des enseignes « *Whites only* ».

Quant à la démocratie à la Boer, les droits civiques sont accordés en fonction de la couleur de la peau. Ni électeurs, ni éligibles était le sort réservé aux victimes de l'apartheid issues de la race noire. Par contre, en 1910, un effort, si minime soit-il, est fait au sujet des règles électorales. La mesure n'a tout de même pas remis en question les intérêts directs du maître :

> "The 1910 Act of Union restricted membership of Parliament and government to persons of European descent and granted the Black property-owners and professionals merely the right to vote, but not to stand for election."[189]

Cet acquis était à l'actif des Britanniques. Ce qu'il faut surtout noter dans le fonctionnement des structures étatiques, c'est la confusion des rôles relatifs à la banalisation des principes de séparation des pouvoirs. L'objectif était le même partout : dissuader, contraindre, réprimer et installer la peur et le découragement chez les Noirs. La victime doit être poussée à la démission totale, au fatalisme et au pessimisme définitif. Le pouvoir blanc fonctionne par la brutalité avec les méthodes d'un État policier où le rôle prépondérant est dévolu à l'armée. C'est la description d'un tel régime que nous brosse le Blanc sud-africain juif et militant communiste et anti-apartheid, Harold Wolpe :

> "(...) the judiciary was increasingly subordinated to the executive which continuously strengthened its position in the state structures. Furthermore[190] reference was made to within the executive. In the period after 1973, while the position of the judiciary became more ambiguous (...) there was an ever- increasing concentration of power in the military and security apparatuses within the highly centralised executive."[191]

C'est sous le sceau d'une telle philosophie que la torture est devenue une pratique très courante avec des méthodes importées de beaucoup de pays réputés être champions en la matière avec l'installation de tout un

---

[189] Anonyme, "South Africa: Apartheid and the struggle", in *L'Afrique du Sud aujourd'hui /South Africa Today*, Paris, Présence Africaine, 1978, p. 37.

[190] Cette description des structures étatiques par Wolpe est à situer dans le contexte prévalant après les massacres de Sharpeville, le 21 mars 1960. Cette période coïncidait avec l'indépendance de beaucoup de pays d'Afrique.

[191] Harold Wolpe, *Race, Class and the Apartheid State*, Paris, UNESCO, 1988, p. 79.

dispositif allant de l'arrestation à la mort du suspect ou du coupable la plupart des cas. L'instrument de répression et de déshumanisation le plus connu de l'histoire d'apartheid était le Bureau Of the State Security (BOSS) surtout sous la direction de son très sanguinaire patron, le Général Hendrick Van der Bergh.

Le plus grand malheur d'un Noir ou d'une personne de couleur était de tomber dans les filets de ce bureau. Le BOSS non seulement est spécialiste de la torture et de la liquidation physique mais également de la corruption dans le cadre de la propagande pour masquer les forfaitures de l'apartheid. Aussi cyniques et sadiques que les tortionnaires des services de sécurité d'Hitler ou du KGB de l'ex URSS, les agents du BOSS sont des piliers vitaux du pouvoir raciste de Pretoria. Leurs agissements expliquent ces aspects lourds du bilan sombre de la politique d'apartheid :

> « L'apartheid est une machine policière qui torture et tue les opposants, maintient chaque jour près de 100.000 personnes sous les verrous, exécute un homme noir tous les trois jours, et déporte chaque année des dizaines de milliers de personnes ' inutiles' pour l'économie des Blancs (chômeurs, femmes, enfants, vieillards) vers des territoires surpeuplés, les bantoustans. (…)
> L'apartheid n'hésite pas à faire tomber les suspects du 5è étage de l'immeuble de police, à faire qu'ils soient retrouvés pendus dans leur cellule ou découverts au petit matin … 'décédés de cause naturelle'.
> L'apartheid n'hésite pas à torturer un père des jours durant pour le faire témoigner contre son fils, ou à tirer à bout portant sur un homme devant ses deux filles. »[192]

La dimension sanguinaire des méthodes policières et les pouvoirs étendus des services de renseignements faisant toujours preuve d'un excès de zèle sans objet de comparaison crédible sont en gros tirés de la puissance des membres qui en constituent le noyau dur. La puissante société secrète afrikaner rassemblant dans ses rangs les hommes les plus influents de la communauté blanche boer plus connue sous l'appellation de Broederbond est très liée au Bureau of the State Security et y joue un rôle de grande envergure. Des îles-prisons comme la célèbre prison de Robben Island et les non moins célèbres *Bokolos* avec les pratiques staliniennes et moyenâgeuses qui s'y passent dans ses « *cages à gnous* »,

[192] Jacques Marchand, *La propagande de l'apartheid. Quand l'Afrique du Sud se crée une image de marque*, Paris, Karthala, 1985, pp. 8-9.

ses « *cages à rats* », décrites avec minutie par Zounga Bongolo[193] dans son roman étaient mises à contribution.

Cette ambiance nocturne des discussions des co-détenus dans une Bokolo est à la fois révoltante et pathétique.

Robert qui est dans les liens de la prévention sous les chefs d'inculpation de complot et de sabotage en tant que communiste cubain en terre africaine alors qu'il est sud-africain de Soweto, membre de la branche armée de l'ANC, est transféré à une Bokolo après avoir subi les plus atroces sévices au BOSS.

Les gémissements de douleur provenant des cages des femmes le secouent profondément. Il ignore la réalité de ce qui s'y passe et s'interroge.

Ce qui suit est la douloureuse ambiance des détenus :

> - « C'est affreux là bas, dis !
> - Les femmes ici sont faites pour être violées ... (...)
> Quand elles résistent, ces racistes s'affolent. Ils leur enfoncent des aiguilles dans les mamelons
> (...) J'en ai vues des suspendues, la tête en bas et on les frappait sur la plante de pieds (...) Les électrodes ici sont fréquents, on les applique sur les parties les plus sensibles du corps : la langue, les aisselles, les seins, et surtout les intimités (...)
> Les métrorragies et avortements sont les phénomènes les plus fréquents dans les cages des femmes.
> Je ne dors pas la nuit voici déjà trois mois (...)
> Qu'est-ce qui fait de moi un homme ? (...) Les couleurs je ne les distingue plus ; ma peau, je ne la sens plus, les dents s'abîment, même les molaires les plus solides chutent.
> Cela ne me gène plus de manger les pétioles des feuilles que l'on nous distribue en guise de papier hygiénique ; c'est la seule source de vitamine. Je dévore aussi les insectes, les thermites, les bousiers, même les geckos ; tout ce qui tombe dans la cage. On se les partage et on les dévore crus... »[194]

---

[193] Zounga Bongolo est un Congolais né en 1954. À l'âge de 29 ans, il a publié *L'enfant prodigue de Soweto* (1983), un roman historique qui retrace les causes, les manifestations et les conséquences de l'apartheid. Philosophe et pédagogue de formation, cet enseignant de la langue Russe et de la Philosophie affirme sa sensibilité prolétarienne en prenant parti contre l'injustice, décrit l'histoire de l'apartheid dans un roman d'une rare simplicité et d'une clarté attractive pour ceux qui s'intéressent à l'histoire des relations raciales en Afrique du Sud.

[194] Zounga Bongolo, *op.cit.,* p. 106-107.

Leurs discussions dérangeaient un autre co-détenu qui souffrait des effets de sa castration pour avoir insulté les Blancs qui rasaient son village. On calcinait même certains récalcitrants dans les Bokolos[195]. Ainsi vivaient les détenus noirs sous le régime de l'apartheid. Le monde carcéral sud-africain d'alors avait pour vocation d'infantiliser l'adulte, de bestialiser l'humain, d'efféminer le viril, de handicaper le bien portant et de tuer les plus têtus et les plus intelligents. Et tout l'arsenal répressif était mobilisé pour atteindre un tel objectif derrière lequel se cachait toute une politique de séduction pour bien masquer la vraie réalité infernale de l'environnement socioéconomique de la grande majorité du peuple. Parmi les nombreuses victimes des politiques mises en œuvre à cet effet, les plus touchées étaient indubitablement les femmes qui étaient triplement persécutées et exclues.

2. Sexisme, virilité et triple victimisation féminine : l'utilisation de la femme brisée comme arme fatale

La protection des droits inaliénables de la femme et l'amélioration de la condition féminine ont été prises en compte parmi les premières mesures prioritaires du gouvernement postapartheid tant le tribut payé par la femme noire était lourd, ses blessures issues des nombreuses humiliations et pertes sont profondes et les différentes perspectives de son destin assombries. Dès 1995, l'Afrique du Sud a ratifié la *Convention sur l'élimination de toutes les formes de discrimination à l'égard des femmes.* Adoptée le 18 décembre 1979 alors que l'Afrique du Sud était grandement marquée par l'application de la politique d'apartheid, la Convention est entrée en vigueur le 3 septembre 1981. La précipitation dans l'appropriation des dispositions de ladite Convention par l'Afrique du Sud est assez illustrative de l'ampleur des maux dont souffraient la femme sud-africaine noire et de l'urgente nécessité de la secourir en lui accordant les droits essentiels à son épanouissement.

La posture victimaire de la femme noire relève d'une triple discrimination contre elle : elle partage le sort de persécutée raciale avec l'homme noir, conformément à la politique raciste en vigueur, l'Afrikaner pour qui l'affirmation de la virilité procède d'une sacralité religieuse et d'une loyauté communautaire ne devait et ne pouvait prévoir aucune pitié, clémence ou galanterie à la femme noire surtout qu'il ne ménageait même pas celle blanche et le sexisme débridé et béat marquant

---

[195] *Id.,*

les sociétés patriarcales traditionnelles sud-africaines accordaient à la femme une petite place périphérique d'arrière-plan.

Cependant, de telles mauvaises postures n'ont jamais pu émousser ou freiner l'ardeur et la combattivité des femmes noires dans les batailles de libération nationale contre la colonisation et l'apartheid. Les nombreuses entraves à la participation citoyenne économique dressées contre la volonté féminine posent, de nos jours, le double défi de la gestion des conséquences du racisme et du sexisme. De surcroît, les populations noires masculines qui devaient à leur réhabilitation et à leur protection des mesures et un engagement sans failles sont devenues leurs nouveaux bourreaux à travers la permanence des viols, surtout correctifs et des violences morales et physiques de femmes auxquelles il est reproché leurs orientations et identités sexuelles et leur « occidentalisation » dans la nature et la formulation de leurs doléances politiques et économiques. Le sort de la femme ordinaire n'est pas meilleur en Afrique du Sud postapartheid classé capitale mondiale du viol par Interpol qu'à l'époque du racisme et du sexisme d'État.

Les violences faites aux femmes dans ce pays ne sont pas simplement d'ordre machiste, mais idéologique et politique. Elles devaient incarner des forces de pressions et de dissuasions de leurs époux, frères et fils engagés dans la résistance à l'oppression raciale des gouvernants blancs. Par la recherche et la provocation de leur découragement causé par les sévices qui leur sont infligés et le harcèlement moral qu'on les faisait subir, elles étaient appelées à faire démissionner les hommes de leur engagement militant, tant les humiliations et les privations devenaient excessives et destructrices à tout point de vue.

Aussi bien celles qui vivaient dans les bantoustans que les autres des townships ou les domestiques au service des familles blanches, les rapports « maîtres-sujets » régentaient la nature des relations. Elles font l'objet de pressions psychologiques, d'exploitation et d'espionnage pour fournir des informations sur les idées, les actions en préparation dans leur *black kraal* et les activités de leurs hommes. La banalisation du viol chez les Noirs par les Blancs et la négligence de leur traitement par la justice, même au temps de la période transitoire, était une forme de technique de dresser les femmes noires contre les hommes noirs en les inscrivant dans une logique de vengeance haineuse contre ces derniers. Par la vengeance, elles pouvaient facilement jeter en pâture leurs bourreaux à l'ennemi blanc et faciliter l'infiltration sournoise dans les domaines réservés exclusivement aux Noirs et qui fonctionnaient comme des « jungles impénétrables ».

Dans sa posture de triple victime, la femme noire sud-africaine des périodes d'apartheid, et celle d'après, est plus persécutée et humiliée par sa propre race que celle blanche qui en faisait une exploitation cynique et abusive par l'éclatement de tous les groupes homogènes. La race du viol étant noire, les Blancs tentaient toujours de démontrer qu'un gouvernement démocratique dirigé par les Noirs ne peut être que dangereux et fatal aux Noires. Puisqu'à la boucherie, il est peu recommandé de se plaindre de plaies, aussi béates qu'elles puissent être, la question des viols de femmes passait pour un phénomène mineur devant la gravité du problème racial global. La répression physique, l'oppression mentale, les stigmatisations et l'imposition d'une condition douloureuse au nom de la race à tous les Sud-africains noirs, d'une part, sont d'autant plus insupportables, d'autre part, pour les femmes noires que la conduite d'une vie sous une double politique d'apartheid (raciale et sexuelle) de manière continue, pendant et après l'apartheid officiel, qu'elles se retrouvent sans le droit ni le courage de dénoncer les mauvaises pratiques iniques dont elles sont les victimes permanentes.

En Afrique du Sud, le silence brise moralement la femme. La banalisation de sa situation la ronge et la tue à petit feu. Elles ont longtemps vécu pour souffrir sans se confesser ni pouvoir se plaindre en étant sérieusement écoutée. Leur statut de proie facile, faible sans secours ni recours les décime par les remords et le chagrin de l'oubliée, car la hiérarchisation des problèmes de leur pays les relègue au rang de grandes victimes, mais de seconde zone : « *La lutte des femmes en Afrique du Sud a été éclipsé par l'autre, plus importante, plus 'noble', plus 'digne', celle contre l'apartheid*[196] »

Cet état de fait, fait conclure Lucie Pagé[197] sur la condition féminine noire que « *Naître femme et noire en Afrique du Sud, c'est naître mouton dans une cage aux lions.* », d'autant plus que ce qu'elle appelle l'activité masculine principale des jeunes des *townships* qu'est le viol collectif ou « *gang raping* » ou « *jackrolling* » est considérée par les auteurs comme une « *faveur et non un crime* » pour faire goûter à la victime-bénéficiaire les meilleures délices de la vie.

[196] Lucie Pagé, *op. cit.*
[197] *Id.*,

Cependant, ce sort de la femme n'est pas exclusivement un fait d'apartheid, mais une réalité rendue plus douloureuse par son caractère sournois, son enveloppement par les coutumes relatives à la virilité et au patriarcat des Afrikaners et des Africains et le silence de complot social et culturel qui l'entoure et le rend normal. Pour confirmer cette thèse, il est de notoriété publique que la fin de l'apartheid n'a pas non plus éradiqué les malheurs et les torts infligés aux femmes à cause de leur identité sexuelle. La seule nouveauté se trouve dans les échos favorables reçus par les retentissements de leurs voix et le pouvoir de pressions politiques que leur confère leur poids électoral et leur légitimité historique de combattantes anti-apartheid. Même cette nouvelle particularité du phénomène est à relativiser tellement le système judiciaire et sécuritaire du pays réserve un traitement non prioritaire aux dossiers de viols[198], d'incestes et de pédophilies malgré la force et le poids des voix qui s'élèvent en faveur de leur bonne prise en charge politique.

Le viol est omniprésent en Afrique du Sud post-apartheid : un cas de viol y est noté chaque dix-sept secondes. Et pourtant, en toute évidence d'ailleurs, les bons chiffres vont au delà, car les victimes préfèrent garder le silence meurtrier à la place de la dénonciation vigoureuse active : une femme sur trente six (36) seulement le signale aux autorités compétentes. Cette situation d'horreurs continues est la conséquence de la manipulation masculine de la signification et de la gravité du viol dans la vie en société. Par l'interprétation abusive d'us et de coutumes des tribus du pays, la volonté de perpétuer un héritage traditionnel qui fixe les rôles,

---

[198] Dans le cadre de la célébration de la marche des femmes noires organisée le 9 août 1956 pour l'égalité raciale et l'émancipation de la femme, RFI (Radio France Internationale), a diffusé un reportage sur la condition féminine en Afrique du Sud le 9 août 2013 à partir de 12 heures 10 minutes dans lequel se distingue le poignant témoignage d'une femme noire victime à la fois de viol collectif, de séquestration et d'extorsion violente de ses biens dans une plage sud-africaine, plus précisément de Port Elizabeth. Victime d'un autre vol de sa valise, elle avait saisi la justice pour l'instruction de ses deux dossiers. D'un magistrat à un autre jusqu'à quatre, aucun d'entre eux encore moins la police n'a accordé la moindre diligence à son cas de viol au moment où l'enquête relative au vol de sa valise a été bouclée et les coupables en voie d'être cernés. Ainsi, sa déception a été d'autant plus grande que dans le suivi policier et judiciaire de ses deux plaintes, elle a pu noter, preuves à l'appui, que sa valise et son contenu inconnu ont plus d'importance et de valeur, aux yeux des autorités policières et judiciaires, que son propre corps sali, son âme volée et son honneur bafoué sans noter les risques auxquels sa santé est exposée dans un des pays les plus touchés par la pandémie du sida.

Visiter : www. rfi.fr/

places, droits et devoirs d'obéissance de la femme africaine noire, les grandes négligences qui entourent la gestion politique du problème au point de l'inscrire implicitement dans le lot des questions de seconde zone et le confinement dans la clandestinité permanente imposé à tous les non-Blancs sous l'apartheid, la victime se retrouve bizarrement dans l'intérêt de cacher son mal en « protégeant » sans le vouloir le ou les coupable (s). Du statut de victime, la violée passe pour le symbole de la honte et de la culpabilité, si elle ne subit pas en plus le poids culturel et social de l'imposition de la posture de l'« ingrate » vis à vis de son ou ses bourreau (x).

L'héroïsme féminin dans la lutte anti-apartheid et la promotion d'une nation multiraciale post-apartheid sans sexisme ni violence faite aux femmes, n'a jamais été pris à défaut en dépit de l'affirmation de toutes les races du pays de leur attachement à la virilité par un machisme rétrograde. Le pouvoir s'est toujours exercé sous toutes ses formes possibles pour éteindre les flammes de la révolution par l'action, le découragement ou la trahison de la femme. Loin des facteurs de la popularité féminine liés au statut de « femme de », l'héroïsme des femmes noires comme blanches dans la lutte pour la liberté et l'égalité raciales a toujours été une équation difficile à résoudre pour le pouvoir blanc. En dehors des femmes blanches intellectuellement engagée par leurs écrits et honnies par leur communauté pour laquelle, elles passent pour des traîtresses, d'autres femmes blanches socialement et financièrement aisées militaient silencieusement contre l'apartheid sous le couvert d'actions sociales et de solidarité contre la pauvreté. Des « mères Theresa » blanches avaient ainsi créé en toute conscience, mais en toute intelligence, en masquant leurs véritables motivations idéologiques, l'organisation caritative du *Black Sash* pour soulager des pauvres sans considération de leur sexe[199]. La femme du militant anti-apartheid, le journaliste et écrivain de renommée internationale Allister Sparks, Sue Spark, en était une des membres les plus illustres et les plus engagées. De surcroît, aussi bizarre que cela puisse paraître, des femmes blanches sont allées jusqu'à s'engager dans la branche armée de l'ANC, l'*Umkhonto we Sizwe*. Shirley Gunn, plusieurs fois arrêtée, emprisonnée, humiliée, insultée et torturée physiquement et mentalement, sans jamais se décourager ni abandonner le combat en dépit des soupçons d'espionne qui pesaient parfois sur elle, en est une parfaite illustration.

[199] Lucie Pagé, *op. cit.,*

Les arrestations arbitraires de femmes suivies de tortures étaient parfois des sortes de prises d'otages exigeant comme rançon la reddition des hommes. Pour réussir leurs aventures guerrières clandestines à l'époque des interdictions des partis et autres organisations anti-apartheid, les hommes cachaient tout de leur vie militante à leurs épouses, maîtresses, mères et filles, non pas par manque de confiance en elles, mais par souci de leur préserver la liberté et la vie. L'ignorance prouvée en la matière garantissait la « liberté ». En l'ignorant, beaucoup de femmes bavardes, car terrorisées et torturées, en faisant preuve de coopérer avec la police et /ou la justice se sont rendues coupables de complicité ou de commission volontaire ou involontaire de crimes et délits. Par ailleurs, l'ignorance totale des activités militantes des hommes membres de la famille ou du voisinage pouvait facilement aider à sauver une vie de femme qui se retrouve entre les mains des services de sécurité publique dans le cadre des enquêtes relatives à la lutte contre la subversion. Ce qui n'enlevait en rien la soumission de celle-ci à de rudes épreuves physiques et mentales à l'effet de la faire passer aux aveux circonstanciels contre les intérêts et la sécurité de ses proches, la finalité étant de dresser les femmes contre les hommes chez les Noirs.

La séparation physique par la justice de couples militants accompagnée de larges diffusions de rumeurs contre la bonne réputation et la bonne moralité de la femme faisait partie des actions répressives menées contre les femmes. En effet, dans la lutte de libération, toutes les épouses des grands combattants étaient d'actives militantes très engagées sur tous les fronts. Même si Winnie Mandela en est la plus connue à cause de la dimension du leadership et de la popularité de son ancien mari, Nelson, elle n'en est pas pour autant la plus méritante ou celle ayant le plus souffert des brimades policières, judiciaires ou de bandes racistes organisées et tolérées, si elles ne sont pas sponsorisées discrètement par le pouvoir. Une combattante qui mérite d'être célébrée de nouveau pour la restauration de la vérité historique, comme ce fut le cas avec Steve Biko après sa mort par Allister Sparks et Donald Woods, est bien Albertina Sisulu (Ma Sisulu), la femme de Walter Sisulu, le parrain de départ qui avait permis au jeune Mandela venu du village en ville pour la première fois de mettre les pieds à l'étrier. Pour avoir joué d'influents rôles dans les grandes marches de protestations contre le port obligatoire de permis de circuler par les femmes noires (Pretoria 1956) et avoir osé s'opposer radicalement en 1958 à l'instauration du *pass* (les laissez-passer), les autorités politiques s'arrangèrent pour la priver à maintes occasions de sa liberté. Après un emprisonnement de courte durée pour le premier délit, elle fut mise à la quarantaine comme une victime d'une maladie contagieuse sous forme de résidence surveillée pendant vingt-sept ans (1964-1981), suivi d'un retour à la case prison pour deux bonnes années encore (entre 1982 et 1985), pendant que son mari croupissait en prison. De telles héroïnes n'ont jamais cherché la gloire personnelle, mais uniquement la libération et la réhabilitation de leur peuple. Heureusement pour elles, la majorité a eu l'heureux privilège d'assister au couronnement triomphal de leurs luttes pour avoir vécu longtemps. Curieusement, il existe une particularité bien sud-africaine chez les combattants de la liberté (hommes comme femmes) que l'on signale rarement, pour chercher à l'expliquer scientifiquement : malgré les brimades, tortures, longs emprisonnements et la mauvaise qualité de vie due à la pauvreté, hormis ceux qui sont éliminés physiquement, les combattants, surtout les femmes, vivent très longtemps. Dans un des pays affichant un des plus faibles taux d'espérance de vie, le plus souvent ces grands combattants dépassent l'âge variant entre 70 ans et 100 ans. Est-ce dû à la main divine pour l'administration d'une leçon sur le rançon de la persévérance et de la conviction ou le résultat d'un niveau de saturation de la souffrance humaine qui rend à la longue le corps et l'âme de la victime hermétiques à toute attaque extérieure en développant des mécanismes d'auto-protection systématique ou non ? En résumé, l'apartheid a permis de noter des situations et des exemples précis de cas qui relèvent du miracle. La capacité d'endurance de la femme dans la souffrance et sa fidélité à son homme qu'elle confond à la fidélité à la cause politique ont rendu la femme noire sud-africaine éligible à toutes les positions de responsabilité de l'ère post-apartheid.

Dans un autre registre de privation de droit à la vie et d'organisation de celle-ci, même les femmes enceintes pour cause de viol, même celui impliquant le cas particulier de l'inceste, ou dont la grossesse mettait leur vie en danger n'avaient aucun droit pour avorter jusqu'en 1996, avec l'adoption de la loi supprimant les restrictions relatives à la question. Pour les femmes blanches, le recours à l'illégalité leur était toléré, car l'application impersonnelle et générale d'une loi similaire remet en cause le principe sacro-saint de la ségrégation raciale. Au nom du pouvoir discrétionnaire qui a valeur de pouvoir discriminatoire, l'autorité médicale compétente a la faculté tacite de prendre toutes les mesures jugées utiles pour la race blanche. Et pourtant, l'ambition cachée du pouvoir raciste de faire baisser de façon vertigineuse la population noire dont la grande supériorité numérique devenait de plus en plus sa hantise était bien mise en œuvre avec beaucoup de finesse et de discrétion. En cela, l'interdiction de l'avortement était une contradiction criarde avec les options politiques, à moins que le sous-entendu ne soit l'incitation à la méfiance sexuelle par l'abstinence pour des communautés traditionnelles accordant au sexe une place de premier plan et au sein desquelles, au nom de la licéité coutumière, des chrétiens pratiquants justifient leur statut de polygame. En Afrique du Sud noire, le chant, la danse et le sexe sont des piliers essentiels de la vie militante, surtout dans le cadre des luttes de libération. En revanche, la danse et le chant ne sont pas dans ce pays réservés aux femmes, car ils symbolisent la vitalité guerrière, l'engagement militant, la virilité et le courage.

En effet, l'évolution politique et socioéconomique de l'Afrique du Sud, de l'époque coloniale à l'apartheid, fait ressortir très clairement une obstination de l'homme blanc à transformer le pays en un milieu paradisiaque pour lui-même et, à l'opposé, emmurer la communauté non blanche, surtout celle noire, dans un étroit enclos de bétail : même son système de reproduction n'échappait pas aux influences des politiques publiques qui devaient permettre une décroissance du nombre de Noirs dans le pays dans une logique de maîtrise progressive des rapports de forces numériques. Quoi que l'on pense ou fasse, l'homme blanc ne pouvait aucunement lâcher du lest dans cette entreprise à la fois idéologique et économique tant qu'une opposition aussi farouche que son entêtement n'était développée par ses victimes.

Dans cette dynamique de provocation de la démission militante et d'une prise de conscience du supposé irréalisme politique des Noirs de penser pouvoir renverser les tendances et les rapports de forces à cause des grandes différences dans les moyens militaires, économiques et financiers, rien ne se négligeait. Le concept du pouvoir a été exploré dans tous les sens, si l'on s'en réfère à la définition qu'en donne Max Weber comme étant « *(...) toute chance de faire triompher, au sein d'une relation sociale, sa propre volonté, même contre les résistances ; peu importe sur quoi repose cette chance* [200]». Cette chance reposait, ici, sur la violence physique et mentale, la déstabilisation psychologique et l'éclatement de la communauté noire en mille petits morceaux en manipulant toutes les divergences et différences imaginables et celles pouvant être inventées de toutes pièces.

Dans le cadre de l'apartheid, la régulation de la relation sociale et politique obéit à la logique de la création d'une « *communauté*

[200] Max Weber, in *Économie et Société*, cité par Philippe Braud, *Sociologie politique,* 680 p.

raciale [201]» durable, la fameuse *Volksgemeinschaft* d'Adolf Hitler basée sur une doctrine raciale simpliste pour laquelle la nation comme l'individu sont remplacés par l'appartenance à une race commune et la frontière entre les humains doit séparer clairement et très nettement le « *Herrenvolk* », la race supérieure des seigneurs qui sont des hommes normaux et les races inférieures, car impures composées des sous-hommes, les *Untermenschen.*

Les conséquences de ces persécutions raciales sont l'éclosion d'une Conscience Noire et ses résultats sous forme d'une lutte globale de libération nationale engageant toutes les composantes noires frappées de plein fouet par le système de domination, de divisions et d'exclusion. Dans les luttes contre l'apartheid, la cause des femmes a pu trouver un écho favorable et un soutien militant actif aux Nations Unies, avec l'élection de Jeanne Martin Cissé (ambassadeur, représentant permanent de la Guinée à l'ONU à l'époque) au poste de présidente du Comité[202] spécial contre l'apartheid (1974). En sa qualité de première femme présidente du Conseil de sécurité de l'ONU (1972) et antérieurement déléguée à la commission onusienne de la condition de la femme (1963-1969), elle a pu avec brio rallier le maximum de pays, y compris les grandes puissances économiques et militaires à la lutte contre l'apartheid et l'assistance des femmes et des enfants de Soweto par l'accroissement de l'aide qui leur était destiné au même titre que le respect de l'embargo sur les armes imposé par l'ONU et la libération sans condition de Nelson Mandela. Elle avait enfin réussi avec le gouvernement de son pays à faire porter par Miriam Makeba[203] la voix de la Guinée et celle des femmes africaines contre le racisme d'État en cours en Afrique du Sud à la tribune des Nations Unies lors de la 30^{è} session en 1974[204].

L'ébullition générale de la résistance face à l'oppression qui allait crescendo sous forme d'embrasement contagieux et continu dans les forces vives de la nation noire avait créé un facteur de mobilisation

---

[201] Lire Adolf Hitler, *Mein Kampf,* (version anglaise traduite par Ralph Manheim), Boston, New York, Mariner Books, Houghton Mifflin Company, 2002, 694 p.

[202] Le Comité spécial des Nations Unies contre l'apartheid a été créé en 1962 à l'occasion de la 17^{è} session de l'Organisation.

[203] Le président guinéen, Sékou Touré, avait accordé la nationalité guinéenne à Miriam Makeba et à son époux d'alors, le militant de la cause noire d'origine américaine, Stokely Carmichael, devenu Kwamé Turé, une alliance des prénom et nom des deux panafricanistes Sekou Touré et de Kwame Nkrumah.

[204] Jeanne Martin Cissé, *La fille de Milo,* Paris, Présence Africaine, 2009.

irréversible contre le racisme et ses implications sociales et économiques, mais surtout politiques.

CHAPITRE II

LE COMBAT IDENTITAIRE ET SES IMPLICATIONS POLITICO-SYNDICALES ET SOCIALES

Avec plus de trois siècles de ballet impérialiste, donc de domination coloniale, et plus de quatre décennies de racisme d'État, la communauté sud-africaine non blanche a pendant toute cette période vécu au rythme de la répression, de l'oppression, des luttes pour la liberté, mais aussi des divisions tribales internes. Aucun des pouvoirs coloniaux n'a été épargné par les résistances parfois très violentes, mais la plupart du temps désorganisées pour être durables ou rentables politiquement. Ainsi, au prix du sang et de la sueur, les peuples khoi et san ont très tôt posé les jalons de la lutte contre l'asservissement en s'opposant farouchement aux colonisateurs.

Cette tradition de résistances et de combats a été largement et continuellement perpétuée tout au long de l'apartheid qui, à son tour, a légalisé toutes les violations des droits humains enregistrées sous la domination coloniale. Par la loi, non seulement il est nié au Noir le droit à la vie, car la substance de la vie normale s'est retrouvée barricadée entre les interdictions et les conditions draconiennes d'autorisation. En effet, les masses populaires s'exposaient à la violence sous toutes ses formes et il leur est interdit de se défendre sous prétexte qu'elles importaient des idéologies nuisibles et dangereuses et militaient dans des organisations terroristes en relation avec des ennemis du pays.

La lutte contre l'apartheid, c'étaient aussi les tentatives de se laver des accusations et des clichés qui sont collés aux victimes.

L'interdiction qui constituait la première arme du pouvoir blanc plaçait le Noir dans une posture de l'homme qui a les poings et les pieds liés puis livré à son bourreau dans un état psychologique d'improductivité.

C'est cet état de fait et ses effets que nous décrit Nelson Mandela :

> "Banning not only confines one physically, it imprisons one's spirit. It induces a kind of psychological claustrophobia that makes one yearn not only for freedom of movement but spiritual escape.

> Banning was a dangerous game, for one was not shackled or chained behind bars; the bars were laws and regulations that could easily be violated and often were. One could slip away unseen for short periods of time and have the temporary illusion of freedom. The insidious effect of bans was that at a certain point one began to think that the oppressor was not without but within"[205].

C'est ainsi qu'en partant de ce constat général sur la situation précaire du Noir sous l'instigation du Blanc et des initiatives et expressions multiformes d'émancipation et de libération du joug des brimades et mépris, ce chapitre va passer en revue tout d'abord l'apport des organisations scolaires, estudiantines à travers les actions de leurs syndicats et associations et les dynamiques citoyennes, notamment les initiatives et le poids des « civics ». Ensuite, nous allons étudier les dimensions politiques de la lutte pour la liberté sous l'angle des relations entre partis politiques sous l'égide de l'African National Congress (ANC), pour, enfin, aborder la question relative aux rôles et aux combats des forces paysannes et ouvrières et d'autres groupes organisés chez les victimes de l'apartheid. Les réactions violentes comme pacifiques méthodiquement organisées, sporadiques ou spontanées feront l'objet d'une attention toute particulière tout au long de ce chapitre.

1. Contributions et influences des organisations scolaires, estudiantines, citoyennes et syndicales

Le Black Consciousness Movement tire principalement sa source et sa force de la prise de conscience et de l'engagement du mouvement étudiant. Comme partout ailleurs en Afrique et chez la première diaspora intellectuelle africaine, les signes précurseurs d'un vaste combat de prise en charge du destin du monde noir ont été donnés par les étudiants noirs. Ils ont surtout mené le débat sur la question coloniale, pris de grandes initiatives en faveur de l'indépendance sans manquer de poursuivre la veille permanente sur la question du néocolonialisme et de ses implications sur le continent.

Le rôle de la Fédération des étudiants de l'Afrique noire francophone (FEANF) demeure toujours gravé dans la mémoire collective des colonisateurs et des colonisés.

[205] Nelson Mandela, *Long Walk to Freedom. The autobiography of Nelson Mandela*, New York, Boston, Back Bay Book & Little, Brown and Company, 1995, p.144.

En effet, l'Afrique du Sud n'a pas non plus échappé à ce vent de l'histoire ayant partout soufflé le rappel de la mission de chaque individu et de chaque groupe d'individus. Les étudiants noirs sud-africains avaient bien saisi la portée de cette interpellation par l'histoire. Mieux encore, des circonstances aggravantes militaient surtout en faveur de la nécessaire prise en charge des défis d'alors par des actes concrets et audacieux. En dehors de l'Afrique du Sud, plus précisément aux États-Unis d'Amérique, le vent de la révolte gagnait de l'ampleur depuis quelques années, avec une place prépondérante pour l'école. L'influence du combat des Noirs américains (une minorité persécutée par une majorité blanche, contrairement au système d'apartheid pour lequel les bourreaux sont une minorité) en termes d'inspiration et de modèles offerts ne peut être niée aujourd'hui. Au début des années 60 un grand vent de révolte soufflait sur toute l'Amérique. La troisième révolution de l'Amérique selon les termes de Martin Luther King, Jr,[206] en référence aux deux premières que sont la Révolution française de 1789 et le Mouvement Chartiste de l'Angleterre des années 1830 qui sont des insurrections multiformes contre l'inacceptable, la Negro Revolution (Révolution Nègre), était aussi l'expression d'un peuple brimé et humilié au quotidien et las d'attendre un espoir qui n'arrivait pas par les simples dénonciations et la sensibilisation à l'adresse de la conscience humaine. Un an avant le lancement de la campagne de boycott des bus de Montgomery (1955-56), en 1954[207], la Cour suprême des États-Unis d'Amérique avait pris une décision interdisant la ségrégation raciale à l'école en préconisant des « écoles intégrées » pour tous. Presque une décennie après cette importante décision de la plus haute instance judiciaire du pays, rien ne semblait bouger dans le sens souhaité, pour ne pas dire décidé. À ce sujet, Dr King constate qu'en 1963, c'était à peu près 9% des élèves et étudiants noirs du sud de l'Amérique (la plus forte concentration de Nègres du pays) qui étaient admis dans des « écoles intégrées » et qu'à ce rythme l'intégration totale dans les écoles du Sud n'allait se réaliser qu'en 2054. La conclusion à en tirer est que les peuples peuvent faire des concessions au sujet de la gestion de leur présent, mais leur avenir risque de se compromettre, ils deviennent méconnaissables. La mauvaise gestion des questions éducatives est un facteur déclencheur de profondes crises : l'école c'est la vie et surtout l'avenir. La description faite par

[206] Martin Luther King, Jr, *Why We Can't Wait ?*, Signet Classics (nouvelle réédition), 2000, (Lire chapitre sur « The Negro Revolution. Why 1963 ? ».

[207] Lire *Stride Towards Freedom* de Martin Luther King, Jr, qui porte sur la question.

Martin Luther King du processus et des manifestations de cette révolution noire est assez illustrative des effets contagieux des vents de changements :

> "Just as lightning makes no sound until it strikes, the Negro Revolution generated quietly. But when it struck, the revealing flash of its power and the impact of its sincerity and fervor displayed a force of a frightening intensity. Three hundred years of humiliation, abuse and deprivation cannot be expected to find voice in a whisper. The Storm clouds did not release a 'gentle rain from heaven', but a whirlwind, which has not yet spent its force or attained its full momentum."[208]

Les victimes de violations de leurs droits les plus élémentaires et de la négation de leur dignité humaine s'influençaient mutuellement. Autant tous les prolétaires du monde partageant la même situation avaient des atomes crochus, autant les victimes de leur race accordaient peu d'intérêt aux différences de leurs trajectoires en mettant en avant leurs misères communes. C'est là aussi que résident les convergences et les connexions entre les luttes des Noirs américains pour les droits civiques et les combats des Noirs sud-africains pour l'égalité raciale à travers le Mouvement de la Conscience Noire. Cette phase de la révolution américaine pour la cause raciale aide à mieux comprendre la réaction ferme des élèves de Soweto en 1976 ; sujet que nous allons développer un peu plus loin.

L'émergence de la Conscience Noire a suscité chez les jeunes, les élèves et les étudiants des adhésions massives à travers la création et le renforcement d'associations fédératives. La jeune génération partageait sans grandes difficultés les idées véhiculées par le Mouvement de la Conscience Noire.

Auparavant, le pouvoir blanc avait réussi à noyauter le mouvement syndical estudiantin. La N.U.S.A.S (National Union of South African Students), qui servait de cadre d'accueil aux étudiants noirs, était caporalisée par une majorité estudiantine blanche progressiste évoluant dans les universités de langue anglaise.

Révoltés qu'ils étaient, les étudiants noirs, sous la conduite de Steve Biko[209], créèrent la South African Student's Organisation (SASO) en

---

[208] Martin Luther King, Jr, *op. cit.,* p. 3.

[209] Steve Biko était étudiant en médecine à l'époque. Son sentiment anti-Blanc faisait qu'il ne leur faisait pas confiance. Il assimilait la participation des Blancs libéraux ou progressistes à de l'infiltration pouvant permettre à ces derniers de pouvoir contrôler la

1969 pour, ensuite, se réclamer du Mouvement de la Conscience Noire en portant ses idées et ses combats. Cette fronde estudiantine qui s'est opérée à l'intérieur de la N.U.S.A.S pour déboucher sur la création de la SASO a eu le mérite de promouvoir un syndicalisme anti-apartheid pur et dur dans les universités et les lycées. Le racisme anti blanc avait fini de s'emparer des jeunes qui de jour en jour se radicalisaient en se donnant les moyens associatifs de leurs ambitions.

Pour donner une ampleur nationale à son mouvement, la SASO a installé dans plusieurs lycées et collèges sa branche élève, le South African Students Movement (S.A.S.M)[210]. Par son approche de formation idéologique et de préparation psychologique à la lutte contre le racisme, le Mouvement de la Conscience Noire a façonné une nouvelle élite syndicale juvénile qui refuse la résignation, encore moins la compromission avec le Blanc au moment où les adultes étaient encore hésitants face à la suprématie blanche.

Paul Bernetel situe l'impact de la Conscience noire sur les élèves et les étudiants :

> « La conscience politique est surtout développée chez les jeunes. Aujourd'hui, nombreux sont les adultes qui hochent la tête et l'avouent 'Un enfant de dix ans en sait plus que son père' sur l'histoire de la décolonisation et du mouvement national en Afrique du Sud. C'est là le fruit du travail des militants de la Black Consciousness. »[211]

Pourtant, la NUSAS, malgré son abandon avec fracas par les étudiants noirs avec la création de sa concurrente syndicale, la SASO, n'en demeurait pas moins très engagée dans la lutte anti-apartheid en préconisant une société sud-africaine basée sur le respect des principes contenus dans la Déclaration Universelle des Droits de l'Homme[212].

Lorsqu'elle était le mouvement unique du syndicalisme estudiantin, elle s'est illustrée par de nombreuses initiatives contre le régime de

direction du mouvement et mieux sécuriser leurs intérêts. Selon lui, en Afrique du Sud, un Blanc restera toujours un Blanc, le qualificatif positif qu'on peut lui coller n'y change rien.

[210] Son origine est l'ASM (African Students Movement). L'implantation à l'échelle nationale de l'ASM l'a transformé en SASM.

[211] Paul Bernetel, *op. cit.*, p.46.

[212] Martin Legassick Chris Saunders, « Aboveground activity in the 1960's », in *SADET, The Road to Democracy in South Africa 1960-1970*, Vol. 1, Cape, Town Zebra Press, 2004, p. 679-686.

Pretoria, notamment son opposition aux lois sur les « *Pass* », ses protestations contre la Sabotage Act (loi sur le sabotage) de 1962, la General Law Amendment Act (1963) et l'interdiction gouvernementale d'enseigner dans les universités infligée à des communistes fichés comme Eddie Roux et Jack Simons[213].

Ce mouvement devenu alors un empêcheur de tourner en rond pour le pouvoir était combattu par ce dernier. John Balthazar Vorster le qualifiait de « *damnable and detestable organisation* »,[214] avant de verser dans la métaphore caricaturale, pour dire que la NUSAS est « *a cancer in the life of South Africa that must be cut out* »[215].

La dimension fortement politique de la lutte contre l'apartheid a également favorisé la tendance d'inféodation du mouvement étudiant à des formations politiques. Si ce n'était de la proximité suspecte, c'était l'affiliation claire et nette. L'exécution de mots d'ordre politique par ces mouvements était fréquente si ces derniers n'influençaient pas carrément la direction de leurs partis dans la lutte.

Alors que la NUSA était du Parti Libéral mais se définissant comme radicale, dans la clandestinité l'African Students Association (ASA) se réclamait de l'ANC et l'éphémère African Students Union of South Africa soutenait le PAC.

Ainsi, au moment où la concurrence entre organisations liées par des rapports de rejet mutuel (NUSA-SASO) devenait facteur de diversion et de dispersion des forces, la répression et la multiplication des lois anti-non Blancs rapprochaient les victimes, surtout clandestines. C'est dans ce contexte qu'a surgi violemment le Soweto Students Representative Council (SSRC) ayant marqué de façon indélébile les soulèvements des populations de Soweto un certain 16 juin 1976.

À la grande différence des organisations des élèves et des étudiants, d'autres mouvements de protestations et de révoltes fondées sur la dénonciation et le rejet des idées et pratiques que l'on faisait subir injustement aux Noirs ont vu le jour par le canal d'organisations communautaires plus ou moins indépendantes politiquement connues sous le nom de *civics*. Bien que l'indépendance soit difficilement défendable à l'époque à cause de la profondeur des oppositions et adversités sur les questions raciales, au tout début, les civics étaient

[213] *Ibid,*, p.680.
[214] John Vorster cité par Martin Legassick et Chris Saunders, *op. cit.*, p.681.
[215] *Ibid.*

constituées d'organisations de quartier indépendantes de toute affiliation syndicale ou politique.

Elles prenaient en charge la lutte à la base. Ces mouvements sociaux étaient solidement installés dans les plus petites entités des réserves. Dès leurs premières apparitions, les civics ont fait preuve d'une parfaite aptitude à l'organisation, à la mobilisation, mais surtout d'une proximité légendaire avec les réalités et les aspirations des populations non blanches. Malgré leur idéologie floue et ultra complexe, les civics n'en demeuraient pas moins un recours rassurant pour les populations en quête permanente d'espoir.

Émanant des systèmes d'organisation et de mobilisation communautaires, les civics reposent sur une solide et longue histoire découlant de leurs évolutions nombreuses et variées tant du point de vue du statut que de la philosophie. À ce sujet, Tom Lodge pense que *« Today's forms of civics engagement have a long history. Though it took on fresh forms in the 1980s it may have incorporated older traditions, some of them democratic, others less so »*[216].

Reposant sur un solide maillage communautaire assez représentatif des plus grandes victimes de l'apartheid et basé sur une approche de consultations et de concertations avec les masses populaires, la démocratie en milieu non blanc pouvait à juste raison espérer avoir de beaux jours devant elle. Bien que les *civics* n'eussent pas pour vocation de conquérir un pouvoir politique entre les mains des Blancs et de l'exercer, mais de jouer leur plein rôle dans la libération de leur communauté des griffes de ces derniers tout en favorisant l'expression de la voix du peuple, elles faisaient déjà rêver. C'est ce qui rassure Tom Lodge dont la position sur la question est la suivante :

> "Optimistic predictions about South Africa's future prospects for democratic consolidation are frequently justified with reference to the strength of associational life, and in particular the vitality of a national network of local community based organisations which made such a decisive contribution to the insurrectionary politics of the 1980s"[217].

[216] Tom Lodge, *Politics in South Africa* , p. 205-206.

[217] Tom Lodge, *op. cit.,* p.206, s'inspirant de Marina Ottoway, « African democratisation and the Leninist option, » *Journal of Modern African Studies*, 35, 1, 1997, p. 11.

Néanmoins, il ne manque pas d'émettre des réserves sur l'apolitisme des civics en des termes empreints de courtoisie :

> "However, the extent to which such civic movements represented an expression of organisational culture that could be separated from nationalist politics was far from clear"[218].

Les lignes de démarcation ne pouvaient pas être très claires d'autant plus que les formations politiques et syndicales tout comme les organisations populaires composées de non Blancs avaient en commun le même combat anti-apartheid. C'est pour cela que la notion de société civile était plus que floue surtout à la fin de l'apartheid.

Pendant la période du racisme d'État, les civics apparaissaient déjà comme un embryon de société civile dont l'autonomie est acceptée, mais accompagnée d'une ferme volonté de l'ANC de pouvoir s'appuyer sur lesdites organisations comme tremplin pour la conquête de l'État, l'exercice et la perpétuation du pouvoir politique. Au même moment, eu égard à l'hétérogénéité des membres des civics et des objectifs poursuivis, les civics cherchaient à demeurer des groupes de pressions, de contestations exerçant une réelle influence sur les formations politiques, surtout l'ANC et son allié, le PAC (Parti Communiste sud-africain). Pour bien comprendre les méthodes de fonctionnement des *civics*, il faut s'intéresser aux origines et mécanismes d'adhésion de leurs membres. Certains sont issus de la « *vielle génération* » de l'ANC ou des organisations liées à *« l'Église »*[219] et d'autres de *« l'irruption des jeunes mobilisés, dans les quartiers, selon des modalités proches de celles des gangs et recouvrant à des méthodes relevant de la pression plus que de la persuasion ou la conviction politique».*[220]

De nos jours, on aurait parlé de réactions violentes similaires à celles des jeunes des nouvelles banlieues du monde, notamment celles parisiennes ou marseillaises. Les nouvelles contestations politiques organisées par des groupements de jeunesse s'appuyant sur les réseaux sociaux à des fins de renverser des régimes peu démocratiques ou incompétents ou d'opposition contre une mesure ou un projet de réforme, notamment constitutionnel, observées dans le monde arabe, surtout au Maghreb, ont presque les mêmes méthodes et finalités que les *civics*.

---

218 Tom Lodge, *op.cit*, p. 206.

219 N. Thede et P. Beaudet, *op. cit.*, p. 27

220 *Id.*

La particularité des militants des civics et leurs niveaux d'implantation à l'échelle du quartier font d'elles également de vrais réceptacles de conflits et de règlements de comptes, mais surtout des cadres de théorisation et d'éclatement de la violence expressive d'un raz-le-bol communautaire. Et c'est en cela que les civics constituaient de véritables forces de frappe contre les tenants du régime d'apartheid. L'absence de démocratie interne ajoutée à cette situation des civics, fortement marquée par une culture d'opposition et de batailles, expose alors les civics à devoir relever un double défi, selon Thede et Beaudet. Ainsi, il urgeait pour les *civics* de se remettre en cause, tant du point de vue de leur mode de fonctionnement interne que des orientations programmatiques et doctrinaires. L'avenir de leur efficacité reposait sur la satisfaction de ces exigences stratégiques :

> « D'une part les organisations doivent se réorienter de la résistance vers la construction d'alternatives, et d'autre part elle doivent se constituer en tant qu'organisations démocratiques. »[221].

Cette exigence stratégique impliquait la nécessité d'encourager et de promouvoir de nouveaux types de civics s'illustrant par leur force de propositions, et leur capacité d'anticipation et un pouvoir de médiation et de mobilisation de toutes les forces vives de leurs champs d'action autour des questions cruciales de l'heure. À l'image des civics qui parvenaient facilement à polariser les réactions spontanées des populations à la base, les syndicats constituaient des points de chute naturels des travailleurs réduits à des taillables et corvéables à merci, surtout dans les mines. Dans l'entendement des tenants de l'apartheid, le syndicalisme était exclusivement réservé aux travailleurs blancs. Malgré les coups de force ayant conduit à l'émergence de syndicats de Noirs au service de l'émancipation de ces derniers, la question sur la nature de leurs relations avec les formations politiques a pendant longtemps constitué un point de vives divergences de vues.

Face à leurs défis internes, les syndicats Noirs ont connu trois phases majeures dans leurs existences. Dans un premier temps, il s'agissait de la bataille pour l'existence, avec la jouissance de la reconnaissance juridique dans un contexte d'interdictions et de répressions au service de la dissuasion contre toutes les initiatives en faveur de la libération des Noirs. Ensuite, les syndicats devraient se libérer du confinement dans le carcan exclusif de la gestion des questions relatives à des revendications

---

[221] N. Thede et P. Beaudet, *op. cit.*,p. 27.

salariales et de meilleures conditions de travail. L'État ne voulait pas d'un engagement syndical en direction du mouvement de libération nationale aux allures très politiques, encore moins de l'unité des syndicats noirs ou une jonction entre urbains et ruraux. Enfin, après avoir mené la lutte syndicale et politique aux côtés des partis politiques ayant débouché sur l'abolition de l'apartheid, la violation tacite des clauses du pacte du combat commun par des comportements et de nouvelles orientations idéologiques des acteurs politiques et de certains anciens syndicalistes a ouvert de nouveaux défis pour les centrales syndicales.

Cependant, l'émergence d'un mouvement syndical noir remonte dans les années d'avant l'officialisation de la politique d'apartheid. Tout est parti des réactions de foules croupissant dans les misères des mines, sans solide base théorique ou stratégique, pour soutenir la pérennité et l'efficacité de la lutte. C'est ainsi qu'a vu le jour en 1919 l'Industrial and Commerce Workers Union (ICC) comme premier cadre de gestion des revendications syndicales des Noirs exclusivement réservé à ces derniers.

Mais en dehors des mouvements d'humeurs et des manifestations multiformes des travailleurs noirs contre leurs dures conditions d'existence et de travail face à un interlocuteur qui ne se préoccupait que des revendications des Blancs, le syndicalisme noir des débuts n'a pas pu enregistrer de grands succès. La raison est toute simple, selon René Lefort :

> « L'ouvrier africain n'est jamais perçu comme un allié, mais comme un jouet entre les mains du patron et qui utilise la soumission de celui-là pour peser sur l'emploi et les salaires de la seule vraie classe ouvrière : la classe ouvrière blanche. Désormais, les luttes du prolétariat noir et blanc seront non seulement dissociées mais très vite antagoniques »[222].

Victime du mépris du patronat et de la répression policière des politiques, éloignée des masses rurales prolétaires, n'ayant pas réussi à faire front commun avec la principale formation politique des Noirs, l'ANC, la classe ouvrière, noire malgré ses potentialités de luttes efficaces pouvant découler d'une bonne addition et minutieuse gestion des colères individuelles et collectives, n'a dû son salut qu'à l'avènement du Parti Communiste sud-africain créé en 1921. Proche des questions relatives à la condition humaine du prolétaire et disposant d'une solide

[222] René Lefort, *op.cit.*, p.61.

base idéologique lui permettant d'élaborer de subtiles stratégies de luttes, le Parti Communiste a facilité l'envol du mouvement syndical noir.

Dans une longue concentration sur les problèmes d'existence de la masse ouvrière blanche, les dirigeants du Parti Communiste ont fini par constater que les plus grandes victimes du système capitaliste demeuraient surtout les Noirs. La proximité, la complicité et l'alliance qui s'en sont suivies ont presque permis de raviver la lutte en faveur d'une société plus juste et égalitaire. Des Noirs sont même allés jusqu'à manifester âprement leur désapprobation de la Suppression of Communism Act (la loi portant suppression du communisme) en 1950.

D'un autre côté, comme nous l'assistons aujourd'hui dans les grandes démocraties, les formations syndicales étaient devenues très liées aux partis politiques. Le principal parti regroupant le plus grand nombre d'opprimés et de victimes du colonialisme ou de l'apartheid qu'était l'ANC, disposait d'une puissante branche syndicale, la SACTU[223]. Une telle démarche a permis une meilleure harmonisation de la lutte contre la domination blanche. L'adoption de la « Charte de la liberté » (the Freedom Charter) en 1955 par les organisations politiques, syndicales et citoyennes des non Blancs, en plus des libéraux blancs, en est une parfaite illustration, car offrant une plate-forme commune conçue et acceptée par tous. Du coup, la précarisation des conditions de vie des travailleurs allait concomitamment avec la multiplication des initiatives contre le régime de l'apartheid. Des journées ville morte (*stay-at-home*) aux grandes grèves générales, en passant par les soulèvements et les sabotages d'installations industrielles, rien n'a finalement été épargné dans la quête du respect de la dignité du travailleur noir.

Face aux nombreux défis qui assaillaient l'environnement social du travailleur noir, le piège de la diversion relative à la légalité ou non de ses actions qui l'embarquait dans une logique de réclamation de reconnaissance, une espèce d'autorisation par l'oppresseur de s'insurger contre la misère, l'incohérence d'opposer la légalité aux dérives d'un pourvoir illégitime et minoritaire fut vite établie.

L'enjeu était l'effondrement du système capitaliste fondé sur le racisme. Le capitalisme sans concurrence n'était plus à laisser prospérer. Les problèmes relatifs au taux de chômage très élevé chez les Noirs, la cherté de la vie, la répression de toutes les tentatives d'expressions étaient d'importantes questions structurelles auxquelles le mouvement syndical

[223] South African Congress of Trade Unions.

non blanc mais particulièrement noir, voulait trouver des solutions définitives.

En gros, la lutte syndicale était devenue une lutte politique s'inscrivant dans le cadre de la résistance populaire nationale contre l'oppresseur blanc en Afrique du Sud.

Pendant les années de déliquescence du Parti Communiste et de l'ANC due à l'acharnement du pouvoir sur ces deux formations dont le rapprochement devenait de plus en plus net, DDT Javabu a sorti et réussi son idée de création en 1935 de la All African Convention (AAC) regroupant l'ICU, l'ANC et le Parti Communiste dans un même cadre de lutte.

Auparavant, la désapprobation de l'alliance stratégique entre les Communistes et l'ANC et de la percée et des menées à la fois dangereuses et subversives avait conduit à l'adoption de plusieurs lois destinées à endiguer le phénomène.

En 1927, la Native Administration Act fut votée et visait l'organisation de l'exil des leaders politiques considérés comme subversifs[224].

Le problème de son applicabilité allait déboucher par la suite sur des amendements à la Riotous Assemblies Act (1930), loi portant sur les regroupements d'individus à vocation d'émeutes permettant à l'administration d'expulser du pays la plupart des dirigeants de l'ICU et de signer ainsi la mort de ce syndicat[225] qui suscitait autant de peur et de haine chez les Blancs.

Dans l'évolution de la lutte pour la liberté des Noirs en Afrique du Sud, les syndicats ont joué un très grand rôle. Leur jonction avec les forces politiques a toujours été la grande hantise du pouvoir. De dissolutions à interdictions, en passant parfois par des semblants de négociations, mais toujours avec la répression, pour parer au plus pressé, le monde du travail prenait conscience de la nécessité de concentrer ses forces sur un objectif commun en radicalisant ses luttes. C'est ainsi qu'en avril 1979, une douzaine de syndicats forma la Federation of South African Trade Unions (FOSATU) pour devenir plus tard en décembre 1985, avec l'adhésion de plusieurs unions communautaires (community unions), le Congress of South African Trade Unions (COSATU). La

224 Sampie Terreblanche, *op.cit.*, p. 281.
225 *Id.*,

démarche avait immédiatement porté ses fruits, comme l'indique son bilan que Sampie Terreblanche nous dresse comme suit :

> "The number of strikes and working days lost increased considerably form 1980 onwords and reached a new high point in 1982, when almost 400 strikes took place and 365 000 working days were lost (compared to 230 000 working days lost in 1973). In 1981 the government redefined the definition of 'employee' in the Labour Relations Amendment Act to cover all black workers, including local and foreign migrants and commuters. It gave all black workers the right to organise, and abolished remaining job reservation. However, strict rules were laid down to prevent any association or financial link between political parties and trade unions."[226]

En plus de ce bilan, Terreblanche tire une conclusion pleine de perspectives en termes de renforcement de l'efficacité de la lutte :

> "All these attempts were in vain. It was completely unrealistic of the government to give full trade union rights to Africans in a political vacuum and think that they would not use these powers to exert political pressure on it."[227]

Malgré tous ces atouts et ce rapprochement vers la victoire, les Noirs se comportaient comme si la désunion leur est congénitale. Face à ce vaste rassemblement syndical autour du COSATU, l'Inkatha Freedom Party créa une force syndicale rivale en 1986, la United Workers Union of South Africa (UWUSA). Avec l'émergence et l'imposition de la Conscience Noire, les organisations communautaires citoyennes (les civics) et les organisations des travailleurs représentant à la fois les réalités du cadre de vie et du travail ont été d'un apport considérable. Leur apolitisme choisi ou imposé de départ leur a permis de bien reculer pour mieux sauter, car ayant favorisé la négociation ou l'arrachement de leur droit à l'existence et une grande publicité autour de leurs combats. Tout cela allait enfin être couronné par l'avènement d'un front commun de luttes coordonnées avec les forces politiques et armées légales ou clandestines dans le démantèlement du capitalisme sud-africain.

Les lignes de démarcation ne pouvaient pas être très claires d'autant plus que les formations politiques et syndicales, tout comme les organisations populaires composées de non Blancs avaient en commun le

[226] Sampie Tereblanche, *op. cit.*, p. 342.
[227] *Ibid.*

même combat anti-apartheid. C'est pour cela que la notion de société civile était plus que floue surtout à la fin de l'apartheid. Même dans le contexte postapartheid, l'indépendance totale des puissants mouvements de la société civile et des syndicats par rapport aux organisations politiques demeure très discutable bien que beaucoup de groupes de pression bien organisés fassent de plus en plus leur apparition dans l'espace public, avec une liberté de ton et d'action fondatrice d'une nouvelle philosophie des forces de contre-pouvoir.

Cependant, ces réformes risquaient de précipiter leur transformation systématique en partis politiques, ou à défaut, la poursuite d'objectifs identiques à ceux des partis : conquérir le pouvoir pour l'exercer.

Beaucoup d'acteurs majeurs ont fini par céder à la forte tentation de se mouvoir définitivement dans les compétitions électorales au nom d'un pragmatisme plus efficace et d'une rentabilité populaire plus vigoureuse. C'était une des conséquences de la politisation des masses noires par une prise de conscience très élevée de leurs devoirs patriotiques face à un régime répressif et liberticide non disposé à faire la moindre concession sans de fortes pressions exercées sur lui et menaçant fermement et directement ses intérêts les plus stratégiques.

2. L'ANC[228] et les autres formations politiques : rôles et relations

Le 8 janvier 1912 est née à Bloemfontein la formation politique qui allait devenir l'African National Congress (ANC) le South African National Congress. À l'origine, s'étaient engagées pour la bonne cause de l'égalité raciale des personnes de professions libérales, notamment des avocats et des journalistes, d'autres juristes, des enseignants, etc, et des hommes d'église dépités par l'absence d'équité et d'égalité et surtout de justice dans la gestion de la grande majorité du peuple, de ses intérêts et de son devenir.

Et c'est en 1925[229] que l'ANC se substitua au South African National Congress. Plus qu'un simple changement d'appellation, il s'agissait

---

[228] Les couleurs du drapeau du parti sont le noir, le vert et l'or, son hymne de libération, le *Nkosi sikelel' i Afrika* (Que Dieu bénisse l'Afrique), en opposition à celui des Blancs *Die Stem van Suid-Afrika* (l'Appel de l'Afrique du Sud), sa danse guerrière, le *toyi toyi,* et sa branche militaire, l'*Umkhonto we Sizwe* (la lance de la nation). À l'heure de la célébration de l'ère post-apartheid, aux couleurs noir, vert et or de l'ANC sont ajoutées celles des Blancs (Britanniques et Néerlandais), le rouge, le blanc et le bleu pour former le nouveau drapeau officiel de l'Afrique du Sud multiraciale ; le drapeau de la nouvelle nation arc-en-ciel.

plutôt d'un grand tournant tant du point de vue de son orientation, de son organisation que de ses stratégies et méthodes. De jeunes diplômés se sont surtout intéressés à cette nouvelle ligne anti-racisme clairement déclinée. Ils étaient issus, pour l'essentiel, de l'Université de Fort Hare, l'université créée exclusivement pour les indigènes et jadis appelée South-African Native College. À la base de la naissance du parti se trouvait la nécessité politique de réagir vigoureusement et de manière structurelle pour une meilleure planification de la lutte contre la décision d'unification des provinces afrikaners et britannique en un seul pays sous l'autorité unique des Blancs en face des Noirs.

Cependant, le véritable changement de démarche par la radicalisation de son combat et de son engagement s'est opéré avec la nouvelle dynamique empreinte de fougue, de courage et d'impatience des jeunes qui, ayant trouvé très conciliants et timorés les aînés, pour ne pas dire attentistes, au point de les appeler « *les gentlemen aux mains propres* », ont créé en 1943[230] la Congress Youth League (la Ligue de la Jeunesse du Congrès) pour exiger plus que l'amélioration des conditions de vie et de travail des Noirs, l'égalité des droits avec les Blancs par la confrontation directe. D'ailleurs, on se rendra compte plus tard que c'est avec l'arrivée des membres fondateurs de la Ligue à la tête de la formation politique mère que la lutte pour la libération des populations noires des atrocités du racisme a eu plus d'allant et d'effets sur le comportement du régime politique sud-africain. Quant à ces jeunes leaders, ils avaient choisi de faire recours aux méthodes fortes et radicales conformes à un contexte de guerre pour s'opposer à la brutalité et au mépris des Blancs et à tous leurs partis politiques, préconisant pour l'essentiel le renforcement des inégalités au détriment des Noirs et la perpétuation de la politique raciale mise en œuvre. C'est à ce point commun à toutes les composantes politico-économiques de la communauté blanche que la bande à Walter Sizulu, Anton Lembede, Nelson Mandela, Olivier Tambo, entre autres, s'attaquait pour faire sauter définitivement le verrou du cercle de feu dans lequel les Noirs étaient confinés. À cet effet, les jeunes leaders dont les limites de l'engagement ne pouvaient que se mesurer à l'aune du démantèlement de la politique de privations et de persécutions dont leur groupe était victime avaient tracé une ligne de conduite sans appel :

[229] Cette année marque également la publication du bréviaire du nazisme, *Mein Kampf*, d'Adolf Hitler.
[230] Certains chercheurs comme John Iliffe parlent de 1944.

> « La Ligue préconise le boycott du Conseil représentatif indigène (organisation noire potiche créée en 1936), la grève, le refus de collaboration et la désobéissance civile.
> Elle est toutefois assez nettement anti-communiste.»[231]

En plus de l'ANC dont la démarche est totalement remise en question et comme pour conforter Disraeli qui soutient que toutes les grandes révolutions sont portées par les jeunes, la Ligue a aussi désavoué la philosophie du Indian Congress créé en 1894 par Mahatma Gandhi[232]. Gandhi militait en faveur de la non-violence et de la dissuasion de l'adversaire par des campagnes de désobéissance civile à l'image de Martin Luther King aux États-Unis d'Amérique. Les jeunes liguards trouvaient trop molle et peu dissuasive cette démarche de libération d'un peuple basée sur le refus de la violence pour être assez dissuasive face à un régime aussi répressif que celui sud-africain. En 1949, avec l'arrivée des responsables de la Ligue de la jeunesse de l'ANC, ces anciens de l'université noire de Fort Hare, pour l'essentiel à la tête du parti, les troubles du calme qui régnait dans les rangs des Blancs commencèrent à être perpétrés par ces nouveaux combattants qui ne reculaient devant aucune menace. Pour eux, il n'était plus acceptable d'accorder la plus petite possibilité de paix ou de sérénité dans la vie de ceux qui avaient fini d'installer la misère et le désespoir dans la leur.

En plus du Congrès indien, l'ANC était soutenu par beaucoup d'organisations étrangères et des Blancs sud-africains d'obédience libérale (dont la collaboration était suspecte aux yeux de certains radicaux de l'ANC qui pensaient que le Congress of Democrats, COD, n'est ni plus ni moins qu'un parti de Blancs).

Par cette politique d'ouverture et de promotion de vastes alliances pour mieux fédérer les forces en renforçant les stratégies et les moyens à la fois humains et matériels, l'ANC, sous la direction d'Albert Luthuli,[233] a réussi à mettre sur pied une grande mouvance politique multiraciale en 1955. Le South African Congress of People nouvellement créé regroupait l'ANC, le COD, le South African Indian Congress (né des cendres de l'Indian Congress interdit), le South African Coloured People

[231] Paul Bernetel, *op.cit.*,

[232] Gandhi fût un émigré en Afrique du Sud où il expérimenta pour la première fois sa philosophie de la non-violence avec ses campagnes de désobéissance civile. Son parti fut finalement interdit. De retour en Inde, son pays, il est devenu le leader nationaliste du pays ayant le plus marqué son histoire politique. Une de ses petites-filles, en l'occurrence Ela Gandhi, fut élue députée de l'ANC au Parlement sud-africain.

[233] Albert Luthuli est devenu lauréat du Prix Nobel de la Paix en 1960.

Congress et le South African Congress of Trade Union (multiracial). Cette première grande coalition politique représentative de l'Afrique du Sud dans sa diversité et ses différences semble avoir inspiré les théoriciens de la nation arc-en-ciel actuelle telle qu'incarnée par l'Afrique du Sud postapartheid démocratique. On peut avoir la même lecture sur tous les gouvernements qui se sont succédé à la tête du pays depuis l'abolition de l'apartheid. Mais ce qui fait la particularité de cette implication consensuelle de tous les segments du pays dans la gestion du pouvoir est le fait qu'elle ne soit générée par aucune contrainte conjoncturelle, d'autant plus que même si l'Afrique du Sud est un pays démocratique où se tiennent des élections régulières, libres et transparentes, il y a la réalité solidement enracinée du parti largement dominant. Les alternances politiques s'opèrent à l'intérieur avec, tout au plus, quelques changements à vocation de contextualisation dans la continuité.

Auparavant, avant l'avènement de cette grande coalition multiraciale, l'ANC s'est recadré pour être en phase avec les exigences de l'époque avec réalisme et pragmatisme. Paul Bernetel nous explique ces premières mutations et leurs impacts :

> « L'arrivée au pouvoir des nationalistes afrikaners en 1948 conjuguée à l'entrée dans les instances dirigeantes de l'ANC des jeunes de la Ligue donnera au mouvement une impulsion de révolte.
> 1er mai 1949, ANC et PC (Parti Communiste)[234] organisent une grève brutalement réprimée. Le 14 mai, ANC., PC et Congrès indien forment un comité de coordination qui adopte un Programme d'action réclamant la règle d'égalité civique (« one man, one vote ») et préconisant, comme la Ligue, la résistance passive, la non-collaboration et les grèves. Une campagne de défiance (Defiance Campaign) est lancée en 1952. A la fin de la même année, 8577 volontaires de la résistance passive étaient arrêtés. Mais le nombre des membres de l'ANC ayant payé leur carte[235] était passé de 7000 à 10.000 »[236].

---

[234] La précision est de nous.

[235] Le réflexe militant d'acquisition d'une carte de membre avec les nombreux risques auxquels la détention d'une carte ANC pouvait exposer son propriétaire n'étant pas évident, les militants et sympathisants de l'ANC étaient largement supérieurs auxdits nombres officiels.

[236] Paul Bernetel, *op.cit,* p.178.

Au même moment où l'ANC s'enrichissait de ses alliés, il commençait à se fragiliser de l'intérieur avec une série de dissensions sous les prétextes de son indulgence vis-à-vis des Blancs et de son partenariat avec des Blancs, fussent-ils libéraux, selon les militants mécontents. Le résultat est la transformation de l'aile dissidente en 1959 en Pan Africanist Congress (PAC) sous la direction de Robert. M. Sobukwe. Étant donné que « *your best friend can be your worst ennemy* », comme le défend le reggaeman jamaïcain Bob Marley, les rivalités entre les deux formations allaient devenir très rudes et contre productives pour deux forces menant le même combat de libération de leur peuple de la domination et de l'asservissement. Dans ce contexte marqué par la radicalisation de la ligne de combat des militants anti-apartheid et les dissensions internes qui profitaient énormément à l'adversaire commun, le pouvoir des Blancs en profita pour prendre d'importantes mesures de dissolutions, d'interdictions et de suspensions contre beaucoup d'organisations s'opposant à sa politique. Ainsi, l'African National Congress, la force politique principale des Noirs, fut interdit de 1960 à 1990, pour se retrouver de nouveau autorisé en 1990, avec le début du processus de démantèlement de l'apartheid et de dissolution de ses lois et règlements.

Par la prison et l'exil, l'intégration de certains Blancs dans la lutte finira par assurer la continuité du combat, d'où toute sa pertinence. Ce refus de verser dans le racisme, le sentiment anti Blanc qui caractérise le Black Consciousness Movement qui trouve l'ANC d'attentiste a fini par être payant. L'histoire a même fini par donner raison à l'ANC sur le PAC qui s'est finalement astreint à se rapprocher des Blancs, au prix de la maximisation de son anti-communisme. Sur ce dernier aspect, l'ANC a beaucoup bénéficié de l'influence de Nelson Mandela qui est à la fois un visionnaire pragmatique et réaliste et un homme solidement attaché à ses convictions de base. Refusant de tomber dans le piège tendu par le régime qu'il combattait et qui était prompt à accuser tout ses détracteurs et adversaires de communistes ou de terroristes, n'étant pas réactionnaire, Mandela prônait l'initiative et l'action à la place des justifications et des attitudes défensives.

Le président sénégalais de l'époque, Abdou Diouf, disait de sa dialectique qu'elle « *est d'une rigueur sans fioriture qui ne laisse aucune échappatoire à l'adversaire »*[237]. Pour enfin conclure que : *« c'est avec brio qu'il lave l'ANC des accusations de communiste, sans tomber dans l'anti-communisme »*[238]. À l'instar de la majorité de la communauté internationale, le gouvernement du Sénégal s'est particulièrement illustré, et de fort belle manière, dans son soutien à la lutte contre le racisme d'État mené en Afrique du Sud comme étant le socle des politiques publiques mises en œuvre dans ce pays. Appropriée par le peuple dont les composantes les plus éloignées des zones rurales utilisaient le mot « apartheid » pour dénoncer ou caractériser toutes les pratiques et tous les propos et comportements liés à l'injustice, le mépris, la discrimination et même parfois les inimitiés et les stigmatisations méprisantes notées dans les relations entre classes sociales, la lutte contre l'apartheid était devenue au Sénégal un point de ralliements et de disputes du pouvoir, de l'opposition et des organisations de la société civile, par conviction ou par opportunisme politicien, ou les deux à la fois.

Les égoïsmes et expressions de particularismes ont beaucoup sapé la cohésion générale de la lutte politique anti-apartheid. Les raisons invoquées sont toujours les mêmes différences de vues et d'orientations. Et ainsi, les portes sont ouvertes à toutes les dérives et replis ethniques, géographiques, tribaux et religieux. L'exemple le plus patent des concurrences inutiles dans la lutte anti- apartheid est celui opposant l'ANC et le Parti zoulou du Kwazulu, Inkhata Freedom Party du leader traditionnel, aux reflexes royaux, Mangosuthu Buthelezi.

Fondé en 1922 sous forme d'organisation culturelle, ce parti ethnique ayant vécu un moment de léthargie avait la même vocation que l'ANC à ses débuts. Pour avoir toujours refusé le leadership systématique et

---

[237] Abdou Diouf, *Hommage du président Abdou Diouf à Nelson Mandela et aux martyrs de Soweto. Hymne à la liberté,* Dakar, édité par le ministère de l'information du Sénégal, 1985, p.14.
Cette prise de position de l'ancien président sénégalais, Abdou Diouf, en faveur de la lutte anti-apartheid, en plus d'avoir donné le nom de Soweto à la place où se trouve le siège de l'Assemblée nationale du pays, est considérée par ses adversaires politiques comme des actions de rattrapage et de compensation dans un combat qui ne laissait à aucun Africain épris de valeurs démocratiques et soucieux de la protection minimale des droits humains, aucune autre alternative que celle d'apporter un soutien clair et actif à ses frères et sœurs persécutés en Afrique du Sud pour l'unique « faute » d'être noirs. Auparavant, le gouvernement de Diouf avait réprimé violemment la marche anti-apartheid organisé le 22 août 1985 par l'opposition politique sous les auspices de l'ADS. Politiquement analysée, la réaction d'alors du gouvernement socialiste peut également être comprise comme un refus de permettre à l'opposition de s'attribuer la paternité et le leadership historiques sénégalais de la lutte anti-apartheid.

[238] *Id.*

naturel de Nelson Mandela (il est de la nation xhosa, de la tribu des Thembu et de descendance royale comme lui) à la tête du front de libération des Noirs, Mangosuthu Buthelezi, qui était à la tête du bantoustan (une création des responsables de l'apartheid réfutée par l'ANC) du Kwazulu depuis 1970, et son organisation culturelle ont fini par rompre avec l'ANC pour devenir un parti politique officiel dans les années 90[239]. L'Inkatha Freedom Party avait un ancrage plutôt rural et agissait comme s'il voulait exterminer les militants et responsables de l'ANC. Sensible à la royauté et au pouvoir héréditaire, il était différent de son rival qui préconisait une démocratie et se battait pour son avènement en dépit des agissements de son aile dure à la fois rancunière et violente, mais pas trop influente à l'heure des négociations stratégiques avec le pouvoir. Ancien militant du parti de Mandela qui n'était pas encore à sa tête, bien des années avant la grande tournure des négociations ouvertes menant à la fin de l'apartheid, Buthelezi s'engagea dans la voie de l'affirmation de ses ambitions et de son autorité politiques sur fond de batailles des *egos*, après avoir entretenu la flamme de l'ANC en somnolence pour cause d'interdiction et de départs massifs et d'emprisonnements de ses principaux dirigeants. En 1979, il se démarque du parti pour diverses raisons :

> « (…) parce qu'il refuse d'accepter l'autorité du leadership en exil, de soutenir la lutte armée et les sanctions économiques contre le régime, et perd l'appui de l'ANC et de ses alliés. L'Inkatha est alors apparu comme un rival à l'ANC et le conflit entre les deux organisations n'a cessé de croître.[240]»

Même si le régime de l'apartheid a toujours perçu l'organisation des Zoulous comme une potentielle force sur laquelle s'appuyer pour détruire de l'intérieur la résistance noire contre la domination blanche par l'instrumentalisation et la gestion partiale des rivalités ethniques et tribales, Buthelezi exploitait à fond cette politique des Blancs à son profit exclusif et celui de son parti et n'en demeurait pas moins conscient de la place prioritaire de la lutte anti-apartheid et de la transformation sociale totale de la vie des pauvres Noirs dans les préoccupations politiques de ces derniers. Ce jeu dangereux et opportuniste axé sur de douteuses connexions entre l'Inkatha et le régime d'apartheid par le truchement des services de renseignements et des forces de sécurité a révélé tous ses

[239] Lucie Pagé, *Une femme au cœur de l'apartheid,* Paris, Presses de la Renaissance, 2004, p. 58.
[240] Lucie Pagé, *op. cit.,* p. 58.

secrets avec l'éclatement du scandale politique des années 90 plus connu sous le nom de *Inkathagate.* L'Inkatha avait bénéficié de financements de l'ennemi commun à tous les Noirs pour pouvoir mener à bien la complicité des forces de sécurité et de défense des actions anti-ANC. Contrairement à l'Inkatha, l'ANC s'en est retrouvé plus crédible. Sous l'apartheid, les scandales de ce genre au service du maintien des inégalités à tout prix étaient très fréquents. Cependant, toutes les générations de dirigeants de l'Inkatha ont toujours pu maintenir et protéger l'esprit et la lettre du programme de base de l'organisation qui sont restés intacts à toute épreuve, malgré ses nombreuses péripéties. Le résumé qu'en fait Harold Wolpe l'illustre clairement :

> "The stated aim of the organisation was to struggle for the abolition of apartheid through non-violent means using the bantustan structures. It claims a membership of over one million in a thousand branches of which all but 36 in Natal and Kwazulu. Jobs in Kwazulu and as for migrants elsewhere, promotion, housing and so on are conditional upon Inkhata membership."[241]

En apparence, la différence avec l'ANC se trouve principalement dans l'usage ou non de la violence, car se défendant d'être un parti ethnique concentré dans une seule aire géographique.

Cependant, il est plus compréhensible d'appréhender la diversité ou la concurrence sous l'angle des querelles de leadership incitant les mis en cause à épouser, chacun en ce qui le concerne, les idées et méthodes opposées ou contraires à celles de l'autre pour mieux lui ravir la vedette. Harold Wolpe décèle d'autres raisons fondatrices de l'opposition des deux forces politiques :

> "The differences between Inkhata and the national liberation movement cannot be reduced merely to doctrinal and strategic disputes between two organisations which are otherwise linked by a common objective, even though Chief Buthelezi (Chief Minister of Kwazulu) fiercely rejects apartheid and 'independance' for Kwazulu. The fact of the matter is that by working within the bantustan structures established by the state, Buthelezi has become enmeshed in its logic and the implications of this, referred to above, for the ethnicisation of politics and for the encouragement of petit bourgeois and small capitalist class interests."[242]

---

[241] Harold Wolpe, *op.cit*, p.95
[242] *Id.*

Chief Buthelezi, pour plus de visibilité, était au centre entre le mouvement de libération et le pouvoir. Membre de la famille royale des Zoulous, il est l'oncle du roi des Zoulous, Goodwill Zwelithini, et sa mère est la petite fille du roi Cetshwayo il n'entretenait pas de relations de rejet avec les honneurs, le bonheur immédiat et le pouvoir. Comme Mandela, il a étudié à l'université noire Fort Hare du Transkei. Il ne ratait aucune occasion pour se faire remarquer par des propositions concrètes. Étant contre l'apartheid et la bantoustanisation et l'État multirationel proposé par Vorster, tout comme il rejette l'État multiracial, il a préconisé en 1974 un système fédéral en parfaite entente avec le Progressive Reform Party, ses futurs alliés.

Sa proposition « *devait permettre à tous les citoyens du pays de conserver la citoyenneté sud-africaine (...)* »[243] suivant une répartition de l'État en « *zones blanches* », « *zones tribales* » et « *zones fédérales multiraciales* ».

En dehors des partis politiques créés par les non Blancs dans le cadre de la résistance à l'apartheid et au confinement du jeu politique entre acteurs blancs, l'ANC a de tout temps entretenu des relations d'adversité avec les partis qui se sont relayés à la tête de l'État, de même que leurs oppositions à l'exception de quelques petits partis de Blancs d'obédience libérale et favorables à la liberté des Noirs.

D'interdictions à suspensions en passant par les répressions et les arrestations, les exils et les meurtres de ses leaders et militants, l'ANC a réussi avec mérite à dominer de fort belle manière la scène politique nationale sud-africaine. Le recours du parti à la violence physique était la conséquence d'un acharnement excessif qui n'offrait aucune autre alternative à sa direction et à ses militants. Suite aux massacres de Shaperville de 1960 avec leur lot de soixante-sept contestataires noirs tués et l'interdiction formelle de l'ANC considéré comme une organisation terroriste, la direction du parti n'avait d'autres choix que la voie de la lutte armée et celle de la clandestinité, d'où la création de sa branche armée au nom évocateur *Umkhonto we Sizwe*, la lance de la nation. Même si cette lance n'a pas réussi à faire capituler militairement le pouvoir de l'apartheid, elle l'a aidé à prendre conscience de la nécessité d'accepter de trouver une issue plus heureuse et plus pacifique, et sans déshonneur ni défaite, à cette guerre des races qui pouvait être éternelle.

---

[243] Paul Bernetel, *op.cit.*, p.102.

L'évolution de l'ANC, en dépit des nombreux écueils rencontrés, ses résultats et la qualité de ses dirigeants ont fait de lui en Afrique du Sud postapartheid un parti dominant aussi puissant qu'un parti unique dont une alternance démocratique à son détriment n'est pas envisageable à court terme. Le destin de l'Afrique du Sud est intimement lié à la vie et aux hommes et femmes de l'ANC. Le multipartisme intégral sans contraintes majeures a pour le moment le simple effet de consacrer la liberté d'expression, d'opinion et celle associative. Les positionnements stratégiques dans le passé ayant généré le foisonnement de sons de cloches dissonants pour la même cause n'ont pas produit les résultats escomptés, car l'ANC demeure l'acteur et l'arbitre, et les autres les spectateurs actifs ou passifs. Aujourd'hui, dans le champ de la politique sud-africaine, l'ANC est l'adversaire de l'ANC. Les autres forces politiques concurrentes ne peuvent tirer leurs forces d'affaiblissement de l'ANC que des divisions internes, des dissensions, des fissures de celui-ci. En surestimant ses propres forces, qui sont réelles par ailleurs, le parti peut facilement tomber dans le piège fatal de l'arrogance ou du mépris de l'adversaire. Pour le moment, les taux de ses résultats électoraux peuvent baisser, mais sa perte du pouvoir n'est probablement pas envisageable dans un futur proche. L'ANC tire également sa légitimité politique historique de sa participation et de ses soutiens à toutes les initiatives et actions postérieures à sa création et des aptitudes de sa direction à s'inspirer des hautes luttes contre les dominations blanches ayant précédé son entrée en scène dans le champ de batailles pour la cause noire.

3. Des soulèvements sectoriels à la violence généralisée : pouvoir paysan, force ouvrière, rébellions scolaires et autres victimes

Face à un pouvoir politique organisé et disposant suffisamment de moyens pour mener son combat, les groupes sociaux de la population sud-africaine embarqués dans la même galère étaient contraints pendant de longues périodes à plonger dans des logiques de réactions et de résistances disparates et assez égoïstes. Sans opportunités de concertations solides et de planifications à large échelle pour la conduite des mouvements de luttes au niveau national en temps voulu, ces mêmes groupes menaient des actions corporatistes primaires et sectorielles pour trouver des solutions à des problèmes spécifiques à des moments précis. Bien que la racine du mal soit identifiée et bien connue, beaucoup de réactions d'hostilité envers ses responsables épousaient des contours limités sur ses embranchements directs. Cette dispersion des forces de combats et de contestations résultait du fait que la législation d'apartheid fonctionnait sur la base du ciblage (zones géographiques, groupes raciaux, tranches d'âges, secteurs d'activités, personnages, idées et idéologies, etc.) et de division structurelle des victimes. Le pouvoir central avait réussi à imposer dans les faits et les réactions des divisions profondes au sein des populations précarisées. Ainsi, chaque fois qu'il semblait lâcher du lest dans la gestion des revendications de celles-ci, le pouvoir ouvrait un autre front plus difficile à prendre en charge en privant du coup les contestataires de toute possibilité de répit, d'évaluations ou de perspectives alternatives. Cette politique de la diversion dans le malheur et la faiblesse a généré des batailles sectorielles multiformes. Tous les segments de la population ont eu leur tour de mobilisation contre un phénomène donné.

En effet, la succession des frustrations et des résistances a finalement eu un impact important sur la prise de conscience des acteurs de la nécessité d'unir leurs forces pour donner une dimension nationale puis internationale à leurs luttes afin d'enregistrer plus d'adhésions populaires à l'intérieur et plus de soutiens actifs à l'étranger.

Dans cette série de contestations et de soulèvements, les paysans spoliés de leurs terres et réduits en de simples esclaves agricoles au profit des nouveaux maîtres du pays n'ont pas été à la traîne.

En Afrique, aussi bien à l'époque coloniale, précoloniale que postcoloniale, les pouvoirs étrangers ont toujours su tirer profit de la collaboration contre nature de certains chefs traditionnels ou de simples personnes ordinaires des communautés indigènes dans l'atteinte de leurs objectifs.

L'histoire de l'esclavage est truffée d'exemples extrêmement dégradants par rapport à la façon avec laquelle certains chefs traditionnels livraient leurs sujets, voisins ou parents par alliance aux Blancs dans des opérations humainement et économiquement dévalorisantes de troc. Il n'est nullement besoin de démontrer qu'une personne étrangère en Afrique et à ses us et coutumes, quelles que soient les caractéristiques élogieuses qu'on pouvait lui attribuer, ne saurait percer de façon facile le monde de ses mystères pour extirper de ses villages le meilleur d'eux-même en empruntant leurs sentiers sinueux, parfois perdus, et faisant perdre dans les forêts. Pour y parvenir, il faut forcément s'appuyer sur une lâche ou opportuniste collaboration des hommes du milieu.

C'est de la même façon que l'apartheid s'est essayé à s'infiltrer pour ensuite s'officialiser en s'implantant solidement dans les zones rurales sud-africaines.

C'est ce qui explique les réactions d'hostilité des masses paysannes contre des chefs locaux d'abord, avant de cibler les maîtres de l'apartheid, comme nous l'explique Siphamandla Zondi.

Zondi nous campe le décor :

> "When the apartheid state began to consolidate its policies on the administration of rural Africans in the 1950s, resentment that had built up our decades exploded into violent uprisings against chiefs that had collaborated with the state between 1954 and 1959 in places like Mpondoland, Zeerust, Sekhukhuniland and gaMatlata"[244].

Cependant, ce déclic n'est provoqué que par une vieille colère très bien fermentée dont l'ultimatum de l'explosion était déjà atteint. Il est aussi à l'origine d'une de ces nombreuses lois de la législation d'apartheid dont la vocation est de mieux ligoter le Noir. Son histoire est la suivante :

> "The outbreak of rural resistance can be traced back to the Native Administration Act of 1927, which revived the previously feared tribalism as a cordon against radical African nationalism. It sought to isolate traditional leaders from the swelling mass of nationalists and turn them into instruments of their own people's oppression"[245].

Au lieu de s'attaquer simplement aux intérêts économiques des paysans, le pouvoir blanc voulait provoquer l'effondrement de tous les piliers fondamentaux du pouvoir traditionnel local en plus de ses valeurs et du mode de vie des populations. À coups de lois et de règlements, la désagrégation du tissu social et de la culture du co-être harmonieux était largement mise en œuvre face au refus catégorique des forces paysannes d'assister en spectateurs à l'enterrement de leur histoire et cultures communes acquises à la suite de nombreuses et difficiles péripéties. C'est dans cette mouvance que se perçoit la logique de la colonisation et de la balkanisation de l'Afrique déstructurant complètement des communautés

---

[244] Siphamandla Zondi, « Peasant Struggles of the 1950's: gaMatlata and Zeerust », in *South African Democracy Education Trust (SADET), the Road to Democracy in South Africa*, Volume I (1960-1970), Paarl, Zebra, 2004, p. 147.

[245] H.J and RE Simons, *Class and Colour in South Africa, 1850-1950*, Penguin Books, Harmondsworth, 1969, p. 604, cités par Siphamandla Zondi, *op.cit.*, p.147.

entières par des répartitions de populations en total déphasage avec les réalités socioculturelles, historiques et économiques. L'apartheid et ses formes d'expressions antérieures à son officialisation ont installé les démons de la division au sein des communautés noires sud-africaines, surtout celles rurales, en sapant structurellement à partir de conjonctures provoquées l'unité et la cohésion sociale.

En accordant à certains chefs des privilèges aux senteurs de pots de vin pour les manipuler comme de viles marionnettes contre leur propre peuple, le pouvoir d'apartheid a réussi à fragiliser ou faire voler en éclats la chefferie traditionnelle dont une bonne partie des leaders, jadis adulés, est devenue discréditée, et leur autorité et moralité entièrement remises en question. Le combat de la double contestation des pouvoirs locaux (colons noirs contre leurs propres frères) et de l'autorité centrale et sa politique d'apartheid allait finalement épouser une plate-forme revendicative beaucoup plus large, moins localisée et sectorielle, mais tout à fait programmatique et très ambitieuse. Ainsi, la résistance à une politique globale s'est enracinée solidement dans le cœur des couches populaires frappées de plein fouet dans leurs intérêts et valeurs les plus vitaux.

C'est ce qui fera dire à Eric R.Wolf que les révoltes des paysans au XXe siècle « *are no longer simple responses to local problems, if indeed they ever were. They are but the parochial reactions to major social dislocations, set in motion by overwhelming societal change* ».[246172]

Mais malheureusement, ces résistances contre l'invasion, l'exploitation et la division communautaire étaient conduites au début sans plans d'actions concertés. La légitimité de la lutte n'était tout de même pas discutable et c'est peut-être ce qui explique la brusquerie et la spontanéité avec lesquelles elle a éclaté pour vite se propager. Il convient de rappeler qu'avant l'industrialisation du pays avec les découvertes des riches mines de toute nature, l'économie sud-africaine avait une prédominance agricole ; d'où la sensibilité de toutes les questions relatives à la terre et à son exploitation.

Devenus unis contre leurs chefs qui collaborent avec leurs ennemis blancs et à ces derniers, les paysans du monde rural ont accéléré le processus de la lutte pour la liberté, surtout économique. Leur opposition aux réglementations sur la répartition des terres dans les années 1940 est

---

[2461] Eric.R. Wolf, *On Peasant Rebellions*, cité par Baruch Hirson, « Rural Revolt in South Africa: 1937-1951 », in *L'Afrique du Sud Aujourd'hui*, Paris, Ed. Présence Africaine, 1978, p. 60.

sans équivoque et démontre leur engagement à en découdre avec le législateur blanc. Ils étaient deux milles paysans à se réunir le 20 octobre 1941 près de Piesanghoek pour lancer leurs menaces fermes et irrévocables à l'endroit de la haute hiérarchie blanche. Cet extrait de la déclaration qui suit montre leur détermination :

> "We, people of the Northern Transvaal, have come together to save ourselves from starvation.
> We now solemnly decide that each and everyone of us will plough the land which we were accustomed to plough in past years.
> We will remove the sticks, which the government has set up, and plough our land. Any person who breaks this resolution is an enemy of the people.
> We will send a copy of this resolution to the Native Commissioner and to the Minister for Native Affairs in Pretoria."[247]

Ainsi, on peut dire que nous assistons à un accroissement permanent de la détermination des populations rurales à conquérir davantage d'espace économique ou au moins à conserver l'existant en le mettant à l'abri du bradage ou de l'expropriation forcée, négociée ou légalisée par des lois qui appauvrissent structurellement et continuellement les Noirs. En effet, le niveau de culture économique et d'attachement au patrimoine historique et culturel des populations rurales a fondamentalement constitué un blocage presque insurmontable pour la percée de la volonté politique des différents gouvernements racistes au sujet de la question terrienne.

Auparavant, la Land Act de 1936,[248] complétant celle de 1913 (Land Act) de manière plus menaçante contre les intérêts des Noirs, avait déjà augmenté le pourcentage de terres prévues en guise de réserves non exploitables par ces derniers de 7,5% à 13%.

Avec la place occupée par la question de la terre dans les enjeux coloniaux, de discrimination, de ségrégation et d'apartheid pur et dur, elle avait fini de devenir la cible principale de tout l'arsenal législatif et répressif et des coups de force en Afrique du Sud.

Dans une étude assez révélatrice de la réalité nationale sur la question en milieu rural à partir des localités de gaMatlala et Zeerust, Siphamandla

---

[247] Guardian du 30 octobre 1941.

[248] Il s'agit du Native Trust and Land Act.

Lire DMC Sepuru, *Succession Disputes, Macongress and Rural Resistance at gaMatlala, 1919-1980*, BA Honours Dissertation, Johannesburg, University of Witwatersrand, 1992.

Zondi nous parle des effets combinés des lois sur la terre et la chefferie traditionnelle sur les masses rurales dont les réactions n'ont jamais pu s'accommoder de compromis, encore moins de compromissions, en ce qui concerne ces aspects qui apparaissent à leurs yeux comme une question de vie ou de mort. Les objectifs des « *Betterment schemes* » sonnaient comme le glas sur la tête des pauvres paysans :

> "The schemes involved an assortment of measures to preserve the soil and contain the deterioration of the reserves, including stock culling, demarcation of land for grazing, cultivation and residential use and the grouping of homesteads into symetrical grids."[249]

Par la suite et en dépit de certaines de ses positions de rejet à l'égard des recommandations de la Commission Tomlinson sur la question des réserves de terres, le premier ministre Verwoerd[250] décida d'une réforme foncière contraire aux intérêts des paysans :

> "The state would continue to divide each rural community's land into residential grazing and cultivation areas, and regroup homesteads into township – like settlements."[251]

Compte tenu de ses conséquences directes et implacables comme la perte massive de terre, de bétail, en plus du dépérissement par l'humiliation, la corruption et la traîtrise officialisées par la Bantu Authorities Act (1951) de l'autorité traditionnelle locale, le rejet par la résistance sous de multiples formes fut systématique.

En effet, la Bantu Authorities Act avait permis la transformation des chefs traditionnels ou *bokgoshi* en agents du gouvernement sous une approche de gouvernance reposant sur le système du *indirect rule*. Ainsi, ils servaient au pouvoir central de relais, de moyen de transmission, de faire-valoir, bref, de raccourcis passifs pour cautionner toute politique devant nécessiter la consultation populaire ou des explications aux bénéficiaires pour maquiller un souci démocratique très loin de la réalité.

La non indépendance et l'impopularité de ces leaders traditionnels ruraux faisaient qu'ils étaient devenus très coupés des préoccupations des

---

249 Siphamandla Zondi, *op.cit.*, p.149.

250 Pour le nom de VERWOERD, la bonne prononciation est « fur-VOORT ».

251 J.Yawitch, *Betterment: The Myth of Homeland Agriculture*, South African Institute of Race Relations, Johannesburg, 1981 ; W, Beinart "Soil Erosion, Conservationism and Ideas about Development : A southern African Exploration , 1900-1960", *Journal of Southern Africa Studies*, 11 (1) , 1984, p.53-83, repris par Siphamandla Zondi, *op. cit.*, p. 149.

masses paysannes qui les récusaient et qu'ils ne consultaient plus en ce qui concerne leurs sorts et situations de même que leurs avis et suggestions sur les politiques gouvernementales relatives à leurs communautés. Ces circonstances nombreuses et variées expliquent la pertinence du choix de la lutte par les ruraux pour préserver leurs intérêts économiques immédiats et le devenir de leur communauté.

Une autre dimension non moins importante de la révolte des ruraux est l'influence du bouillonnement de la contestation dans les zones urbaines du pays. Même de nos jours, le commun des mortels croit fortement que le monde rural est une montre qui marche à l'heure urbaine, ou tout au moins en ce qui concerne les questions politiques et l'influence de l'opinion publique sur les problèmes d'intérêt national et même revêtant un caractère local.

Ainsi, les répercussions des mauvaises conditions de vie en zone urbaine des candidats à l'exode rural combinées avec les contacts réguliers entre ces derniers et leurs villages d'origine à travers les associations communautaires constituaient des canaux de sensibilisation assez solides et fiables pour bien préparer les ruraux à développer des réactions d'auto-défense et des logiques offensives en même temps.

Dans un premier temps, dans bien des localités du pays, les populations ont tout simplement défié l'autorité du gouvernement blanc en violant de manière flagrante tous les interdits prévus par la loi dans le cadre de la nouvelle politique foncière. Par ailleurs, l'engagement particulier des femmes dont le sort prévu par les réformes n'était pas des meilleurs a beaucoup dopé la fierté et le courage des hommes. Face à la détermination indomptable des ruraux, certains chefs traditionnels plus réalistes et très attachés à l'honneur et à l'histoire ont rallié le combat des victimes, celui de leur peuple contre leur bourreau commun : le Blanc. C'est ce qu'atteste la réaction de ce chef traditionnel, Chief Mpefa dans le Louis Trichardt :

> "Arrest me! – but let my people go !
> What they are doing is right.
> I am prepared to suffer for them"[252].

La désobéissance des ruraux est à percevoir surtout sous l'angle de l'insoumission à l'injustice et à l'arbitraire, à l'image du Mahatma Gandhi qui pense que l'asservissement par la tyrannie n'est pas

[252] Guardian, 20 octobre 1941, cité par Baruch Hirson, *op. cit.*, p. 70.

applicable à celui qui est conscient qu'il est contraire à sa dignité d'homme d'obéir à des lois injustes.

Pour cela, le refus de coopération des ruraux à leur avilissement par les tenants du '*betterment scheme*' particulièrement, dont les visées essentielles incluaient en bonne partie la réduction du bétail pour plus de terres cultivables par l'abattage massif d'animaux, a débouché sur des violences inouïes. Au grand détriment des paysans, à quelques variations près à travers le pays tout entier, leur opposition farouche face au puissant pouvoir de Pretoria a surtout abouti à des destructions de leurs plantations, des pertes de vies humaines, de nombreux blessés, des abattages forcés d'animaux, mais aussi des destructions à grandes échelles par les paysans de tout ce qui symbolisait les réformes de l'administration dans ce domaine précis. La contestation a même envahi les tribunaux appelés à juger les litiges et à condamner à de lourdes peines les récalcitrants et autres résistants considérés comme des hors-la-loi subversifs et dangereux pour l'ordre public et la permanence du pouvoir blanc en milieu rural.

Toujours friand de jeux de mots et de sémantique pour convaincre de sa volonté de faire des concessions en faveur de l'émancipation des non Blancs, le pouvoir central de Pretoria fit évoluer ses schémas d'amélioration (betterment schemes) à des schémas de réhabilitation (*rehabilitation schemes*)[253] sans générer de réels acquis pour les protestataires noirs. Sa démarche de déstabilisation de l'unité de la résistance rurale a permis des réactions localisées dans le temps et dans l'espace. Cela se confirme par les nombreux études et travaux sur la question de la résistance rurale qui se distinguent pour la plupart par l'analyse de cas précis dans une ou quelques zones précises pendant une période bien donnée.

Les similitudes constatées permettent de déduire que moins que les lois impopulaires ayant eu l'effet de la goutte d'eau qui a fait déborder le vase, les révoltes rurales des années 1940 et 1950 découlaient principalement d'un trop plein de conditions de vie et de travail intenables. En plus, il faut ajouter à cela l'inexistence de perspectives

[253] Ce schéma prévoyait une démarcation des sites à l'intérieur des réserves destinées à l'agriculture pour une rotation entre le pâturage et la mise en jachère.
En même temps, il était prévu la création de villages pour accueillir les familles des Noirs travaillant dans l'industrie. Dans ces villages, il n'était permis qu'avec de minces possibilités de tenir de petites exploitations familiales de légumes. Ce plan n'arrangeait pas au mieux les choses pour l'émancipation économique des ruraux.

rassurantes issues d'une politique coloniale de confiscation des terres, des moyens de production et des droits humains assortie d'une surexploitation de la main-d'œuvre noire poursuivie par le pouvoir postcolonial, celui qui a instauré la politique officielle de l'apartheid. L'exploitation esclavagiste des paysans, la confiscation de leurs terres et leur exclusion des opportunités économiques dont regorge leur pays ne suffisaient pas pour pérenniser le système de domination raciale en vigueur. Pour empêcher l'expression de futures velléités de véritables contestations idéologiques coordonnées avec de bonnes stratégies de luttes bien planifiées, la nécessité d'élaborer une politique éducative non émancipatrice, encore moins génératrice de compétences professionnelles et techniques solides, s'imposait dans la mise en œuvre du système d'apartheid. Cependant, la réforme des programmes scolaires à vocation destructrice de futurs talents noirs fut la mesure de trop dont les conséquences font partie des aspects de l'histoire sud-africaine les plus célébrés aujourd'hui à une échelle continentale.

Le combat de l'enfant sud-africain sous l'apartheid est célébré de nos jours par l'Afrique tout entière. Et à travers cette célébration, le plus grand concurrent de Nelson Mandela dans la conscience populaire africaine est un enfant : Hector Peterson. La journée de l'enfant africain célébrée chaque 16 juin est surtout celle de l'enfant sud-africain dont la bravoure, le refus d'obstruction de son destin par une mauvaise politique éducative qui visait la transformation de l'école en véhicule d'idéologie de l'aliénation et de formation sans débouchés lui ont valu une cruelle répression qui reste gravée dans les annales de la sauvagerie des temps modernes.

Le 16 juin 1976 reste marqué par l'assassinat de cinq cent soixante six enfants aux mains nues qui s'adressaient à la conscience et au sens de la responsabilité de ses dirigeants sans grande légitimité. La première victime, Hector Peterson, est devenue un héros africain et un model de refus et d'ambition noble pour les enfants du monde entier.

Appelés les soulèvements de Soweto, les émeutes ou les massacres de Soweto selon les penchants des auteurs, les événements de Soweto sont le résultat d'un processus de négation culturelle au détriment des Noirs. Cette négation s'est de tout temps appuyée sur la politique d'éducation des penseurs et décideurs de l'apartheid. L'éducation telle qu'elle était conçue et mise en œuvre était pire que la politique d'assimilation du système colonial français reposant sur la fausse leçon d'histoire qui faisait passer les Gaulois pour les ancêtres des Africains dans les programmes d'enseignement des écoles françaises coloniales. Parallèlement, les Anglais, eux, ne cherchaient pas à assimiler quiconque ni à bousculer sans ménagement l'existant culturel. Les Boers, en plus de leur politique raciste, étaient traumatisés par les Anglais qui disposaient d'une langue internationale dont l'attraction qu'elle suscitait allait crescendo.

Aujourd'hui, l'anglais est devenu la langue de travail la plus utilisée dans le monde et surtout dans les relations diplomatiques et commerciales. En revanche, l'afrikaans, la langue des Boers, n'est parlé même aujourd'hui que par une petite minorité blanche sud-africaine. Même aux pays de leurs ancêtres, surtout la Hollande, principal pays concerné la langue n'est pas usitée. Et c'est cette langue que les Afrikaners voulaient imposer aux écoliers noirs comme vecteur d'éducation et de formation pour mieux les isoler et les dominer férocement, eux et leur communauté. Repoussés par les Boers, qui parlent la langue et qui ne communiquent avec eux que par la torture, l'injure et le mépris, les Noirs devenaient exposés à une situation sans interlocuteurs. Donc avec l'afrikaans, l'éducation était sans issue et non utilisable pour les combats de l'époque et ceux qui allaient suivre. Il ne faut pas négliger la place de la langue du colonisateur dans le combat de la négritude et dans la conviction senghorienne selon laquelle la colonisation est un mal nécessaire. La langue du dominateur allait servir d'arme au dominé pour ses combats de libération, de restauration de sa dignité bafouée et de rétablissement intégral dans ses droits.

L'oppression physique apparaissait ainsi comme plus tenable que l'asservissement culturel et pour y mettre un terme, les initiatives se sont multipliées. À ce sujet, l'ancien président sénégalais Abdou Diouf, dans son soutien et celui de son gouvernement à la lutte anti-apartheid, accorde la paternité de la source d'inspiration de la Conscience Noire aux étudiants :

> « Les Noirs ont développé le Mouvement de la Conscience Noire,[254] surtout à partir de la création, en 1968, de l'Organisation des Étudiants Sud-Africains (SASO)[255] appuyé par l'Association des Professeurs Noirs. »[256]

[254] En anglais, Black Consciousness Movement.

[255] SASO : South African Students Organisation.

[256] Abdou Diouf, *op.cit* ., p.18-19.

La force du Mouvement de la Conscience Noire reposait également sur la clarté et la précision de ses objectifs et de ses méthodes dont la formulation était sans équivoque :

> « Rejeter tout système de valeurs tendant à faire des Noirs des étrangers dans leur propre pays. Promouvoir le sens de l'initiative autonome et de l'unité fraternelle en vue de garantir la dignité des opprimés »[257].

Le Mouvement a aussi pris conscience du danger relatif à l'émiettement des forces des Noirs, victimes de l'humiliation quotidienne commune. Les tentatives de réunification de la communauté noire se sont à leur tour toujours heurtées à la farouche opposition des Boers qui en décelaient à juste raison de grandes menaces à leur hégémonie raciale. L'ANC et d'autres formations politiques en ont fait les frais. La démarche des étudiants, des élèves et des enseignants était encore plus lourde de menaces si on s'en réfère à leur énergie juvénile débordante, à leur fougue et passion, surtout la communauté des lieux fréquentés avec ses conséquences de familiarisation, de socialisation et de complicité favorables aux complots et à la subversion.

En effet, les soulèvements réprimés dans le sang à Soweto n'étaient pas une réaction violente à une violence physique ou verbale, mais un refus de tout un peuple exprimé par ses jeunes de laisser son avenir se compromettre. D'ailleurs, c'est ce qui fait sa particularité et remplit de sens et de signification son symbolisme. C'est la réaction suscitée par la goutte d'eau qui a fait déborder le vase. La raison principale ou celle apparente de la grève des élèves de Soweto est toute simple. La teneur en est la suivante :

> Le pouvoir boer fait valider un nouveau système d'enseignement. Les petits élèves blancs ne payant pas de redevances scolaires peuvent choisir librement la langue (anglais ou afrikaans) dans laquelle ils vont suivre leurs enseignements. Pour les élèves noirs, quant à eux, les redevances sont à payer, l'apprentissage des deux langues est obligatoire, des matières aussi importantes que l'histoire, la géographie et les mathématiques sont dispensées en afrikaans avec un enseignement global soumis au régime linguistique de 50% d'enseignement par chaque langue.

La satisfaction des points contenus dans cette plate–forme de revendications des élèves, de leurs parents et de toute la communauté

---

[257] *Ibid.*, p.19.

noire du pays a mobilisé plusieurs dizaines de milliers de scolaires le 16 juin 1976 pour une marche de protestation contre ces nouvelles mesures qualifiées d'inacceptables, d'injustes, d'iniques et uniques dans le monde. L'entêtement et le mépris du régime de l'apartheid face aux réclamations ajoutées à la barbarie avec laquelle les forces armées et de sécurité ont réagi contre ces enfants ont transformé la grève en une cause nationale, un cri de ralliement.

C'est la conclusion que E. Ngaloshe a tirée de ces événements :

> "When the fascist South African Government turned a deaf ear to the demands of the pupils, and equally refused to listen to the African parent's associations, the South African Students Organisation (SASO), the Black Peoples Convention (BPC) and other Black Consciousness organisations.
> At this stage, the African pupils started enjoying complete solidarity from the population of Soweto and from all black suburbs around Johannesburg."[258]

Malgré la détermination des jeunes et des enfants dans leurs protestations, le régime de l'apartheid semblait minimiser l'ampleur du danger et le niveau d'appropriation de la lutte par le peuple noir. Même les plus sceptiques parmi les Noirs, qui, par réalisme, commençaient à verser dans le découragement et la lassitude ne pouvaient plus résister à la forte tentation de la solidarité agissante. Le massacre d'enfants dont la presque totalité étaient armés de leurs bras rendait la question plus sensible et plus apte à mobiliser des soutiens et des militants. La dissuasion par la violence eut l'effet contraire, car au lieu d'apeurer, elle a révolté les communautés noires. La nouvelle conscience noire est stimulée et les batailles se crédibilisaient de plus avec des raisons complémentaires comme les actes de violence aveugle perpétrés journellement. La perte d'un ou de plusieurs proches étant devenue la chose la mieux partagée. Autant de choses qui constituaient des facteurs de rapprochement des victimes des dégâts directs et collatéraux des tueries.

La tournure des événements révèle à l'évidence un trop plein d'amertume et de misères. Les réformes de l'éducation Bantou ne sont pas en elles-mêmes un cas isolé ayant à elles seules déclenché les

[258] E. Ngaloshe, « The Black Consciousness and the Soweto Massacre », in *L'Afrique du Sud aujourd'hui/South Africa Today*, Paris, Présence Africaine, 1978, (version bilingue), p. 107.

soulèvements de la jeunesse. Des signes précurseurs à de tels événements étaient déjà perceptibles dans le contexte socioéconomique du pays et à travers les derniers développements diplomatiques dans la sous-région.

Les années 1970 étaient particulièrement remplies de défis et de conjonctures politico-économiques dans le monde. D'abord au niveau national, la conjoncture est devenue structurelle et les conditions de vie intenables pour la communauté noire :

> "The downturn in the growth performance of the economy since 1974 had caused increased unemployment and poverty in black townships.
> Harsher influx control measures had caused great discontent, and a BAAB had taken over the administration of Soweto from the relatively benign Johannesburg city council.
> It immediately increased rates payable by residents, inter alia to pay higher salaries to mainly white officials. Moreover, from the early 1970's the government had shifted home-building for Africans from "white" urban areas to the Bantustans. This resulted in a serious housing shortage, which led to the re-emergence of slum conditions in Soweto and other townships".[259]

Compte non tenu de tous ces facteurs internes à Soweto, sur le plan international, Sampie Terreblanche écrit en gros caractères et souligne la vulnérabilité du pouvoir sud-africain des Blancs depuis sa défaite militaire ayant sanctionné l'invasion de l'Angola par Pieter W. Botha en 1975. Cet échec militaire avait facilité le déploiement des troupes cubaines la même année à la suite du coup d'État du général Spinola à Lisbonne (Portugal) en 1974 résultant sur l'indépendance de l'Angola et du Mozambique, et la grande ouverture des portes au communisme dans cette partie du continent.[260] Ajoutée à tous ces problèmes, la crise du pétrole des années 1973 a profondément secoué le régime sud-africain devenu par ces mêmes occasions très nerveux.

En effet, le déroulement des séries d'initiatives des élèves, des étudiants et des jeunes appuyés par de fortes adhésions qui fusaient de partout devenaient incontrôlables pour le gouvernement de John Vorster. Ses services de renseignements commençaient à se faire déborder par l'imprévisibilité des révoltés qui se sont recroquevillés sur eux-mêmes. South Western Township (Soweto) devint une cité interdite aux Blancs par l'application de la loi du talion. Tout aventurier blanc qui risquait d'y

[259] Sampie Terreblanche, *op.cit.,* p.352.
[260] *Ibid.*, p.307-308.

mettre les pieds était systématiquement molesté. Le pouvoir blanc se retrouva obligé de recommander à tous les Blancs de ne plus fréquenter cette cité rebelle, à l'exception bien évidemment des forces de répression. Puisque la violence génère la violence, chaque Noir se retrouva dans une logique de faire don de soi jusqu'au sacrifice suprême pour la libération du peuple noir. Même les espions noirs des Blancs commençaient à se raviser ou à mal informer le pouvoir blanc. Les casses et les incendies provoqués se généralisaient contre les intérêts et les symboles du pouvoir blanc.

Il est vrai qu'il est plus facile de déclencher une guerre que de l'arrêter et qu'un acte a priori anodin quoique bien mûri peut être le moteur de toute une grande révolution historique. Et c'est cela l'histoire de Soweto. En dépoussiérant un vieux décret promulgué depuis 1974 et rangé dans les tiroirs sans être appliqué deux ans après, le ministère de l'Education bantou ne pouvait imaginer que par ces projets de réformes c'était le système de l'apartheid qui allait ainsi se contraindre à se réformer. Au lieu de jouer la carte du réalisme et de l'apaisement, les tenants du pouvoir persistaient dans leurs méthodes fortes face à des victimes devenues insensibles à la violence, car hypnotisées de ses effets par la familiarité. Avec le Blanc, le Noir sud-africain n'a connu et vécu que la violence, rien que la violence et l'humiliation sous toutes ses formes, douces et aigües, des plus banales aux plus affligeantes.

Depuis la mort de la première victime tombée sous les balles de la police de Kruger[261], un enfant devenu héros de la résistance, un enfant qui a donné sa vie pour une autre nouvelle vie à d'autres enfants, depuis la mort de Hector Peterson, la marche vers la liberté n'avait plus peur de rien et de personne. Le nouveau cri de guerre, c'était « *Amandhla* ! *Amandhla !*», (le pouvoir ! le pouvoir !), « *Amandhla Ngawethu !* », (le pouvoir au peuple). Ce que les Noirs comprenaient alors dans leur combat n'était plus une question d'amélioration de leurs conditions de vie, encore moins la suppression des réformes du système éducatif bantou, mais purement et simplement l'exercice du pouvoir, donc l'effondrement, la fin de règne des Blancs et de leur régime. L'objectif était ambitieux mais exaltant. L'endurance et la patience étaient nécessaires et un leadership fort s'imposait. Il fallait savoir se battre sans penser à son sort ou à son profit. C'était un combat pour les générations futures, mais pas forcément pour celles qui étaient au front.

---

[261] À l'époque des faits, Kruger était le ministre en charge de la Justice, de la Police et des Prisons.

La culture et la langue des Boers étaient bannies et honnies et les Boers touchés au plus profond de leur fierté et de leur idéal de vie. L'exécutif afrikaner demanda et obtint une autorisation parlementaire de détenir sans jugement toute personne susceptible de constituer une menace contre l'ordre public. La police ratissait large et procédait à des arrestations massives dont les plus remarquées sont celles de *Barney Pityana*, le secrétaire général de la *SASO*, considéré comme un des cerveaux principaux des soulèvements, et de Winnie Mandela[262] en sa qualité de membre très influent de l'association des parents d'élèves de Soweto très impliquée également dans les événements.

Considérés comme un épiphénomène au début par le pouvoir de l'apartheid, les massacres de Soweto, avec leurs vagues de centaines de morts, de milliers de blessés, de milliers d'arrestations accompagnées de tortures, d'exécutions, de '*morts naturelles*' et de '*suicides*', ont installé l'Afrique du Sud dans une guerre permanente. Le mot n'est pas excessif, encore moins grossissant, bien qu'insouciant de son contenu scientifique.

Ses conséquences et ses perspectives nous sont résumées par Paul Bernetel :

> « En trois mois, les enfants de Soweto ont su transformer leurs colères et leurs révoltes spontanées en un véritable mouvement national organisé de lutte contre l'apartheid et le régime de M Vorster. Et ce mouvement qui, selon la prédiction d'un fermier afrikaner au lendemain des premières émeutes de Soweto, ' ne devait pas durer plus longtemps que la sécheresse ou les oreillons', a si profondément ébranlé le plus solide bastion du pouvoir blanc que plus jamais, en Afrique du Sud, les choses ne seront ce qu'elles étaient. »[263]

Les circonstances militaient pourtant en faveur d'un changement de la direction des orientations politiques. Et pour ne pas rater cette belle occasion, l'exploration d'autres formes de luttes vit le jour avec l'inauguration de la pratique des grèves générales[264] qui allaient être reprises par beaucoup d'organisations syndicales, politiques et communautaires.

---

[262] Après son arrestation Winnie est relaxée et bannie de l'association des parents d'élèves de Soweto. Son époux Nelson Mandela purgeait alors une peine à perpétuité depuis 1962.

[263] Paul Berntel, *op.cit.*, p.30.

[264] La plus célèbre est celle du 23 août 1976 initiée par les jeunes contre le transport, avec son vibrant mot d'ordre très bien suivi 'Azikwelwa' (pas de transport, en zoulou).

L'impact des batailles sectorielles a été de toute évidence d'une ampleur importante dans l'expression du refus des populations victimes des lois de l'apartheid de continuer à subir une situation sans issue par la résignation. De telles résistances ont permis de s'attaquer aux vrais problèmes et dans le fond, notamment la base religieuse, par sa remise en question, la terre (centre d'intérêt principal), par la désobéissance aux lois, l'éducation dont l'objectif des Blancs était de s'en servir pour mieux crétiniser et dompter les Noirs afin de mieux les exploiter continuellement et sans contrainte majeure. Malgré les durcissements de la répression qu'elles ont générés, au lieu d'être endiguées, leurs persistance et propagation ont finalement contraint progressivement le pouvoir blanc à revoir sa démarche. L'Église, l'école, et les ruraux ont ainsi joué pleinement leur partition dans les tournures positives qu'à prises la trajectoire des relations raciales en Afrique du Sud ayant abouti à l'abolition de l'apartheid et à l'avènement d'une société multiraciale et démocratique à multiples nouveaux défis.

CHAPITRE III

LES RÉACTIONS LITTÉRAIRES, INTELLECTUELLES ET CULTURELLES

La lutte contre l'apartheid et toutes les autres formes de discrimination et de ségrégation n'était pas l'apanage exclusif des acteurs politiques et sociaux. Elle a été particulièrement marquée et amplifiée par l'engagement militant des intellectuels et des acteurs culturels pour contrecarrer les campagnes de désinformation et de propagande idéologiques et interpeler par la même occasion la conscience des artisans des disparités raciales aux ramifications protéiformes. Même si leurs influences directes des débuts furent noyées par l'intensité des exactions contre les Noirs et l'encerclement idéologique de ces derniers par la machine répressive des Blancs qui visait aussi la réduction au silence coupable de tout partisan à la dénonciation, quelle qu'en soit la nature ou la forme.

De façon surprenante, le régime répressif de Pretoria adoptait des réactions d'affolement et d'énervement incompréhensibles face à toute action intellectuelle de conscientisation, de dénonciation et même de la main tendue en faveur d'une fraternité humaine agissante contre les nombreuses violations du respect et de la protection dus à la dignité humaine et aux droits de l'homme les plus élémentaires. Les Afrikaners tenaient, comme à la prunelle de leurs yeux, à leur bonne image dans le monde et à la présentation de leur posture « victimaire » à l'opinion internationale. Les bourreaux portaient les habits de grandes victimes exposées au danger permanent qu'ils voulaient faire passer pour une menace grave contre tout Blanc.

Ainsi, la riposte littéraire prit des tournures fondatrices de nouvelles écoles de pensée aussi diverses que les différences d'approches et de méthodes de luttes entreprises par les forces politiques. Le charme des réactions intellectuelles résidait dans le fait qu'elles n'étaient pas seulement l'œuvre des Noirs au service de leur propre cause sur des bases raciales contre une politique raciste, mais aussi et surtout les reflets de la mobilisation de nombreux Blancs progressistes et réalistes refusant de tomber dans le piège de cette tragédie humaine sans avenir prometteur ni souteneur étranger sérieusement convaincu et honnêtement engagé, à la place d'opportunistes ayant des intérêts économiques directement ou indirectement liés aux politiques en cours dans le pays.

L'ébullition idéologique et intellectuelle telle que provoquée, fabriquée et entretenue par les conflits d'intérêts sur la base du choc des races, dans une première phase, et le clash des classes dans un autre contexte, celui postapartheid, a abouti à la naissance d'une nouvelle littérature sud-africaine qui transcende les clivages d'ordre racial en prenant en charge de manière vigoureusement militante les nouvelles exigences de la nouvelle société démocratique multiraciale sur fond de rappels des torts et des malheurs du passé à l'heure des réparations, rectifications et des jouissances abusives des libertés et des droits en foulant parfois aux pieds les devoirs citoyens et politiques.

En effet, ce chapitre se propose d'explorer les grands courants notés à travers les diverses expressions et représentations du rejet des idées, actions et perspectives racistes dans un premier temps, avant d'analyser les stratégies et les implications et effets de celles-ci sur la compréhension et les réactions des milieux influents externes à l'Afrique du Sud pour, enfin, étudier le phénomène de la recomposition littéraire et surtout culturelle sous l'influence incontournable des crises économiques et sociales et de l'explosion de réclamations de droits de dernière génération.

1. Les tendances littéraires et les écoles de pensée

À l'image de l'ensemble des colonies africaines, les premières réactions littéraires des Noirs sud-africains se résumaient dans un premier temps à des dénonciations de la colonisation et de ses conséquences de diverses manières avant de s'étendre à des thèmes aussi variés que la présentation et la défense des valeurs culturelles et de civilisations de l'Afrique, les conditions de vie et de travail des mineurs, l'apartheid, à la nouvelle société de classes pour aboutir à l'engagement politique militant, aux crises économiques et à la cause des homosexuels. La littérature sud-africaine a été profondément marquée par la période de l'entre-deux-guerres. Les conséquences, les causes, les manifestations et surtout les implications de la première guerre mondiale étaient devenues des sujets de prédilections des intellectuels du pays. La Première Guerre a surtout fait tomber les masques avec l'effondrement des mythes du Blanc dominant dont les limites humaines objectives à l'image de l'humain noir, ont étés découvertes au grand jour sur les champs de batailles marqués par la rudesse des intempéries et des conditions climatiques.

Dans cette nouvelle dynamique de combats littéraires, le recours à l'humour, aux métaphores, aux comparaisons était devenu le moyen intelligent de dénonciation courtoise atténuée par les compliments satiriques. Ce discours anti- colonial a été d'ailleurs porté de très belle manière par le poète sud-africain doublé de romancier et d'essayiste, S. E. Drune Mghayi, dans un illustre poème d'accueil composé à l'occasion de la visite officielle du Prince de Galles en Afrique du Sud en 1925. Dans un alléchant mélange d'attaques et de compliments à l'endroit de la Grande-Bretagne, il déclame une adresse à la morale du souverain en ces vers qui suivent :

> "Ah Britain ! Great Britain !
> Great Britain of the endless sunshine !
> She has conquered the oceans and laid them low ;
> She has drained the little rivers and lapped them dry,
> She has swept the little nations and wiped them away ;
> And now she is making for the open skies.
> She sent us the preacher, she sent us the bottle,
> She sent us the Bible and barrels of Brandy,
> She sent us the breechloader, she sent us cannon.
> O Roaring Britain ! What must we embrace ?
> You sent us the truth, denied us the truth ;
> You sent us the life, depreived us the life ;
> You sent us the light, we sit in the dark.
> Shivering, benighted, in the Bright noonday sun."[265]

Le vécu quotidien des populations africaines autochtones dans une ambiance de ségrégation raciale absolue avant même la formalisation de la politique d'apartheid apparaît dans les vers ci-dessus dans une approche non conflictuelle, mais tout à fait sentimentale. De la même manière que les acteurs politiques, beaucoup parmi les combattants pour la cause noire n'ont fait recours à la violence, y compris celle verbale, qu'après avoir épuisé toutes les possibilités non violentes, les interpellations de la conscience du colonisateur et du raciste et l'agitation du spectre de la confrontation frontale inévitable. Les réactions sourdes ou répressives à leurs nombreuses dénonciations ont fini par jouer un rôle de renforcement du repli identitaire. Ainsi, dans le même contexte, la production littéraire en langues vernaculaires gagnait en notoriété et en

[265] S. E. Drune Maghayi, cité par Kinfé Abrahams, *op. cit.*,p. 155.

influences : Pauline Smith plongea le monde à travers ses recueils de nouvelles dans l'environnement sentimental des Sud-africains victimes de l' amour impossible, car interdit entre Noir et Blanc, Thomas Mofolo publia *Chaka* en 1925, Solomon T. Plaatje sortit *Mhudi* en 1930 et se mit à publier les traductions d'une bonne partie des écrits de William Shakespeare, notamment *Julius Ceasar, Romeo and Juliet, A Comedy of Errors, Othello* et *Ado about Nothing.*

Ce rappel historique sur l'évolution de la littérature sud-africaine en période coloniale, qui nous est faite par le Professeur Kinfe Abrahams,[266] nous montre également son lien direct avec des écrits relevant de la littérature anglaise.

Par ailleurs, la lutte anti-apartheid n'était pas seulement politique ou syndicale, mais elle était également intellectuelle. L'apartheid étant en plus un déni culturel avec une volonté de rendre impossible le débat sur la question, les intellectuels étaient particulièrement interpellés. Ainsi, pour réussir la renaissance culturelle en Afrique du Sud, il fallait prendre part activement à la lutte pour la libération totale du peuple opprimé. Les écrivains et les artistes étaient convaincus que la civilisation d'un peuple, ce sont aussi ses lettres et œuvres d'art, d'où l'engagement littéraire dans la défense et la diffusion des valeurs et vertus de la civilisation sud-africaine noire :

> « La littérature est évidemment un des éléments constitutifs de la 'civilisation' d'un peuple, et les œuvres sont bien inscrites dans une histoire »[267].

La richesse et l'impact des œuvres littéraires sur la lutte anti-apartheid confirment cet enseignement de certains spécialistes de la méthodologie d'études et de recherches en civilisation. En Afrique du Sud, en face de l'abondante littérature coloniale, de justifications et de promotion de l'idéologie et des pratiques de l'apartheid a émergé tout un courant de défense de la cause des non Blancs. Les réactions littéraires n'ont pas été l'apanage des seuls Noirs. Les Blancs, y compris des intellectuels afrikaners, des Noirs, des Indiens, des métis, entre autres, se sont manifestés par leur engagement contre l'apartheid en constituant un bouclier résistant autour des victimes du racisme.

---

[266] Kinfe Abraham, *op. cit.,*

[267] Cecile Revauger, Jean-Paul Revauger, Andrée Shepherd, *Parcours universitaires. Le mémoire de civilisation britannique en maîtrise et en DEA,* Presses Universitaires de Bordeaux, 2000, p. 33.

Parallèlement à cet engagement surprenant d'intellectuels blancs en faveur de la cause des Noirs, une école de pensée, « *l'école des années 60* », a vu le jour avec la particularité de la remise en cause des idées et convictions authentiques des Afrikaners. Cette école incarnée par un groupe d'écrivains radicaux qui ont fait leurs études supérieures à Paris (France) au cours de la décennie précédente, selon la description de Patti Waldmeir, véhiculait une nouvelle culture afrikaner soumise aux influences étrangères à travers l'œuvre des *Sestigers*[268]. Ces nouvelles influences ajoutées à celles de départ confortées par la question des intérêts de camps et de clans opposés ont généré de nouvelles divisions politiques reflétant les classes sociales chez les Blancs: les *verkrampte*[269] qui sont les *esprits étroits* constitués des petits employés de bureau, des ouvriers, des fermiers sensibles à la promotion de l'apartheid et convaincus de la justesse de sa politique, et les *verligte,* considérés comme étant les *esprits éclairés* composés par les universitaires, les acteurs des professions libérales, des milieux d'affaires et les jeunes cadres modernes militant en faveur du changement de politique et d'orientation pour plus d'équité et de justice sociale[270]. Ces oppositions idéologiques et doctrinaires fragilisaient la force raciste des Blancs tout en imposant de nouveaux contenus littéraires et de courageuses positions intellectuelles dans leurs rangs.

L'unique femme parmi la liste très serrée des prix Nobel de littérature d'origine africaine, Nadine Gordimer, Blanche de surcroît, s'est fait distinguer dans le monde des arts et lettres par ses combats contre l'apartheid avec sa riche et courageuse bibliographie sur la question raciale. Comme pour reprendre ce vers du poète français Lamartine qui dénonce la passivité complaisante là où l'action s'impose lorsqu'il souhaite *« Malheur à celui qui chante pendant que Rome brule »,* des hommes et des femmes engagés ont pris leurs plumes pour dénoncer et présenter la qualité des preuves des vérités sur l'histoire et la civilisation des Noirs riches en valeurs et hauts faits niés et rejetés par les Blancs. Malgré la tyrannie du régime et son aversion contre les intellectuels dues principalement à la remise en question des fondements idéologiques de l'apartheid par ces derniers, la plume au poing, les écrivains se sont essayés dans l'affrontement des hommes avec armes au poing.

---

[268] Patti Waldmeir, *Anatomie d'un miracle. La fin de l'apartheid et la naissance de la nouvelle Afrique du Sud,* Paris, Nouveaux horizons, 1997, p. 43.

[269] Ces termes sont de Wimpie De Klerk.

[270] Patti Waldmeir, *op. cit.,* p. 43.

À l'imposition de la loi du silence aux intellectuels, ces derniers s'opposaient même en se cachant par leurs plumes à travers leurs vers. Ce qui fera dire à Nadine Gordimer que *« La poésie est à la fois une cachette et un haut-parleur.»*.[271]

Un autre poète aussi engagé qu'elle, James Matthews, alliait dans son offensive contre les Blancs radicalisme et ouverture au dialogue et à la réconciliation. Matthews voit à travers la plume une arme efficace dont l'effet peut être aussi féroce et dissuasif qu'une munition d'arme à feu. Sa théorie semble sous-entendre le recours à la violence verbale, comme ses mots qui suivent laissent apparaître une dénotation de la valeur qu'il donne aux mots : « Les mots sont des balles de fusil. Comme elles, ils doivent toucher leur cible. »[272]

Cette dernière cible à cribler de « balles » ne sous-entend personne d'autre que les bourreaux blancs des Noirs. Néanmoins le co-auteur de *Cry Rage,* selon Florence Vaillant, comme Martin Luther King et son « *I have a dream* », ne désespérait pas au sujet de la levée du grand jour de la réconciliation raciale en dédiant son ouvrage *« aux enfants d'Afrique du Sud qui ne formeront un jour qu'une seule famille, qui deviendront tous frères et sœurs »*[273].

Dans cette perspective, les mots servaient à soigner les maux et à freiner leurs causes. Ainsi, les réactions littéraires ont emprunté deux voies selon leur degré d'engagement dans la prise de risques suicidaires. D'une part, s'exprimaient les tenants de la ligne dure par la promotion de la littérature des révoltés qui favorise les appels à la lutte, à la rébellion et aux soulèvements pour l'autodéfense et, d'autre part, certains militaient en faveur de la résignation par des appels au secours[274].

La priorité du combat littéraire anti-apartheid allait avec une série de sauts d'obstacles quasi insurmontables. Les écrivains engagés étaient destinés à être réprimés, torturés, emprisonnés, tués, s'ils ne s'exilaient pas d'ailleurs. La censure était la règle et l'autorisation de parution l'exception, Albert Luthuli, prix Nobel de la paix, par ailleurs premier président de l'ANC, en a fait les frais en publiant *Let my People go*.

---

[271] Nadine Gordimer cité par Florence Vaillant, « Les écrivains noirs sud-africains : du témoignage à la révolte », in *L'Afrique du Sud aujourd'hui*, Paris, Présence Africaine, 1978, p.345.
[272] James Matthews cité par Florence Vaillant, *op. cit.*, p.346.
[273] *Id.*
[274] Il a été reproché à Alan Paton par ses pairs sa résignation apparente à travers son ouvrage, *Pleure Ô pays bien aimé.*

Ce travail lui a valu d'être assigné à résidence surveillée jusqu'à sa mort. Ses travaux étaient perçus comme des tentatives d'incitation aux troubles à l'ordre public et aux soulèvements populaires contre la discrimination raciale.

L'institutionnalisation de la politique d'apartheid a également fait naître un nouvel engagement intellectuel avec de nouvelles formes de luttes littéraires. Les arrestations arbitraires et en masse des premiers meneurs de la résistance à l'oppression n'ont pas fondamentalement pu faire taire ces derniers au sujet de leurs combats de convictions, encore moins atténué leur ardeur dans l'engagement. Dans les prisons, l'écriture militante servait de moyen de prolongement discret de lutte aux plus irréductibles de l'expression de la Conscience Noire. *Reflexions in Prison*[275] (2001) en est une parfaite illustration ayant permis à Nelson Mandela (27 ans de prison), Walter Sisulu (26 ans d'emprisonnement), Govan M'beki, Ahmed Kathrada (il a passé 26 ans de prison aux côtés de Mandela), Toivo ya Toivo, John Pokela, Eddie Daniels et Billy Neir de continuer leur dénonciation contre le régime de Pretoria. D'ailleurs, Mandela a rédigé la presque totalité de son volumineux ouvrage autobiographique, *Long Walk to Freedom* (1994), avec la complicité de son ex-co-détenu Mac Maharaj qui l'a aidé à extraire le manuscrit de prison. En homme plein d'humour, Nelson Mandela a fait de Maharaj son ministre des Transports dès son élection à la tête du pays à la fin de l'apartheid pour récompenser sa capacité d'imagination lui ayant permis d'assurer avec professionnalisme le transport de ses manuscrits jusque dans le monde libre. Fallait-il sanctionner son génie dans les transports ou dans la communication ? L'un dans l'autre, en sa qualité de porte-parole de la présidence de la République sud-africaine sous Jacob Zuma, c'est par son canal que le monde entier a suivi les derniers développements de l'état de santé du vieux guide Mandela.

Cependant, la qualité littéraire des œuvres en a pris pour son grade avec cette littérature engagée qui s'intéressait plus au fond du message qu'au respect des règles de forme. Tracts, pamphlets, déclarations et appels se confondaient pêle-mêle à la poésie, au roman, à l'essai ou à la nouvelle. La forme n'a jamais été assez peu conforme aux codes et normes littéraires pour être abandonnée tant que le fond comporte le message de la lutte de l'époque, tout en véhiculant le rêve d'une autre Afrique du Sud où règnent l'équité et la justice.

---

[275] Cette collection d'essais est éditée par Mac Maharaj, avec une préface de Desmond Tutu. Il était un co-détenu de Mandela.

Les réactions littéraires contre la domination blanche sur les populations indigènes sont cependant antérieures à l'avènement de l'apartheid. Déjà en 1862, paraissait le premier journal Africain (Noir), *Indaba*[276] (les informations), remplacé par la suite par *Isigidimi samaXhosa* (Le Messager Xhosa) en 1875. Bien que ces journaux n'eussent pas comme première vocation la lutte anti-coloniale, mais l'épanouissement et la formation religieux des nouveaux adeptes du christianisme, ils ont tout de même réveillé la tentation d'en faire usage comme moyen de lutte des opprimés. Même si la religion était instrumentalisée à des fins de manipulations idéologiques au profit de la race blanche, il n'en demeure pas moins qu'elle a aussi mission et vocation de promouvoir l'égalité entre les humains et la tolérance et la solidarité mutuelles chez les fidèles.

Dans les années 50, la revue mensuelle *Drum* a vu le jour. Par sa ligne éditoriale, *Drum* n'était pas fait pour plaire dans un environnement favorable au manichéisme où soit on donne raison ou tort au Blanc ou au Noir. *Drum* était placée au centre malgré ses tirs groupés réguliers contre l'oppresseur, car la revue ne défendait pas la cause des Noirs, surtout traditionnelle, à l'aveuglette. Dans sa présentation générale (mars 1951), la revue s'adressait aux Africains et aux Européens :

> « Un journal africain pour l'Afrique. Par cette phrase, nous reconnaissons l'existence de plus de 150 millions de Bantous et de nègres habitants ce continent que nous tenterons d'atteindre pour la première fois dans leur histoire avec des mots qui exprimeront leurs pensées, leurs élans, leurs préoccupations et par-dessus tout leur âme. (…).
> Nous sommes certains du progrès inévitable de l'homme africain et croyons que le rôle de son voisin blanc est d'encourager ce progrès et d'aider à l'accélérer. Si ce journal a un message à transmettre, c'est celui du 'progrès pour la connaissance et la culture' s'ajoutant à l'injonction chrétienne universelle : 'Aime ton prochain comme toi-même' »[277].

Bien que les libéraux blancs fussent des facilitateurs pour l'expression littéraire de la résistance, les Noirs extrémistes voyaient toujours du

[276] Le journal paraissait dans l'Eastern Cape et était sponsorisé par le Free Church of Scotland. Lire Pallo Jordan, ''Literature, Resistance and Revolution'', in *L'Afrique du Sud aujourd'hui*, p.86.

[277] Drum cité par Daniel Maximin, « 'Drum' ou la génération perdue. Les intellectuels sud-africains de la revue 'Drum' dans les années 50 », in *L'Afrique du Sud aujourd'hui*, *op. cit.*, p. 331-332.

mauvais côté toute initiative allant dans le sens de les ménager. En effet, le discours portant un projet de dialogue était facilement assimilable à de la compromission. Seule la lutte par la parole ou par les armes était finalement crédible.

Même si *Drum* a réussi à porter la parole des opprimés, la revue était au centre d'appréciations controversées, comme nous l'indique la conclusion de Daniel Maximin :

> « Une caution pour les libéraux, un alibi pour les honteux de l'apartheid, un pétard entre les mains des puissances blanches qui voulaient bien le laisser dire, une bombe noire qui frappait toujours fort, mais souvent a côté, Drum a été sans doute un peu tout cela, dangereux 'asile' d'une prometteuse génération perdue ; enfant prodigue de l'Afrique blessée que des années d'exil et de sang n'ont jamais pu réduire au silence. »[278]

À cause de la diversification des approches dans l'engagement littéraire, les divergences de vues ont eu des effets de fragilisation de la lutte à l'interne. Mais elles constituaient aussi une source d'enrichissement intellectuel en faveur du choc des idées non pas seulement entre les idéologues du pouvoir et les combattants anti-apartheid, mais entre ces derniers eux-mêmes. Car le monde intellectuel se saurait s'accommoder de la pensée unique, une telle dynamique a favorisé l'émergence d'une littérature manichéenne aux allures d'un radicalisme anti Blanc tenue par les durs, d'une part et d'autre part, un courant littéraire beaucoup plus conciliant militant en faveur de la multiracialité et de l'unité dans la diversité.

Si le contexte donne raison aux tenants de la ligne dure face aux excès du pouvoir d'apartheid d'alors, le présent de l'Afrique du Sud en revanche, consacre à juste raison, la pertinence et la justesse de la vision prospective difficilement compréhensible à son époque des modérés. Mais en tout état de cause, l'engagement littéraire a comblé beaucoup de vides créés par les interdictions accompagnées de répressions des initiatives politiques des combattants de la liberté. C'est de cette évolution littéraire et de ses liens avec la politique que parle Allister Sparks dans la description qui suit :

> "(…) the literacy movement precede the political development and did much to lay the ground for it. Through the silent decade of the 1960s when overt black voices that were heard were the writers'.

[278] Daniel Maximin, *op. cit.*, p.342.

> New novelist, short story writers, and poets appeared almost everyday, articulating the frustrations and aspirations of South Africa's rapidly developing black urban industrial society a society that had all other doors of expression closed to it and that was grappling with the twinned threats of cultural domination and political oppression."[279]

Ainsi, par leurs idées et leurs actions, les intellectuels, les syndicalistes et les membres de la communauté scolaire et universitaire ont su conjuguer leurs efforts au service du triple défi culturel, politique et économique. Comme un mal à multiples ramifications, l'apartheid touchait tous les segments de la population non blanche et tous ses secteurs d'activités ; d'où la nécessité de cette approche globale impliquant l'engagement de tous et de chacun. C'est là où réside en vérité le grand apport de l'émergence du Mouvement de la Conscience Noire dans son rôle fédérateur des initiatives et dynamiques de lutte contre l'asservissement racial auquel la minorité blanche avait soumis la majorité noire. Sur cette lancée, en s'appuyant sur la Music, Drama and Literature Association (MDALI), la Conscience Noire a fait apparaître une dimension toute positive et influente des acteurs culturels et des hommes de lettres à la diffusion des combats de la cause des Noirs par des caravanes de sensibilisation à travers l'art, la musique, le théâtre et la poésie.

2. Les apports des intellectuels et des acteurs culturels dans l'internationalisation du combat contre l'apartheid

Des rares prix Nobel (littérature et paix) décernés à des Africains, l'Afrique du Sud arrive en tête avec ses lauréats. Les travaux des deux lauréats en littérature, Nadine Gordimer (1991) et John Maxwell Coetzee (2003), accordent une place prépondérante à la question raciale, notamment les réalités de la vie sud-africaine sous le régime de l'apartheid. Déjà, avec la guerre des Boers, le pays était sous les feux des projecteurs médiatiques avec de multiples récits sur les réalités qui y sont vécues. L'histoire et la culture des Boers ont connu un regain d'intérêt aux Pays-Bas où ils sont originaires et y a suscité une ébullition intellectuelle dans les milieux littéraires et universitaires. La confusion entretenue entre l'identité boer et les valeurs hollandaises en est pour beaucoup. La diversité culturelle et les divergences idéologiques qui en

---

[279] Allister Sparks, *The Mind of South Africa, op. cit.*, p. 263.

découlent ne sont pas, de toute évidence, étrangères à la Hollande. Et la condition boer qui avait contraint les Afrikaners, ce peuple austère et calviniste inspiré par l'Ancien Testament, à chercher une nouvelle terre d'accueil à laquelle ils vouent un attachement quasi démentiel faisait l'objet de maintes réflexions et productions philosophiques et littéraires. Cette meilleure connaissance de la mentalité et des préoccupations des Boers à travers leur histoire et leurs croyances et convictions a participé à beaucoup aider les cercles d'influences et de décisions à travers le monde à pouvoir prendre les bonnes positions et décisions sur la question de la double colonisation en Afrique du Sud.

Dans les années 60, la presque totalité des meneurs de la lutte anti-apartheid étaient jetés derrière les barreaux, s'ils n'étaient pas torturés à mort. De très sévères peines d'emprisonnement leur furent infligées : elles variaient d'habitude entre une dizaine d'années et des condamnations à perpétuité assorties de travaux forcés, si ce ne sont des peines capitales. Cependant, les prisons étaient devenues du coup de hauts lieux de complicité, d'amitié et d'élaboration de nouvelles stratégies de dénonciation des violations flagrantes des droits de l'homme les plus élémentaires et / ou d'invention de méthodes de luttes plus sophistiquées et plus sournoises. Les plus chanceux des combattants pour la liberté se retrouvaient en résidence surveillée ou en exil forcé. Déjà en 1965, toutes les organisations anti-apartheid connues étaient déclarées illégales et une recherche effrénée d'indices pouvant conduire à la découverte d'initiatives, d'idées ou d'actions similaires fut lancée. Le règne de la peur dans le camp des victimes devait achever la volonté de tuer dans l'œuf toute velléité de rébellion ou de dénonciation politique sous quelque forme que se soit. Malheureusement pour le régime, l'ampleur et le degré de la violence d'État avaient atteint le niveau de saturation qui avait fini par la rendre banale. Tout ce qui est excessif devenant naturellement dérisoire, le camp de Mandela avait perdu la faculté d'avoir peur, car ayant réussi à triompher sur ce sentiment et cet état d'esprit, comme pour confirmer l'assertion selon laquelle « *le courage n'est pas l'absence de peur, c'est le triomphe sur la peur* ».

L'internationalisation du combat et la sensibilisation efficace de l'opinion internationale sur la justesse et la légitimité de la cause des Noirs en Afrique du Sud revenaient principalement aux exilés. Ces derniers ont noué des alliances avec d'autres organisations poursuivant des buts similaires en Afrique et dans le reste du monde. Des bureaux nationaux ont été ouverts dans plusieurs pays soutenant leurs luttes. Des intellectuels africains et occidentaux bien sensibilisés ont servi de relais dans des tribunes à grande audience et ont usé de leur influence auprès de grands décideurs du monde libre.

En sa qualité de président en exercice de la conférence des chefs d'État et de gouvernement de l'OUA (1986-87), le président congolais Denis Sassou N'guesso a joué un rôle d'une importance capitale dans la mobilisation des intellectuels contre l'apartheid en Afrique du Sud. Il a, en effet, organisé à Brazzaville « *un symposium mondial des écrivains contre l'apartheid*[280] *sur le thème 'Les écrivains accusent l'apartheid'* », avec un impact très positif sur les réactions très molles, sinon complaisantes, de certaines grandes puissances économiques influentes dont les jugements portaient surtout sur les performances d'une des meilleures et plus solides économies africaines à ne pas déstabiliser, en l'occurrence celle sud-africaine. Les considérations économiques l'emportaient dans leur entendement sur le respect des droits humains et de la promotion de l'égalité raciale et des chances par la suppression du travail servile et de l'exclusion totale et entière de la grande majorité noire de la vie de leur pays.[281]

Conscients du fait que la lutte des Noirs ne concernait pas uniquement l'ANC, les prisonniers de Robben Island qui avaient décidé de produire des réflexions intellectuelles sur la condition noire dans leur pays sont allés au-delà des frontières sud-africaines pour le choix de leur thème général.[282] Ainsi, pour permettre à leur co-victime des luttes de libération d'origine namibienne, Andimba Toivo ya Toivo, le secrétaire général et membre fondateur de la SWAPO (South West Africa People's Organisation), de produire une contribution dans leur travail collectif, Mac Maharaj avait proposé le thème ouvert : *Problems of the National Liberation Struggle in Southern Africa*. Le combat intellectuel n'était pas donc l'apanage des seuls exilés ou autres Sud-africains vivant sans contrainte à l'étranger. Cependant, la bande à Olivier Tambo, Moses Kotane, Yusuf Dadoo, Joe Slovo, J. B. Marks a joué un rôle de premier plan en Afrique et en Europe.

D'un autre côté, des Blancs sud-africains, surtout des intellectuels libres d'esprit et porteuses d'idées libérales et progressistes, ont apporté

[280] Le symposium a eu lieu le 25 mai 1987 à Brazzaville, République du Congo.

[281] Denis Sassous Nguesso, (entretiens avec Édouard Dor), *Parler vrai pour l'Afrique*, Paris, Michel Lafon, 2009, p. 145-152.

[282] Précision de Mac Maharaj dans l'ouvrage collectif qu'il a co-rédigé avec ses co-détenus et édité lui-même sous le titre au nom évocateur de *Reflection in Prison*, Zebra, Robben Island Museum, 2001.

de précieux concours aux luttes de la Conscience Noire et à la réhabilitation ultérieure de figures politiques héroïques. Si aujourd'hui, Steve Biko, la figure de proue du Mouvement de la Conscience Noire a pu retrouver la place qui est la sienne dans la conscience populaire sud-africaine postapartheid, les Noirs le doivent principalement à deux Blancs : Donald Woods[283] et Naomi Jacobsen. Mieux encore, le déclic du rapprochement, pour ne pas dire la réconciliation entre partisans du martyre et ancien leader du PAC (Pan-African Congress) et ceux de l'ANC, fut bien lancé par l'œuvre commune de ces Blancs avec la sagesse bienveillante de Nelson Mandela, président du pays en fonction au moment des faits. Abandonnée et oubliée dans un petit cimetière cédé aux herbes de sa ville natale de King William's Town, la tombe du vaillant combattant Biko ne faisait l'objet d'aucune attention dans la nouvelle Afrique du Sud qui n'avait d'yeux et d'oreilles que pour Mandela, qui n'était pourtant pas, malgré son mérite sans limite, le seul grand combattant digne de reconnaissance et d'éloges dans la lutte pour la liberté. Donald Woods, le responsable d'alors par intérim de l'*Institute for the Advancement of Journalism*, sur proposition de son ami Allister Sparks, auteur de plusieurs travaux sur les questions raciales du pays, en accédant positivement à la suggestion de la plus célèbre sculpteuse blanche, Naomi Jacobsen, de parrainer la réalisation du statue de Steve Biko par ses soins a réussi par la suite à fédérer toute la nouvelle nation multiraciale autour de Biko. En effet, il a pu mobiliser les financements nécessaires auprès de généreux donateurs, de grands artistes pour des prestations à l'honneur du défunt héros comme Peter Gabriel, les autorités municipales de la ville de East London et le dévoilement de la plaque d'inauguration par Nelson Mandela en présence de plusieurs milliers de militants de partis politiques différents.

En plus des réponses positives et publiques des leaders du Pan-Africanist Party, du Azanian People's Organization et de l'Inkatha Party du Chef Mangosuthu Buthelezi à l'appel du président Mandela à l'attention des différents chefs de parti noirs concurrents au sien pour l'union dans la construction de l'avenir du pays, ce 12 septembre 1997 marquant le vingtième anniversaire de la mort de Biko avait consacré également le baptême du plus grand pont de East London, le Buffalo Bridge, qui portait le nom d'un symbole de l'apartheid des années les plus sombres, l'ancien premier ministre B. J. Voster, en son nom, l'élévation de son ancien domicile au rang de monument national,

[283] Donald Woods, *op. cit.,* (chapitre The Biko Statue).

l'implantation d'un autre statue Biko dans la petite ville de King William's Town et la décision de prendre en charge officiellement le cimetière qui abrite la tombe de Biko.

Au-delà de l'éminent rôle joué dans la dénonciation intellectuelle multiforme de la politique d'apartheid qui était en vigueur dans son pays, Donald Woods ne se s'est pas simplement suffi de se dresser contre sa propre race, à ses risques et périls, pour défendre l'équité et la justice, mais s'est aussi dressé contre les tentations de jeter dans l'oubli de grands héros sur des bases de rivalités politiques autour de la réclamation de la paternité de l'histoire aux multiples facettes d'un pays très particulier. Et c'était dans le même ordre d'idées, qu'il a travaillé à vulgariser les idéaux et les mérites de ces héros du pays à travers son film *Cry Freedom* en faisant appel à un acteur de la trempe de Denzel Washington pour y incarner le rôle de Steve Biko. Ces formes décomplexées et déracialisées de l'engagement intellectuel sont cruciales dans la réussite de la construction de la nouvelle nation arc-en-ciel, mais elles constituent également une sage leçon outre-tombe contre l'extrémisme et le radicalisme en toute épreuve à l'endroit de Biko et de ses partisans. Biko menait un combat juste mais clanique dans la victoire où le Blanc n'était pas censé occuper une bonne place et ironie de l'histoire, ce sont des Blancs qui le réinstallent dans l'histoire de son pays, au grand bénéfice de la restauration de la vérité historique.

3. La nouvelle littérature sud-africaine

La nouvelle littérature sud-africaine n'est pas celle de la thématique postapartheid. Elle ne se consacre pas exclusivement sur la dénonciation pamphlétaire des nouveaux problèmes du pays, encore moins sur les célébrations apologétiques des succès de la nouvelle nation arc-en-ciel. Elle est à la fois prospective et rétroperspective. Littérature de bilan d'actions, elle véhicule des messages et récits de reflets du passé ségrégationniste pour exprimer une nostalgie mal dissimulée ou une volonté de rectification des manipulations de la vérité historique et de recadrage du présent. Elle joue le rôle de conjonctions de coordination entre le passé fait de conflits et le présent marqué par des réconciliations. Sa thématique est aussi d'ordre identitaire, en plus de sa prise en charge de l'engagement politique non racialisé et son souci de promotion des valeurs universelles des droits de l'homme sur la base d'une pression qu'elle exerce sur le politique et le citoyen, comme pour se désoler de la cadence pour la mise à jour du pays sur ce registre.

Les auteurs contemporains sont très friands des sujets relatifs aux moments sombres de l'histoire du pays. À l'image d'esclaves affranchis dont les chaînes détachées sont découpées et jetées, avec la fin des censures et des sanctions sévères contre les têtus qui osaient faire allusion aux réalités raciales du pays sans emprunter la ligne de la justification ou de la légitimation, la jouissance de la liberté intellectuelle et d'opinion a généré un boom littéraire. Les écrivains trouvent l'occasion de se « goinfrer » des « fruits interdits » de l'apartheid et de ses expressions, représentations et conséquences.

La nouvelle littérature participe également à la redéfinition décomplexée de concepts vagues, creux, racialement orientés et à l'accréditation suivie de la vulgarisation des emprunts culturels dans des récits que véhicule une langue différente, mais plus efficace, pour atteindre un public plus large. En remettant, par réalisme et par militantisme idéologique, sa langue maternelle à sa juste et vraie place, l'afrikaans[284] dont le régime de l'apartheid a toujours caché « *les origines hybrides – esclaves africains et néerlandais* – », le romancier sud-africain et professeur de littérature aux États-Unis, Mark Behr, qui pense local et agit global, se libère de sa prison et de sa loyauté linguistiques en affirmant clairement dans un entretien relatif à ses choix littéraires son option d'évaluer globalement la situation générale de son pays à travers ses mélanges de thèmes dans ses écrits et son style d'écriture. Sur l'environnement linguistique pluriel et conflictuel, il choisit de porter la voix de l'Afrique du Sud le plus loin possible :

> « C'est une question fondamentale chez beaucoup d'écrivains de notre monde post-colonial globalisé : comment prend-on langue avec un public quand on parle une langue aussi peu répandue que l'afrikaner ? Dans la culture blanche subsaharienne, nous connaissions deux langues officielles – l'anglais et l'afrikaner – qui formaient un système fondé sur le bilinguisme. Or la plupart de

[284] Dans son ouvrage intitulé *Une femme au cœur de l'apartheid,* (déjà cité plus haut), la Québécoise Lucie Pagé définit aussi l'afrikaans en rappelant sa genèse comme *un créole sud-africain* issu du mélange de races et d'origines chez les esclaves importés en Afrique du Sud des pays comme l'Angola, le Madagascar, l'Indonésie, la Malaisie, etc. Sa précision suivante confirme la thèse de Behr : « *Très proche du néerlandais, cette langue a aussi des racines asiatiques et africaines. Aujourd'hui, deux peuples, les Afrikaners et les Métis, partagent cette langue, d'où l'expression 'Afrikaners bruns' lorsqu'on parle des Métis. Mais il y a des nuances importantes entre l'afrikaans parlé par les Afrikaners et celui des Métis, comparables à celles qui existent entre le français du Québec et celui de France.* »

> mes lectures se sont effectuées en anglais. J'ai toujours eu une culture dans la langue anglaise. Pourtant, les mots ou les expressions me sont plus naturels en afrikaner qu'en anglais et je refuse que les éditeurs ne les corrigent, car je tiens à les garder tels quels dans mes romans. C'est là une part de l'évolution de la langue anglaise que d'incorporer en son sein ces expressions venues d'ailleurs. »[285]

Il partage ce choix linguistique avec John M. Coetzee[286], qui, en lieu et place de l'afrikaans, a choisi aussi l'anglais comme langue d'écriture pour tirer profit de la très riche histoire littéraire de ladite langue à laquelle il faut ajouter les ouvertures à l'interculturalisme[287] qu'elle offre aux auteurs. Quant à son style qui fusionne plusieurs thèmes, il répond par un diagnostic très large et sans complaisance de l'apartheid :

> « Je n'ai jamais pu séparer les fondations de la psyché humaine de la construction du citoyen et de la société. Le système de l'apartheid fonctionnait à un niveau très intime de la personnalité de chacun, depuis les éléments les plus fondamentaux de l'identité individuelle jusqu'aux couches les plus structurées du pouvoir. C'est pendant l'enfance que se crée la conscience des sexes, des races, des différences. La realpolitik étant très liée à la formation de l'individu par le biais de l'éducation. »[288]

En effet, en liant héritage, identité, milieux, convictions et comportements politiques, il dénonce le formatage idéologique à partir du noyau familial et de l'école par l'insistance sur les différences raciales et certaines valeurs afrikaners qui ont enfanté l'apartheid avec des adultes incarnant une personnalité coincée par des œillères identitaires. Ainsi, la violence boer peut s'expliquer par les principes de virilité qui occupe une place fondatrice dans sa particularité identitaire. Sur cette base, on est bien fondé à se demander si ce n'est pas à cause du rejet de cette « virilité afrikaner » qui est synonyme de violence et de brutalité que le romancier Behr, comme bien d'autres leaders d'opinion de sa trempe, fait revenir sans cesse la question de l'homosexualité dans ses écrits, au point de passer très souvent pour un personnage majeur de ses romans. Il accuse la famille, se démarque de ses codes et conventions, se libère et s'affirme

---

285 Mark Behr, « Trois questions à Mark Behr, romancier », in *New African. Le Magazine de l'Afrique,* N° 33, juillet-août 2013, p. 87.

286 Lauréat du prix Nobel de littérature en 2003, Coetzee a également remporté à deux reprises le Booker Price.

287 Lire Ian Mackean, *Literature in English Past-1914.*

288 *Ibid.,*

en provocant. Il est, en fait, un des précurseurs de cette nouvelle voie littéraire sud-africaine. Cette tendance est aussi très développée chez les écrivains noirs. Beaucoup parmi eux veulent orienter le public vers une relecture du passé ségrégationniste du pays de façon moins personnalisée au seul profit de Nelson Mandela, pour un combat qui compte plusieurs héros. Parler des autres est aussi une manière de les réhabiliter sans s'attaquer à personne.

L'ère postapartheid est particulièrement marquée par l'émancipation et l'épanouissement des écrivains sud-africains blancs à travers le traitement de sujets d'une grande sensibilité raciale et surtout politique. De l'écriture purement idéologique pour justifier les fondements de l'apartheid incarnée par les écrivains blancs « loyaux » à celle de la ligne de la dénonciation anti-apartheid portée par des Blancs traités de « traitres » de leur race, émerge une nouvelle dynamique littéraire qui transgresse les codes du « racialement correct » pour abonder dans le sens de la comparaison de deux époques marquées par les différences de configurations raciales des élites. C'est la naissance du discours racial décomplexé sous le couvert de la littérature engagée contre les situations sociales qui empirent quotidiennement. Cette littérature est celle de la révolte, de la colère et de la comparaison audacieuse non expressive d'une nostalgie du passé mais d'incitation et parfois même d'instruction à mieux faire au nom de l'honneur et de la preuve de compétence. C'est une littérature de libération des « coincés ». Elle cherche à briser la spirale du silence et à autoriser le jugement intellectuel des politiques publiques sans être cataloguée politiquement et racialement.

La criminalité, la pandémie du SIDA, la corruption, le passé contre le présent comme une phase de prolongation sont ses thèmes préférés, et les satires politiques, les pamphlets, l'humour, le tragi-comique basés sur des ressemblances suggestives sont ses armes d'écriture. Et c'est cette licence de juger courageusement qu'a arraché le romancier sud-africain Roger Smith féru de romans policiers et ennemi des « happy endings » qui assume son statut d'homme en colère invitant à la lucidité dans l'appréciation de l'état postapartheid de son pays. L'homme qui pense que « *écrire des histoires sur les flics qui résolvent des crimes reviendrait à écrire des contes de fées*[289] », parce que le sujet de la criminalité avec des policiers corrompus remplace celui de la ségrégation malgré les

[289] Roger Smith, Entretien avec Anne Kappès-Grangé, « Roger Smith. Le pillage et la corruption sont devenus la norme », in *Jeune Afrique*, N° 2731, du 12 au 18 mai 2013, p. 86.

manipulations des faits et chiffres, montre la nouvelle voie dans une tonalité sans appel ni équivoque :

> « Aujourd'hui, le gouvernement persiste à nous dire que tout va bien, que la criminalité est en baisse, que la pauvreté recule…C'est faux ! J'ai honte de le dire, mais les pauvres étaient mieux lotis sous l'apartheid. »[290]

Quoique discutable, cette comparaison audacieuse a le mérite littéraire de poser un nouveau débat à la fois intellectuel et politique. Toutes les formes d'expressions rebelles portant sur l'Afrique du Sud reçoivent des échos très favorables à l'étranger où elles bénéficient d'un traitement immense d'amplification. Après l'euphorie des débuts de l'ère postapartheid, le vent de la révolte commence à souffler sur le pays et oriente les nouvelles tendances littéraires qui empruntent déjà la voie des romans politiques portant jugement sur l'action publique des pouvoirs qui s'y sont succédé.

La France marque un intérêt littéraire tout à fait inédit à la nouvelle production intellectuelle sud-africaine. Beaucoup d'ouvrages y sont traduits et édités, en plus des nombreuses expositions de longues durées sur l'œuvre de Mandela, l'histoire des relations raciales et les nouvelles formes de discrimination et d'expressions des victimes de leurs orientations et de leurs identités sexuelles (homosexuels, lesbiennes, transsexuels, (…)). Même si ce n'est pas lié à une option politique mais plutôt à la valeur et à l'intérêt des textes littéraires, ce regain d'intérêt a tout l'air d'un repentir ou d'une volonté de se racheter de la part d'un pays dont un des héros les plus respectés, le président Charles de Gaulle, a pris part de façon détestable à la mise en œuvre de l'apartheid. La France était dans les années 60 le plus grand fournisseur d'armes de l'Afrique du Sud. Si on sait que l'industrie militaire a toujours été une très grande pourvoyeuse d'emplois et de richesses aux puissances militaires, on peut en conclure que l'apartheid fut une vache laitière pour la France. Les romans historiques vont probablement rétablir la vérité sans incidents diplomatiques. Aujourd'hui, la levée d'un coin du voile du troc malsain entre la France et l'Afrique du Sud fait apparaître l'existence, par un accord secret de 1960, d'un pacte entre de Gaulle et Hendrik Verwoerd relatif à la fourniture d'uranium par l'Afrique du Sud et la Namibie à la France contre la mise à disposition par celle-ci de technologies nucléaires et de matériels militaires. Cette période fut

[290] *Ibid.,* p. 85.

également marquée par le durcissement de la répression contre les Noirs, les mesures d'interdiction de l'ANC et d'autres organisations anti-apartheid et l'administration du sud-ouest africain, la Namibie, par l'Afrique du Sud. Même si on en parle beaucoup moins, une des pires politiques d'apartheid a été pratiquée en Namibie sous domination sud-africaine de 1959 à 1979. Les profits de l'apartheid allaient au-delà des frontières du pays des Boers. Les vieilles connexions d'affaires à caractères racistes sont explorées de nos jours dans des travaux académiques sous forme de voyages initiatiques dans le passé racial du pays.

L'abolition de l'apartheid consacre son échec et son impertinence, prouve la renonciation de son bénéficiaire à la poursuite d'une politique impopulaire, inacceptable, qui mène vers le chaos et engage la responsabilité du nouveau pouvoir politique né des confrontations et des négociations entre les bourreaux et leurs victimes à travers une expression élevée de confiance à démontrer par la création d'un mieux-être socio-politique son génie de constructeur et de dirigeant et non d'opposant et d'accusateur.

La combinaison d'actions politiques, de mobilisations sociales et de dénonciations intellectuelles dans le cadre de l'élan et des dynamiques du mouvement de la Conscience Noire a désagrégé le socle et les ramifications de « *l'interconnexion des couples manichéens*[291] » artificiellement chargés idéologiquement et inscrits dans une logique de perpétuation politique et de mutations circonstancielles. À cet égard, le « duel » Noir / Blanc des temps coloniaux et d'apartheid devenu un « duo » encore artificiel à l'heure de la liberté et de la démocratie se mue systématiquement à nouveau en « couple manichéen » : pauvre / riche en conflit permanent. Le mélange avec l'obsession du naturel et de l'artificiel dans l'organisation des rapports entre Sud-Africains et la catégorisation des différences humaines a surtout rendu plus complexe l'affirmation sereine des identités raciales, ethniques, tribales et sexuelles, même dans le contexte du principe et de la théorie moins chargés du « développement séparé ». Avec le manque d'honnêteté intellectuelle des penseurs afrikaners sur les questions économiques et raciales, leurs stratégies ont ainsi permis de « *compartimenter généralement les humains sous des rapports idéologiques tramés de toutes pièces ou des*

[291] Oumar Diagne, *Intelligentsia et raison de société. (Essai d'anthropologie culturelle)*, Paris, Monde Global Éditions Nouvelles, 2011, p. 22-23.

caractérisations exclusivistes latentes[292] » découlant de « *découpages trop naturels*[293] » et de « *clivages trop artificiels* [294]».

Même si les attitudes raciales devenaient moins marquées négativement avec la redéfinition réaliste des relations raciales par le truchement des protestations instinctives, des dénonciations désordonnées à celles stratégiquement organisées et des luttes bien mûries et efficacement coordonnées, les mouvements des droits raciaux et corporatistes ont été tellement marqués, car traversés par des dissensions et concurrences suscitées malicieusement par le pouvoir des Blancs et ses institutions chargées de la répression que leurs conséquences subsistent toujours dans des domaines purement politiques. Les batailles portaient sur l'objet principal de la jouissance des droits à la liberté, de la protection de la dignité humaine et de la défense du droit de travailler et des droits du travail plus que sur la participation économique – dans un pays où l'économie est racialement piégée –, au point que la jouissance par la majorité noire des acquis de la nouvelle démocratie manque de consistance et d'assurance relatives au destin social tel qu'il est représenté dans les rêves de transformations sociales positives qui tardent encore à se réaliser. La pauvreté héritée du passé, l'incompétence conférée par une école destructrice de talents et de potentialités professionnelles et la fébrilité de l'état psychologique engendrée par la longue persécution et le permanent vécu dans la clandestinité, la dissimulation et parfois le mensonge pour se sauver font ressortir en surface tout un ensemble de frustrations, de peurs, de déceptions et de volonté de nouvelles révoltes et d'actions de violences comme des formes de pressions et des moyens d'imposition de nouvelles politiques économiques et sociales plus révolutionnaires pour mettre un terme à la longue attente lassante, à défaut de généraliser l'insécurité, la peur bleue et la conduite d'une vie faussement modeste comme bouclier pour tous. La réussite de l'intégration et de l'épanouissement socioéconomiques des Noirs en Afrique du Sud postapartheid appelle de la part du peuple et des gouvernants des mesures, des concessions et de la pédagogie aussi importantes et complexes que les longues luttes triomphales contre les causes de ces grands défis ainsi créés.

[292] Omar Diagne, *op. cit.*, p. 23.
[293] *Ibid.*,
[294] *Ibid.*,

Troisième partie

Le problème de l'intégration socioéconomique des Noirs en Afrique du sud post-apartheid

Avec la fin de l'apartheid s'ouvre un nouveau grand défi : celui de la participation et de l'intégration des Noirs dans le fonctionnement quotidien de leur pays dont ils ont toujours été exclus. L'occupation de leur place normale dans la nouvelle Afrique du Sud multiraciale et démocratique suppose la levée d'un certain nombre de contraintes et la prise d'une autre série de mesures d'accompagnement. Le souci d'éviter l'avènement d'une nouvelle politique néo-apartheid et ses inconvénients par une maladroite inversion des rôles, des rangs et des places sur des bases raciales avec l'enrichissement du Noir par l'appauvrissement du Blanc rend les tâches de l'élaboration et de la mise en œuvre de nouvelles politiques publiques plus complexes avec l'exigence de recours à des compétences nationales idéologiquement et techniquement préparées à de telles missions patriotiques. Faire un procès du passé sans la désignation frustrante ou révoltante de coupables ou de victimes en compensant moralement les blessés sans compromettre l'avenir d'un pays à unir et à construire est la nouvelle grande équation que doivent résoudre des peuples qui ont finalement su triompher sur plusieurs siècles de « guerres raciales » sans merci.

L'espace public étant devenu celui de tous (Blancs et Noirs) sans distinction de race, alors que les richesses demeurent principalement confinées entre les mains d'une minorité blanche sous la menace voilée d'une nouvelle élite tentée par l'accès à la fortune, la problématique de l'épanouissement de la grande masse victime du système d'apartheid, implique de longs processus conflictuels de construction d'une nouvelle nation homogène et réconciliée avec elle-même.

Dans ce contexte, la seule cohésion interne chez les Noirs constitue de prime abord un enjeu de premier plan avant de parler de tolérance mutuelle avec les ennemis et adversaires d'hier. Ensuite, vient la question de la violence générée et entretenue par l'apartheid de sorte qu'elle soit transformée en culture et réflexes de survie chez la majorité de la population. Et enfin, s'imposent des mutations profondes pour instaurer un esprit de développement et une culture citoyenne en remplacement des combats de résistances, des rapports de méfiance et de l'enrôlement dans la clandestinité et la subversion.

Au sujet de la maldonne sociale dans la ville sud-africaine post-apartheid, Owen Crankshaw s'émeut des causes de violences entre groupes sociaux. Son constat n'est pas de nature à rassurer:

> "What is striking about these violent confrontations is that, although the warring factions were mobilised by various, and overlapping, ethnic and political identities, the common structural division was usually the same (Pondo Versus Zulu, Zulus versus Xhosa, Inkatha versus ANC, ANC versus AZAPO, AZAPO versus Inkatha).
> Conflict almost always occurred between established urban communities and rural immigrants (the exception is competing migrant groups on the mines): between the "insiders" and 'outsiders'"[1].

En plus de ces adversités internes propres aux Noirs, il faut ajouter les nouvelles relations d'animosité entre riches et pauvres, d'une part, et la haine viscérale opposée aux immigrés qui sont perçus comme d'opportunistes envahisseurs cherchant à tout prix à vivre des résultats de leurs luttes dont ils ne profitent pas encore suffisamment des fruits mûrs, d'autre part.

À la lumière de ces descriptions peu enviables du contexte de transition et de mutations post-apartheid, dans cette troisième et dernière partie de nos recherches relatives à l'analyse de la problématique de l'intégration des Noirs dans la nouvelle nation arc-en ciel, nous aborderons dans un premier temps les dynamiques et la philosophie qui sous-tendent le projet de construction d'une nouvelle nation favorable à l'épanouissement socioéconomique de l'ensemble du peuple. Les obstacles et les défis qui se dressent sur le chemin de la réconciliation nationale et de la cohésion sociale dans un nouveau contexte marqué par l'émergence de rapports basés non pas sur les différences raciales, mais sur les classes sociales vont faire l'objet d'une analyse. Les nouvelles politiques économiques alternatives de rectification et de lutte contre les

---

[1] Owen Crankshaw, « Labour, class and urbanisation in the South African city », in Philipe Gervais-Lambony , Sylvy Jaglin, Alan Mabin (eds), *La question urbaine en Afrique australe - Perspectives de recherche*, Paris, Johannesburg, IFAS, Karthala, 1999, p. 58.

disparités seront étudiées en dernière partie, en plus des atouts dont dispose le pays pour jouer un rôle de locomotive diplomatique et économique pour l'Afrique.

Chapitre I

La construction d'une nouvelle nation arc-en-ciel

L'abolition de l'apartheid et de la totalité de ses lois et dispositions réglementaires par la voie de la négociation directe entre les différents protagonistes à l'insu du peuple dans un premier temps puis au vu et au su du monde entier avec l'appui de bonnes volontés sensibles à la démocratie et à la justice relève à la fois d'un réalisme et d'un pragmatisme des deux camps opposés, mais aussi, et surtout, de l'expression la plus sublime de la grandeur humaine. Le sens de l'oubli et du pardon a aidé à l'acceptation de concessions inattendues de part et d'autre. Les Sud-africains avaient enfin décidé de faire parler la raison et de sauver leur pays des conséquences devenues assez graves déjà de la mise en œuvre d'une politique qui rendait leur passé sombre tout comme leur présent de doutes « *moralement répressif et psychologiquement insoutenable* » par de toutes nouvelles de rectifications, de réorientations et de reconstructions.

Pour mettre un terme définitif aux clivages et autres contentieux et conflits d'ordre racial ou raciste, les plus nombreux des acteurs majeurs du problème, à travers les voix les plus autorisées des victimes et des bénéficiaires des politiques à éliminer et remplacer par d'autres plus équitables, ont usé de tout leur pouvoir d'injonction et d'influence pour faire triompher l'unité nationale du pays et son inscription sur la voie du développement harmonieux, solidaire et juste. Cependant, autant que faire se peut, les corrections devaient s'opérer sans faire trop de torts à ceux qui se sont enrichis par la force, l'exploitation et l'exclusion, encore moins en masquant les vérités du passé sans aussi chercher dans les poubelles des moyens, partout présents d'ailleurs, pour condamner des coupables ayant accepté de se repentir.

Entre l'abolition officielle de l'apartheid et de toutes les ségrégations et l'élection d'un nouveau régime démocratique et multiracial, les adversaires de l'unité nationale, par souci de préserver des acquis facilement avantageux ou pour des raisons liées à une soif de vengeance ou à un besoin profond de règlements de comptes, multipliaient les actes et les propos de sabotage de l'aboutissement consensuel des négociations politiques. Et c'est dans cette logique d'obstruction du dialogue politique en cours qu'un des leaders noirs les plus populaires du moment, en l'occurrence Chris Hani[295], de surcroît jeune, membre du Parti Communiste, a été froidement tué en dehors de toute activité publique aux alentours de son domicile par un extrémiste blanc très zélé en désaccord avec l'idée de l'unité nationale en construction, de même que l'instrumentalisation par d'obscures forces blanches avec l'appui de la police, en exploitant les rivalités ethniques qui divisaient les organisations anti-apartheid des Noirs de militants de l'Inkatha Freedom Party (le parti des Zoulous en grande partie) pour perpétrer des massacres sur des militants de l'ANC avec presque une cinquante de morts[296]. Les résistances et les velléités et actes de sabotage orchestrés par plusieurs forces contre le processus de paix raciale ont rendu plus compliqué son aboutissement et, plus tard, plus complexes l'élaboration et la mise en œuvre de la politique de réconciliation nationale des Sud-africains.

En effet, dans ce chapitre, nous nous attèlerons à répondre à la question de savoir comment de nouvelles stratégies politiques et la mutualisation des efforts et des volontés ont pu triompher durablement sur les démons de la division et les fortes tentations de vengeance pour instaurer un système politique de partage efficace et équitable du pouvoir politique et non de la promotion de son accaparement par une majorité mécanique, sans omettre d'aborder les dimensions de certains cadres et secteurs fédérateurs et unificateurs face aux défis cruciaux créés par les disparités raciales, sociales et le poids des traditions et autres croyances populaires.

1. La réconciliation nationale

L'acceptation officielle des aspirations des Noirs à s'élever dans la nouvelle société sud-africaine multiraciale se heurte à la précarité de ses

[295] Chris Hani a été criblé de balles par un membre du Parti conservateur d'origine polonaise, Janusz Waluz, dénoncé à la police à son tour, chose curieuse et pleine de symboles, par une femme afrikaner ayant relevé le numéro d'immatriculation de son véhicule. Son assassinat a causé l'émoi au niveau national et des émeutes ayant coûté la vie à plusieurs dizaines d'individus.

[296] Lire Bill Keller, *Mandela. Le dernier héros du XXe siècle,* Paris, La Table Ronde, 2010. / Taduit de l'américain.

Bill Keller est un journaliste américain qui a été de 1992 à 1995 le correspondant permanent du New York Times. Il a eu le privilège de passer des journées de travail avec le président Mandela pour des besoins de ses reportages, avec de précieuses confidences du *insider* fouineur. Il a été le rédacteur en chef du New York Times.

moyens d'affranchissement. Dès lors, penser l'intégration harmonieuse du non-Blanc dans cette nouvelle société passe forcément par une analyse fouillée des politiques d'apartheid pour pouvoir proposer des solutions alternatives, et surtout éviter la logique de retournement de situation basée sur la vengeance, à l'image du combat du prolétaire contre le bourgeois. Selon Morris et Padayachee, la solution alternative se trouve dans des mesures économiques d'ordre racial :

> « Il s'agit de 'déracialiser' et 'reracialiser' la société sud-africaine, en intégrant une partie importante des classes moyennes noires de même qu'une partie de la classe ouvrière. »[297]

Pour y arriver, ils préconisent, pour la déracialisation, quelques mesures pratiques :

> « La levée de certaines barrières construites contre certains segments de la population noire (par exemple, l'annulation des dispositions forçant les groupes raciaux à résider dans les zones racialement confinées).»[298]

Aujourd'hui, en plus de la réhabilitation identitaire, il y a aussi l'émancipation économique qui s'impose surtout dans le cadre du travail à l'usine, dans les mines, dans les fermes et dans les services de l'administration. Ainsi, ils militent en fin de compte en faveur de la reracialisation positive qui vise l'équité. Ils prônent la « *reracialisation* » qui est une alternative se justifiant par les améliorations sociales qu'elle englobe, sans pour autant être une approche raciste par le fait que *« de nouvelles barrières sociales s'érigent contre une majorité noire prolétarisée, laquelle fait face à une véritable dégradation de ses conditions de vie »*[299].

Pire encore, avec sa politique du « *divide and rule* »,[300] le pouvoir blanc avait bien créé et entretenu des divisions ethniques au sein des communautés noires. En considérant les Zoulous comme étant les seuls vrais Africains, ce même pouvoir des Blancs a réussi à enraciner la lutte contre l'apartheid dans une logique ethniciste et tribale. Le nationalisme zoulou se renforce davantage, la communauté zoulou se tribalise,

---

[297] Nancy Thède et P. Beaudet, « De la lutte anti-apartheid aux mutations de la culture politique », in *Revue Politique Africaine*, n°48, Editions Karthala, décembre 1992, p.28, se référant à Morris et V. Padayachee, ''State Strategies in the 80's'', in *Transformation*, 1990.

[298] N. Thede et P.Beaudet, *op.cit.*, p. 28.

[299] *Ibid.*

[300] Politique du « *diviser pour mieux régner* ».

l'angoisse identitaire s'empare des autres communautés noires et les querelles ethniques et tribales s'exacerbent. D'où le danger que comporte la « *bantoustanisation* » de 1951 qui avait vu le jour pour la restauration de l'autorité tribale zoulou pour l'encadrement des populations africaines. Ces divisions ethniques ont également eu leurs conséquences politiques qui ont beaucoup participé à fragiliser l'unité des Noirs dans leurs luttes anti-apartheid. Chaque camp politiquement ethnicisé voyait en l'autre aussi victime que lui de la politique d'apartheid un rival à affaiblir dans le cadre du contrôle du leadership noir. Ainsi, le nationaliste zoulou, chef de l'Inkhata Freedom Party (IFP), un parti des Zoulous, a joué un rôle de premier plan dans des massacres à grande échelle pendant les dernières années de l'apartheid. Et pourtant, il n'a fait l'objet d'aucune poursuite judiciaire dans le cadre du « procès » de l'apartheid. C'était aussi le prix à payer pour maximiser les chances de réussite de la réconciliation nationale.

Toutes ces considérations sont autant d'éléments qui ont ralenti le processus de la lutte anti-apartheid et qui aujourd'hui rejaillissent comme un frein fondamental à l'intégration des Noirs dans la nouvelle société sud-africaine « *déracialisée* ». La réalité est qu'il va falloir d'abord réconcilier le Noir avec lui-même.

Les conservateurs « *blancs* » qui se réclament du « *Afrikaner People Front* » tiennent à la satisfaction de leur doléance consistant à l'instauration d'un « *Volkstaat* » ou « *État blanc* ». Ils considèrent qu'intégrer le Noir relève d'un acte de haute trahison « *veraad* ». De pareilles minorités dogmatiques ont toujours sapé l'esprit de l'unité nationale et de réconciliation raciale âprement théorisée et défendue par l'ANC dont les principes fondamentaux offrent des alternatives viables. La Charte de la liberté (The Freedom Charter) le démontre clairement. Elle réfute toute idée d'un gouvernement de la majorité africaine et préconise celui de type démocratique sans considérations ségrégationnistes ou exclusionnistes. Ils ne sont pas les seuls dans la défense de positions maximalistes de ce genre. Chez les Noirs aussi, ces genres de théories sont largement répandus, surtout chez les jeunes et les ruraux.

Le passage en force de certaines réformes économiques, notamment foncières, trouve bon nombre d'adeptes théoriciens d'un racisme de type nouveau aux allures de vengeance anti-Blancs. Le plus connu est bien évidemment Julius Malema, l'ancien leader de la Ligue de la jeunesse de l'African National Congress (ANC), qui vient de créer un nouveau groupe de défense des intérêts des Noirs appelé « *the economic freedom fighters* », les combattants de la liberté économique. Il entend par liberté économique la réussite économique de la majorité noire, même si cela doit passer par l'appauvrissement ou la réduction de la richesse extravagante des Blancs. Il trouve les riches Blancs sans mérite. Ses positions divisent le pays et dressent les pauvres contre les riches, avec des conséquences d'une rare violence. Il n'aime pas trop les Blancs et l'assume. Il se présente en porte-voix des pauvres et devient très populaire chez eux et très mal aimé de la classe bourgeoise dont il fait bizarrement partie. Ses positions sont aux antipodes de l'esprit et de la lettre des nouvelles politiques économiques en cours dans le pays. Même si ces dernières ont vocation d'éliminer la pauvreté et de réduire les inégalités d'ici l'an 2030, comme le veut le National Development Plan (NDP) que défend son ancien mentor, Jacob Zuma, avec qui il est désormais en brouille à cause de ses positions, convictions et actions démesurées. Son appel et son combat sur le plan économique sont sans équivoque. Il préconise des mesures radicales et n'exclut ni la violence physique, ni le recours aux pratiques sous l'apartheid contre les Blancs et les riches. Voici résumée sa vision économique pour ses préférés dont une bonne partie figure dans les propositions de réformes défendues par le président Zuma :

> "economic freedom in our lifetime 'through' the nationalisation of the country's 'mines', banks, and other strategic sectors of the economy as well as the 'expropriation of land without compensation".[301]

Son pendant blanc chez les Afrikaners radicaux et racistes qui l'assument, Eugène Terreblanche, est allé jusqu'à préconiser la création d'une enclave sous forme d'un État blanc au cœur de l'Afrique du Sud postapartheid. Dans son incarnation de la voie de l'extrémisme de droite de la résistance raciste afrikaner, Terreblanche a créé son « armée », l'AWB, contre la multiracialité après avoir sabordé à sa manière toutes les initiatives ayant un lien avec le processus et la mise en œuvre de la réconciliation nationale. Ses démarches, ses couleurs, ses sigles et son drapeau rappellent les stratégies, les pratiques et la philosophie des Nazis.

Cependant, dans la nouvelle philosophie politique du pays, la lutte contre les inégalités passe par la préservation de la cohésion sociale et le renforcement de l'effectivité de la réconciliation nationale, comme le

[301] Synthèse de Safeeyah Kharsany, *op. cit.,*

veulent les pères fondateurs de la nouvelle nation dont le plus éminent, Nelson Mandela, fédère toutes les forces du pays en homme de consensus. Le nouveau cadre juridique et les dispositions constitutionnelles accordent une place incontournable au consentement mutuel dans la gestion des affaires économiques malgré la volonté et les actions de rectification des disparités sociales découlant des injustices économiques du passé. L'esprit du « *willing buyer, willing seller* » doit prévaloir en tout temps et en tout lieu. Ainsi le veut l'esprit de la nouvelle Constitution du pays qui a l'essentiel des contours d'un consensus national.

L'inversion des rôles dans le domaine du leadership politique renforcée par le statut de parti dominant de l'ANC peut facilement déboucher sur une exclusion qui ne dit pas son nom, n'eût été le refus des jeunes intellectuels de se confiner dans des carcans raciaux. Avec cette nouvelle mentalité de la jeunesse décomplexée, les lignes de démarcation entre partis de Blancs et partis de non Blancs ont presque disparu. Le principal parti de l'opposition, jadis considéré comme étant un parti de Blancs, la DA (Alliance Démocratique) d'obédience libérale, est en train de faire sa mue de fort belle manière pour passer pour une formation politique arc-en-ciel. Par des faits constants et convaincants, le parti en administre les preuves qui vont au-delà des choix de « faire-valoir », de caution raciale ou d'alibi idéologique. En portant son choix sur une jeune dame noire née en 1980 et auteure d'une thèse sur le parti, pour en faire sa porte-parole nationale puis présidente de son groupe parlementaire, donc leader de l'opposition sud-africaine, la DA à majorité blanche joue à fond la carte de la mise à mort des partis de races. C'est ce qu'a compris l'heureuse bénéficiaire, Lindiwe Mazibuko, dans la formulation ferme de ses objectifs avec son parti :

> « Nous essayons de convaincre les gens qui ne croient pas en la vengeance, qui ne croient pas en la domination noire remplaçant la domination blanche, qui veulent un avenir commun… »[302]

En faisant substituer la race commune et le passé semblable par l'avenir commun dans son offre politique, même si la DA ne devient du coup une grande menace contre l'hégémonie de l'ANC, elle rassure, rassemble et participe activement à l'effort de la préservation et de l'amplification des acquis de la réconciliation nationale amorcée par

---

[302] Lindiwe Mazibuko, « Lindiwe Mazibuko : leader de l'opposition sud-africaine », in *Amina Magazine*, N° 516 de 2013, p. 88.

Nelson Mandela. Avec une telle vision de l'avenir, le vœu de Mazibuko formulé sous forme de critique diplomatique contre l'existant semble être promis à un bel avenir[303], même lointain, d'où la pertinence et le fondement de l'annonce de ses ambitions, tout en précisant qu'elle vit « *dans un pays jeune qui a besoin d'une alternative politique différente de celle que l'ANC propose* »[304]. Les défis que son parti compte relever sont tout un programme d'unité nationale, surtout venant de la part d'un parti qui était celui des Blancs en grande majorité. Ces défis sont d'ordre patriotique :

> « . Battre l'ANC aux élections de 2019.
> . Renforcer l'ancrage de l'Alliance Démocratique auprès des électeurs sud-africains noirs.
> . Continuer à projeter une bonne image du parti auprès des électeurs blancs. »[305]

En se référant au principe de vote, on pense naturellement à l'usage de la majorité mécanique des masses africaines, mais l'exercice du pouvoir, le contrôle des institutions et de l'administration exigent une expertise en la matière ; d'où la nécessité du rattrapage des Noirs, métis et Indiens sur le plan de l'éducation et de la formation.

En fait, la nature multiraciale du pays et l'égalité juridique des populations sud-africaines ne sont pas assez suffisantes pour sortir les Noirs du cercle vicieux des rôles subalternes et d'exploités, car il est évident que celui qui contrôle l'économie exerce en réalité le pouvoir politique.

Le droit au développement et la participation dans les activités économiques des couches jusque-là exclues et marginalisées passent forcément par la création d'un nouvel ordre économique national en Afrique du Sud. Ainsi, une vision de rupture avec les pratiques de la politique libérale britannique, qui était mise en œuvre dans le Cap sans prise en compte des inégalités créées, doit servir de tableau de bord dans la logique de rattrapage social et économique des exclus du système

---

303 L'Alliance démocratique (DA) a obtenu un score de 22 % des votants aux élections générales du 7 mai 2014, avec un taux de progression de six points entre 2009 et 2014. Le parti de Helen Zille, accusé d'être celui des Blancs, continue toujours d'être la principale force politique de la province du Cap, comme pour confirmer ses détracteurs. La DA n'a cependant pas pu atteindre son objectif du tiers des votants sur l'étendue du territoire national.

304 Lindiwe Mazibuko, *op, cit.,*

305 *Ibid,*

d'apartheid. Cependant, pour rappel, à la suite de ces décisions des Britanniques, aux dernières années de l'apartheid, dans les années 80 précisément sous Botha, les métis sont exclus finalement de la province du Cap occidental pourtant jadis classée « *zone de résidence privilégiée des métis* » (coloured preference area).[306]

Après quarante cinq ans d'apartheid précédés de plusieurs siècles d'exclusion séculaire des Africains, il est inacceptable de parler de « *one sovereign state* » formé de neuf provinces comme prévu par la Constitution Intérimaire en 1994 sans accorder la priorité des investissements au développement des zones de confinement des Africains et des bantoustans. Concernant ce défi de la réalisation de l'unité dans la diversité avec une « *volonté [des peuples] de marcher en ensembles* », pour reprendre la théorie de Fustel de Coulanges, Ousmane Barry pense qu'il s'agit nécessairement de prendre des mesures concrètes. Ainsi, il préconise, « *d'une part, de promouvoir le développement national et, d'autre part, de corriger très rapidement, pour assurer la paix civile et sociale, notamment les flagrantes inégalités de développement des différentes collectivités et provinces* »[307].

Sans cette démarche, l'égalité des droits de tous les citoyens du « *common citizenship* » sud-africaine n'aura comme conséquence que le renforcement d'une criminalité incontrôlable, moyen d'expression d'une volonté d'enrichissement rapide des Africains face au luxe insolent de la communauté blanche. À tout cela il faut ajouter les fortes tentations d'enrichissement sans cause de la nouvelle élite politico-économique qui est loin d'être à l'abri de la corruption et de l'embourgeoisement facile.

La politique de promotion économique d'une nouvelle élite noire à travers le *Black Economic Empowerment*, quoique salutaire, n'est pas forcément la bonne réponse qui s'adresse directement aux attentes pressantes des masses populaires précarisées. Une politique sociale calquée sur le modèle du libéralisme suédois[308], bien négociée pour

---

[306] Waldmeir Patti, *Anatomie d'un miracle. La fin de l'apartheid et la naissance de la nouvelle Afrique du Sud*, Nouveaux horizons, 1997, p. 40.

[307] Ousmane Barry, « De l'ANC à la constitution sud-africaine : continuité ou rupture dans la protection des droits fondamentaux ? », in *Revue Québécoise de droit international*, Volume 10, 1997, p. 56.

[308] La Suède est un pays capitaliste ayant adopté un système d'impôt très progressif lui permettant d'amputer fortement les revenus les plus élevés. Ces prélèvements permettent de financer des biens collectifs et aident à mener une politique de redistribution des revenus en faveur des couches populaires vulnérables et les plus défavorisées, notamment dans les secteurs de la sécurité sociale et des allocutions familiales, entre autres.

obtenir l'adhésion volontaire des plus nantis (Blancs ayant bâti leurs fortunes sur l'exploitation des différences raciales et nouveaux riches non blancs), pourrait mieux humaniser les rapports entre Sud-Africains de classes sociales et d'origines différentes.

La fin de l'apartheid consacre l'ouverture de nouvelles pages pour une Afrique du Sud de type nouveau. L'héritage du passé est très lourd de ses passifs. Puisque seules les montagnes ne se rencontrent jamais, les deux lignes parallèles blanche et non-blanche doivent enfin se confondre en une ligne unique pour former la nouvelle Afrique du Sud démocratique, multiraciale, disons multicolore, pour être en phase avec l'esprit de la nation arc-en-ciel au service du développement et du rayonnement international du pays. De part et d'autre, les jusqu'aux-boutistes, communément appelés les faucons, torpillent les initiatives des hommes de visions porteurs de projets impersonnels, car l'unité nationale passe par le pardon, la renonciation à des acquis et privilèges personnels. Il ne doit y avoir de place que pour l'État et la nation.

L'esprit de partage et de dialogue s'impose pour l'institutionnalisation de pratiques dignes d'une alternance consensuelle au profit de tous. Les risques exposant aux pièges de la lutte du prolétaire qui veut la place du bourgeois en échange de la sienne avec le maintien du mal et de ses racines sont tous aussi nombreux que la libération des instincts de vengeance et de règlements de comptes par le recours à la majorité mécanique. Et c'est face à de tels enjeux et défis devant le nouveau virage historique du pays que la durabilité de la vision politique de Nelson Mandela a fourni ses preuves irréfutables. Le porte-drapeau de la lutte contre l'apartheid n'a jamais développé un sentiment ou des idées d'écrasement ou d'exclusion des Blancs, malgré la férocité de ces derniers vis-à-vis de lui et de sa communauté. Il a toujours mené un

---

Pour mettre un terme à la fracture numérique dans le monde, le président Abdoulaye Wade du Sénégal a proposé la création d'un Fonds de Solidarité Numérique alimenté par des contributions volontaires des États, des collectivités locales ou des tiers.

Il a même préconisé à titre indicatif le prélèvement d'un demi-cent par communication internationale, un dollar (US) par ordinateur vendu, un dollar par routeur vendu, etc.

Lire Abdoulaye Wade, *Un destin pour l'Afrique*, Paris, Michel Lafon, 2005, p.178-184.

Suivant la même logique, le président Jacques Chirac (France) a proposé des taxes sur les billets d'avions (coûts modiques) destinées à financer des programmes de luttes contre les pandémies comme le SIDA en faveur des pays d'Afrique.

De telles idées font la promotion des valeurs de la solidarité et du partage et militent en faveur d'une meilleure compréhension et tolérance entre pauvres et riches, au détriment des frustrations découlant des profonds fossés sociaux.

combat pour l'équité et la justice bien que la pression compréhensible de ses partisans épousât des idées exclusionnistes non loin de l'application des mêmes règles aux oppresseurs, si jamais l'occasion leur en était donnée même dans les combats. Une philosophie qui ne peut produire qu'un racisme anti blanc avec le même péché que celui du Blanc raciste. Pour Mandela, il n'a jamais été question de scander, comme Marcus Garvey, le slogan hostile aux étrangers selon lequel *'l'Afrique aux Africains !'*, mais plutôt la théorie défendant la primauté de l'appartenance à une race unique : celle humaine.

À ce sujet, la résistance de Mandela aux fortes tentations de vengeance et à la dictature du peuple par le discernement relève d'une grande vision à long terme. Elle est digne d'être célébrée au même rang que son rôle prépondérant dans la longue lutte anti-apartheid. De la même manière, son prédécesseur blanc immédiat à la tête du pays, Frederick De Klerk[309], que les extrémistes afrikaners ignorant qu'il a accepté objectivement de négocier pour préserver les acquis des Blancs qui pouvaient l'être au lieu de les voir en toute évidence finir par tout perdre avec le risque d'être persécutés impitoyablement accusaient de haute trahison au point de tourner en dérision ses initiales FW en *Farewell Whites* (Adieu les Blancs), a réussi à prendre le dessus sur les fortes oppositions de la minorité blanche régnante à sa volonté de marquer l'histoire par les mesures émancipatrices les plus révolutionnaires de l'histoire du pays. Même si l'apartheid ne pouvait pas continuer à résister éternellement à la conscience humaine de l'univers, la faire disparaître par le dialogue et la négociation demeurait la seule issue porteuse de paix civile minimale. Le sentiment d'une victoire commune en est une consolation sans laquelle une autre tragédie humaine des temps modernes opposant des races différentes allait en découler. Et c'est là où réside aussi le mérite du réalisme et de la prise de conscience de la direction blanche du pays sur laquelle il fallait également s'appuyer pour réaliser la nécessaire révolution des mentalités de part et d'autre dont se

---

[309] Frederick De Klerk avait surpris tout son monde par son nouveau caractère d'homme modéré et de dialogue dans sa conduite des affaires de l'État. Il passait pour un conservateur dur pendant les années précédentes, au point d'être perçu à la fois comme quelqu'un incarnant une fausse personnalité par certains et un simple réaliste ayant fait sa mue par d'autres. A la démission de Pieter Botha de la présidence de la République pour raison de santé alors qu'il conduisait une politique qui accordait plus d'influence aux forces de sécurité qu'aux civils, sa préférence pour sa succession a porté sur le sécurocrate libéral, Baron Du Plessis, qui fut finalement battu de justesse à l'élection par De Klerk.

préoccupe Patti Waldmeir, l'analyste de ce qui apparaît à ses yeux comme un miracle à accompagner :

> « Comment ses dirigeants (le pouvoir d'apartheid, notre précision) ont été manœuvrés, enjôlés, contraints et séduits pour en arriver là, c'est là une histoire qui s'étale sur toute la décennie suivante. Des forces qui dépassaient l'homme vouaient l'apartheid à l'échec ; mais seule une révolution des mentalités pouvait conduire les Afrikaners à en accepter sereinement le fait. »[310]

La communauté internationale l'a parfaitement compris. Et c'est en cela que doivent résider la compréhension et la lecture du décernement du prix Nobel de la paix aux deux héros que sont Nelson Mandela et Fredrik De Klerk en octobre 1993, non pas seulement pour récompenser un résultat et des parcours, mais aussi et surtout pour les encourager à poursuivre leur belle œuvre qui était loin d'atteindre son objectif final : la réconciliation nationale et le développement harmonieux pour tous. Déjà, en 1984, le religieux anti-apartheid sud-africain, l'archevêque Desmond Tutu, avait obtenu le prix pour son engagement au service de la résolution pacifique de la guerre raciale.

Il est vrai que l'apartheid de même que le colonialisme en Azanie sont plus préoccupants qu'un crime contre l'humanité, comme on l'inscrivait au-dessus des tableaux noirs des salles de classe des écoles de plusieurs pays d'Afrique[311], mais la réconciliation durable des cœurs et des esprits semble plus satisfaisante, si elle est bien expliquée, que l'enrôlement de tous dans d'interminables et intenables procès.

Aucune juridiction au monde, qu'elle soit spéciale ou ordinaire, ne saurait dire le droit sur le passé très sombre de l'Afrique du Sud sous l'apartheid avec ses origines coloniales, au grand profit de ce pays et de son avenir, mieux qu'un dialogue pour la construction d'un consensus. Pour le cas de l'Afrique du Sud, un mauvais arrangement ferait mieux qu'un bon procès, contrairement aux convictions des maximalistes

[310] Patti Waldmeir, *op. cit.*, p. 45.

[311] Au Sénégal, pendant l'avènement du président Abdou Diouf à la tête de l'OUA (l'Organisation de l'Unité Africaine) dans l'appropriation du soutien à la lutte anti-apartheid, il était écrit dans toutes les classes du pays les phrases : *l'apartheid est un crime contre l'humanité*. En bas Pieter Botha. On faisait réciter ces phrases chaque matin à tous les élèves des écoles élémentaires sénégalaises. La considération de l'apartheid comme *un crime contre l'humanité* était une décision prise par l'Assemblée générale de l'Organisation des Nations Unies.

réclamant justice avec radicalisme et croyant fermement au besoin de justice équitable.

La fin de l'apartheid ne pouvait avoir de sens que si elle profite à la tranquillité et à la liberté de tous les Sud-Africains, y compris ses principaux initiateurs officiels et acteurs majeurs. Le sens du pardon tel que recommandé par le président Omar Bongo Ondimba[312] qui pense que le pardon est la meilleure des vengeances[313] est particulièrement nécessaire pour les victimes de l'apartheid en tant que condition incontournable de construction d'une unité nationale durable.

Les tenants du pouvoir politique post-apartheid semblent s'inscrire sur cette dynamique d'unification du peuple sud-africain que le douloureux conflit racial avait profondément divisé. L'influence des extrémistes des deux bords est encore bien contenue par la majorité partisane de la réconciliation franche et définitive. La nouvelle Constitution en a accordé une place prépondérante et sa vulgarisation continue de bénéficier d'un engagement militant des plus hautes autorités de la République, comme l'atteste cet extrait du discours prononcé par le Professeur Mc Nwaila, directeur général du département sud-africain des Affaires traditionnelles, à l'occasion de l'atelier national de la Cultural, Religious and Linguistic Rights Commission tenu le 11 mars 2013 à Pretoria. Après avoir rappelé que la Constitution de 1994 avait été adoptée pour soigner les maux des divisions du passé et établir une société basée sur des valeurs démocratiques, la justice sociale et la promotion des droits humains fondamentaux, le Professeur Nwaila, un membre très influent du cabinet présidentiel, est revenu avec insistance sur la dimension constitutionnelle de la réconciliation nationale :

> "Our constitution propels us towards reconciliation, social cohesion and nation building. It reminds us of who we are and our purpose in life and that working together we can become the best we ought to be as a country when it says:
> 'We the people of South Africa

[312] Omar Bongo Ondimba a occupé la fonction de président de la République du Gabon pendant presque une quarantaine d'années. Son expérience politique lui a permis d'affronter à répétition des actes de haute trahison, de déloyauté et d'abus de confiance, mais également de dominer leurs auteurs par la fermeté, la sanction négative, sans rancune particulière.

[313] Lire Omar Bongo, *Blanc comme nègre*, (Entretiens avec Airy Routier), Paris, Bernard Grasset, 2001, 311 p.

Recognize the injustice of the past
South Africa belongs to all who live in it, united in diversity'."[314]

Plus qu'une compilation de slogans et de belles intentions, la réconciliation a été reconnue comme un désir ardent partagé par presque tous les citoyens dans la nouvelle nation arc-en-ciel. C'est cet état d'esprit et ces préoccupations qui avaient aussi prévalu au moment de la mise sur pied de la Commission Vérité et Réconciliation.[315] Elle a été instituée à cet effet et devait ainsi atteindre quatre principaux objectifs en dix-huit mois, comme le souligne Tom Lodge :

> "1. The discovery of the causes, nature and scope of 'gross violations' of human rights between 1960 and 1994;
> 2. the extension of amnesty to those who fully disclosed their involvement in politically motivated violations of human rights ;
> 3. the identification and location of victims of violations and the design of reparations for them ;
> 4. the compilation of a report, which should contain recommendations for measures to prevent any future violations of human rights"[316].

Créée en 1994, après une étude minutieuse de plusieurs initiatives similaires à travers le monde sur la base d'une approche comparative au sujet des faits concernés, la Commission Vérité et Réconciliation, après avoir apprivoisé les démons de la rancune, a instauré une introspection collective de tous les protagonistes de ces multiples contentieux historiques. Loin de l'idée de passer l'éponge sur l'histoire et ses passifs au mépris de l'honneur et de la dignité du Noir, les travaux de la Commission ont également permis l'organisation de séances à allures d'exorcisions collectives à valeur thérapeutique contre la haine, la rancœur et le mépris. Nelson Mandela l'avait très tôt compris et l'a démontré en demandant, au cœur de l'apartheid, au gouvernement raciste de son pays la tenue d'une Convention Nationale à l'effet de mettre un terme aux sillons de la haine que la violence d'un racisme continuait à creuser avec force et foi sans loi.

Ainsi, sans précipitation aucune malgré l'empressement des uns et des autres de voir éclater la vérité en plein jour, condition sine qua non d'une

---

[314] Discours prononcé le 11 mars 2013 par le Prof Mc Nwaila et qui est disponible sur le site du Département sud-africain des Affaires traditionnelles à l'adresse suivante : www.dta.gov.za

[315] En anglais, Truth and Reconciliation Commission.

[316] Tom Lodge, *op.cit.*, p.177.

véritable réconciliation durable, la Commission a pris tout le temps nécessaire, loin des œuvres bâclées, pour bâtir des bases de départ très solides en collectionnant expériences en la matière, suggestions et observations pouvant améliorer la qualité et l'acceptabilité de ses résultats de travail. Elle démarra finalement ses travaux le 16 décembre 1995 sous la direction de l'archevêque Desmond Tutu[317] avec, comme adjoint, Alex Boraine[318]. Les membres de la Commission[319] étaient assez représentatifs de la population sud-africaine multiraciale et engagée dans la promotion d'un esprit de réconciliation avec le passé.

Subdivisée en trois comités, - violations des droits humains, réparations et amnistie -, la Commission tirait sa force principalement des valeurs culturelles traditionnelles des victimes qui accordent une très grande place à l'humanisme et à la miséricorde. Ce n'est pas pour rien que les premières auditions du comité chargé des violations des droits humains tenus à East London[320] sont précédées par « *a church service*

---

[317] L'Archevêque Desmond Tutu est un homme consensuel très bien respecté en Afrique du Sud et à travers le monde. Il lui a été décerné en 1984 le prix Nobel de la paix. Son engagement pour la paix, la réconciliation et la concorde entre les humains sur terre fait de lui un diplomate sollicité un peu partout dans le monde pour des missions de pacification des cœurs et des esprits. Courant février 2006, au cœur des manifestations de mécontentement dans les rues par les partisans du candidat favori à l'élection présidentielle en Haïti, René Préval, il s'est retrouvé dans ce pays pour s'adresser aux manifestants en les invitant au calme et au retour définitif à la paix. Le candidat dont les partisans réclamaient la proclamation de son élection au premier tour emboucha la même trompette que Tutu. Le tout avec l'appui de la communauté internationale a résulté sur un dénouement acceptable de la situation politique nationale du pays. Aujourd'hui, il milite activement en faveur de la défense des droits des homosexuels en Afrique du Sud.

[318] Alex Boraine a été pendant 12 ans député élu sur les listes du Progressive Party. Grand monsieur très influent, homme de puissants réseaux et de lobbies, il est le fondateur de l'Institute for a Democratic Alternative for South Africa, IDASA, après sa démission du Parlement. Il fut président de l'église méthodiste.

On lui prête également la paternité de l'initiative de l'intégration du mot 'réconciliation' à l'appellation de la Commission qu'il aurait proposé au ministre de la Justice qui l'avait accepté. La Conférence (1994) de son Institut a largement influencé la Promotion of National Unity and Reconciliation Act, loi votée par le parlement en juillet 1995.

[319] Le choix des membres de la Commission a obéi à une logique très sélective et objective pour lui assurer crédibilité, impartialité et pertinence. Les membres sont d'origines diverses, de profils différents, mais tous militants de l'unité et de la paix.

À en croire Tom Lodge, on pouvait trouver dans la Commission 7 femmes, 8 Africains, 2 personnes de couleur, 7 Blancs, tous répartis en 5 avocats, 5 travailleurs de santé, 3 hommes d'église (4 même y incluant Boraine de l'église méthodiste qui est aussi ancien Parlementaire) et 3 anciens parlementaires.

[320] East London est une ville sud-africaine.

which included 'the traditional enactment of purification, of repentance, of sorrow, of commitment' »[321], suivi de l'entonnement de l'hymne xhosa « *The forgiveness of sins makes the person a whole* »[322].

Le recours aux enseignements et à l'esprit de la religion comme secours fédérateur de toutes les composantes raciales, en plus de la valorisation des vertus de la culture traditionnelle des Africains, dont l'existence était jadis réfutée, constitue des avancées notables dans la recherche d'une meilleure compréhension et d'une harmonieuse cohabitation entre communautés.

Cette démarche a la particularité de raviver le sentiment de fierté de la majorité et sa volonté de prouver au monde entier que ses valeurs traditionnelles et les règles tacites de régulation des relations sociales sont solidement ancrées dans l'*ubuntu*[323], cette part d'humanité la mieux partagée qui se trouve en chacun parmi nous.

Pour continuer sur cette voie, les acteurs de l'unité nationale et surtout ceux politiques devaient explorer plusieurs pistes pouvant éliminer la hantise des faits du passé de manière concertée, pour effacer toutes velléités d'affrontements. C'est là où réside la pertinence de l'esprit et des contours de l'amnistie dans la politique de réconciliation en Afrique du Sud postapartheid.

Sans heurter personne, de façon particulière, l'esprit de consensus enveloppe les conditions d'éligibilité à l'amnistie :

> "To be granted amnesty, applicants had to prove their actions were politically motivated and that the violations were gross and within the mandated period. They had also to disclose all relevant information, including the chain of command responsible for the

---

[321] Alex Boraine, *A Country Unmasked*, p.101, cité par Tom Lodge, *op. cit.*, p.179.

[322] Antjie Krog, *Country of My Skull*, London, Jonathan Cape, 1988, p. 26, repris par Tom Lodge, *op.cit.*, p.199.

[323] *Ubuntu* signifie en zoulou « *la part d'humanité qui est en chacun de nous* ». Avec le temps, le concept a évolué en un sens encore plus vaste que le mot « humanité » pour signifier aussi l'appartenance « *à quelque chose de plus grand* ». À titre illustratif des succès de l'esprit de cette part d'humanité la plus partagée en Afrique du Sud. On peut aussi donner l'exemple de ce millionnaire sud-africain blanc, jeune de surcroît (32 ans), Mark Shutterworth. Mark a lancé en 2004 un logiciel libre adopté par le moteur de recherche Google auquel il a donné le nom d'*Ubuntu.* Avec ses huit millions d'utilisateurs, *ubuntu* vise la production d'une palette de programmes de bureautique libres et de qualité. Mark est installé à Londres (Grande-Bretagne). Lire Jordan Bertrand « Logiciels libres : Google adopte 'Ubuntu'», in *Jeune Afrique l'Intelligent*, N° 2353, Ecofinance, du 12 au 18 février 2006, p.83.

> action, and they had to demonstrate that the violation was a 'proportionate' response to the circumstances (although this last condition was seldom given serious consideration).
> Applicants did not have to offer any expressions of remorse".[324]

La formulation des ambitions de la Commission laissait apparaître un défi très difficile à relever, pour ne pas dire une mission impossible à remplir, faire plaisir à tout le monde en disant la vérité. La vérité est connue comme étant amère, l'administrer de façon indiscriminée à des protagonistes à un conflit sans heurter personne dénote de la complaisance ou d'une simple mise en scène.

En Afrique du Sud postapartheid, la présence d'une majorité de Noirs dans l'ensemble des structures et cadres de prise de décisions ou instances consultatives est une exigence démocratique ou, à défaut, une pratique tout à fait compréhensible. La Commission n'a pas échappé à la règle. Étant donné que l'avenir du pays cherche la réconciliation et que les victimes veulent la vérité alors que les Blancs rejettent toute démarche tendant à les accabler et à s'acharner sur eux, l'esprit de procès juridique n'était ni utile ni nécessaire. Surtout que les Blancs opposaient à l'accusation de violence permanente et de violations flagrantes des droits humains dont ils étaient les auteurs et inspirateurs l'argument de la légitime défense face à la lutte armée de l'ANC[325] et de sa branche armée. Fallacieux ou fondés, les arguments étaient légion.

De telles commissions nationales ou internationales n'ont jamais ou ont rarement servi à grand-chose à part l'euphorie des débuts et les rêves parmi les plus fous qu'elles suscitent à leur départ.

En général, comme ce fut le cas en Afrique du Sud, elles prévoient très souvent des mesures de réparation. En toute objectivité, dans de pareilles situations la chose la plus irréaliste, c'est l'idée de réparation. C'est la conviction du président Abdoulaye Wade[326] qui se demande sur quelles modalités et à partir de quels critères la réparation peut avec pertinence et équité s'opérer.

---

[324] Tom Lodge, *op.cit.*, p.182.

[325] En un moment de son évolution, l'ANC était considéré par certaines puissances étrangères (États-Unis et Royaume-Uni jusque dans les années 1980) comme une organisation terroriste en connivence avec les dangereuses forces communistes.

[326] Au sujet du débat sur la réparation des préjudices causés par l'esclavage, le président Wade trouve la requête irréaliste, irréalisable et ne faisant pas honneur aux victimes et à leurs descendants.

Les crimes odieux perpétrés en Afrique du Sud coloniale et sous l'apartheid, même si la période couverte par la Commission s'étale de 1960 à 1994, ne sont nullement passibles d'effacement par une réparation matérielle, quel qu'en soit le coût. Tout au plus on peut parler de réparation morale par la confession, le regret, le repentir et la présentation sincère d'excuses, de préférence publiques, alors que pour être éligible à l'amnistie, le demandeur n'est même pas tenu d'exprimer des remords selon la lettre et l'esprit de la Commission. Ce semblant de frilosité ou prudence a rejailli sur le suivi des recommandations issues des travaux des commissaires dont la plupart sont demeurées lettres mortes. Rares sont les grandes décisions de justice ou des peines lourdes sous forme de condamnations qui ont étés prises à l'encontre de coupables. Certains ont même refusé de demander pardon à titre symbolique comme le voulait la Commission.

Aujourd'hui, bien après la dissolution de la Commission Vérité et Réconciliation, de nouveaux rebondissements judiciaires sont notés dans la gestion de certains dossiers qui ont fait l'objet de traitement par la Commission. Peut-on en déduire que leurs motivations et soubassements sont politiques ou historiques ou les deux à la fois ? L'histoire et le statut actuel de la personne visée par les nouvelles poursuites judiciaires, Winnie Madikizela-Mandela (76 ans en 2013), ex-femme de Nelson Mandela, très populaire encore chez les Noirs, ouvrent les portes à tous les commentaires et fantasmes. Reconnue responsable de graves violations des droits de l'homme sous l'apartheid sans jamais avoir demandé pardon ou sollicité une amnistie des faits, elle a eu malgré tout à bénéficier des arrangements politiques allant de pair avec les objectifs de la réconciliation nationale. Pour des faits constants et graves dont plus de douze meurtres qu'elle n'a jamais regrettés et pour lesquels elle n'a jamais demandé pardon non plus en dépit de la condamnation à perpétuité (une des rares sanctions pour l'exemple contre un coupable de crimes liés à l'apartheid) de son bras armé agissant sous ses ordres explicites, Jerry Richardson, mort en prison en 2009, un procureur de la nouvelle démocratie sud-africaine, avec une justice qui se veut de plus en plus indépendante et très attachée au respect des droits humains, a abordé l'éventualité de l'ouverture d'un procès contre elle le 16 mars 2013. Les faits visés sont précis :

> « (…) la disparition de deux hommes aux mains de la milice qu'elle avait formée à Soweto dans les années 1980. (…) Portés disparus en 1988 aux âges respectifs de 21 et 19 ans, les deux hommes avaient été vus pour la dernière fois vivants au domicile

> de Winnie Madikizela-Mandela. Ces jeunes étaient soupçonnés d'être des espions à la solde du régime de l'apartheid par le Mandela United Football Club (MUFC), une milice que Mama Wethu, la mère de la nation, avait formée en 1986 à Soweto – sous couvert d'activités sportives. »[327]

Dans le but de procéder à des analyses ADN par la justice sud-africaine, les corps présumés des victimes, Lolo Sono et Siboniso Tshabalala, ont été exhumés le 12 mars 2013 dans le cimetière d'Avalon qui se situe au township de Soweto où habitait Winnie Mandela au moment des faits. Le vrai problème dans ce dossier judicaire relatif au procès de l'apartheid est lié à son traitement isolé des centaines de milliers de meurtres perpétrés sous l'apartheid et dont beaucoup d'auteurs ou commanditaires connus ou pas vivent encore tranquillement dans le pays sans être inquiétés. La réconciliation nationale a un prix. Les innocents sont presque inexistants dans les rangs des anciens et des nouveaux dirigeants ayant pris une part active dans la défense de la politique de l'apartheid ou les luttes contre celle-ci. En plus, d'autres grands responsables des faits macabres du passé, pires que le refus de demander pardon et de regretter leurs faits et propos, n'ont même pas estimé nécessaire de se présenter devant la Commission Vérité et Réconciliation. Le plus illustre de cette catégorie d'hommes de mépris est Pieter Willem Botha. Il n'a été que symboliquement condamné pour refus de témoigner devant la Commission.

En dépit de toutes ces accusations dont certaines ont été prouvées, fondées et d'autres encore plus gênantes, car relevant du domaine privé, au nom du pardon et du dépassement, à la place de la première première dame noire de l'Afrique du Sud pour avoir divorcé avec Nelson Mandela, Winnie s'est retrouvée pour une courte durée avec un lot de consolation en sa qualité de vice-ministre des Arts, de la Culture, des Sciences et de la Technologie au titre de l'ANC, dans le premier gouvernement multiracial formé au mois de mai 1994.

Mais du fait que le premier président de la République sud-africaine post-apartheid, Nelson Mandela est resté fidèle à ses idéaux de départ qui placent les intérêts supérieurs de l'Afrique du Sud et de la fraternité multicolore agissante de son peuple dans sa globalité sur toute autre considération ou urgence, la nation a retrouvé ses lettres de noblesse, l'unité se propage au prix du pardon, en dépit des récurrentes menaces contre celle-ci, et le pays est devenu respecté et attractif grâce à ses

[327] « Winnie Mandela risque un nouveau procès », in *Afrique Nouvelle,* N° 10, mai 2013.

richesses et à son leader messianique pour faire face au combat contre le fossé profond existant entre les différentes classes sociales sur des bases désormais non raciales, officiellement tout au moins. Cependant, avec la disparition de Nelson Mandela qui joue l'éminent rôle de ciment de l'unité nationale et de guide fédérateur des différentes forces concurrentes du pays, de lourdes menaces pèsent sur l'avenir de la réconciliation des enfants de la nation arc-en-ciel. Alors que son état de santé se détériorait de jour en jour et que le souffle de la nation tout entière était suspendu à l'évolution du bulletin de santé du héros bien-aimé, des séances de prières organisées sur l'étendue du territoire par le peuple sous l'égide de l'ANC, la décision d'en exclure la DA, l'Alliance Démocratique (opposition), fut prise pour « sanctionner » sa non participation à l'effort de construction du pays. L'interprétation qui peut être faite d'une telle décision pleine de symboles ne saurait sortir du cadre purement politique à un an de l'élection présidentielle sud-africaine marquée par la radicalisation de la DA dans ses prises de positions sur la situation sociale, économique et sécuritaire du pays. En oubliant que Mandela doit demeurer un patrimoine national, en vie ou pas, et c'est pour cette raison qu'en le réduisant au simple statut d'un responsable ou militant de premier plan d'un parti politique, l'ANC s'éloigne inconsciemment de la voie de la concorde tracée par sa figure la plus marquante tout en privant la nouvelle Afrique du Sud d'une belle opportunité de confirmation du triomphe des grandes retrouvailles patriotiques sur les démons de la division et de l'exclusion.

Le niveau de développement actuel de l'Afrique du Sud offre un excellent départ en faveur d'actions communes à toutes ses communautés et composantes en vue de créer les conditions du bonheur minimal pour tous. En effet, on doit au sang et à la sueur des Noirs le niveau de développement du pays, mais aussi, et en grande partie, au génie de l'homme blanc qui avait décidé de construire son propre pays aux normes occidentales en Afrique sur la base d'une main-d'œuvre servile confinée dans un nouveau pays voisin habité par des Noirs démunis. L'argument construit sur la base de l'existence des richesses naturelles et de l'exploitation abusive des populations noires sous l'apartheid pour expliquer l'état et le poids de l'économie sud-africaine est aussi le mieux partagé avec d'autres pays d'Afrique actuellement en ruine sur tous les plans. L'unique différence est que l'Afrique du Sud est devenue le pays de l'homme noir et du Blanc, alors que ce dernier pensait construire son pays à lui tout seul. Et c'est pour cette raison que les affligeantes peines subies par l'ouvrier mal payé ayant enregistré de lourdes pertes (le Noir) face aux profits excessifs de l'entrepreneur laxiste et accumulateur (le Blanc) peuvent et doivent prendre fin de belle manière sur les débris d'un chantier en cours et non les ruines d'un immeuble que les saignements de leur cœur ont fait agir leurs mains pour le faire effondrer.

Le Blanc serait-il mieux préparé pour le développement, mieux organisé, ou plus attaché au travail que le Noir ou non ? Sans pessimisme aucun ou encore moins de complexe d'infériorité, la question mérite réflexion mais en attendant, le régime sud-africain comme les autres gouvernements africains et leurs peuples doivent être jugés sur pièces quant à leurs aptitudes à mieux faire que le Blanc dans et pour leurs propres pays et leur grandeur à s'éloigner de la violence et de la vengeance pour constituer une équipe durable avec leurs ennemis d'hier au service d'une patrie commune. Le génie de Mandela ne doit pas être un comportement positif isolé, mais représentatif des valeurs d'hommes et de femmes à qui on avait renié leur dignité humaine et leurs droits les plus élémentaires. À l'accusation de terroristes, la réconciliation nationale offre l'opportunité d'agir en bâtisseur non violent sans verser dans la réaction justificative.

Les péripéties difficiles qui ont marqué les nombreuses rencontres d'harmonisation des positions majeures de l'ensemble des forces vives de la nation en général et en particulier le triumvirat ANC, National Party et l'Inkatha Freedom Party et leurs organisations alliées ou satellites sont toujours présentes dans les compétitions politiques, car leurs causes étaient, au-delà des considérations économiques et matérielles, d'ordre idéologique. De concession en concession, de rencontres et de négociations difficiles à des accords enfantés dans la grande douleur avec des bains de sang, des menaces de retrait du processus et de sa perturbation par des actes de sabotages violents ont fait contre mauvaise fortune bon cœur, avec des compensations aux senteurs et aux contours de véritables « deals » nécessaires pour simplement avancer. La satisfaction des dernières exigences et conditions de participation aux premières élections générales démocratiques et multiraciales[328] de

[328] Vingt-six partis politiques y ont pris part. après une longue attente de l'organisation des élections et de la proclamation de ses résultats marquée par des séries de tueries, d'attentats à la bombe et de nombreux actes de sabotage. Mandela et son parti l'ANC sont sortis victorieux dans 7 provinces sur 9 avec un taux de 65, 7%, suivi du Parti National (20,4% des voix), en remportant, à la surprise générale, la province du Cap Occidental (Western Cape), de l'Inkatha (10,5%), en plus d'avoir gagné dans la province du Kwazulu-Natal et enfin le Front de la Liberté (extrême droite) du général Constand Viljoen (ancien patron de l'armée de 1980 à 1985), avec 2,2% de l'électorat.

Mangosuthu Buthelezi et de son parti par la modification au pied levé de la Constitution intérimaire donne une idée claire de la dimension des chocs d'ambitions égoïstes dont la principale cause est imputable au parti des Zoulous qui avait trop mis en avant des revendications identitaires de portée locale et tribale : « *reconnaissance du royaume du Kwazulu et protection de sa monarchie, de son statut et de son rôle constitutionnel* [329]».

Autant le pragmatisme et le réalisme se cachant derrière le patriotisme des hommes de la trempe de Mandela et de Klerk ont su prendre le dessus sur la rancune et aux fortes tentations d'une guerre civile génocidaire opposant des camps de forces disproportionnellement inégales pour une fin heureuse de l'apartheid et une réconciliation nationale en marche, autant avec leur disparition ou leur incapacité physique de jouer activement des rôles de médiateurs et de fédérateurs, l'Afrique du Sud doit faire recours, en les renforçant, à des piliers fondamentaux sur lesquels devront désormais reposer les bases de son avenir politique, social, économique et surtout sécuritaire. Les solutions les plus durables et les plus viables sont les institutions démocratiques et la Constitution à préserver sans rides, la religion, la culture et le sport.

2. Rôles et apports du sport

Les équipes nationales des sports nationaux sont devenues partout les plus grands facteurs fédérateurs des hommes et femmes d'une même nation. L'Afrique du Sud n'en fait pas exception, mais le plus important avec ce pays est le fait que des groupes raciaux qui se haïssaient à merveille et qui, aux termes des lois en vigueur, sont frappés par l'interdiction de se mélanger s'y mettent ensemble pour défendre les mêmes couleurs sous les vivats, sourires, complicités d'un peuple multiracial réconcilié. La grande magie du sport est à chercher et à trouver en Afrique du Sud. Le rugby et le football y jouent un rôle politique plus efficace que tous les accords, ententes et textes législatifs et réglementaires signés ou votés.

Les *Bafana bafana,* l'équipe nationale de football, sont devenus les symboles les plus consensuels de l'unité nationale déracialisée de l'Afrique du Sud. À travers leur composition, la valeur de la nation arc-en-ciel est devenue une réalité aux yeux du monde entier. Avec l'organisation des coupes d'Afrique (1996) et du monde (2012) de

[329] Lucie Pagé, *op. cit.,*p.210.

football, le pays a gagné en notoriété, en attraction et en respectabilité sur le plan mondial, mais surtout en renforcement de sa cohésion sociale à l'échelle nationale. L'abolition des lois de l'apartheid et l'avènement d'un pouvoir démocratique et multiracial ont, comme par enchantement, porté bonheur au peuple sud-africain sur le plan sportif, d'autant plus que le pays n'avait pas une grande et vieille tradition footballistique. Ainsi, en 1996, pour un coup d'essai à l'occasion de la Coupe d'Afrique des Nations, les *Bafana Bafana* sont devenus les champions continentaux du football, pour ainsi être, au cœur de l'attention du monde que le pays avait fini de fasciner merveilleusement. À la coupe du monde de football organisée par la France en 1998, les Sud-africains faisaient l'objet de toutes les curiosités et commentaires positifs aux côtés de la France victorieuse avec une équipe d'une mixité raciale rare dans les annales de l'histoire sportive. Les équipes en « noir et blanc » avaient le vent en poupe.

Bien que les replis identitaires continuent de résister au sport, son facteur unificateur est en train de prendre le dessus. Pour une meilleure connaissance et intégration des pouvoirs traditionnels ethniques et tribaux dans une dynamique de réconciliation raciale, le royaume de Chaka a été célébré de belle manière dans le cadre du sport mondial par la South African Breweries qui a fait assister, tous frais compris, Sa Majesté le Roi Goodwill Zwelithini kaBhekuzulu (roi des Zoulous) pendant deux semaines en France à la Coupe du monde. Bien auparavant, juste après l'abolition des lois de l'apartheid et bien avant l'installation d'un régime démocratique multiracial, Nelson Mandela a été un des plus illustres et mieux célébrés avec son pays aux jeux olympiques de Barcelone (Royaume d'Espagne) en 1992.

Cependant, dans le township de Soweto, les jeunes restent plus attachés à leurs clubs fanions qu'à des conquêtes sportives internationales. L'enjeu y tourne autour des prouesses des deux équipes vedettes que sont *Kaiser Chief* et *Orlando Pirates*. Si ces clubs restent populaires et fédérateurs, c'est parce que leurs joueurs, dans leur écrasante majorité, ne sont pas intégrés à l'équipe nationale et continuent de vivre encore dans le township dans presque les mêmes conditions et ambiance que le reste de la population. Le lot quotidien des habitants y demeure un combat commun contre le chômage et la pauvreté. Des rares changements hautement appréciables qui peuvent y être notés, les infrastructures sportives en sont les plus visibles avec plus d'impacts positifs, comme l'affirme la journaliste Anne Dissez, la correspondante permanente du mensuel africain *Continental* en Afrique du Sud :

> « Les jours de match, dans le stade d'Orlando, les jeunes débordent de ce même enthousiasme qui animait leurs pères, sauf que le stade a fait peau neuve. Les gradins ont été repeints aux couleurs de la nouvelle Afrique du Sud et ils ne risquent plus de s'écrouler, comme dans le passé. »[330]

En Afrique du Sud, le sport roi est le rugby. Et pendant très longtemps, il a été l'apanage des Blancs. Dans les traditions sportives anglo-saxonnes, le rugby, le cricket, le tennis, etc. occupent une place prépondérante dans la vie des nations. L'Afrique du Sud n'y échappe pas. Contrairement à une ancienne colonie britannique soumise à la politique de l'*indirect rule*, le pays était un haut lieu de vécu quotidien occidental avec ses traditions, ses goûts, ses couleurs, ses manières, et ses perceptions de la vie et ses représentations de l'avenir. Bref, le *decorum* y était de type occidental avec le mélange d'un mode de vie britannique et d'idées afrikaners. Avec un tel héritage sur fond d'exclusion et de séparation raciales très nettes, le caractère multiracial du rugby et de ses équipes nationales ne pouvait pas se réaliser du jour au lendemain. Pendant très longtemps, les *Springboks* n'étaient en réalité que des *White Springboks* qui éprouvaient de la peine démoralisante en entonnant le nouvel hymne du pays qu'ils percevaient comme une chanson de terroristes. Néanmoins, dans l'expression de la soif de grandeur de la nouvelle nation qui nécessite d'être assouvie à tout prix, le peuple laisse peu de place à l'ampleur raciale dans la composition des équipes, tout en célébrant ses plus talentueux joueurs sans complexe racial ni préférence géographique. C'est ainsi que la victoire des *Springboks* sur les *All Blacks* de la Nouvelle Zélande, à la surprise générale de tout le monde lors de la Coupe du monde de Rugby de 1995 en Afrique du Sud, était à la fois les résultats combinés du talent et de la détermination des joueurs, de la mobilisation exceptionnelle du peuple uni derrière son équipe nationale et le soutien politique actif et responsable des nouveaux dirigeants du pays dans un élan patriotique transcendant les clivages claniques et les fissures raciales.

3. Les pratiques et croyances traditionnelles à l'épreuve des droits humains

En Afrique du Sud, le peuple est à cheval entre la modernité et les croyances et pratiques traditionnelles. Le syncrétisme religieux y est

[330] Anne Dissez, « Soweto. La fin d'un mythe », in *Continental,* N° 33, déc. 2004, p. 41.

également très développé. Ces deux réalités génèrent très souvent des situations de grands conflits avec le respect strict des droits humains. Et pourtant, parmi les premières mesures relatives à la prise en charge du lourd héritage légué par les politiques coloniales, de ségrégation et d'apartheid, une considération particulière a été accordée à la suppression des disparités, des violences faites aux femmes, des violations ou de la négligence des droits de l'enfant. En effet, la Constitution intérimaire de 1994 l'affirmait clairement et celle finale de 1996 (Loi N°108 de 1996) en a apporté la confirmation sans équivoque. Dans la logique du respect de l'esprit et de la lettre de la loi fondamentale du pays, beaucoup de commissions nationales ont été créées à cet effet pour pouvoir bien assurer la bonne protection des droits individuels et collectifs. C'est dans ce cadre qu'ont vu le jour la Commission des droits de l'homme, la Commission pour la promotion et la protection des droits des communautés culturelles, religieuses et linguistiques et la Commission pour l'égalité de genre. Les droits économiques et sociaux n'étaient pas non plus en reste, comme le rappelle Sampie Terreblanche qui cite des extraits de dispositions constitutionnelles prévues à ce sujet dans son ouvrage sur l'histoire des inégalités en Afrique du Sud :

> "Labour rights ; the right to an environment that is not harmful to health or well-being ; and to have the environment protected through reasonable legislative and other measures that secure sustainable development ; equitable access to land ; security of land tenure ; and restitution of property or equitable redress for property that was dispossessed after 1913 as a result of past racially discriminatory laws or practices ; the right of access to adequate housing and a prohibition on the arbitrary eviction of people from their homes or the demolition of homes ; the right of access to health care services (including reproductive health care), sufficient food and water, and social security ; the right against the refusal of emergency medical treatment ; the right of children to basic nutrition, shelter, basic health care services and social services ; educational rights ; adequate accommodation, nutrition, reading material and medical treatment at state expense for persons deprived of their liberty…"[331]

En matière de respect des droits humains, de la diversité, du droit à la différence et du souci de la réparation juste et équitable de fautes commises au préjudice d'un innocent ou d'un faible sans la commission

[331] Extrait de la Constitution de la République de l'Afrique du Sud, cité par Sampie Terreblanche, *op.cit.,*p. 46.

d'un autre tort, la Constitution sud-africaine est presque parfaite, au point de ressembler à une compilation de vœux pieux non réalisables. Elle fixe un cap clair et intègre la prise en charge des valeurs et des aspirations d'un État qui promeut l'égalité des chances et la protection des droits des minorités, des femmes et des enfants et surtout la satisfaction des besoins naturels et nécessaires que sont *manger et boire*.[332] Cependant, au nom de certaines croyances et valeurs traditionnelles africaines, les femmes et les enfants, et par voie de conséquence la santé publique, sont souvent victimes de préjudices graves en totale déphasage avec les lois très progressistes du pays. Les viols rituels, les mariages forcés et précoces, les rituels de circoncisions par classes d'âge dans les pures traditions locales sans précautions d'hygiène médicales pratiques restent toujours de sérieuses épreuves qui font d'innocentes victimes, faisant les frais de conséquences allant de graves infections en passant par des contamination par le virus du SIDA, des scènes de suicides, des départs d'exil à la mort.

Dans les croyances traditionnelles des Zoulous, des Sothos et des Ndebeles le courage et l'endurance, qui sont de façon indissociable liés à l'honneur familial, occupent une place centrale dans la vie en communauté. Ainsi, pour le formatage d'une forte personnalité dès le bas âge, une parfaite affirmation de la virilité et l'accès au sens élevé de la discipline et de la bravoure, il est fait recours, au moins deux fois par an chez certains groupes ethniques, aux rituels traditionnels de la circoncision non médicalisée. Ces opérations de passage initiatique à l'âge et au statut d'adulte mature responsable et respectable, apte à toutes les missions d'un homme valeureux et respecté, sont très souvent marquées par de terribles négligences si ce ne sont des preuves d'ignorance des règles élémentaires d'hygiène médicale.

Non seulement les épreuves de circoncisions traditionnelles trouvent un très grand nombre de jeunes par session avec des instruments non stérilisés, mais les guérisseurs traditionnels, le plus souvent des ruraux analphabètes et sous-informés et parfois très corrompus, ne prennent aucune disposition pour contrecarrer la douleur qu'ils cherchent à faire endurer aux candidats. En plus de la mutilation sexuelle dont les enfants font l'objet, ils sont internés dans des conditions de vie très difficiles pour leur formation initiatique à la vie communautaire responsable pendant

[332] Selon Épicure, il existe trois catégories de besoins chez l'humain : - les besoins naturels et nécessaires (manger et boire), - les besoins naturels et non nécessaires (le sexe) - et les besoins non naturels et non nécessaires (le luxe) -.

plusieurs semaines, sans des soins de qualité. Ainsi, certains se retrouvent avec des infections très avancées si leur pénis n'est pas carrément mutilé, emportant ainsi le socle de la vie chez ces communautés : la virilité incontestable de l'homme. Car l'absence de virilité est l'absence totale de la vie et de l'honneur, beaucoup de victimes préfèrent se suicider que d'être l'objet de la risée de leur classe d'âge. Ces pratiques traditionnelles ont coûté à l'Afrique du Sud plusieurs centaines de morts à la fleur de l'âge ces dernières années et malheureusement le phénomène ne recule pas face aux condamnations et sanctions sur fond de devoir de compréhension notées chez les autorités administratives et politiques du pays. Au mois de mai (le 8) 2013, vingt-sept garçons âgés de treize à vingt et un ans ont été tués dans ces rituels de circoncision ayant mal tourné dans les zones rurales de la province de Mpumalanga. À peu près deux ans auparavant, en 2010, un malheur ou accident similaire avait décimé une trentaine de jeunes dans la province du Cap oriental, en plus de l'hospitalisation de plusieurs centaines de malades graves victimes de gangrènes, de déshydratation ou d'infections de toutes sortes.

Au lieu d'interdire formellement ces pratiques rituelles dans un des pays les plus touchés par la pandémie du SIDA, le gouvernement sud-africain, pour ménager la susceptibilité des milieux traditionnels pour des raisons politiques en vérité, se limite à des condamnations fermes, des enquêtes rarement fructueuses, des sanctions incontournables et va jusqu'à mettre à la disposition des zones concernées des cliniques mobiles destinées à apporter l'assistance médicale nécessaire en cas de complications. La loi adoptée en 2001 et qui fixe l'âge légal de la circoncision à dix-huit ans fait partie des lois les moins respectées ou appliquées dans le pays. Plus qu'une volonté de convaincre la communauté internationale de ses efforts fournis contre le fléau qui n'arrange pas les programmes de lutte anti-SIDA et la protection de la sacralité de la vie humaine, les autorités du pays ne s'attaquent pas directement à la racine du mal pour l'éradiquer et pourtant ses conséquences sont excessivement graves et salissantes pour l'image de l'Afrique du Sud. Ces rituels donnent l'image de boucheries humaines condamnées mais tolérées.

Pourtant, bien avant les contacts directs entre le peuple zoulou et les étrangers blancs, les colonisateurs européens, donc sans influence extérieure aucune, le roi Chaka surnommé par ses contemporains le « Napoléon africain », grand visionnaire quoique sanguinaire et très attaché à l'honneur et à la gloire de son peuple avec des idées expansionnistes et d'unification de l'ensemble des royaumes alentour et lointains par anticipation aux velléités dominatrices des colonisateurs qu'il flairait, avait théorisé et décidé l'abandon de la pratique de la circoncision traditionnelle en milieu zoulou. En dépit de l'importance capitale accordée à ces rites qui déterminaient la place de l'homme dans sa communauté, Chaka avait trouvé la pratique de la circoncision telle qu'elle se faisait, bien que très populaire et bien célébrée, très rétrograde et avilissante pour être soustraite des us et coutumes de son peuple. La tradition étant comme l'habitude qui est une seconde nature, elle fut réintroduite bien plus tard dans l'arsenal coutumier chez certains groupes ethniques sud-africains avant de connaître une des plus grandes amplifications aux pires moments les moins opportuns pour la protection de l'intérêt et de la santé publics.

Sur le registre relatif à la gestion communautaire des orientations et identités sexuelles, dans la dénonciation active des pratiques lesbiennes et attitudes similaires, les viols correctifs parfois suivis d'assassinats sont utilisés comme des armes de dissuasion très fréquentes. Le viol est un véhicule de la violence abjecte, mais aussi et surtout la pire des causes de propagation du SIDA en Afrique du Sud.

Au sujet des violations flagrantes de certaines couches vulnérables de la population par souci de conformité avec des croyances traditionnelles, notamment le respect des vœux non écrits des ancêtres, une des « victimes » les plus illustres est un enfant de huit ans, Senele Masinela. Le mariage du petit Senele avec une dame mariée qui a l'âge de sa grand-mère (60 ans), Helen Shabangu, a été scellé par crainte de représailles des ancêtres sur la simple base de l'affirmation « enfantine » du gamin que la volonté de ses ancêtres était d'épouser la dame que « *son grand-père avait choisie avant de rendre l'âme* ».[333]

Pour eux, le bonheur des ancêtres passe par la célébration du mariage. Le non-respect d'une telle volonté sacrée les expose à la furie de ces derniers. Et plus qu'une célébration symbolique, toutes les exigences d'un mariage en bonne et due forme selon les traditions locales ont été respectées (présence de beaucoup d'invités du nouveau couple traditionnel, 1700 euros dépensés pour la fête, 700 euros de dot versés par le gamin nouveau marié, échanges de baisers et de bagues d'alliance sous la supervision d'un prêtre,[334] séances de photos et de félicitations, etc.) La polémique qui s'en est suivie a fini par contraindre le

[333] Assanatou Baldé, « Une Sud-Africaine de 60 ans épouse un petit garçon de 8 ans », in *Amina,* N° 517, 2013, p. 20.
[334] Assanatou Baldé, *op. cit.,*

gouvernement à condamner publiquement le mariage tout en précisant ne pas le reconnaître officiellement. Ce rituel visait le contournement des courroux des ancêtres. Et sûrement, si elle exigeait du sang humain ou une vie humaine carrément, la satisfaction des vœux des morts allait être assurée en catimini au détriment de victimes anonymes ou identifiées.

Pour remporter le bras de fer qui l'opposait à Thabo M'beki, alors président de la République sud-africaine et son vice-président, Jacob Zuma a bien fait recours à son authenticité culturelle en instrumentalisant la jeunesse et les militants de l'ANC les plus attachés aux croyances et pratiques traditionnelles du pays. L'ancrage et la réaffirmation de son identité africaine et ses convictions traditionnalistes l'ont davantage rapproché de la majorité culturellement enracinée. Cette crise politique interne à l'ANC ayant mis en opposition farouche les deux têtes de file et du parti dominant et de l'État fit revenir en surface ce qu'Achille M'bembe appelle le *nativisme* et qu'il définit comme étant « *une idéologie qui glorifie la différence et la diversité et qui lutte pour la sauvegarde des coutumes et des identités considérées comme menacées* ». Pour nous délimiter les contours, les limites et contradictions et bien naturellement ses conséquences sur la cohésion sociale et la protection des droits humains, le Professeur M'bembe nous décline ici l'esprit et les arguments des théoriciens du concept :

> « Dans la logique nativiste, les identités et les luttes politiques se déclinent sur la base d'une distinction entre 'ceux qui sont d'ici' (les autochtones) et 'ceux qui sont venus d'ailleurs' (les allogènes). Les nativistes oublient que, dans leurs formes stéréotypées, les coutumes et les traditions dont ils se réclament furent souvent inventées non par les indigènes eux-mêmes, mais en fait par les missionnaires et les colons. »[335]

Ce grand débat sur la paternité de certaines pratiques coutumières et traditionnelles continue toujours de se poser dans le pays. L'Afrique du Sud fut le pays des pires ségrégations, mais également le pays des plus vastes diversités et mélanges de tout genre. Malgré les nombreux appels et multiples incitations au retour aux sources et l'apologie de l'authenticité identitaire et culturelle confirmant un profond souci populaire d'enracinement, le pays n'en demeure pas moins très ouvert à la modernité sans discriminer entre ses tares et ses forces. Beaucoup de

[335] Achille M'bembe, « Le lumpen-radicalisme du président Zuma », in *Manière de voir. Le Monde diplomatique,* Bimestriel N° 108, décembre 2009-janvier 2010, p. 95.

l'État, que l'homosexualité ne ferait pas partie de la culture africaine. »[337]

Les justifications religieuses et culturelles opposées à l'homosexualité ne trouvent pas d'échos favorables chez certains religieux sud-africains doublés du statut de grands militants anti-apartheid qui préfèrent faire valoir le principe de protection des droits de l'homme tel que consacré par la Constitution du pays. L'Archevêque honoraire Desmond Tutu, prix Nobel de la paix, assimile la lutte pour la défense des droits des homosexuels à celle menée contre l'apartheid en annonçant publiquement, à l'occasion d'une campagne contre l'homophobie avec Navy Pilay au Cap, qu'il ne louera pas un Dieu homophobe et qu'il n'imagine pas pouvoir séjourner dans un Paradis où existe l'homophobie, car préférant cent fois voir ailleurs[338].

Un fait inédit qui fait la particularité de la légalisation de l'homosexualité en Afrique du Sud s'est produit en avril 2013 dans un petit village traditionnel du KwaZulu Natal : deux jeunes garçons de vingt-sept ans, Tshepo Modisane et Thoba Sithole, ont convolé en justes noces publiquement « *dans la plus pure tradition zouloue* » sous les vivats approbateurs des populations.

Comme un démenti contre l'idée selon laquelle l'homosexualité est une pratique bien étrangère aux valeurs et coutumes africaines, cet événement a fait le tour du monde avec une instrumentalisation toute particulière de sa dimension symbolique par les *gay lobbies* en vue d'en faire un moyen de pression sur les « homophobes » des pays occidentaux. Sa coïncidence avec les multiples « marches pour tous » contre la loi sur le « mariage pour tous » légalisant l'union conjugale entre deux personnes de même sexe et leur droit d'adopter des enfants n'était pas pour déplaire certains défenseurs des droits de l'homme en Europe.

Cependant, ce désir des dirigeants et populations sud-africains d'assumer et d'étaler leurs convictions progressistes cache mal beaucoup

[337] Séverine Kodjo-Grandvaux, « Afrique du Sud. Double arc-en-ciel », in *Jeune Afrique*, N° 2735 du 9 au 15 juin 2013.

[338] Le Haut Commissariat des Nations Unies aux droits de l'homme a lancé au mois de juillet 2013 une campagne de promotion de l'égalité en droits entre homosexuels et hétérosexuels sous la conduite de sa patronne, la Sud-Africaine Navy Pilay. Les militants de la cause recommandent par la même occasion le respect à la lettre des dispositions constitutionnelles du pays qui reconnaissent et protègent équitablement toutes les orientations et identités sexuelles, en plus de l'élaboration et de l'enseignement de programmes contre l'homophobie.

de contradictions internes et un manque de rigueur ayant valeur de caution dans la répression des comportements et actions « homophobes » violents. Toutes choses qui posent de nouveau le débat sur le décalage entre les professions de foi aux allures de respect du « politiquement correct » et les profondes et réelles convictions des uns et des autres. Nous en trouvons une parfaite illustration dans le récit d'une scène qui s'est produite à Londres lors d'une conférence organisée par l'ANC en 1987. Cet épisode, qui a réellement bien eu lieu, quoique racontée dans le roman, *Les Rois du Paradis, Kings of the Waters* (son titre original en anglais) selon les termes de son auteur Mark Behr, un homosexuel d'origine sud-africaine ayant fait son *coming out,* révèle le degré et le niveau du choc entre la modernité et la tradition au pays de Mandela. Tenues dans le cadre de la promotion de la Charte de la liberté et du programme de l'ANC pour une nouvelle Afrique du Sud, la teneur et la suite réservées aux débats de cette conférence sont assez révélatrices des écarts actuels entre les déclarations d'intention et les pratiques courantes :

> « 'Quelle est la position de l'ANC concernant les droits des homosexuels, hommes comme femmes ?' – demande un militant australien.
> La réponse ? 'Dans une Afrique du Sud libérée, les gens seront normaux. Jusqu'à preuve du contraire, les homosexuels ne le sont pas. Si tout le monde était comme eux, ce serait la fin de l'espèce humaine.' »[339]

Un cinglant démenti s'en est suivi au bout de quelques semaines. Thabo M'beki, considéré comme étant très occidentalisé même pendant le temps de sa présidence du pays, a qualifié publiquement cette position politique et idéologique de réactionnaire.

Aujourd'hui, la réussite totale de la politique de réconciliation nationale exige la minimisation des règlements de comptes politiques internes à l'ANC et l'édiction de lois, de règlements et d'orientations de l'action publique basés sur des normes universellement reconnues et validées et non en s'appuyant sur des critères culturels traditionnels dans un pays où un si grand nombre d'entités raciales, tribales, linguistiques, historiques cohabitent sans l'entière harmonie d'ensemble encore nécessaire. Le pays a surtout besoin d'appliquer à la lettre les principales

[339] Mark Behr, *Les Rois du Paradis*, Paris, JC Lattès, p. 219-220, cité par Nicolas Michel, « Moi, Mark Behr, blanc, traître et gay… », in *Jeune Afrique,* N° 2735, du 9 au 15 juin 2013 (Spécial Afrique du Sud).

chartes et déclarations relatives à la protection et à la promotion des droits de l'homme et des peuples, notamment celle africaine qui a tout d'une adresse à l'Afrique du Sud des moments coloniaux et d'apartheid.

En effet, le rôle politique périphérique que jouent les Blancs peut un jour remettre en cause tous les acquis si leur impossibilité d'influencer dans un sens ou dans un autre l'issue d'une élection nationale se maintient toujours. La position d'extrême dominance politique de l'ANC et de ses alliés sans l'émergence d'une nouvelle force politique noire ou multiraciale de préférence capable de remettre en cause ces acquis confortables en positionnant les Blancs comme les arbitres qui ont le dernier mot repose le vrai problème du sectarisme racial dans le champ de la politique sud-africaine.

CHAPITRE II

LES CLASSES SOCIALES NOIRES ET LE « BLACK ECONOMIC EMPOWERMENT (BEE) » OU LA NOUVELLE POLITIQUE DE L'AFFIRMATIVE ACTION SUD-AFRICAINE

Une lueur d'espoir a scintillé sur l'Afrique du Sud avec la fin de l'apartheid. Les pauvres qui rêvaient de richesses et d'un mieux-être se retrouvent face à leur propre destin désormais placé entre les mains de la majorité noire qui contrôle le pouvoir politique, alors que les secteurs économiques majeurs sont dominés par la minorité blanche. La mise à bas des lois ségrégationnistes et la légalisation de l'African National Congress (ANC) qui est naturellement le parti de l'écrasante majorité des Sud-africains sont couronnées par la tenue d'élections générales libres et démocratiques ayant porté à la tête du pays le héros de la lutte anti-apartheid, par ailleurs chantre de la réconciliation raciale nationale, Nelson Mandela.

Aussitôt libres, les Noirs s'impatientent de vivre dans les mêmes conditions que leurs anciens « bourreaux » blancs alors que le nouveau pouvoir démocratique devait à tout prix réussir une transition politique paisible qui n'était pas du goût de tout le monde. Le triomphe des radicaux des deux camps raciaux pouvait conduire directement à une guerre civile aux allures de génocide et d'extermination de communautés entières. Pour conjurer de tels sorts, une politique de redistribution équitable des richesses par la démocratisation de l'économie s'imposait au plus vite sans passer par des campagnes d'expropriations des richesses indûment accumulées par les Blancs. L'accord tacite sur la démocratisation intégrale du pays sous-entendait la préservation de certains acquis sans trop chercher à les qualifier politiquement ou juridiquement.

Dans une pareille situation, l'ANC n'avait d'autres choix que de revoir sa politique économique telle que formulée dans la Charte de la liberté (1955) et qui préconisait le contrôle étatique de la production économique sur des bases idéologiques socialistes favorisant la nationalisation des banques, des mines et de toutes les « industries monopolistiques ». Le pays est en réalité bénéficiaire et victime de son industrialisation qui a joué le double rôle d'accélération de son émergence économique et d'aggravation des clivages sociaux et raciaux dès le départ par l'accélération de son urbanisation et de la politisation des masses par la voie de la syndicalisation. Comme le défend le président Yoweri Museveni sur l'effet de l'industrialisation d'un pays, la société pré-industrielle s'expose au sectarisme et au tribalisme qui y trouvent un terreau fertile pour leur développement, alors que celles industrialisées favorisent l'éclosion de classes sociales et de luttes nationales communes[340] avec des perspectives collectives plus ambitieuses et plus durables.

L'Afrique du Sud est le lieu de la cohabitation des deux particularités antagoniques : d'où les multiples complications sociales qui y sont notées depuis la fin de l'apartheid. Les premières années d'expériences démocratiques multiraciales étaient d'autant plus complexes et difficiles à gérer que l'inexpérience qui caractérisait la majorité des nouveaux dirigeants ayant passé le plus clair de leur temps dans des cellules de prison, en exil ou dans des camps d'entraînement et le souci de ne pas révolter leurs nouveaux alliés blancs de bonne volonté tout en braquant le monde entier contre des « revanchards » ont conduit à un changement d'orientations économiques.

Ainsi, de nouveaux plans ont vu le jour en un moment particulièrement caractérisé par l'émergence de nouvelles classes sociales séparées par des disparités aussi profondes que les inégalités raciales pour permettre aux Noirs d'accéder à la richesse sans appauvrir les Blancs dans le respect des équilibres nécessaires. Parmi ces nouvelles trouvailles économiques, une des plus marquantes est le *Black Economic Empowerment* (BEE), dont la vocation est de promouvoir une discrimination économique positive, juste et équitable en vue d'installer les Noirs dans le circuit économique et de production à une échelle conforme au rattrapage de leur retard et à leur poids démographique. Les dimensions de ces défis difficiles à relever, tellement les dégâts matériels et moraux causés par l'apartheid et la colonisation au préjudice des Noirs sont graves, sont l'objet d'études et d'analyses de ce présent chapitre.

1. La naissance de nouvelles classes sociales

Les barrières raciales qui étaient dressées entre les différentes communautés du pays sont tombées avec l'avènement de la démocratie et

[340] Yoweri, Museveni, *op. cit.*

le choix de la construction d'une nation arc-en-ciel en Afrique du Sud. La République laïque fait désormais place à la race comme facteur essentiel dans la détermination de la place de chaque citoyen dans la société de l'époque. Cependant, l'effondrement de la frontière raciale fait apparaître de manière plus accrue l'émergence des lignes de démarcation fondées sur la classe sociale.

Les classes sociales sont de plusieurs ordres et natures. Les plus frappantes sont celles qui existent à l'intérieur de la communauté des Noirs et qui séparent les nouveaux riches de la grande majorité des pauvres. À coté de celles-ci, les mêmes réalités intra-raciales existent également chez les Blancs. À l'opposition raciale entre Blancs et non Blancs se substituent les différences de classes découlant des privilèges antérieurs répartis en fonction de l'appartenance raciale sous l'apartheid, en plus de la réalité du classement par palier selon sa proximité ou son éloignement de la race blanche.

En réalité, à l'heure de l'abolition de l'apartheid, les Blancs, les Noirs, les Indiens, les métis, entre autres, ne pouvaient pas affronter les réalités de la nouvelle vie sur le même pied. Des classes sociales étaient structurellement créées par la longue histoire de discriminations raciales avant de se renforcer de façon plus pernicieuse avec les nouvelles politiques de rectifications qui ont parfois épousé les contours d'un favoritisme basé sur le militantisme politique.

Le chômage et l'habitat sont les principaux éléments différenciateurs des classes sociales. Plus d'une quinzaine d'années après l'abolition de l'apartheid, des millions de Sud-africains vivent dans des conditions assimilables à celles des taudis des périodes de confinement de la majorité noire dans des portions congrues de terre pour leurs habitations. Le 11 juin 2013 a été une occasion pour cette majorité malheureuse rongée par la misère et le manque de marquer son ras-le-bol sous forme d'un « y en a marre » contre l'extrême indigence. Faute d'assainissement et de manque d'un minimum d'hygiène, des populations des townships ont marché jusque devant les services centraux du gouvernement « *pour protester contre le manque de toilettes dans les quartiers défavorisés, bien décidés qu'ils étaient à* (y) *déverser leur colère (et des sacs remplis de déjections humaines* ».[341]

Ces nouvelles formes d'expression des grandes frustrations des populations, au-delà de leur caractère symbolique et de leur interpellation

[341] *Jeune Afrique,* N° 2736, du 16 au 22 juin 2013, p. 37.

de la conscience humaine des dirigeants du pays sont également des mises en demeure annonciatrices de probables grandes et violentes perturbations du peu de stabilité sociale et politique issue de la fin de la ségrégation raciale officiellement reconnue. Le profond fossé social existant entre beaucoup de catégories dans le pays est aussi et surtout entretenu et renforcé par l'ampleur et la permanence de la corruption. Dans son rapport annuel sur l'état de la bonne gouvernance dans le monde paru en décembre 2012, l'ONG Transparency International classait l'Afrique du Sud à la 69è place sur 176 pays évalués.

Dans le même ordre d'idées, certaines négligences dans la prise en charge adéquate de certaines situations et questions ayant de grandes significations historiques ne sont pas de nature à éradiquer la mauvaise perception dont le nouvel État fait l'objet dans des couches très importantes de la société. Alors que toute l'Afrique célébrait la journée de l'enfant africain, le 16 juin 2013, trente-sept ans après les massacres d'écoliers de Soweto marqués par la cruauté avec laquelle la première victime, un enfant de treize ans, Hector Pieterson a été tué, la famille de cette figure emblématique de la lutte contre les politiques d'apartheid se trouve dans le dénuement le plus complet, au même titre que son voisinage immédiat. L'intérêt que beaucoup de médias du monde ont porté sur les conditions de vie de la famille de la victime, symbole sublime de l'innocence à cause de son très jeune âge, est la preuve de l'importance des enjeux et défis relatifs à la gestion politique des fruits de la liberté et de la nature des relations que le pouvoir entretient avec le passé tumultueux de cette ancienne colonie britannique. Dans un reportage très détaillé sur la famille de Hector signé par la journaliste Safeeyah Kharsany pour le compte de Al Jazeera, les failles des politiques sociales et de luttes contre les inégalités se révèlent au grand jour :

> "The road to Lulu Pieterson's house is bumpy. The little car bobbles continuously on the potholes along the red earth of Braamfischerville, a neighbourhood in Soweto.
> It is the broad smile of Pieterson, who emerges from an unfinished doorway held up by bare bricks, that greets one first. (…).
> In Lulu's house, a single bed sits across from a kitchen basin and a coffee table with two chairs. Her few possessions reside with her in the four-wall room.
> She is unemployed and her efforts to find work have failed, she says. Today, she does not want to speak about freedom. Instead,

> she wants to speak about how she has not been rewarded for the use of her surname."[342]

Cette description des difficiles conditions d'existence d'une famille connue du monde entier, une famille qui incarne en elle seule toute la symbolique des réalités imposées par le pouvoir blanc et de la lutte contre l'apartheid, n'est que la face visible de l'iceberg d'amertume et de misères d'une bonne partie, pour ne pas dire l'écrasante majorité, des Noirs sud-africains de l'ère post-apartheid. Et c'est exactement ce que confirme la dame Dorothy Molefe, la mère de Lulu et Hector Pieterson en affirmant à l'envoyée de Al Jazeera que de son point de vue, son défunt fils ne serait pas heureux de la conduite actuelle des affaires sud-africaines par le gouvernement, avant d'ajouter, très dépitée :

> "People are struggling. The children died in 1976... but the children that are still alive - there is nothing that they can do.
> There is no work, they can't go to school - their parents can't afford to pay their school fees, because [they are] too high. If you don't have money, your children cannot study further. Even worse, is that educated young South Africans also struggle to find work."[343]

Cet état des lieux peut se résumer en quelques mots, en empruntant les propos de Safeeyah, en un pauvre système éducatif avec une gouvernance politique faible ayant débouché sur une jeunesse frappée de plein fouet par un taux de chômage très élevé. À cela on peut bien évidemment ajouter la violence, parfois mortelle, et la xénophobie qui en sont les conséquences directes et immédiates. Le plus surprenant dans cette situation décrite ci-dessus est le fait qu'elle n'ait pas pris de court les décideurs politiques qui ont eu à faire preuve d'une maîtrise parfaite de la réalité à maintes occasions, sans pour autant convaincre suffisamment de leur bonne volonté ou de leurs aptitudes à la dominer convenablement, à défaut de l'éradiquer définitivement. Et pourtant, dans leurs discours tout au moins, une bonne foi a toujours apparu. Plus que la difficile cohabitation entre plusieurs classes sociales dans des conditions très frustrantes – tout pour les uns et rien pour les autres –, l'existence de deux nations dans un même pays a déjà été reconnue en 1998 par Thabo Mbeki, alors vice-président de la République sud-africaine, dans le cadre solennel d'un discours officiel prononcé devant l'Assemblée nationale au Cap. Ce 29 mai de la même année, celui qui allait devenir le deuxième

342 Safeeyah Kharsany, « Joblessness plagues South Africa's youth », in www.aljazeera.com/ (consulté le 18 juin 2013 à 22 heures 15 minutes).

343 *Ibid.*

président de l'Afrique du Sud post-apartheid quelques mois plus tard avait clairement et honnêtement présenté le grand défi social et économique dont il allait hériter dans une adresse portant sur « *Reconciliation and Nation Building* » :

> "This reality of two nations, underwritten by the perpetuation of the racial, gender, and spatial disparities born of a very long period of colonial and apartheid white minority domination, constitutes the material base which reinforces the notion that, indeed, we are not one nation, but two nations."[344]

La prise en charge d'une telle situation urgente et cruciale dans un contexte d'apaisement, de pansement des plaies créées par l'apartheid et la domination coloniale précédente, d'aveux, de pardon et de réconciliations interdisait également toute solution radicale aux allures de règlements de comptes, comme le souhaitait une grande partie du peuple pressée de rattraper le temps perdu et de prendre sa revanche sur l'histoire. C'est ainsi qu'il faut comprendre le message d'unité et de concorde nationales adressé au peuple sud-africain et à ses dirigeants, toutes races et conditions sociales confondues. À deux mois de son départ volontaire de la présidence de la République sud-africaine (le 2 juin 1999), dans son discours d'adieu devant le Parlement prononcé le 26 mars, Nelson Mandela traçait à ses successeurs la bonne voie à suivre pour remplir leurs missions patriotiques dans un pays en chantier sur tous les plans de la vie politique et économique.

Auparavant, il a su réussir dans la gestion de la transition entre la fin de l'apartheid et l'avènement d'une nation unie, multiraciale et démocratique. Par son pragmatisme et son réalisme politiques il a pu enregistrer une victoire sur les fortes tentations de la vengeance, au profit de la reconstruction par le cœur, l'amour, le pardon et le travail de ce que la haine, le mépris, le sang et les mains de l'homme ont détruit pendant plus de trois siècles. Se réconcilier pour reconstruire semble être son credo.

Avec des encouragements empreints d'espoir le premier président post-apartheid de l'Afrique du Sud déclarait :

[344] Thabo M'beki, « Reconciliation and Nation Building », discours prononcé le 29 mai 1998 à Cape Town devant l'Assemblée nationale, cité par Cawo Abdi, « Xenophobia and its discontents in South Africa », in www.aljazeera.com, le 18 juin 2013 à 16 h 45 mns.

> « Le monde nous admire, car nous avons su réconcilier notre peuple et éviter le cauchemar d'une guerre raciale.
> Mais nous devons poursuivre notre combat contre la pauvreté et la division.
> La longue marche continue. »[345]

En réalité, c'était plus tôt une nouvelle marche qui démarrait. Ainsi, elle devait être perçue pour éviter toute confusion de rôles, de missions et d'objectifs à atteindre. La page de la longue marche pour la liberté ayant placé la question raciale au cœur des combats devait être tournée pour céder la place à celle qui s'oriente principalement vers les défis économiques pour baliser le terrain à la justice sociale par l'accès égal de tous aux opportunités qu'offrent l'État et le pays.

Pour relever ce défi, l'ANC a les coudées franches en ce qui concerne la gestion du pouvoir, pourvu qu'il ne tombe pas dans l'autoglorification ou le piège de la politique apologétique en se focalisant sur l'abolition de l'apartheid comme résultat suffisant et convaincant de ses années de luttes. Il s'agit en revanche de s'approprier par l'action et la sincérité l'esprit et la lettre de l'invite publique que Mandela avait lancée à son prédécesseur et dernier président blanc sous l'apartheid, Frederik de Klerk.

Lors d'un débat télévisé opposant les deux, d'un ton majestueux et rassurant Mandela lui lança : *« Travaillons ensemble pour bâtir ce magnifique pays. »*[346]

Cependant, si on s'éloigne de ce monde des bonnes intentions et habiles recommandations, la réalité des disparités sociales est palpable et s'entête à s'enraciner aussi profondément que l'apartheid et ses nombreux écueils. À la ligne de démarcation raciale se substitue celle sociale qui est un résultat résiduel de la répartition raciale des richesses du pays. Actuellement, on constate très facilement dans des villes comme le Cap la réduction des jeunes gens de couleur à l'exercice de petits boulots très peu rémunérés et exigeant beaucoup de force physique et de mobilisation de sa personne et de son temps. De tels cas de figures sont des réalités universelles, mais la dimension inquiétante de ceux-ci est liée au fait qu'ils concernent en particulier les victimes d'hier de l'apartheid.

---

[345] Nelson Mandela, Discours d'adieu devant le Parlement sud-africain, 26 mars 1999, cité par Paul Coquerel, *La nouvelle Afrique du Sud,* Evreux, Gallimard, 1999, p.129.

[346] Nelson Mandela, cité par Lucie Pagé, *op.cit.*, p.204.

La jeunesse, qui se caractérise par sa fougue, son impatience et son ambition non maîtrisable de tout obtenir et tout de suite, résiste difficilement à l'appât du gain facile. Envahie qu'elle est de tout bord par la belle vie que mordent à belles dents toutes blanches ceux de sa génération d'autres pays parfois moins développés que l'Afrique du Sud par le canal des chaînes de télévisions étrangères, elle n'est pas forcément bien préparée à comprendre qu'une transition peut bien être douloureuse.

C'est cette transition inachevée malgré les nombreux efforts fournis et les résultats obtenus que François-Xavier Fauvelle-Aymar nous résume comme suit :

> « Si la révolution s'est bien produite dans l'ordre juridique (avec la mise à bas de toutes les lois ségrégationnistes, la restauration de l'État de droit, l'instauration du suffrage universel), elle est encore à la peine dans les registres de l'économique, du social et faut-il ajouter dans le cas particulier de l'Afrique du Sud - du spatial. »[347]

La persistance, évidemment, d'un tel constat avec un peuple pour lequel tout est urgence n'augure pas d'un bon avenir, encore moins d'une paix sociale à long terme.

Si des corrections ne sont pas rapidement apportées aux dysfonctionnements actuels, le pays n'est pas à l'abri d'une implosion sous forme de soulèvements dont les causes apparentes pourront relever d'une banalité sans grand intérêt pouvant même passer inaperçues très facilement. C'est exactement ce que prédit, Fauvelle-Aymar comparativement à l'expérience zimbabwéenne[348] sur une question

---

[347] François Xavier Fauvelle-Aymar, *op.cit.,* p.398 s'inspirant d'Alan Morris, « La déségrégation de la ville en Afrique australe. Le cas des quartiers centraux de Johannesburg », in P. Gervais-Lambony et *al* (dir.), *La Question urbaine en Afrique australe*, p.65-79.

[348] Pour le cas du Zimbabwe qui continuait de subir de manière drastique la domination blanche de tous les leviers économiques au début de son indépendance tardive et notamment de celui principal du contrôle des terres arables (1% de Blancs pour toute la population générale du pays contrôlant 70% des terres), la majorité écrasante des Noirs y vivait les pires affres de la pauvreté et de l'oppression qui ont empiré avec les réformes économiques populistes maladroites génératrices de graves crises sociales et politiques. En dépit de l'économie florissante mais trop « racialisée » héritée du pouvoir colonial, en plus des richesses du sous-sol (diamant, or, chrome, fer, nickel, charbon, cuivre, platine,…) avec le maintien des acquis des Blancs assorti de règles de respect des droits économiques des Noirs, le pays a emprunté la voie de la récession économique chronique depuis les sécheresses des années 1992 et 1995 et des séries de mesures de réformes politiciennes, électoralistes, compensatrices et populistes basées sur l'expropriation forcée sans indemnisation des Blancs. En l'an 2000, le régime de

similaire. Il décrit la situation avant de conclure avec préoccupation par le chaos du pays voisin :

> « … les espoirs déçus dans d'autres domaines (un taux de chômage de l'ordre d'un tiers de la population active , la stagnation des écarts de revenus et de niveaux de vie moyens entre Blancs et Noirs, une réforme foncière restée lettre morte[349]) pourraient constituer le terreau de crises profondes prenant des allures de conflit racial ; on sait comment, au début des années 2000, en période de crise économique et d'accroissement de la pauvreté, le régime zimbabwéen a pu, sous le regard complaisant du gouvernement sud-africain, retrouver un soutien politique en désignant les quelques 4.000 fermiers blancs du pays à la vindicte des masses urbaines sans emploi et des vétérans de la guerre de libération[350] »[351].

De tels scénarii ne sont pas à écarter pour le cas précis de l'Afrique du Sud où au quotidien opulence et pestilence se côtoient et s'influencent. Ces risques auxquels s'expose le pays font partie des conséquences latentes de l'abolition de l'apartheid. Après un long déni de dignité assorti d'une privation absolue de libertés, l'autorisation préparée ou subite de jouir de ses pleins droits peut facilement déboucher sur des

---

Mugabe prit les mesures d'expropriation forcée et d'expulsion des Blancs de leurs propriétés foncières qu'il a redistribuées aux paysans noirs impréparés à devenir de bons agriculteurs à la place des anciens maîtres de l'économie et aux anciens combattants de la libération qui commençaient à s'impatienter des lenteurs du retour de l'ascenseur social. Le pouvoir a également eu à nationaliser et / ou indigéniser les firmes étrangères par l'imposition de l'affectation systématique de 51% de leurs capitaux aux nationaux. Les conséquences directes de telles réformes mal planifiées furent le démantèlement du système agricole du Zimbabwe qui a été pendant très longtemps le grenier à mais et à blé de toute l'Afrique australe, la plus grave inflation au monde, la corruption généralisée, la militarisation du régime face à une montée de l'insécurité entretenue par la faim et la pauvreté et la propagation du Sida et de la prostitution généralisée dans tout le pays. L'émigration forcée et à tous les prix pour trouver un lieu plus favorable à la survie concerne toutes les couches de la population. L'expropriation brutale sans études préalables ni souci du minimum d'équité a en résumé appauvri davantage les indigènes après les avoir plongés dans le chômage chronique s'ils ne travaillent pour des salaires rarement payés et qui permettent à peine aux bénéficiaires de se nourrir pour une semaine. Cependant, très curieusement, le débat des réformes économiques en cours en Afrique du Sud agité par de grands activistes populistes et populaires auprès des masses pauvres a les mêmes contours et enjeux.

[349] Lire W.Anseeuw, « La réforme foncière en Afrique du Sud. Des résultats peu convaincants ».

[350] Lire « Zimbabwe : L'alternance ou le chaos », in *Politique africaine,* 81, 2001.

[351] François-Xavier Fauvelle-Aymar, *op.cit.*, p.399.

débordements aux allures de course de rattrapage du temps perdu et du passé plein de peines et de pauvreté. Donald Woods découvre tout simplement une sorte d'évasion générale d'une certaine catégorie de gens qui use et abuse de la nouvelle liberté totale pour se réaliser au plus vite et à tout prix :

> "In South Africa, the death of apartheid, welcome for most, had also meant freedom for criminals to spread across the face of the land, beyond the townships into the wealthy white suburbs on a scale previously unknown"[352].

Les tensions sociales sont aussi et surtout relatives aux questions de l'emploi et de l'habitat qui constituent le casse-tête permanent du quotidien du Sud-africain d'en bas. C'est ce qui rend nécessaires le renforcement et la réorientation de l'éducation et de la formation vers des créneaux porteurs à débouchés immédiats. Il est ainsi tout à fait vital de définir et d'appliquer une politique de promotion de l'habitat social non pas par l'expropriation des riches, mais par des facilités en faveur des indigents. Ces secteurs font partie des plus grands générateurs de ces facteurs de divisions sociales que Owen Crankshaw appelle « *the new intra-racial differences* »[353].

L'habitat, pour sa part, au lieu de jouer son rôle de fédérateur communautaire, renforce ce qu'il a toujours entretenu dans la période d'apartheid sous l'angle racial, le phénomène de stigmatisation permanente d'une catégorie de personnes. Mais ce phénomène obéit maintenant à une logique de classes ; d'où la déconfiture de la cohésion sociale. L'effritement de cette cohésion va jusqu'à atteindre le front social avec des syndicats qui n'ont plus les mêmes centres d'intérêts. Il reste évident que la force du mouvement syndical reposait sur le phénomène de l'oppression raciale comme facteur fédérateur des infortunés sous l'apartheid.

La fin officielle de cette misère qui additionnait facilement les colères aux fins de luttes communes, en supprimant la connexion entre les travailleurs noirs, les autres classes sociales et les groupes d'intérêt désoriente durement le mouvement social, soutient Owen Crankshaw. Sa conclusion sur des probabilités semble augurer d'une situation favorable au chacun pour soi Dieu pour tous, au nom de la naissance d'un nouveau

---

[352] Donald Woods, *op.cit.,* p. 213.

[353] Owen Crankshaw, « Labour, Class Urbanisation in the South African City », in Philippe Gervais-Lambony, Silvy Jaglin, Alan Mabin (éds), *op.cit.*, p.55.

type d'individualisme provoqué et entretenu par la méfiance et la peur de l'autre :

> "…the class and residential differentiation of the urban African population will probably result in the formation of new political, ethnic and class identities among Africans.
> This will pose new challenges to the union movement since new identities could be either a basis for union support or a threat to trade unionism"[354].

Cependant, quelle que soit la tournure que prendront les développements de ces situations, ce ne seront pas les pouvoirs publics qui, face à leurs nombreux défis, vont apporter la potion magique pour la réémergence d'un très puissant mouvement syndical qu'ils devront affronter par la suite. En revanche, aucune des hypothèses ne produit dans l'immédiat la solution à la violence, au banditisme et à la criminalité autres que la persuasion par l'espoir et les opportunités d'épanouissement et la dissuasion par la fermeté sécuritaire contre les plus irréductibles. Même pour le cas de ces derniers, les pouvoirs publics et la société sont interpellés sur leur rôle de socialisation, car la violence est très souvent l'expression d'un malaise profond : *« We become violent when we lead irrational lives. Violence is like pain, not a normal condition, but a sign that something is wrong »*[355]. Pour le cas précis du facteur dysfonctionnant de la condition normale du Sud-africain prolétarisé, il relève de la combinaison de la misère et du désespoir dans lesquels il est plongé par des lois et pratiques d'un racisme qui n'existe que dans son pays comme l'expression finale de derniers vestiges d'un instinct bestial érigé en une valeur humaine et en une base morale. La perte de repères le jette ainsi dans l'errance et le tâtonnement. Il se cherche et cherche de quoi être heureux comme son vieux compagnon d'infortune devenu subitement nanti. La sécurité des nantis, qu'ils soient blancs ou nouveaux riches noirs, est également cruciale pour décourager les criminels à poursuivre leurs menées parfois très crapuleuses, alors qu'ils ne sont ni les représentants du pauvre peuple souvent lui aussi victime de leurs violences, ni les porte-parole d'une quelconque organisation reconnue,

[354] Owen Crankshaw, *op. cit.*, p.60.

[355] Hay Malcom, Roberts Philip, *Edward Bond a Companion to the Plays*, London, TQ Publications, 1978, p.52, cité par Ousmane Aly Pame, *La violence dans l'œuvre dramatique d'Edward Bond ; une étude d'Early Morning (1977), de Plays II (1978) et de The Worlds (1992),* thèse de doctorat de 3è cycle, département d'anglais, UCAD, 2000/01, p.8.

mais simplement le reflet d'un sentiment grandissant d'un ras-le-bol de la majorité.

Le fossé grandissant entre élite et prolétaires noirs précède en réalité la fin de l'apartheid et la promotion de l'élitisme qui en a découlé.

Abordant la question de l'émergence d'une élite noire pendant la période noire et ses implications en termes de mentalité qui promeut l'élitisme et l'enrichissement personnel et de manière égoïste, Sampie Terreblanche décrit avec force détails les tendances sociales :

> "One of the most remarkable developments over the past 30 years is the enrichment of the top 20 per cent of African households and the simultaneous impoverishment of the bottom 40 per cent.
> While the income of the top 20 per cent of African households (involving about 6 million people) increased by more than 60 per cent over this period, that of the bottom 40 per cent (involving about 18 million people) declined by almost 60 per cent.
> As the process of stratification among Africans was strictly suppressed by white supremacist policies until 1970, the belated process of stratification was necessary. Its pace was perhaps too rapid, while the unequal distribution of income within African society grew alarmingly (…). The end result of this dual process is the emergence on the one hand, and an impoverished underclass or lumpenproletariat on the other"[356].

La désolation des farouches défenseurs de l'équité et de la solidarité agissante entre Noirs découlant d'une telle situation sociale a fait regretter Desmond Tutu, selon qui « *the gravy train had stopped only for the black elite to climb on* »[357].

Quant à Peter Storey, il s'agit simplement d'une rupture avec le pacte sacré unissant les Noirs. Il reproche à l'élite d'avoir trahi un idéal. Selon lui, il ne s'agit de rien d'autre qu'une utilisation dévoyée de la vocation de la lutte des masses. Il appelle cela « *betraying what the anti-apartheid struggle stood for* »[358]. Pour conclure, il coupe la poire en deux en ces termes :

---

[356] Sampie Terreblanche, *op.cit.*, p.132-133.
[357] Desmond Tutu cité par Sampie Terreblanche, *op.cit.*, p.137.
[358] Peter Storey, in *Sunday Independant, 24 november 1996*, cité par Sampie Terreblanche, *op.cit.*, p.137.

> "Even if we accept that South Africa has to embrace the global market economy to make it in the big bad world, we don't have to emulate its fat cats and its naked greed."[359]

En effet, on peut ainsi trouver pertinentes les mesures fermes de sanctions contre tous les hauts responsables politiques et administratifs fautifs d'écarts dans la gestion des biens publics pour confirmer par les faits l'option du régime pour des lois justes faites pour tous et appliquées à tous[360]. Cependant, toute utilisation démagogique ou politicienne pour des règlements de comptes politiques ou crypto-personnels du nouvel esprit des lois dans le pays, est une source conflictuelle de fragilisation des acquis encore très précaires. Ainsi, au bout d'une histoire si longue de luttes communes, s'installe une adversité ou une inimitié entre partenaires d'hier. Les questions sociales font effondrer la fraternité et la complicité de la communauté noire. Les rapports de complémentarité qui existaient entre l'ANC à l'époque de la résistance et l'opposition et les centrales syndicales telles que la COSATU (Congress of South African Trade Union) virent à ceux de déception et d'accusations de compromissions.

À y regarder de plus près, la faiblesse dans la gestion politico-économique de l'Afrique du Sud post-apartheid se trouve principalement dans les programmes de promotion socioéconomique des Noirs. En dépit des bonnes intentions que renferme le Black Economic Empowerment (BEE), le Programme d'avancement des Noirs, à l'image des initiatives de *l'affirmative action* aux USA, n'a pas fondamentalement réussi à changer les conditions de vie et de travail des masses populaires. Pourtant, ses objectifs sont très ambitieux :

> « (…) transformer une économie dominée par les Blancs pour y faire jouer un rôle grandissant à 35 millions de Noirs, en qualité de propriétaires comme de gestionnaires.

---

[359] Peter Storey, *op.cit.*

[360] L'ancien vice-président de la République sud-africaine et numéro deux de l'African National Congress (ANC), Jacob Zuma, est démis de ses fonctions pour corruption et viol et poursuivi en justice. Très populaire dans son parti et fortement appuyé par les membres les plus influents de la Ligue de la jeunesse du parti, notamment le leader des jeunes, Julius Malema, qui est devenu par la suite son grand adversaire, il apparaissait comme l'incontournable successeur de Thabo M'beki à la tête de l'État et de l'ANC. Il occupe désormais les deux postes à la fois après avoir doublement triomphé sur Thabo M'beki et ses poulains.

> (…) faire passer entre leurs mains d'importants avoirs financiers et des biens fonciers d'ici 2011 »[361].

À ces objectifs bien accueillis par leurs cibles s'ajoutent d'un autre côté les ambitions très opportunes de l'Employment Equity Act (la loi sur l'égalité de l'emploi). Selon toujours Roger Cohen, cette loi votée en 1998 qui « *se propose de mettre fin à la domination blanche dans les postes à haute responsabilité des entreprises* »[362] et qui complète l'esprit et la volonté du B.E.E n'a profité principalement qu'à un cercle très fermé avec des membres choisis dans des conditions douteuses et partisanes, d'où l'ire des syndicats et alliés d'hier. Le constat final de Cohen n'est pas des meilleurs pour tous :

> « On retrouve toujours les mêmes noms dans tous les actes de transferts, note Patrick Craven un des dirigeants de la COSATU[363]. Le BEE fait plus facilement des milliardaires qu'il ne soulage la pauvreté. »[364]

La règle semble être celle du troc de l'influence syndicale ou politique contre des facilités d'enrichissement rapide. Une telle situation est difficilement compréhensible pour les pauvres populations qui crient à la trahison, car impréparées à faire face à ce soudain glissement idéologique vers le capitalisme. La transition peut être, elle l'est déjà d'ailleurs, douloureuse, mais elle n'en demeure pas moins prometteuse si les premiers nouveaux riches accordent la priorité de leurs investissements au pays tout en favorisant leur rôle d'auxiliaires de l'État dans le secteur économique.

En définitive, le temps de l'État-providence est révolu et le rôle d'un gouvernement moderne et démocratique est de promouvoir le secteur et l'initiative privés en créant les conditions et les facilités de leur accès aux richesses avec des mesures incitatives pour une bonne redistribution de l'ensemble des richesses ainsi créées en assurant l'accès équitable de toutes les couches sociales aux opportunités. Malheureusement, beaucoup parmi les vainqueurs du mal racial avaient vite cru à une obligation de compensation de leurs sacrifices par le nouvel État issu de

---

[361] Roger Cohen, « Égalité : rien n'est joué », in *Jeune Afrique*, N° 2359 du 26 mars au 1er avril 2006, p.40.

[362] Roger Cohen, *op. cit.,* p. 40.

[363] La modification de la précision est de nous. Patrick Craven fait allusion aux nouveaux riches comme Cyril Ramaphosa, James Motlatsi, Tokyo Sexwale, Patrice Motsepe, Fred Phaswana, Irène Chernley, etc.

[364] *Ibid.*

l'abolition de l'apartheid. Mandela a très tôt fait l'expérience de la gestion de telles réclamations en toute discrétion en s'appuyant sur le soutien de partenaires dévoués à sa cause. Les plus difficiles à gérer étaient principalement les membres de la branche armée de l'ANC et les combattants exilés de retour au pays. Dans un éditorial de *Jeune Afrique*, un hebdomadaire africain basé à Paris, qui a suivi de très près l'évolution et les péripéties du système d'apartheid, François Soudan[365] met le monde africain dans la confidence sur les stratégies d'endiguement des risques de sabotage de l'option de la réconciliation nationale d'après apartheid. Il prête à Mandela d'être l'auteur de la requête qui suit, formulée à l'attention du président congolais Denis Sassou N'guesso. Pour éviter des actions non maîtrisables de la part des combattants de l'ANC de retour d'exil et qui sont à ses yeux « *une bombe à retardement pour le processus de réconciliation sud-africain* », il lui fallait de l'argent pour leur réinsertion dans la vie civile alors que ce qui restait du pouvoir pâle refusait tout financement. Sa requête fut satisfaite par le président Denis Sassou N'guesso qui accepta de débloquer les fonds nécessaires à cet effet.[366] Les propos très courts et profondément éloquents de Nelson Mandela prononcés par écrits dans l'avant-propos qu'il a consacré au livre-entretien de Dénis Sassou Nguesso sont des preuves d'une profonde gratitude derrière laquelle se cachent et s'expriment des non-dits dignes des multiples initiatives et actions du peuple et du gouvernement congolais en faveur de la lutte anti-apartheid, de la réussite de la réconciliation nationale et de l'insertion réussie des ex-combattants anti-apartheid :

> « Je reconnais dans le président Denis Sassou Nguesso un homme qui n'est pas seulement l'un de nos grands dirigeants africains, l'un de ceux qui ont présidé aux destinées de l'Organisation de l'Unité Africaine, mais également l'un de ceux qui ont soutenu, de façon inconditionnelle, les revendications de nos combattants pour la liberté, et qui ont œuvré, sans relâche, pour libérer de leurs chaînes les peuples opprimés et contribué à leur redonner dignité et espoir.
> Nous n'oublierons jamais ses efforts continuels en faveur de la libération des peuples d'Afrique australe. Nous n'oublierons

---

[365] François Soudan, « Sassou, Mandela et les larmes de Miriam », in *Jeune Afrique,* N° 2737 du 23 au 29 juin 2013, p. 6.

[366] Reformulation du récit de François Soudan par nos soins. L'auteur, qui estime que ce fait historique doit être rendu public, n'a cependant pas précisé sa source et a surtout mis hors de cause les deux principaux concernés dans la diffusion de cette information en ajoutant que « *ni lui (*DSN, notre précision*) ni Mandela ne l'ont jamais révélé ».*

> jamais le négociateur qui a accueilli, à Brazzaville, la conférence internationale ayant conduit à l'indépendance de la Namibie, ainsi qu'à la reconnaissance de l'ANC par le régime de l'apartheid et à la libération de tous ses prisonniers. C'est aussi à cet homme-là que je rends hommage. »[367]

Brazzaville, la capitale congolaise, l'ancienne capitale de l'Afrique Équatoriale Française (AEF), fut aussi le centre principal des initiatives de soutien en faveur de beaucoup de mouvements de libération et le lieu de refuge privilégié de maints révolutionnaires et persécutés de l'Afrique, surtout de sa partie australe, sous domination blanche plusieurs années après les premières vagues d'indépendances.

Les actes de soutien pour la prise en charge provisoire de certains des anciens combattants contre l'apartheid et de toutes les autres persécutions à base raciale ou coloniale en Afrique du Sud prouvaient à suffisance la volonté ferme de ces derniers de tirer le maximum de profits de leur engagement ayant mené à la victoire finale. De telles idées et préoccupations ne pouvaient déboucher que sur l'émergence subite d'un caste de nouveaux riches dont le mérite principal repose sur la légitimité historique et l'engagement militant. Un pareil état d'esprit qui promeut la logique de la substitution aux positions avantageuses et les dynamiques sociales de l'accaparement pour pouvoir vivre et se comporter comme son ancien oppresseur sans limite est aussi la cause de l'échec des transitions politiques découlant de l'accession des anciennes colonies situées en Afrique à la souveraineté internationale.

Presque aucun des anciens combattants de la lutte anti-apartheid n'a échappé à l'enrichissement rapide et phénoménal. L'argent est vénéré en Afrique du Sud. Son importance a une dimension particulièrement psychologique et d'affirmation identitaire. Le Blanc l'admire et l'adore comme le symbole de sa domination et de sa suprématie sur la race noire. Le Noir perçoit sa possession en grande quantité comme la preuve convaincante de sa liberté et psychologiquement libératrice d'un destin bouché : plus il est riche, plus il est libre. Même le très altruiste Mandela n'a pas échappé aux tentatives et tentations de bâtir un grand empire financier familial, mais à la seule différence des autres que la provenance de sa fortune est d'une licéité incontestable, car liée à la commercialisation de son image et de son aura. Ses deux seuls fonds

[367] Nelson Mandela, in Denis Sassou Nguesso, (entretiens avec Édouard Dor), *Parler vrai pour l'Afrique*, Paris, Michel Lafon, 2009, p. 13.

financiers (Harmonious Investiment et Magnific Investiment Holding)[368] totalisent des montants estimés à 1,7 millions de dollars américains (US $).

Dans une prophétie qui s'est révélée incontestable dès les premières années d'indépendance de certaines colonies en Afrique, déjà au moment de la colonisation, Frantz Fanon[369] avertissait que les vrais ennemis de l'Afrique post-indépendante n'allaient pas être le colonialisme et ses dérivés. Pour avoir exploré sans détours ni complaisance des cultures et des cercles politiques africains, il arriva à la conclusion définitive selon laquelle « *le grand danger qui menace l'Afrique est l'absence d'idéologie* », les grands appétits et l'instabilité des bourgeoisies nationales neuves, la dépendance économique étrangère et les penchants et pratiques dictatoriaux de ses dirigeants. Cette logique d'accaparement qui piège les élites dans l'oubli de la grande masse et la négligence des intérêts matériels et moraux de celle-ci pousse « *...le peuple qui avait tout donné aux heures difficiles de la lutte de libération nationale* » à s'interroger « *mains et ventre vides sur le degré de réalité de sa victoire* ». Les nouvelles élites de la nouvelle Afrique du Sud post-apartheid, ces grands rescapés très chanceux, n'ont pas pu échapper à ce piège de l'appât du gain facile et rapide. Cependant, la volonté politique aidée par le devoir de loyauté à la cause commune à toutes les victimes des persécutions racistes, les velléités de révoltes et de dénonciations, la profondeur des nouvelles disparités sociales et de leurs conséquences comme mentionnées plus haut a accouché de plusieurs initiatives socioéconomiques à valeur de rectification, parmi lesquelles le Black Economic Empowerment (BEE).

---

[368] Leur gestion est confiée au milliardaire et ancien combattant anti-apartheid, Tokyo Sexwale, à l'avocat d'origine grecque, Georges Bizos, qui est à la fois l'ami de Mandela et son avocat au temps de ses luttes contre le régime de l'apartheid, entre autres. Soumis à la double rude épreuve de la vieillesse (il a 95 ans) et de la maladie qui le font passer pour passible de mourir à tout instant, ses deux filles Makaziwe et Zenani ont engagé une bataille judiciaire sans merci contre toutes les personnes ayant la plus petite influence légale ou supposée telle dans la gestion du patrimoine de leur père qu'elles veulent contrôler seules en leur qualité d'héritières et propriétaires principales des biens de ce dernier. Alors que le monde entier se préoccupe du sort personnel de leur père, elles préfèrent s'occuper du sort de ses biens.

[369] Frantz Fanon, *Pour la révolution africaine (Écrits politiques),* Paris, La Découverte, 2006 (réédition).

2. Fondements, cibles et mécanismes de financement du BEE

Une injustice ne répare pas une injustice. Et pour les mêmes raisons, l'inversion des places et rôles des bourreaux et des victimes ne peut produire que les mêmes effets néfastes d'injustice et d'insécurité. Ainsi, dans la dynamique de rectification des très mauvaises conséquences sociales et économiques de l'apartheid sur les conditions de vie et de travail de la grande majorité des Noirs, jadis totalement exclue de toutes les opportunités pouvant être tirées du système économique et de la répartition des richesses du pays, une nouvelle politique économique de discrimination positive a été instaurée dans la nouvelle Afrique du Sud post-apartheid. Pour une bonne appréciation de la portée politique d'une telle initiative, il est important de noter l'état des disparités socioéconomiques du pays dans le contexte de son adoption :

> "The legacy of apartheid included a massive disparity of wealth. The average white income was eight times greater than that of the average black. Whites, comprising 13 per cent of the population, earned 61 per cent of total income. Although the black middle class was growing apace, its share of total income was still comparatively small. Barely 2 per cent of all private-sector assets were black-owned. According to calculations published in the United Nations Human Development Report for 1994, if white South Africa was treated as a separate country, its standard of living would rank twenty-fourth in the world, just below Spain's; black South Africa on the same basis would rank one hundred and and twenty-third, below Lesotho and Vietnam.overall, in terms of human development, South Africa ranked only ninety-third in the world. Out of a population of 40 million, 22 million lacked adequate sanitation, including 7.5 million in urban areas; 12 million lacked clean water supply, 23 million had no access to electricity; and some 2 million children were without schools. Almost half of all households in South Africa lived below the povery line; a quarter lived on an income of less than half of the poverty-line income; some 8 million were estimated to be 'completely destitute'. One-third of the population was illiterate."[370]

Cette description de la situation socioéconomique de l'Afrique du Sud des débuts de l'ère post-apartheid est la preuve de la co-existence de deux pays aux réalités et aux niveaux de vie entièrement opposés dans un

[370] Martin Meredith, *op. cit.,* p. 648-649.

même pays. Sur le même sol se superposaient une nation « bénie » de Blancs et une nation « maudite » de Noirs. C'est ce sur quoi les nouvelles politiques économiques et sociales étaient attendues pour des réponses concrètes et adéquates.

Dès la fin officielle de l'apartheid, une série de mesures visant le rattrapage socioéconomique des Noirs a été adoptée conformément aux nouvelles dispositions constitutionnelles qui autorisaient toute initiative législative tendant à réparer des injustices infligées à une catégorie de citoyens en les rétablissant dans leurs droits tout en les réinsérant dans le nouveau système économique en vigueur dans le pays. Ainsi, en 1998, la loi relative à l'équité dans l'emploi (Employment Equity Act) rétablissait l'équité et l'égalité de chances entre tous les citoyens, sans tenir compte de leur race, sexe, entre autres considérations, dans l'accès à l'emploi public comme privé. Toutes les entreprises d'un certain niveau précisé par les textes réglementaires (décrets d'application) de la loi avec au moins une cinquantaine d'employés étaient tenues de veiller au respect strict de l'équité au travail. Pour éviter toute interprétation raciale de la nouvelle loi, des dispositions spéciales ont été prévues au profit des femmes blanches discriminées dans l'accès aux opportunités au même titre que les hommes, de même que les hommes blancs vivant avec un handicap. La loi concernait principalement tous les « désavantagés », discriminés et exclus du système politique précédent. Ensuite, le problème de l'employabilité des catégories concernées à cause de la faiblesse de leur niveau de formation, de leurs aptitudes et compétences professionnelles devait se résoudre progressivement par le canal de l'application de deux autres lois plus complexes adoptées pour le renforcement des capacités des travailleurs sous forme de formation continue aux frais de l'entreprise qui en tire profits avec de nouveaux mécanismes prévus à cet effet : le Skills Development Act (1998) et le Skill Development Levy Act (N° 97 de 1998)[371]. Ces premières mesures allaient de pair naturellement avec la mise en œuvre d'une nouvelle réforme du système éducatif national pouvant permettre à court terme de doter le pays de ressources humaines « déracialisées » de qualité. Le handicap de l'inemployabilité des Noirs ne devait plus servir de prétexte pour leur marginalisation économique, comme le fut la cause raciale d'alors.

[371] Lire Vuyo Jack, *Broad-based BEE. The Complete Guide*, Frontrunner Publishing, 2007.

Adoptée à travers une loi (Act No 53) de 2003, cette nouvelle politique « *d'affirmative action* »[372], sous le nom de *Black Economic Empowerment* (BEE), vise entre autres objectifs, la promotion de l'égalité des chances en matière économique pour tous les Sud-africains et ceux qui ont choisi d'y vivre en faisant lever un certain nombre d'obstacles à base raciale pernicieusement dressés contre les intérêts de la majorité noire qui était réduite en une vile et presque gratuite main-d'œuvre taillable et corvéable à merci pendant plusieurs siècles. Elle ne cherche pas l'appauvrissement de la minorité blanche, jadis dominante et dominatrice sur tous les plans et à tous les niveaux, mais la création de conditions de rééquilibrage des moyens d'accès à la richesse nationale pour tous. Dans l'esprit et la lettre de cette politique, rééquilibrer ne signifie pas appauvrir le Blanc pour enrichir le Noir, mais corriger les disparités structurellement créées par la force et la loi. Il ne s'agit pas non plus de remettre totalement les compteurs à zéro, mais de procéder à la redistribution de certains biens normalement publics, injustement confisqués par certains, et qui sont nécessaires à la réussite de toute initiative économique privée, notamment le foncier rural et urbain. En effet, la complexité de la tâche se trouve dans cette exigence morale et même économique à moyen terme de pouvoir insérer les Noirs dans le tissu économique et le monde du travail dans une dynamique de respect et de « préservation » des droits et acquis économiques et sociaux des Blancs :

> « Manifestement, l'État travaille à inciter leur embauche (les Noirs, notre précision) aussi bien dans le secteur public que privé. Dans le secteur publique (sic) tributaire des récents changements démocratiques, l'opération qui entend réaliser des principes constitutionnels semble réalisable dans des délais relativement courts. En ce sens, 'l'africanisation' du secteur public qui ne suppose pas son 'noircissement' ou sa 'déblanchisation', s'opère normalement dans le respect de l'égalité fondamentale de tous les

[372] L'*affirmative action* est une décision politique sous forme d'un ordre exécutif (No 10925), prise aux États-Unis d'Amérique le 6 mars 1961 par le président John F. Kennedy pour mettre un terme à certaines discriminations raciales, au détriment de la minorité noire, notées dans l'accès à l'emploi. Elle avait pour vocation d'accorder un traitement de faveur et des facilités aux groupes minoritaires en position de faiblesse pour l'accès aux universités et aux programmes financés par le gouvernement fédéral. Cette mesure voulait que la race ne soit plus un obstacle à la réussite. D'autres mesures législatives et réglementaires similaires sont venues par la suite la compléter tout en renforçant les acquis en découlant, notamment, la loi sur les droits civiques (*Civil Rights Act*) de 1964 adoptée sous la présidence de Lindon Johnson.

> Sud-africains. Par contre, dans le secteur privé contrôlé par les 'holdings blancs', le pouvoir d'intervention de l'État est insignifiant et pour le moment, 90% des postes d'encadrement des sociétés privées sud-africaines sont détenus par des 'Blancs'. »[373]

C'est dans cette nécessaire alchimie politico-économique qu'il faut trouver les explications des nouvelles positions et tentations du président sud-africain, Jacob Zuma, éminent membre historique de la mouvance syndicaliste de l'ANC qui veut essayer un passage en force, en homme du peuple, par la nationalisation des mines et la restitution aux fermiers noirs de leurs terres. Le populisme politique qui légitime les nouveaux dirigeants et la ligne du parti passe aussi par un retour en arrière vers les grandes idées et propositions de réformes économiques qui étaient à la base de la naissance de l'ANC. Dans sa politique économique exposée en 1955 à travers la Charte de la liberté, l'ANC préconisait la nationalisation intégrale des mines, des banques et des industries monopolistiques. Au prix de la réconciliation et du réalisme politique, beaucoup d'engagements programmatiques de l'ANC ont été mis sous les boisseaux pour éviter l'effondrement de l'économie et de nouvelles crises sociales et raciales. Le problème de compétence administrative assez solide chez les cadres noirs et le degré auquel le système et les structures économiques du pays étaient racialement piégés n'étaient pas non plus de nature à aider la mise en œuvre immédiate des projets de réformes. De telles réformes ont plus une portée politique et militante qu'économique. Ce programme de nationalisation massive a naturellement fait place au programme de lutte contre la pauvreté de l'ANC avec le sage changement d'orientation économique qui s'est opéré dans un contexte particulier de triomphe du capitalisme. Dans une situation mondiale similaire, il était très difficile, voire impossible, de mettre l'accent sur un contrôle très avancé de la production économique du pays et de la redistribution de ses richesses sans tenir compte du respect strict du principe des droits acquis et, de manière générale, de la protection des droits fondamentaux de tous les Sud-africains sans discrimination raciale. L'expliquer de façon convaincante aux pauvres très impatients de voir l'autre bout du tunnel relève d'un miracle politique qu'il fallait nécessairement réussir. La démocratisation de l'économie est à payer à ce prix.

---

[373] Ousmane Barry, « De l'ANC à la Constitution sud-africaine : continuité ou rupture dans la protection des droits fondamentaux », in *Revue Québécoise de droit international*, vol. 10, 1997, p. 72.

Avec l'arrivée aux affaires d'anciens grands syndicalistes noirs très respectés et plus jeunes, le populisme économique et la mise en scène de l'équité gagnent du terrain avec la volonté affirmée de ces nouveaux dirigeants de se faire une renommée dans un contexte marqué par la vacance de la position héroïque du père de l'unité nationale qu'est Nelson Mandela. La place de l'héroïsme du combattant endurant, courageux et tolérant est appelée à être suivie par l'avènement de héros rédempteurs de l'économie nationale et bâtisseurs d'une société équitable et épanouie par l'accès aux richesses après l'éclosion de l'ère des libertés inaliénables.

Avec l'élection de Cyrille Ramaphosa au poste de vice-président de l'ANC depuis le congrès d'octobre 2012, position qui le destine à la présidence de la République après Zuma si les traditions successorales politiques sont respectées, l'avenir du Black Economic Empowerment devient de plus en plus prometteur. Homme riche et de réseaux puissants, co-auteur influent de la Constitution post-apartheid, Ramaphosa est le premier responsable du BEE au début de la gouvernance de Mandela, alors que tous les observateurs voyaient en lui un potentiel vice-président ou l'occupant d'un très prestigieux portefeuille ministériel, car il était le secrétaire général de l'ANC et un des plus grands syndicalistes du pays (membre fondateur du puissant syndicat des mineurs et inspirateurs de la création de la centrale syndicale qu'est la COSATU – Congress of South African Trade Unions) ayant considérablement contribué au démantèlement de l'apartheid par la pression syndicale et ses aptitudes à la négociation avec le régime afrikaner. Il est un des hommes d'affaires les plus riches du continent africain, avec une grosse fortune estimée aux environs de vingt-cinq milliards de dollars (US), et qui n'en demeure pas moins la figure de proue du socialisme sud-africain animée par la ferme volonté d'accroître considérablement les moyens et pouvoirs du BEE.[374]

Le recours des militants aux anciens syndicalistes dont les contributions dans les luttes anti-apartheid sont de niveaux inestimables est l'expression d'un désaveu de l'aristocratie politique qui n'a pas réussi à faire profiter à la grande masse combattante et souffrante des retombées de l'émergence économique du pays. L'Afrique du Sud est devenue un pays de multinationales au service exclusif de petits groupes de privilégiés nationaux et étrangers mal vus par le bas peuple qui ignore tout de l'importance de la croissance économique, comme l'analyse le journaliste Christian d'Alayer. En dépit de la première place économique

[374] Christian d'Alayer, « Au-delà du mythe Mandela », in *New African. Le Magazine de l'Afrique,* N° 33, juillet-août 2013, p.85.

africaine qu'occupe l'Afrique du Sud dans un continent qui est en train presque de battre tous les records de croissance, curieusement, le pays enregistre un des taux les plus faibles dont les causes sont à trouver dans les logiques et préoccupations mafieuses et individualistes des hommes d'affaires, notamment des nouveaux riches qui ne comptent point limiter leur accumulation, si l'on en croit le point de vue de d'Alayer :

> « Un peu comme les Européens s'aperçoivent que la richesse des actionnaires de leurs grandes entreprises ne fait pas leur richesse, les Sud-africains voient peu à peu que le clinquant indéniable de leurs mastodontes économiques ne leur profite pas. D'où les succès électoraux des syndicalistes un temps refoulés par les aristocrates du parti. Les Occidentaux jugent que la faible croissance sud-africaine n'est pas la conséquence d'un manque d'investissements étrangers, mais de l'accaparement des richesses par les 'mafieux de l'ANC', entendez par là les syndicalistes majoritaires ! »[375]

Avec ces signes précurseurs du retour en force aux affaires de ces fins connaisseurs de la cause noire et qui ont su montrer la voie de la réussite individuelle, il existe de réelles raisons d'espoir pour le peuple qui se débat encore dans des tissus de contradictions économiques inquiétantes. Au même moment, l'appropriation populiste du mécontentement populaire par des adversaires politiques ayant en partage une histoire militante commune à l'ANC associée à la politisation démesurée des conflits de génération et des « divergences » de vues idéologiques risque de plonger le pays dans la voie de la rupture totale du dialogue entre rivaux opposés par de profonds contentieux personnels. En traitant le gouvernement de capitalistes corrompus ayant trahi la cause du peuple et abandonné la jeunesse à elle-même, d'éminents membres de l'ancienne direction de la jeunesse de l'ANC, dont le rôle pour l'élection de Zuma à la tête du pays et du parti a été déterminant, ont sonné une révolte qui semble s'inspirer de la vive contestation de la mollesse des luttes contre la ségrégation raciale menées sous la houlette de leurs aînés par la génération de Mandela. Ces mécontents qui se disent déçus par les échecs économiques des dirigeants du pays et de leur éloignement de la ligne idéologique de la gauche pure qu'ils veulent restaurer tiennent le discours du bas peuple quoiqu'embourgeoisés, et se définissent en voix des pauvres et des oubliés, comme des messies.

---

[375] Christian d'Alayer, *op. cit.*

Si la génération de Mandela s'est battue avec mérite et a obtenu la liberté politique, celle de Malema, sous son influence, a lancé en gang dans le discours et dans le paraître, le combat de la révolte et de la déception politiques au nom de la liberté économique. Pour elle, la jeunesse sud-africaine ne compte plus se satisfaire, après vingt ans, d'une simple liberté politique dans l'extrême pauvreté et le chômage chronique sans fin. Ils ont élaboré un concept politique structuré autour de la réhabilitation économique des Noirs, dénoncé les échecs en cours, créé leur parti politique, les *Economic Freedom Fighters* (EFF), les combattants de la liberté économique, opté pour offre politique alternative la nationalisation intégrale des mines et l'expropriation des terres entre les mains des Blancs sans indemnisation, choisi leur couleur rouge sang des révolutionnaires avec des bérets rouges qui rappellent le port militant du défunt président vénézuélien Hugo Chavez et décidé enfin d'affronter aux élections générales[376] leur ancien parti, l'ANC.

Si, dans l'immédiat, de tels problèmes et positionnements protestataires incarnés par de jeunes révoltés, maîtres dans l'art de la mobilisation et de l'organisation des masses pauvres, ne parviennent pas à recomposer les rapports de forces dans le champ politique, ils peuvent néanmoins très facilement saboter tous les choix économiques non favorables de manière radicale aux pauvres et créer une ambiance insurrectionnelle et de racisme anti-blancs et de haine viscérale des dirigeants politiques et des nouveaux hommes d'affaires prospères du pays.

2. Impacts positifs et limites objectives du BEE

Les nombreuses opportunités de réussite sociale rapide que comporte le Black Economic Empowerment en ont fait le centre d'intérêt principal de toute la classe sud-africaine moyenne. La complexité de ses mécanismes et les nombreux préjugés défavorables qui ont été charriés à son encontre par des entreprises privées qui voulaient se démarquer de son champ d'action ont fait entourer le programme, à ses débuts, par beaucoup de confusions et d'incompréhensions. Les tenants blancs du

[376] Les *Economic Freedom Fighters*, le parti des jeunes radicaux populistes, ont réussi la prouesse de devenir la troisième force politique de l'Afrique du Sud en quelques mois d'existence, avec un score de 6 % des votants (plus d'un million de voix). Dans certaines parties très stratégiques du pays sur le plan économique, ils sont classés deuxième, notamment la région minière du Nord-Ouest où se trouvent les mines de Marikana et la province natale de leur leader, Julius Malema, le Limpopo.

pouvoir économique l'ont très vite perçu comme un moyen masqué d'intrusion malicieuse et d'immixtion contre-productive dans leurs propres affaires. Pour beaucoup d'acteurs économiques du secteur privé, les pouvoirs d'intervention du BEE devaient se limiter aux secteurs public et parapublic et autres structures gouvernementales. La ruée de hauts cadres noirs vers les opportunités qu'offre le BEE a installé la peur et la méfiance chez les hommes d'affaires qui voyaient en eux de potentiels concurrents favorisés préparés contre eux. Les rares cadres noirs de haut niveau, qu'il n'était pas question de remplacer immédiatement à leurs postes laissés vacants à la suite de leurs décisions de se reconvertir dans les affaires plus prospères, ont préféré les raccourcis du BEE en lieu et place des longues carrières professionnelles sans grandes issues heureuses. Non pas une fuite des cerveaux, mais le BEE a déclenché la conséquence latente de la reconversion des cerveaux : des médecins, des ingénieurs, des avocats (...) ont préféré quitter définitivement ou suspendre provisoirement leurs activités professionnelles moins bien rémunératrices pour devenir des entrepreneurs dans des secteurs rentables qui n'ont parfois aucun lien avec leurs domaines de compétences.

Malgré la volonté claire et sans équivoque de rectification et de rattrapage au profit de la majorité non blanche exclue des opportunités économiques pendant toute la période coloniale et d'apartheid, la politique de discrimination économique positive participe également à l'accélération de « *la clientélisation des nouvelles classes moyennes noires* »[377] à des fins de préservation du statut de parti dominant de l'ANC, sans manquer de renforcer la culture de la corruption dans la société sud-africaine. Elle a également parfois exacerbé le fossé social chez les Noirs principalement, dont certains grands bénéficiaires sont devenus de véritables rentiers non rentables pour les autres. C'est cette nouvelle réalité post-apartheid devenue un défi majeur que tente de nous expliquer le Professeur Achille M'bembé, un des plus grands connaisseurs de la nouvelle Afrique du Sud :

> « Entre 1994 et 2009, la stratification de la communauté noire s'est complexifiée. L'émergence d'une couche moyenne, puis d'une modeste bourgeoisie, constitue un fait social majeur de ces quinze dernières années. Cette bourgeoisie noire, issue des politiques de discrimination positive, se révèle, pour une part non négligeable, parasitaire.

[377] Achille M'bembe, *op. cit.,* p. 96.

> Grâce aux divers chantiers ouverts par le gouvernement et à des mécanismes préférentiels, un tissu d'entreprises noires est en voie de formation. Le système des appels d'offres permet également à l'ANC de financer la constitution de réseaux clientélistes, lubrifiant au passage une machine de la corruption qui, ironiquement, transcende les clivages raciaux. Les antagonismes sociaux n'opposent donc plus seulement les Blancs aux Noirs. La fracture sociale passe également au cœur même des anciens groupes victimes de l'apartheid, les facteurs de classes venant désormais se superposer aux clivages raciaux d'autrefois. »[378]

Ces mauvaises conséquences sociales d'une politique économique qui consiste à lutter contre les inégalités raciales sont aussi les résultats de connexions très douteuses entre les acteurs politiques, le secteur privé, le monde syndical et les investisseurs étrangers. Le retour de l'ascenseur pour services rendus en rappel au douloureux passé militant et la volonté de museler un compagnon trop menaçant ou très bruyant s'opèrent ainsi à maintes occasions au prix de la violation de la loi par la défense de la légitimité politique historique et de la loyauté incontestable. C'est ainsi que se greffent dans le circuit économique plusieurs catégories de personnes non susceptibles d'être rattachées à une réelle volonté de promotion d'une politique de bonne gouvernance, de transparence et d'impunité. Leurs sombres préoccupations sont aussi nombreuses et variées que leurs divers profils. Ils se présentent ainsi qu'il suit :

> « (…) une cohorte d'aventuriers, d'affairistes et de politiciens à la recherche de prébendes et soucieux de blanchir de l'argent sale. Nombre d'entre eux ont été accusés de corruption, de fraude et autres malversations. La plupart cherchent surtout à prendre pied au sein des réseaux influents et des circuits de l'enrichissement privé ouverts par les politiques dites 'de discrimination positive' (Black Economic Empowerment). »[379]

Ces nouvelles connexions douteuses participent surtout à favoriser des batailles de clans politiques dans le grand parti dominant au pouvoir, l'ANC. Les nouveaux riches empruntent désormais la voie de la conquête du pouvoir politique en passant d'abord par des manœuvres de nature à leur permettre de contrôler l'appareil politique qu'est l'ANC. L'émergence politique et les réussites économiques des premières années d'indépendance politiques des Noirs étaient surtout tributaires de la

---

[378] *Ibid.,* p. 95-96.
[379] Achille M'bembé, *op.cit.,* p. 94

légitimité historique dans les luttes anti-apartheid. Tous les premiers milliardaires noirs sont d'anciens combattants anti-apartheid ayant souffert d'emprisonnements de longues durées et / ou mené d'âpres luttes dans les syndicats proches du parti ou dans l'aile politique ou la branche armée de celui-ci. De plus en plus, il est fréquent de constater de solides alliances très opportunistes également entre membres de l'ANC pour le contrôle de l'État et du parti mettant sur orbite un des plus riches du pays. Avec la victoire du ticket gagnant Zuma-Ramaphosa, c'est le début de la décadence politique des autres insoumis ayant constitué un duo rival Kgalema Motlanthe-Tokyo Sexwale. Tirant profit du bras de fer opposant le président Thabo Mbeki à son vice-président Jacob Zuma, Motlanthe s'est retrouvé à la tête du pays en qualité de président par intérim. Devenu vice-président de Zuma quand ce dernier fut porté à la tête du pays, sans se suffire de l'intérim passager et de son nouveau poste, il s'est présenté sans succès contre le chef de l'État pour diriger l'ANC lors de la 53è Conférence du parti avec, comme allié, le richissime homme d'affaires membre du gouvernement ayant passé treize ans de sa vie dans la prison de Robben Island aux côtés de Nelson Mandela. Limogé du gouvernement de son poste de ministre de l'Habitat sans ménagement par Zuma le 9 juillet 2013, Tokyo Sexwale expose de fait sa réussite économique et financière à de profondes crises et des tentatives de déstabilisation si la logique de la politique clanique continue de présider au sort des questions économiques.

De surcroît, si on considère les conséquences étatiques de toutes les crises politiques internes à l'ANC, il est fort probable que les nouvelles politiques de facilitation d'accès à l'emploi, aux financements publics et à la propriété foncière sont instrumentalisées à des fins d'ambitions politiques personnelles ou claniques au détriment des droits de l'adversaire, du concurrent ou tout bonnement de l'insoumis et de leurs partisans. Déjà, dans ces « guerres » de pouvoir, un semblant de révolution de palais s'est produit à l'issue du contentieux opposant l'ancien président Thabo M'beki à son vice-président d'alors, Jacob Zuma, qui a fini par le remplacer officiellement à la tête du pays. Poussé vers la sortie du pouvoir par son parti, l'ANC (le Congrès National Africain) qui lui retire sa confiance et son soutien, Thabo M'beki démissionna de la présidence de la République sud-africaine le 21 septembre 2008. Sa faute politique ? Le comité directeur de son parti l'a soupçonné d'avoir instrumentalisé la justice pour empêcher son ex-rival victorieux lors de l'élection à la tête de l'ANC, Jacob Zuma, d'accéder à la magistrature suprême, comme il est de tradition dans la pratique politique en Afrique du Sud. Le Numéro deux de l'ANC, Kgaléma Motlanthe fut désigné comme son successeur à la tête du pays par les dirigeants du parti, et la majorité parlementaire de l'ANC l'avait élu pour l'intérim.

En Afrique du Sud, c'est le parti majoritaire qui désigne son candidat à la présidence du pays et c'est le Parlement qui l'élit au suffrage indirect. Pour cette raison tacite, le chef de l'État tire, en réalité, sa légitimité du soutien et de la confiance de son parti et non de ceux du peuple directement. La popularité dans le parti assure plus de chance à l'intéressé dans la gestion de sa carrière politique que l'adoubement du peuple. Et pourtant, le sacro-saint principe de la séparation des pouvoirs y est en vigueur. Lors de sa conférence de presse ayant suivi sa démission, Thabo M'beki fit une déclaration assez informative sur la primauté du parti sur les institutions de la République dans une démocratie aussi avancée et surtout acquise de haute lutte après de multiples péripéties dans le temps :

> « J'ai été un membre loyal du Congrès national africain pendant 52 ans. Je reste un membre de l'ANC et c'est pourquoi je respecte sa décision. »

En dépit des grandes performances économiques du pays, l'Afrique du Sud demeure profondément politisée, et son système économique avec. La dépolitisation à outrance de l'économie nationale, en ce qui concerne l'accès aux opportunités, participera à une plus facile atteinte des objectifs sociaux des projets et programmes de développement et d'entreprenariat privé.

En effet, La faiblesse du système de protection sociale et de gestion politico-économique de l'Afrique du Sud post-apartheid se trouve aussi dans les programmes de promotion socioéconomique des Noirs.

À la fois une stratégie de développement économique et social et une politique de promotion active de l'équité et de la justice, le Black Economic Empowerment est, à la base, une attente et une exigence populaires de la majorité noire sud-africaine post-apartheid. Dans sa logique de création de chances au profit des misérables, des exclus, des « coïncés » psychologiquement et des talentueux sans ressources ni opportunités, cette nouvelle approche politico-économique et sécuritaire a aussi généré des réactions de rejet inattendues très sournoises et dissimulées de manière très sophistiquée chez les acteurs majeurs du secteur privé à cause de la méthode de communication qui a trop mis l'accent sur les cibles bénéficiaires au détriment de ceux qui se voyaient, dés le départ, en futures victimes expiatoires : les acteurs économiques.

La dimension sécuritaire du chômage et de la pauvreté y a joué un grand rôle. Le besoin pressant et urgent d'entretenir l'espoir en installant l'optimisme dans les rangs du peuple, le temps d'apporter de façon concrète le véritable changement social, a ainsi contraint les différents gouvernements sud-africains post-apartheid à verser dans le populisme économique et le fétichisme des chiffres et des slogans mobilisateurs. Malgré la qualité du document de stratégie économique qu'est le BEE, les doutes, les réserves et le manque de sincérité dans la collaboration des dirigeants du secteur privé ont fait accuser au gouvernement un grand retard dans l'atteinte de ses objectifs sociaux et politiques pour l'émergence rapide d'une classe sociale moyenne pouvant servir de locomotive et de motivation pour tirer vers le haut les nombreux chômeurs sans qualification professionnelle par la stratégie du « *learning by doing* ».

La contestation croissante des lenteurs administratives dans la lutte contre la pauvreté et le chômage fait croître au niveau gouvernemental la recherche quotidienne de vastes solutions magiques, au besoin même parfois discriminatoires pour la paix. En effet, la hantise de satisfaire politiquement la grande masse mécontente par des mesures sociales et des décisions économiques préférentielles a engendré beaucoup de chocs d'intérêts et de préjugés défavorables. La préoccupation exclusiviste des gouvernants s'affirme clairement dans la question-réponse de Vuyo Jack sur ce qui est une initiative BEE. Pour lui, à la question « *Does this initiative help integrate Black people into the mainstream economy ?* », si la réponse est « *Yes* », le résultat est « *...that initiative is a BEE initiative* » et si elle est négative, « *...it will not meet the requirements of a BEE initiative* »[380]. La conséquence de l'initiative sur la vie et les activités économiques du Blanc n'est pas prise en compte sérieusement. Et ce dernier en décèle du nouveau racisme sans oser le dénoncer publiquement.

Avec l'apartheid, les Noirs sud-africains ont vécu l'enfer. Dans l'ère post-apartheid, ils exigent le paradis terrestre ; d'où l'impatience bruyamment manifeste et la nouvelle violence particulièrement incontrôlable.

[380] Vuyo Jack, *op. cit.*,p. 68.

Bien avant 2011, le délai fixé par les initiateurs du BEE, les nouveaux milliardaires sud-africains en dollars des USA font partie de la tête de file des Africains les plus riches. Le dernier classement des personnes riches en milliards de dollars américains dans le monde par le magazine *Forbes* en donne la confirmation. Pour l'année 2013, des vingt seuls milliardaires africains en dollars parmi les mille quatre cents vingt six au monde, six sont des Sud-Africains,[381] dont de nouveaux riches noirs. Une telle situation est difficilement compréhensible pour les pauvres populations qui crient naturellement à la trahison, car non préparées à faire face à ce soudain glissement idéologique vers le capitalisme. Cette confrontation avec les dures lois et réalités du capitalisme mondial ouvre la porte à la concentration de pans entiers de l'ANC et de ses alliés au pouvoir (la centrale syndicale COSATU et le Parti Communiste sud-africain, le SACP) à des batailles anti-impérialistes comme à l'époque de l'anti-apartheid, pour calmer les ardeurs des déçus et impatients du pays : désigner un ennemi extérieur pour maîtriser les problèmes intérieurs au nom du patriotisme actif.

La succession sans répit de plans de relance ou de redressement de la situation économique du pays et d'accélération de la croissance génératrice d'emplois a encore des effets très limités pour le bas peuple. L'Afrique du Sud est devenue un pays de plans et de commissions. Après toute une série de lois favorisant l'amélioration de la situation économique et financière des Noirs, ajoutées aux facilités accordées à ces derniers pour l'accès au crédit bancaire à des taux d'intérêt préférentiels, un nouveau plan pour la croissance, le New Growth Path (Nouveau Chemin vers la Croissance), a été adopté en 2010 sous les auspices du ministre du Développement économique, Ebrahim Patel[382]. Pour un objectif de création d'emplois à partir des secteurs clefs de l'agriculture, des mines, de l'industrie et du tourisme, le plan en question s'appuie sur l'étude des stratégies économiques de quinze pays asiatiques ayant atteint et maintenant un taux de croissance de plus 7% pendant une durée d'au moins vingt ans[383]. Des modèles de croissance, l'Afrique du Sud dont les taux oscillent entre 2, 5 et 3, 5 % en a vivement besoin pour satisfaire ses nombreux besoins économiques assez urgents. Avant même de bien

---

[381] L'Afrique du Sud est devancée par l'Égypte (7 milliardaires) et est suivie du Royaume du Maroc avec trois (3) milliardaires et du Nigeria.

[382] « Afrique du Sud : en quête de croissance », in *Jeune Afrique* (L'état de l'Afrique), hors-série N° 30, 2012, p. 157.

[383] *Ibid.*

emprunter ladite voie tracée par Patel, le Plan National de Développement (NDP) élaboré par l'ancien très populaire ministre des Finances, Trevor Manuel, et sa commission présidentielle (de portée providentielle), se substitue à elle sans faire mieux pour n'avoir pas pu convaincre de sa crédibilité à cause de son manque de vision prospective selon les acteurs économiques les plus autorisés qui en décèlent une compilation des problèmes et entraves contre l'économie nationale[384].

Avec la fin de l'apartheid, s'écroule aussi un système économique bâti sur l'exclusion et l'exploitation abusives des Noirs et la création de rentes par la mise à disposition d'une main-d'œuvre gratuite pour les Blancs. Pour l'ANC qui venait d'accéder au pouvoir en faisant face aux réalités du néolibéralisme alors que toutes ses théories économiques et politiques étaient axées sur le marxisme, le choix et la mise en œuvre d'un nouveau modèle économique plus conforme aux nouvelles réalités du pays s'imposait au moment où, devant cette grande complexité d'un sérieux problème, les solutions préconisées par l'ANC étaient trop générales ou très vagues. Aussi bien dans sa Charte de la liberté (le programme de l'ANC adopté en 1955) que ses déclarations et conférences d'ordre économique, le principal mouvement anti-apartheid donnait l'impression d'être mieux outillé pour les luttes de démantèlement du système discriminatoire que la gestion immédiate efficace des affaires d'État qui exige à la fois compétence et efficience dans un pays où tout relevait de l'urgence et de la rectification.

La période de transition entre une économie qui repose sur l'exploitation de la majorité noire et de l'essentiel des terres au seul profit de la minorité blanche et un modèle économique au service de tous sans discrimination raciale est peut être déjà d'ailleurs douloureuse, mais elle n'en demeure pas moins prometteuse si les premiers nouveaux riches accordent la priorité de leurs investissements au pays tout en favorisant leur rôle d'auxiliaires de l'État dans le secteur économique. Dans le même ordre d'idées, les nouveaux enrichis parmi les Noirs, au même titre que les riches Blancs, ont l'obligation patriotique de devenir moins égoïstes dans leurs logiques d'accaparement des richesses en favorisant l'émergence d'un secteur privé promoteur d'entreprises citoyennes. Il est également attendu d'eux un esprit de solidarité contraire à la promotion de la dépendance basée sur la distribution de dons à des nécessiteux, mais l'accompagnement d'initiatives économiques viables portées par des

[384] *Ibid.*

démunis volontaristes et déterminés à changer positivement leur situation difficile.

À l'image des autres pays africains, l'Afrique du Sud n'échappe pas totalement à certains obstacles qui retardent ou bloquent ses ambitieux projets de développement pour les couches vulnérables. En effet, le larbinisme idéologique et l'imitation intellectuelle et politique ajoutés à la dépendance économique structurelle fondée sur l'action de la main tendue et l'inexistence d'alternatives crédibles aux effets négatifs des facteurs exogènes qui perturbent, déstabilisent et finissent par faire échouer toutes les stratégies de développement et de croissance économique génératrices d'emplois solides des pays du continent ouvrent et entretiennent de nombreux défis à la fois conjoncturels et structurels qui font l'objet de traitements trop cosmétiques et réactionnaires rarement bien planifiés.

CHAPITRE III

LES NOUVEAUX DÉFIS D'UNE GRANDE PUISSANCE ÉCONOMIQUE AFRICAINE

L'Afrique du Sud est un pays de défis, et pas des moindres, mais aussi une nation remplie d'opportunités et qui regorge d'inestimables possibilités pour bâtir un avenir rayonnant. Sa grande différence sur beaucoup de plans avec les autres anciennes colonies africaines, qui en fait une nation africaine de type occidental, rend encore plus complexes et insolubles ses divers problèmes multiformes.

Pour les puissances coloniales et les tenants du pouvoir d'apartheid, plutôt que de chercher à assimiler culturellement la majorité noire, à l'image du système français du *direct rule* et celui similaire des Portugais qui y ajoutaient des investissements d'envergure dans des villes bien choisies[385] pour y vivre comme dans leur propre pays avec des autochtones qui se comportaient comme eux sans la moindre formation adéquate, en Afrique du Sud, le principe portait sur la séparation géographique entre colonisateurs et colonisés, dominateurs et dominés, l'affirmation claire et nette des grandes différences culturelles et raciales, avec une ambition claire de construire un nouveau pays de Blancs aux normes occidentales, parallèlement à celui intérieur de la masse servile des Noirs dépourvus de tous leurs biens et de tous leurs droits. Cependant, à l'image des Portugais qui construisaient des colonies de peuplement, les Afrikaners n'avaient aucune intention de former des élites locales capables de prendre la relève ou de jouer un rôle important dans la vie de la nation et faisaient contrôler toutes les activités économiques et les positions stratégiques par des métropolitains mobilisés et bien préparés à cet effet. Les pouvoirs boer et anglais avaient les mêmes préoccupations et adoptaient des politiques et des comportements s'y conformant.

---

[385] À titre d'illustration, on peut signaler le niveau d'équipement en infrastructures et la dimension des activités économiques des villes créées par les Portugais en Angola comme Lourenço-Marquès, Luanda et Nova Lisboa. Aux débuts des indépendances, ces dites villes étaient beaucoup plus modernes que beaucoup de capiltales d'anciennes colonies françaises en Afrique.

Les gouvernants blancs de l'Afrique du Sud considéraient leur nouveau pays comme une excroissance, un prolongement historique, culturel, politique et économique de leurs pays d'origine et de leurs identités propres. Cette forte conviction qui ne reposait sur rien d'autre que la haine et le « rejet » du Noir, avec ses lourdes conséquences de plusieurs ordres, a conduit à la gestion très difficile de multiples contradictions politico-économiques et sociales dans la nouvelle Afrique du Sud post-apartheid qui se caractérise par tous les éléments des pays les plus modernes et des économies les plus émergentes, d'une part, et les défis et problèmes les plus insoutenables que l'on trouve dans les pays les plus pauvres sans ressources ni moyens de pression dans les partenariats diplomatiques et économiques du monde, d'autre part. Et c'est cette nécessité d'une fusion harmonieuse de deux pays aux réalités entièrement différentes dans la même Afrique du Sud et ses implications qui sont au cœur des projets et programmes politiques d'une des plus solides économies du continent africain. Tous les mauvais chiffres qui mettent en perspective le pays en comparaison à d'autres et l'ensemble des données économiques, sociales et sécuritaires inquiétantes cachent mal une réalité très gênante : leur application aux populations générales du pays classe l'Afrique du Sud parmi les pays faibles, instables et dangereux où la pauvreté est chronique, alors que si on retient la seule population blanche, on découvre à travers les chiffres un pays qui n'a absolument rien à envier aux symboles de la modernité et de la belle vie et d'où emerge une nouvelle élite économique avec une rare rapidité.

L'analyse de la problématique de ces grandes questions d'ordre identitaire, culturel, social, économique et diplomatique de la nouvelle nation arc-en-ciel post-apartheid fera l'objet d'étude de ce chapitre.

1. Problèmes sociaux et résistances identitaires : tentative d'explication de la xénophobie des Noirs

L'Afrique du Sud est un pays de violences, tant du point de vue de son histoire que de ses nouvelles réalités politiques, économiques et sociales. Les lignes de démarcation y sont très nombreuses et étanches. L'opposition violente entre camps et clans sur de nombreuses bases y consacre une façon de vivre qui élimine facilement et cruellement des vies au quotidien. Lucie Pagé dresse une liste de plusieurs adversités structurelles dans son passé et son présent qui charrient violences et guerres :

> « Celle qui oppose l'Inkatha et l'ANC est la plus ouverte et la plus connue. Mais il y a aussi celles entre les Afrikaners et les Anglais, entre certains Afrikaners et d'autres Afrikaners, entre Blancs conservateurs et Blancs libéraux, entre communistes et fascistes, entre nationalistes et partisans d'un État unitaire, entre radicaux et militants pacifistes.[386] »

Cette permanente « guerre de tous contre tous » dans le temps se renforce aujourd'hui des haines et adversités entre étrangers et autochtones, riches et pauvres, homophobes et partisans des libertés sexuelles sans restrictions, traditionnalistes et modernistes et des hommes et femmes dans certaines situations.

Désignée « *capitale mondiale du viol*[387]» par Interpol, l'Afrique du Sud abrite des zones parmi les plus criminogènes de la planète. Les « *no-go zone* », ces zones du genre espace hors-la loi où règne la loi de la jungle sont légion dans le pays. L'émergence et l'amplification de telles zones sont le résultant des grands fossés qui séparent les classes sociales, d'une part, et les classes raciales, d'autre part. C'est ce phénomène social que Cawo Abdi[388] appelle les « *chasms between the haves and have-nots* ». Les disparités sociales venues renforcer les inégalités raciales créées sous l'apartheid sont de véritables sources de très grandes frustrations et de réactions violentes. Les étrangers deviennent ainsi des agneaux du sacrifice, des victimes expiatoires pour les populations autochtones qui manquent de tout. L'accroissement rapide de leur nombre inquiète les Sud-Africains de souche qui prennent mal cet envahissement similaire à une « *gold rush* ».

Ainsi, à l'identification de deux nations différentes basées sur la race dans un même pays s'ajoute une troisième nation notée par la sociologue. Cette dernière est constituée par les migrants et les réfugiés qui se

---

386 Lucie Pagé, *op. cit.*, p. 184.

387 Plus de 1000 femmes sont violées par jour en Afrique du Sud. Une femme sur deux en est victime dans sa vie et 95% parmi elles sont de race noire. Le silence coupable et la banalisation du crime par les négligences sociétales et judiciaires qui lui sont réservées participent à amplifier le phénomène dans des communautés qui considèrent le viol comme un acte de pouvoir, selon l'analyse de Lucie Pagé dans son ouvrage *Une femme au cœur de l'apartheid.* Les viols, les agressions sexuelles, les violences faites aux femmes de façon très sournoise et sophistiquée, les violences conjugales et les harcèlements sexuels et moraux font partie des aspects naturels de la condition féminine en Afrique du Sud.

388 Cawo Abdi est assistante de sociologie à l'Université de Minnesota et chercheuse associée à l'Université de Pretoria. Elle a consacré sept ans de recherches universitaires sur l'Afrique du Sud.

concentrent dans certaines zones difficiles d'un pays qui est concerné par le plus grand nombre de candidats à l'asile dans le monde. Ils viennent de tous les continents du monde, mais surtout des pays africains ayant traité avec beaucoup de bienveillance les combattants sud-africains de la liberté contraints à l'exil dans un passé récent. Beaucoup de migrants africains se considèrent comme des ayant-droits au partage des opportunités et avantages découlant de la réussite finale de la lutte anti-apartheid. Le mauvais traitement et le rejet dont ils font l'objet de la part des Noirs sud-africains, au-delà du sentiment d'«ingratitude » et de « trahison » qu'ils installent à leur niveau, les incitent à des replis identitaires et à la prise d'initiatives sécuritaires communautaires dans leurs zones d'habitation. Bref, les étrangers qui se considèrent difficilement comme tels finissent par créer leur petit pays dans leur nouveau pays d'accueil, malgré l'hostilité de leurs hôtes qu'ils sont contraints d'y affronter quotidiennement. L'aversion locale dont ils sont victimes fédère très souvent les populations autochtones désunies. Le gouvernement, en dehors des condamnations fermes prononcées pour la forme et les lourdes sanctions annoncées mais rarement mises en œuvre, semble ne pas être très déterminé dans cette lutte contre la délinquance et la xénophobie par la ferme restauration de l'autorité de l'État, là où la justice privée et les règlements de comptes imposent leurs lois et leurs volontés.

De pays d'exilés à l'étranger aux sombres heures de l'apartheid, l'Afrique du Sud est devenue le point d'attraction non seulement d'immigrés économiques africains, mais aussi une terre d'asile et de refugiés politiques pour des raisons valables ou purement mensongères. Mais le nouveau problème migratoire est lié aux comportements peu respectueux des règles en la matière de ces derniers qui participent au renforcement de la violence et de l'insécurité dans leur pays hôte. À cette nouvelle situation s'ajoutent les contentieux diplomatiques et accusations de toutes sortes qu'ils coûtent à l'Afrique du Sud, les méfaits et enjeux de l'instabilité chronique des pays des sous-régions australe, orientale et centrale, avec leurs violences post-électorales, leurs rébellions, leurs coups d'État manqués, les mutineries, les désertions des éléments de forces de l'ordre et de défense, les actes des bandes armées en divagation et autres persécutés politiques dont des opposants font rejaillir de graves troubles dans leur réceptacle à problèmes qu'est le pays de Mandela. Les Congolais, Zimbabwéens, Rwandais, Kenyans, Mozambicains (…) ont comme point de chute principal le géant sud-africain où ils mènent le plus souvent leurs activités politiques d'opposants protestataires et saboteurs des activités ou visites de travail des dirigeants de leurs pays respectifs dans leurs territoires d'accueil. Ils y établissent leurs *homelands* d'immigrés en recréant l'ambiance et les us et coutumes de leurs pays d'origine et, dans la plupart des cas, sans le moindre respect des normes et règles du pays, encore moins de la discrétion et du devoir de réserve qui sont attendus d'eux quand ils sont bénéficiaires du droit d'asile ou du statut de refugiés. Ils font de leurs pays d'accueil une base arrière pour leurs combats politiques avec, comme conséquences directes, la transformation de celui-ci en champs de batailles des adversaires de chez eux par relais et répondants interposés.

La hantise et le souci du respect des droits humains et des règles de l'État de droit (*rule of law*) font tomber les autorités de l'Afrique du Sud démocratique dans le piège des abus de procédures et des méfaits de la corruption dans l'administration. Les immigrés ont le plus souvent tort dans la non satisfaction des conditions et critères de demandes d'asiles, mais ils s'arrangent toujours pour avoir le droit avec eux pour prolonger leur séjour illégal sous le sceau de la légalité provisoire :

> « Car même déboutés, ces derniers peuvent recourir à l'interminable procédure d'appel – moyennant, souvent, quelques dessous – de – table – qui leur assurera un titre de séjour de six mois renouvelable. »[389]

En plus des agressions et autres humiliations qu'ils font subir par l'acte, la parole et l'écrit aux symboles du pouvoir politique de leurs pays d'origine en terre étrangère en donnant l'impression d'avoir la caution de leur pays de résidence, certains migrants deviennent de grands facteurs de violences et d'incompréhensions entre populations. Toutes les pratiques d'escroquerie, de pirateries, de trafic de drogues et de cybercriminalité et les ravages qu'elles génèrent et qui sont attribués à des ressortissants ouest-africains, notamment des Camerounais, des Nigérians et des Ghanéens, participent à renforcer le sentiment de haine et de rejet que les étrangers suscitent auprès des Sud-africains.

La population autochtone voit en leur présence sur ces terres celles d'envahisseurs venus leur disputer le bonheur tant attendu, devenu si proche, mais aussi si loin à cause des lenteurs et des carences des politiques sociales et de luttes contre les inégalités. Et c'est d'ailleurs une des principales explications à donner à la cruauté inhumaine qui

---

[389] Pierre Boisselet, « Afrique du Sud-RD Congo. Jo'burg, nid d'opposants », in *Jeune Afrique*, N° 2740, du 14 au 20 juillet 2013, p. 37.

caractérise des actes de répression publique réservés aux étrangers en conflit avec leurs règles en vigueur ou suspectés de la moindre violation d'un code de conduite dont les contours sont d'habitude ignorés presque de tous. La violence y signifie très souvent une boucherie humaine. L'humain y est traité par ses semblables comme une bête sauvage. Pire que les scènes de tortures mortelles pratiquées en Côte d'Ivoire pendant les crises post-électorales de 2012 et la rébellion des forces nouvelles et connues sous l'appellation de l'application de l'article 125[390] par les tortionnaires publics sans masques ni remords, en Afrique du Sud, les peines infligées aux fautifs de vols, de viols, de violences, d'appartenance à un gang, etc. et aux étrangers accusés d'un des torts à tort ou à raison ou par volonté de justifier son élimination physique dans les townships sont synonymes de retour à la barbarie, à la vie primitive sans foi ni loi. Le *necklacing* est la peine suprême de torture à mort que l'on réserve au coupable aux yeux du public des townships. Le coupable tout désigné est habituellement l'étranger : l'envahisseur voleur d'opportunités sans conditions. Elle est décrite comme une mise en scène d'une violence publique très cruelle: *« (...) mobs forcing a tyre around the neck and shoulders of an alleged rober, rapist or gang member dousing him and the tyre with petrol and setting him on fire while the community watches »*.[391]

Winnie Mandela, alors épouse de Nelson, recommandait l'application d'une telle pratique de torture aux présumés traîtres et espions contre le mouvement anti-apartheid. Ces genres de prises de positions contraires au minimum de respect des droits humains lui valurent une mauvaise réputation parmi tant d'autres qui ont fini par avoir raison de son mariage avec le père de la nation multiraciale sud-africaine qui agissait en combattant-médiateur, sur qui toutes les races allaient pouvoir compter pour s'épanouir. Le berceau de telles pratiques est le township de Khayelitsha perçu comme la résidence d'une communauté en guerre contre elle-même. Une des pires illustrations de ces méthodes avait frappé la communauté somalienne du pays dont plus d'un millier de ses membres a été tué froidement dans des conditions obscures entre 1997 et 2012, avant de faire le tour du monde, en permettant ainsi à la

[390] Par article 125 il faut comprendre 125 Francs CFA destinés à l'achat de carburant (essence) à 100 F CFA et d'un paquet d'allumettes à 25 F CFA pour incendier vifs des étrangers ou Ivoiriens proches de l'opposition politique d'alors ou des groupes ethniques du nord du pays. Les scènes se produisaient sous les vivats, les chants et les danses du public hostile.

[391] Cawo Abdi, *op. cit.*

communauté internationale d'être alertée sur la condition des immigrés en Afrique du Sud. L'effroyable scène de violence ayant particulièrement alerté la communauté internationale plus que les meurtres de Zimbabwéens ou d'Ouest-Africains s'est abattue sur le jeune Somalien d'une trentaine d'années du nom Abdi Nasir Mahmoud God le 30 mai 2013, ce meurtre horrible d'un jeune issu d'une communauté originaire d'un des pays les plus en proie à des conflits intérieurs d'ordre religieux, ethnique et tribal à la fois. Les grandes mobilisations organisées sous forme de soulèvements populaires soutenues par les défenseurs des droits de l'homme ont permis d'attirer l'attention du monde entier sur l'enfer quotidien dans lequel se débattent difficilement les étrangers laissés à eux-mêmes.

Pour les exilés et réfugiés somaliens, les conditions sont encore plus précaires et la solidarité plus agissante. Très attachés à leur honneur en dépit de la fragilité de leur situation, les Somaliens ne manquent pas d'inspiration pour prendre des initiatives économiques pouvant les aider à mieux apprivoiser en finissant par dominer leur environnement social très hostile. Ils se réalisent économiquement dans le petit commerce. Par de petites activités commerciales, ils font de grands profits, ce qui irrite leurs pauvres voisins sud-africains qui manquent d'initiatives de ce genre. Les *spazas,* qui sont de petites boutiques bien barricadées, sont leur marque déposée. Cawo Abdi les présente comme de *small stores* construites sous forme de « *caged, corrugated iron shacks* » entourées par de solides barrières métalliques dressées contre les clients, parmi lesquels beaucoup d'agresseurs, de voleurs et de violeurs. Ces initiatives individuelles donnent naissance également très souvent à de petites entreprises plus consistantes par la mutualisation des moyens et de la clientèle entre ressortissants d'un même pays.

Ce phénomène de réussite ou d'impression de réussite sociale d'étrangers dans le pays installe un malaise et un sentiment profond de rejet total de l'étranger. La déstabilisation et la persécution de ce dernier deviennent de fait les nouveaux mots d'ordre. Ainsi, le racisme et les contentieux intra-ethniques glissent vers la xénophobie. D'ailleurs, Il suffit de jeter un coup d'œil sur la législation actuelle de l'Afrique du Sud pour s'apercevoir que les obstacles auxquels faisait face le Noir sous l'apartheid, dans sa quête d'émancipation, sont exactement ceux qui sont aujourd'hui dressés contre l'étranger, qu'il soit Africain[392] ou non. Le peuple et ses dirigeants ne sont pas en réalité en grande opposition sur leur représentation de l'étranger.

Avec l'annulation officielle des zones racialement confinées telle que préconisée par Morris et Padayachee, par la suppression de lois relatives au Group Area Act et aux Pass Laws, on assiste aujourd'hui à un afflux des populations noires, coloureds et indiennes dans les zones urbaines comme Johannesburg en provenance des townships et autres résidences de fortune. Cette déségrégation urbaine participe ainsi à l'accentuation de la criminalité, à la prostitution et à la mixité raciale, surtout avec l'annulation en 1985 de l'Immorality Act (Act N° 23 de 1957) interdisant formellement les relations sexuelles interraciales. La levée de cette barrière débouche sur la débauche d'ordre conjoncturel liée particulièrement au chômage des femmes qui désormais jouissent de la liberté de circulation et du mélange racial.

Ajoutée à l'analphabétisme, la précarité des moyens de survie et l'appât du luxe insolent des Blancs, la libération sexuelle crée et amplifie un défi aussi grand que l'apartheid d'alors. Il s'agit du SIDA qui tue des milliers de Noirs sud-africains par an, avec un des taux de prévalence les plus élevés du continent africain. Ce fléau semble justifier le non encouragement par les gouvernants de la mixité raciale ou du mélange des classes sociales. La nouvelle politique d'habitat mise en œuvre ces dernières années ne favorise pas la promotion de la mixité raciale. Les barrières foncières sont encore loin d'être levées. L'émergence de nouvelles cités arc-en-ciel, à l'image de la nouvelle nation en construction, ne suit pas le rythme conforme à la dimension de la volonté politique affirmée et affichée par les dirigeants d'hier et d'aujourd'hui. L'apartheid était aussi et surtout une foncière discrimination dans la répartition des opportunités foncières. La majorité des Noirs est toujours confinée dans ses étroits espaces de l'époque de son exclusion totale.

> « Les nouveaux projets de développement de l'habitat sont généralement implantés dans le voisinage de townships[393], la périphérie de la ville ou plus loin, au-delà des anciennes frontières

[392] Comprendre ici par Africain tout ressortissant d'un pays du continent africain ou de Madagascar et plus particulièrement, au sens politique du terme, les ressortissants des pays membres de l'Union Africaine, dont l'Afrique du Sud est co-fondatrice.

[393] *Townships* : ici symboles vivants de l'apartheid en matière d'habitat. Ce sont les lieux d'habitation des Noirs appelés aussi Réserves.

des bantoustans, dans des zones comme le Wintervekd ou le KwaNdebele »[394].

Et, plus grave encore, c'est que l'alternative d'intégration du non Blanc par l'habitat n'est qu'une politique de façade sans ambitions réellement émancipatrices, car, comme l'écrit Alan Morris, *« Les nouveaux projets sont généralement de type trames assainies et destinées invariablement à accueillir des Africains[395] pauvres »*[396].

La réticence visible et mal dissimulée des Blancs à accepter toute possibilité d'intégrer le monde des homelands et des bantoustans est une preuve supplémentaire, encore une fois, de leur profond attachement à la différence et à la séparation raciales. L'idée d'un peuple de Blancs vivant dans une nation spéciale et à part dans la nouvelle grande nation sud-africaine issue de la fin du contentieux racial historique trouve toujours des adhérents qui y croient profondément et se la représentent virtuellement en se comportant comme si tel était le cas. Ils constituent une force résiduelle qui cherche à se propager insidieusement. La nostalgie de la gloire et des facilités tirées de la domination raciale est un sentiment humain condamnable mais compréhensible. Cependant, l'illusion d'une réédition des pratiques du passé ou une reconstitution de nouveaux types de rapports de deux citoyens de ce même pays sous les formes anciennes, de quelque nature que se soit, est à bannir irrémédiablement des comportements, discours et projections vers l'avenir. La race n'est plus un facteur de discrimination, mais elle est vite remplacée par deux nouveaux grands défis : les classes sociales et la pandémie du SIDA qui déciment principalement les pauvres et les Noirs.

2. SIDA et politique de santé du gouvernement sud-africain

En l'an 2000, un an après son élection à la tête de l'Afrique du Sud, les positions politiques sur le SIDA défendues par le nouveau président Thabo M'beki, réputé être un brillant intellectuel moderne et policé, ont surpris et déçu le monde entier. Il n'accordait pas beaucoup d'intérêt à la pandémie du SIDA qui commençait à faire des ravages dans son pays. La lutte contre sa propagation n'était point une priorité de son gouvernement qui, à la limite, contestait les informations scientifiques et les

[394] Alan Morris, « La déségrégation de la ville en Afrique Australe », in *La question urbaine en Afrique australe*, IFAS-Karthala, 1999, p. 73.

[395] Ici ressortissant d'un pays d'Afrique.

[396] Alan Morris, *op.cit.*, p.73.

conséquences économiques relatives à ce fléau des temps modernes. Déjà en l'an 2000, il contestait l'existence d'un lien direct entre le VIH et la maladie du SIDA elle-même pour, ensuite, dénigrer les antirétroviraux (ARV) qu'il qualifiait de très dangereux, au point de pouvoir causer des maladies plus graves que celles qu'ils sont censées pouvoir combattre et atténuer les effets négatifs, c'est-à-dire le SIDA.

Classée comme la capitale mondiale du viol par Interpol, l'Afrique du Sud était, plus que beaucoup d'autres pays du continent, exposée à l'expansion de la maladie, d'autant plus qu'elle est environnée par les pays les plus touchés par la pandémie et dont les populations, surtout les jeunes, voient en ce grand pays voisin plus développé que les autres l'Eldorado qu'il faut rallier à tout prix.

En 2003 déjà, plus de cinq millions de Sud-africains étaient infectés par le virus du SIDA. Ce chiffre, qui est le plus élevé de la planète terrestre à cette date, concernait principalement les jeunes et les femmes des bidonvilles qui ceinturent les grandes villes. Avec l'abrogation, à la fin de l'apartheid, de toutes les lois qui contrôlaient et réglementaient les mouvements de populations et les contacts entre habitants d'un même pays, la liberté de mouvement est aussi devenue la liberté de contaminer. Et avec le chômage et la pauvreté dont les taux sont plus qu'inquiétants avec la violence qui en découle comme conséquence directe, la pandémie du Sida constitue une grande menace contre l'avenir et le développement économique durable de l'Afrique du Sud. Après le retard des Noirs causé par la question raciale, aujourd'hui son avenir s'assombrit à cause de ce défi sanitaire qui frappe plus les victimes d'hier que sont ces derniers. Ainsi, après avoir relevé le défi racial avec beaucoup de peine, la majorité noire fait face aux pièges des classes sociales et de cette maladie incurable. Les deux questions sont intimement liées, mais le gouvernement a choisi en priorité la lutte contre la pauvreté et les inégalités sociales en négligeant l'éradication de cette cause de destruction massive des ressources humaines sur lesquelles le pays doit compter pour se développer. C'est une question de perception de la jeunesse comme solution ou comme problème, des relations entre la croissance démographique et la croissance économique et de l'effet de l'importance du taux de mortalité lié aux ravages du SIDA sur le revenu par tête d'habitant.

Si le Sénégal, pays dont le niveau de développement économique, les potentialités économiques et les ressources naturelles sont très loin d'être comparables à ceux de l'Afrique du Sud, a réussi à afficher un des taux de prévalence du SIDA les plus faibles au monde (0,7%), c'est parce que tous les dirigeants qui se sont succédé à la tête du pays et leurs gouvernements respectifs ont très tôt admis la réalité de la pandémie et ses implications sanitaires et économiques, et ont pris des mesures conséquentes en relation avec les bailleurs de fonds et leurs partenaires classiques pour une bonne protection des ressources humaines et de l'image d'un pays exemplaire et attractif.

La hantise de la réduction de la pauvreté et des inégalités sociales, de l'éradication du chômage chronique des jeunes et du triomphe sur l'insécurité a contraint l'Afrique du Sud à ne pas mobiliser beaucoup de ressources financières au profit de la lutte contre une maladie qui est une des premières causes de mortalité, surtout dans les *townships* et en milieu rural, où les pratiques de la polygamie, des circoncisions traditionnelles, l'exode rural et le retour épisodique des migrants infestés par le virus en ville au village aident à la propagation rapide. En ce qui concerne les rites de circoncisions traditionnelles, de nouvelles « découvertes scientifiques» sur le SIDA défendent les thèses selon lesquelles « la circoncision masculine médicale volontaire » joue un rôle important dans la prévention et la réduction du risque d'infection à VIH chez les hommes. Les études ayant conduit à de telles conclusions ont été menées en Afrique du Sud, en Ouganda et au Kenya où la circoncision traditionnelle fait partie des pratiques culturelles les plus valeureuses. École de la vie, épreuve pour préparer le futur adulte à l'endurance et à la persévérance, « la case de l'homme » ou le rituel de la circoncision traditionnelle est aussi un moyen de mesurer le degré de courage et d'honneur de l'homme sud-africain. Et pour atteindre de tels objectifs conformément aux critères et normes culturels et historiques des tribus et autres groupes ethniques du pays, l'opération traditionnelle n'est ni médicale ni volontaire, encore moins couvertes de précautions contre les contagions éventuelles pouvant découler de l'utilisation d'un même instrument pour circoncire beaucoup de garçons d'âges avancés menant déjà une vie sexuelle active. La découverte de la dimension préventive de la circoncision contre l'infection à VIH du SIDA a tout l'air d'une validation sécurisée d'une pratique immuable d'ordre cultuel et / ou culturel dont la dénonciation peut gravement heurter les croyances populaires millénaires et dresser des communautés entières contre toute politique préventive. Sans remettre en cause le caractère scientifique d'une telle découverte, il est à noter que l'approche ne peut être qu'efficace en Afrique du Sud qui est un pays où on ne peut triompher dans n'importe quel combat qu'en étant militant du pragmatisme et du réalisme. La recommandation de la

« médicalisation » de la circoncision dont les vertus préventives sont reconnues est aussi une reconnaissance valorisante d'us et de coutumes d'un peuple dont l'identité a été très longuement bafouée et qui tient à celle-ci comme à la prunelle de ses yeux.

En plus de ces choix économiques discutables, les arbitrages sectoriels portant sur la politique de santé publique favorisent, de manière générale, d'autres options telles que les programmes d'assistance médicale aux pauvres. De telles orientations politiques ont dès leurs débuts engendré de graves conflits opposant les médecins, les malades et les militants de la lutte contre la pandémie dans un camp au gouvernement et à l'ANC de l'autre côté.[397] En 1994, la découverte et la mise en circulation de l'azidothymidine comme premier médicament antirétroviral luttant de manière efficace contre la transmission mère – enfant n'a suscité aucun enthousiasme et accueil particuliers, encore moins de financement spécifique pour sa mise à disposition auprès des mères séropositives. Le coût élevé du médicament pouvait en être la cause, même si l'excuse peut et doit être trouvée dans le contexte de transition démocratique avec l'arrivée au pouvoir de nouveaux dirigeants qui étaient totalement exclus de toutes les instances de conception et de prise ou d'évaluation de décisions nationales. Cependant, ce qui est étonnant, c'est le fait que la même réaction de désintérêt a été notée en 1998 quand des génériques bon marché à l'essai ont été rendus disponibles pour les pays à revenus limités.

Une prise en considération plus ou moins sérieuse de l'infection par le VIH n'a été amorcée qu'après le tollé suscité par les déclarations très peu scientifiques d'autorités politiques de premier plan[398] et la mobilisation de la communauté internationale contre les conséquences graves à court terme de telles négligences. Si on sait que Madame Manto Tshabalala-Msimang, une grande héroïne de la lutte anti-apartheid très proche du président Thabo M'beki d'alors, mais aussi une grande alcoolique réputée, a été un membre influent du gouvernement de 1999 à 2008, alors qu'en tant que ministre de la Santé, dans sa banalisation de la maladie du

[397] John Iliffe, *op. cit.*

[398] Après les prises de positions du président M'beki relativisant la gravité et les causes du SIDA et celles de sa ministre de la Santé, Madame Manto Tshabalala-Msimang, surnommée Dr Betterave, du nom du légume qu'elle recommandait comme médicament préventif et curatif contre le VIH, toute la communauté scientifique mondiale s'en était émue et l'avait vivement condamné, installant ainsi un débat national passionné sur la question dans le pays, avec de vives protestations dans les rangs des organisations de la société civile et de défense des droits de l'homme.

SIDA, elle recommandait une recette-médicament sous forme de cocktail à base d'ail, de citron et de betteraves contre la pandémie avec le soutien de son président qui n'a jamais voulu la limoger, on mesure l'ampleur des dégâts et des débats causés par la négligence politique du gouvernement sud-africain sur la question. La médecine traditionnelle et le charlatanisme, qui trouvent beaucoup d'adeptes dans le pays, n'ont pas facilité une prise en charge précoce et sérieuse de la pandémie dans des communautés profondément ancrées dans des croyances ancestrales. Des solutions miraculeuses les plus abjectes que l'humanité a pu enregistrer contre la maladie, il y a celle de certains guérisseurs traditionnels sud-africains, zambiens et zimbabwéens, qui prescrivaient aux séropositifs d'entretenir des rapports sexuels avec des mineurs vierges. En plus de l'effet contraire qu'est la propagation de la pandémie et les violations flagrantes des droits des enfants et parfois même des bébés, l'absence de prescription absurde destinée à la santé de la femme séropositive est la preuve du sexisme traditionnel qui fait passer la femme pour un objet et un moyen de jouissance et de bonheur masculins. Les grandes valeurs patriarcales et l'importance de l'affirmation masculine de la virilité et de la violence sont des traits communs aux Noirs et aux Afrikaners, bien que ces derniers n'aient jamais validé de telles légèretés médicales dont les ravages ont emporté des villages entiers.

À la suite de cette série de maladresses et de négligences ayant suscité beaucoup de condamnations, de dénonciations et de mises en garde par les plus grands partenaires économiques et politiques du pays, des mesures positives de rectifications ont commencé à être prises par les autorités politiques et sanitaires. C'est ainsi que, selon le spécialiste britannique des questions africaines, John Iliffe, c'est en 2002 qu'une décision d'octroyer des antirétroviraux aux femmes enceintes vivant avec le VIH a été enfin prise par le gouvernement, suivie en 2003 d'un plan de dotation de médicaments aux malades du SIDA à un stade avancé pour atténuer leurs souffrances. Et malgré la baisse très conséquente du prix des médicaments et la hausse des financements des partenaires, la couverture des personnes concernées demeurait encore très faible en 2005, malgré l'existence de plus de deux cent mille bénéficiaires de traitement antirétroviral (21% seulement des demandes enregistrées).[399] À l'ANC, la lutte contre l'apartheid, fléau vaincu, fait place maintenant à la lutte, parmi d'autres, dont la pauvreté et le chômage, contre le SIDA. C'est dans ce cadre qu'est né le Centre de Prévention du SIDA Desmond

---

[399] John Iliffe, *op. cit.*

Tutu, l'ancien président de la Commission Vérité et Réconciliation créée au tout début de la fin de l'apartheid, de même que la CAT (Campagne d'Action pour un Traitement) contre le SIDA initiée par les militants et responsables du parti au pouvoir.

Avec un taux de séropositivité qui tourne autour de 25% de la population, c'est la population active qui est frappée de plein fouet avec une conséquence économique négative directe. En outre, l'Afrique du Sud, qui n'échappe pas à la tendance de la baisse ou de la stagnation de la croissance démographique qui touche le continent africain dans sa presque totalité, se retrouve avec une espérance de vie très faible de 47 ans.

En effet, l'effet dévastateur du SIDA sur le poids démographique peut être analysé sous deux angles :

- les gouvernants considèrent que ce sont les forces de production à travers les ressources humaines les plus valides et les plus solides (les jeunes) qui sont menacées d'anéantissement et l'effondrement de l'économie avec, d'où l'urgente nécessité de faire de la lutte contre la pandémie à tout prix une priorité économique nationale en plus de l'impératif devoir de prise en charge réelle d'une question qui relève aussi de la protection des droits humains dans un pays où le plus lourd héritage historique découle de leurs violations ;
- les dirigeants perçoivent cette masse critique de jeunes frappés par un taux de chômage très élevé et souvent enclins à porter de vives protestations aux développements multiformes pour une meilleure prise en charge rapide de leurs conditions d'existence de plus en plus insupportables comme un problème et non une solution aux défis économiques nationaux.

En tout état de cause, les orientations et les actions des politiques publiques en cours militent plus en faveur d'un État obsédé par la création de nouveaux riches et la réduction des inégalités et de la pauvreté, lesquelles initiatives ne peuvent pourtant prospérer durablement sans une bonne politique de santé publique qui s'attaque en premier plan au plus grand défi sanitaire. Les fonds injectés dans le secteur de l'éducation et de la formation ne peuvent être d'aucune rentabilité pour le pays si les bénéficiaires sont en grande partie appelés à être décimés par le virus du SIDA avant l'amortissement, par le contribuable sud-africain, de l'investissement dont ils ont fait l'objet. Le président Jacob Zuma, qui défendait l'idée de l'efficacité de la douche immédiate après l'acte sexuel, semble revenir à de meilleurs sentiments, beaucoup plus scientifiques et porteurs d'un engagement politique plus rassurant en analysant la question pour le compte de l'ONUSIDA :

> « Le sida a enlevé la vie à des millions de nos frères et sœurs et rendu orphelins des millions de nos enfants. Cette épidémie a aussi transformé l'Afrique du Sud – à certains égards pour le meilleur. Le sida s'est révélé être un facteur de changement qui nous a aidés à surmonter notre douloureux passé en unissant toutes les ethnies, classes sociales et communautés contre notre ennemi commun. »[400]

Considéré pendant très longtemps comme une maladie de la honte, car sexuellement transmissible, une maladie africaine ou maladie de la débauche et de la pauvreté, le SIDA a toujours été abordé derrière d'épais rideaux comme la sexualité considérée comme une « chose de la nuit » dont on ne parle pas ouvertement pendant plusieurs années, lui ayant permis de se propager avec beaucoup de ravages. Sa coïncidence avec l'émergence des campagnes de planification familiales, perçues par les Africains comme un moyen de limitation de leur taux de natalité a fait passer la maladie pour une invention contre la reproduction par des incitations à l'abstention et aux rapports protégés (sûrs mais non fécondants). Ces idées reçues sur les bailleurs de fonds et les partenaires bilatéraux ont engendré la non prise au sérieux des mesures idoines qu'il fallait dès les premières découvertes de porteurs du VIH en Afrique, de manière générale, et en Afrique du Sud, en particulier.

Cependant, à la différence des autres pays du continent sous l'emprise des pesanteurs culturelles, religieuses et sociales, en Afrique du Sud, à cause peut-être du taux de prévalence très élevé (un Sud-africain sur quatre vit avec le virus), les victimes de la pandémie ne sont ni ostracisées, ni stigmatisées, encore moins privées de leurs droits élémentaires dans le cadre de la politique de promotion de l'égalité des chances, là où ces chances existent pour elles. La hantise de la discrimination et de la ségrégation est un antidote contre leur nouvelle irruption dans les mœurs politiques du pays.

Sur le plan économique toujours, l'Afrique du Sud est un pays d'agriculture disposant de vastes terres fertiles et propices à la diversité culturale et à une production agricole en qualité et en quantité exportables. En plus de l'impact positif de l'agriculture sur la situation de

---

[400] ONUSIDA, « Comment l'Afrique a inversé le cours de l'épidémie de SIDA », in *Rapport spécial ONUSIDA*, 2012.

la balance commerciale, le secteur joue un rôle prépondérant pour la sécurité alimentaire nationale et sous-régionale. Avec la mauvaise politique de prévention et de gestion de la pandémie du SIDA, une lourde menace pèse sur le volet agricole de l'économie nationale, avec les morts massives des travailleurs agricoles. En dépit du niveau de mécanisation du secteur, les ouvriers agricoles et les nouveaux fermiers émergents occupent une place stratégique dans la bonne marche de l'agriculture et surtout de l'agro-industrie.

Prenant conscience de ces enjeux économiques liés à la pandémie, car le SIDA est une maladie socioéconomique, comme le définit le président ougandais Yoweri Museveni[401], l'Afrique du Sud s'est approprié de manière active le Plan mondial lancé par l'ONUSIDA et ses partenaires pour éliminer les nouvelles infections à VIH chez les enfants à l'horizon 2015 et maintenir leurs mères en vie. D'importants fonds publics y sont désormais mobilisés par le gouvernement pour compléter les ressources provenant des bailleurs.

Le réveil brutal des autorités provoqué par l'ampleur et les dégâts de la maladie a incité l'Afrique du Sud à abriter « le premier essai visant à prouver qu'un microbicide pouvait protéger les femmes de l'infection », avec la nouvelle tendance à la féminisation du SIDA. De pareilles initiatives, qui permettent d'agir en amont et de réduire considérablement les taux de nouvelles infections, aident à faire des économies de grandes échelles à court terme dans les dépenses destinées à la prise en charge des malades et de la lutte contre la transmission mère-enfant prévue par le Plan 2015 de l'ONUSIDA. C'est ainsi qu'il faut comprendre la détermination avec laquelle les Sud-africains se sont mobilisés dans le cadre de la Campagne d'Action pour les Traitements lancées en 1998, de même que le soutien que l'État avait apporté, en plus d'avoir abrité la Conférence internationale sur le SIDA à Durban en l'an 2000. Outre le fait de prévenir efficacement les nouvelles infections, après avoir changé de paradigme sur la question et de perception du fléau et de ses conséquences, le gouvernement sud-africain permet de plus en plus aux personnes vivant avec le virus de bénéficier de la protection et de la promotion de leurs droits en leur garantissant l'accès aux soins et aux services. Ainsi, la préservation des droits économiques et sociaux des victimes de la pandémie assure à l'État une disponibilité plus rentable et

[401] Yoweri K. Museveni, *What is Africa's Problem ?* Minneapolis, University of Minnesota Press, 2000.

plus durable de ressources humaines dans divers domaines de la vie économique et culturelle du pays.

3. Actions, orientations et perspectives diplomatiques sud-africaines à l'heure de la renaissance et de l'Union africaines

En affirmant son désir ardent de faire réformer le Conseil de sécurité de l'Organisation des Nations Unies (ONU) pour la création d'un siège pour l'Afrique dont elle ne fait plus mystère de vouloir le briguer et en réussissant à « imposer démocratiquement » une de ses ressortissantes, Nkosazana Dlamini-Zuma, à la tête de la Commission de l'Union Africaine, l'Afrique du Sud confirme son ambition d'être la locomotive diplomatique du continent. Tout l'y prédispose, mais pour assigner un rôle particulier à un État africain dans la construction de l'union africaine ou analyser objectivement la place de celui-ci dans la gestion des affaires et des relations inter-africaines, il est indispensable de faire l'état des lieux en ce qui concerne les opportunités et les obstacles à saisir et à affronter froidement dans l'ambition de faire du continent une grande force politico-économique compétitive homogène, constituée d'entités indissociablement liées. La réalité est que ce qui rapproche l'Afrique du Sud des réalités et de l'histoire du reste du continent est aussi important que ses différences cruciales avec celui-ci.

De l'observation des réactions, des réalités et des perceptions en et sur l'Afrique en plus de l'évolution historique d'un projet politique qui peine à se réaliser, nous nous intéresserons principalement aux obstacles avant d'aborder la question relative au rôle et à la place du géant sud-africain dans ces grands défis collectifs à relever.

En parlant de l'Afrique, hors du continent, plus particulièrement dans le monde occidental, les non Africains ont tendance à faire allusion à un pays et non à un continent, par ignorance dans bien des cas et dans d'autres, par assimilation simpliste de l'ensemble des pays d'Afrique en une seule et unique réalité. Dans presque tous les cas, les auteurs raisonnent en termes d'Afrique noire, d'Afrique au sud du Sahara, l'Afrique détachée du Maghreb ; ce Maghreb qui se rapproche de plus en plus de l'Europe et du monde arabe. La plupart des visiteurs du continent noir non ressortissants des anciennes puissances colonisatrices connaissent plutôt l'Afrique du Sud en lieu et place du reste du continent dont les réalités économiques et politiques sont très différentes de celles sud-africaines qui sont plus proches de la vie et des perspectives des pays développés. Cette particularité de l'Afrique du Sud dans presque tous les domaines lui accorde également une dimension et un rôle prépondérants dans ses relations avec le reste du continent. Malheureusement, elle rate très souvent de belles occasions pour incarner un rôle de locomotive symbolique lorsqu'il s'agit de questions d'intérêt continental d'ordre panafricain. Elle semble ne pas trop se préoccuper des questions relatives à l'histoire du continent et aux batailles ayant trait à la défense, à la restauration de ses vérités, à leur préservation et à leur diffusion à l'échelle mondiale. Une des dernières illustrations d'une telle négligence a été révélée par le réalisateur de cinéma sud-africain, Ramadan Suleman, qui se retrouve dans l'incapacité financière de boucler un documentaire sur la très populaire diva de la chanson africaine et surtout grande militante de la lutte anti-apartheid, Miriam Makeba. La déception du premier Noir auteur du premier long métrage de fiction en Afrique du Sud démocratique découlant de la gestion de son projet de film sur la diva, dont l'engagement militant contre l'apartheid lui a valu un exil trentenaire, à l'issue de sa participation au Festival panafricain d'Alger en 2009, se manifeste à travers un procès féroce contre son pays :

> « Quarante ans après la première édition, j'ai été chargé par les autorités algériennes de réaliser un film sur le panafricanisme, que j'ai voulu consacrer surtout aux fondateurs de ce mouvement qui est allé de pair avec la libération de l'Afrique du colonialisme et de l'impérialisme. (…) à part Alger, personne n'a voulu contribuer à sa postproduction (montage, etc.). (…). L'Histoire, apparemment, ne l'intéresse pas ! »[402]

Pour un coût global de huit cent milles euros, à part des promesses de financements faites par la loterie sud-africaine et une possibilité d'obtenir vingt mille euros pour l'achat d'archives dont les prix tournent autour de sept milles euros la minute, le film risque de voir difficilement le jour, alors que l'Afrique du Sud devrait y trouver un double intérêt national et panafricain. Et pourtant, le film aborde, en grande partie, l'aventure de l'ANC.

En vérité, en dépit des grandes intentions ou autres incantations sur l'unité de l'Afrique et la fraternité entre Africains qui constituent un « même peuple », l'Afrique reste plurielle. Et cette mauvaise prise en charge de façon assumée et réaliste de cette diversité qui divise et de certaines différences conflictuelles parfois à l'intérieur d'un même pays fait partie des grandes causes des immenses retards enregistrés dans la

[402] Renaud de Rochebrune, « Miriam Makéba toujours 'so alone' », in *Jeune Afrique*, N° 2736 du 16 au 22 juin 2013.

réalisation de l'unité politique et économique du continent, malgré les nombreuses similitudes culturelles et les complémentarités géographiques.

Ce sont ces enjeux relatifs aux différences ethniques, tribales, raciales, confessionnelles, entre autres, sources de nombreux conflits et contentieux anciens et nouveaux, très fréquemment exacerbés par les anciens pouvoirs coloniaux et leurs successeurs locaux dans une logique du « diviser pour mieux régner », que certains intellectuels et acteurs politiques d'ici et d'ailleurs, le plus souvent incompris et accusés à tort de souverainistes, de nationalistes ou d'ennemis de l'intégration africaine, ont eu de la peine à soulever et à faire prendre en charge par les dirigeants politiques et les peuples en toute responsabilité.

Abubakar Tawafa Balewa, un Nigérian nordiste assez réaliste et pas forcément subversif, s'est voulu pragmatique, honnête et courageux en dépit de ses immenses chances de devenir le premier premier ministre fédéral du Nigeria en faisant déjà en 1948 une déclaration sans appel sur l'inexistence d'une véritable nation nigériane telle que théorisée et défendue par les fédéralistes. Pour lui, la notion de nation nigériane n'est qu'une pure invention des Britanniques et qui ne repose sur rien de solide. Ses propos sur la question sont sans équivoque :

> "Since 1914 the British Government has been trying to make Nigeria into one country, but the Nigerian people themselves are historically different in their backgrounds, in their religious beliefs and customs and do not show themselves any signs of willingness to unite… Nigerian unity is only a British invention."[403]

Sa lecture de la valeur de la nation nigériane telle qu'elle se présente à ses yeux trouve des arguments supplémentaires dans les analyses d'un de ses illustres compatriotes, en l'occurrence le leader Yoruba Obafemi Awolowo. Dans un ouvrage paru en 1947, cet influent homme politique ayant dominé l'arène politique de la partie ouest du Nigeria pendant plus de trente ans, en à croire le Professeur Kinfe Abraham, défend une position plus tranchée, au point de nous fournir en partie des explications convaincantes sur la sécession biafraise d'alors et les batailles indépendantistes et confessionnelles actuelles. Il réfute à son tour toute

---

[403] Abubakar cité par Martin Meredith, «*The Fate of Africa. From the Hopes of Freedom to the Heart of Despair. A History of Fifty Years of Independance*», New York, BBS, Public Affairs, 2005, p.8

illusion de vérité relative à l'existence d'une nation nigériane en ces termes :

> "Nigeria is not a nation. It is a mere geographical expression. There are no 'Nigerians' in the same sense are they are 'English', 'Welsh', or 'French'. The word 'Nigerian' is merely a distinctive appellation to distinguish those who live within the boundaries of Nigeria and those who do not."[404]

Ces avis sur le cas du Nigeria sont d'autant plus importants qu'au quotidien, les solides fondements de ces réserves d'avant indépendance se trouvent aujourd'hui être une réalité visible dans le fonctionnement de l'État fédéral. Cette fédération d'États dont la réussite, si c'était le cas, pouvait servir de modèle et de source d'inspiration au reste du continent comme solution aux problèmes du continent en vue de créer de meilleures conditions de vie et de travail des populations offre une image qui conforte les plus sceptiques dans leurs thèses de prudence et de réalisme et les partisans de la démarche basée sur la construction progressive à partir de blocs sous-régionaux et régionaux. Comment convaincre sur les réussites probables et possibles de la CEDEAO[405] comme une unité politique et économique régionale efficace et réellement opérationnelle face aux partenaires économiques et financiers bilatéraux et multilatéraux, alors que le géant nigérian qui, a lui seul, polarise presque la moitié de la population de l'ensemble des quinze États membres est en proie aux pires velléités et violents conflits d'expression de volontés d'autonomie, d'indépendance et de particularismes identitaires très prononcés et le plus souvent motivées par une spécificité religieuse, ethnique, tribale, etc.

Au moment où se présente cette situation très chaotique avec ses vagues de morts, de prises d'otages, de créations de zones de non-droit, de promotion d'une logique de « *ma foi, ma loi* »[406], le monde assistait en direct à la partition de fait de la République du Mali, des flancs duquel, au nom de la religion, de la race, de la tribu, de l'histoire et de la frustration découlant d'injustices et d'inégalités réelles ou alléguées au

---

[404] Obafemi Awolowo, *Path to Nigerian Freedom,* London, Faber and Faber, 1947, cité par Martin Meredith, *op. cit.,* p. 8.

[405] Communauté Economique des Etats de l'Afrique de l'Ouest.

[406] Extrait du titre de notre grande enquête de fin d'études pour l'obtention du Diplôme Supérieur de Journalisme (DSJ) présentée au Centre d'Etudes des Sciences et Techniques de l'Information (CESTI) de l'Université Cheikh Anta Diop de Dakar en 2000 sous le titre : *Cohabitation religieuse à l'UCAD. Ma foi, ma loi !*

détriment d'une région (…), un nouvel État naissait avant que le projet ne tombât à l'eau, suite à une nécessaire intervention musclée de l'armée française. L'Azawad était bien parti pour devenir le cinquante cinquantième État africain après la création récente du Sud Soudan, dont la naissance fut marquée par la défense d'arguments similaires et le recours aux mêmes méthodes et pratiques sur fond de guerres fratricides.

L'Afrique du Sud a été pendant très longtemps confrontée à ce sérieux problème de coexistence tumultueuse de deux nations dans un même État et son expérience de réunification en voie de réussite pourra servir d'exemple quant aux stratégies de dépassement de certains clivages. Cependant, aucune perspective ne peut réussir dans ce domaine qui relève en réalité d'une grande révolution africaine sans la levée de certains obstacles, comme le souligne Frantz Fanon. Dans sa tentative de «*faire sortir la fumeuse idée d'Unité africaine des marasmes subjectivistes, voire carrément fantasmatiques de la majorité de ses supporters* »[407], Fanon anticipe sur un préalable caché sans la réalisation duquel le projet est voué à l'échec. La cause de cet obstacle est aussi d'ordre colonial à ses yeux :

> « L'Unité africaine est un principe à partir duquel on se propose de réaliser les États-Unis d'Afrique sans passer par la phase nationale chauvine bourgeoise avec son cortège de guerres et de deuils. »[408]

En gros, l'unité et la renaissance de l'Afrique sont encore minées par les grandes divisions et dissensions internes aux États d'abord, avant de se heurter aux égoïsmes d'ordre national et au déficit de réelles volontés politiques allant dans le sens de sacrifier une partie ou la totalité des souverainetés nationales au profit de l'union africaine, comme stipulé dans la presque totalité des Constitutions des pays du continent. Les grandes différences qui éloignent un pays de l'autre ne sont pas non plus à négliger. L'Afrique n'est pas un bloc monolithique homogène, comme le confirme l'économiste d'origine zambienne, Dambisa Moyo, dans sa lecture controversée mais révolutionnaire de l'impact de l'aide publique au développement, *Dead Aid* :

> "(…) Africa is not one country. It is a continent; a collection of fifty nations with often vastly different histories, with peoples as disparate as those of North America and south-east Asia, varying lingua francas, and very divergent cultures and religious beliefs.

[407] Frantz Fanon, *op. cit.*,p. 208.
[408] *Id.*,

> As a former French colony with Arab influences and a mainly Muslim population, Senegal is quite different from Malawi, a former British colony where Christianity is the dominant religion. And what do lusophone Angola and Mozambique have in common with Ethiopia, which was never colonized ? (Ethiopia's defeat of the Italians at the Battle of Adowa, in 1896, meant the country remained, for all intents and purposes, independent until the Italian invasion of 1935.)
> And economically, besides both being commodity exporters, tea-producing Kenya is structurally quite different from the ex-Belgian colony of the Democratic Republic of Congo, which remains a large mineral exporter with more localized pockets of employment. And the health challenges faced by Ghana (where the prevalence of HIV-AIDS is 2.2 per cent in the population) are undoubtedly quite different from those faced by Swaziland, where reputedly whole villages have been wiped out by the ravages of the disease (prevalence is around 26 per cent of the population – it was almost 40 per cent in 2003)."[409]

Dans sa triste conclusion, elle ne note que des malheurs et des misères comme facteurs fédérateurs des pays de l'Afrique au sud du Sahara et qui tournent autour du degré de pauvreté, de l'étendue de la corruption, de l'incidence des maladies, du manque d'infrastructures, de l'instabilité politique et de la propension historique aux violentes turbulences et aux guerres civiles.[410] Cependant, elle oublie de rappeler que toutes ces grandes différences d'ordre religieux, politique, économique, sécuritaire et linguistique sont les conséquences directes de l'intrusion coloniale et de l'émergence d'un mauvais leadership politique dépourvu de vision constructive dans le continent et que les sources et le socle de l'homogénéité de l'Afrique des diversités sont à trouver à l'époque précoloniale. En effet, l'Afrique est aussi un continent de miracles, de particularités positives que l'on note dans certains pays modèles à côté d'échecs impardonnables et inexplicables qui n'ont aucun lien direct avec la richesse ou la pauvreté de leurs ressources naturelles ou leurs poids démographiques lourds ou légers, comme l'attestent les exemples comparatifs précis du Sénégal (francophone) et du Nigeria (anglophone).

Si le Nigeria se distingue par son poids démographique, ses richesses naturelles, son instabilité politique et son taux élevé de corruption, le

[409] Dambisa Moyo, *Dead Aid (Why aid is not working and how there is a better way for Africa)*, New York, Farrar, Straus and Giroux, 2009, (Preface XV).
[410] Dambisa Moyo, *op, cit.*

Sénégal[411] peut se particulariser par sa position géographique stratégique (porte d'entrée de l'Afrique), sa culture démocratique, sa stabilité politique et sa place prépondérante dans l'histoire coloniale du continent, l'Afrique du Sud, à elle seule, regroupe un poids démographique important, des richesses naturelles peu communes, une position géographique très favorable à son envol économique, une histoire qui, comparée à son présent, force le respect et l'admiration, une notoriété sportive mondiale, une stabilité politique reposant sur une démocratie acquise de haute lutte, un des meilleurs niveaux de développement du continent et une diplomatie rayonnante.

Engagée dans la voie de l'émergence économique, en dépit de ses nombreuses contradictions sociales internes, l'Afrique du Sud doit jouer un rôle de premier plan dans les relations africaines et dans l'affirmation des positions, des ambitions et du poids du continent africain à travers le monde.

Leader dans la région australe de l'Afrique, elle a de solides atouts politiques et économiques pour prétendre tirer le reste de l'Afrique derrière elle dans son décollage économique soumis parfois à de rudes épreuves et difficultés. La seule image de Nelson Mandela utilisée à bon escient peut générer des retombées économiques pouvant défier bon nombre de programmes de développement. Les pays de l'Afrique australe doivent en grande partie à l'Afrique du Sud la redynamisation de la Southern African Development Community[412] (SADC, Communauté de Développement de l'Afrique australe) dont elle est la locomotive sur tous les plans. Si le régime du président Robert Mugabe au Zimbabwe parvient toujours à tenir tête à la communauté internationale et à triompher des manœuvres des pays occidentaux, c'est parce qu'il a toujours su bénéficier de la bienveillance de Pretoria qui assure la

[411] Le Sénégal et le Nigeria sont choisis comparativement à l'Afrique du Sud pour des raisons liées à leur forte présence diplomatique (leurs chefs d'État sont des invités habituels aux sommets du G8 au nom de l'Afrique), leurs rôles de premier plan dans la genèse, la mise en place et la promotion du NEPAD et de l'Union Africaine.
Il faut signaler que le NEPAD est le résultat de la fusion du plan OMEGA d'Abdoulaye Wade du Sénégal et le MAP (Millenium African Plan) des présidents Thabo M'beki (Afrique du Sud), Olusegun Obasanjo (Nigeria), A. Bouteflika (Algérie) et Hosni Moubarak (Egypte).

[412] La SADC compte quatorze pays membres que sont : l'Afrique du Sud, l'Angola, le Botswana, les Comores, le Lesotho, Madagascar, le Malawi, l'Ile Maurice, le Mozambique, la Namibie, les Seychelles, le Swaziland, la Zambie et le Zimbabwe. Elle a est créée en 1992.

médiation politique entre les différentes forces du pays. Les similitudes de leurs passés coloniaux en sont pour quelque chose à bien des égards.

Cependant, pour éviter de mettre la charrue avant les bœufs, elle se devait de s'occuper de ses problèmes intérieurs avant de se préoccuper de visées diplomatiques, recommande Donald Woods. Woods, en militant de race blanche de la lutte anti-apartheid qui se préoccupe de l'unité nationale et de la réussite de l'intégration économique des Noirs, penche pour un traitement des problèmes et des ambitions du pays par ordre de priorités :

> "Looking invard had been vital. This had been a country in turmoil for so long that it had initially to address its own internal priorities before even beginning to consider its role in the world.
> But having done so, it now had to see that the next step, contemplation of its continental and international destiny, was no less important"[413].

Mais Woods, qui semble rêver d'un destin radieux et presque assuré pour l'Afrique du Sud, la voit même déjà trôner dans un futur proche à la tête d'une large fédération des États démocratiques de l'Afrique australe[414], va très vite en besogne en pensant que la première mission a atteint un grand niveau de réalisation.

L'une n'excluant pas l'autre, les deux peuvent aller ensemble pour permettre à l'Afrique du Sud, avec une bonne politique de répartition des priorités, de briller et à l'intérieur et à l'extérieur du pays et du continent africain.

Le positionnement et l'implication de l'Afrique du Sud dans les problèmes qui secouent le continent relèvent d'une exigence de solidarité africaine, quand bien même les comportements arrogants faisant ressortir des provocations à l'image du grand frère (*big brother*) qui s'adresse à son jeune frère ne sont pas tolérables, encore moins rentables. Pour jouer un grand rôle, le pays dispose d'un cadre l'Union Africaine, d'un plan qui porte son empreinte, le NEPAD,[415] et d'un concept mobilisateur dont la paternité, bien que très discutable, est attribuée à l'ancien président de l'Afrique du Sud, Thabo M'beki, par ses partisans : la Renaissance africaine. Enfin, à la surprise de tous les diplomates équilibristes défendant la règle tacite de ne pas confier la présidence de l'organisation

---

413 Donald Woods, *op.cit,* p.229.
414 Id., p.229.
415 New Partneship for Africa's Development.

continentale, l'UA, à un des pays considérés comme « géants économiques » de l'Afrique, l'Afrique du Sud a réussi à faire élire sa ressortissante, Nkosazana Dlamini-Zuma[416], une ancienne épouse du président Zuma et membre de son gouvernement à la tête de la Commission de l'Union Africaine, sans créer la traditionnelle ligne de démarcation linguistique opposant francophones et anglophones. Cependant, ces victoires diplomatiques n'auront satisfait les véritables attentes légitimes des alliés du pays que lorsqu'elles s'affirmeront sur les terrains économique et militaire.

Le but de la Renaissance africaine tel que présenté par John Stremlau récapitule à la fois les ambitions du NEPAD et celles de l'Union Africaine :

> "Renaissance proponents seek to convey a positive vision for Africa as a peaceful, democratic and market-oriented region that will attract foreign trade and investment, as well as the return of thousands of talented Africans and billions of flight capital now in safe heavens abroad. No one denies the harsh realities of human deprivation and deadly conflict.
> Calls for a renaissance are intended to encourage all Africans to confront these realities and to take greater responsibility for reversing them."[417]

Une des causes les plus décisives de ce déclin du continent dont on attribue le plus souvent et de façon systématique la responsabilité à la colonisation est la démission très inquiétante des ressources humaines de qualité du continent africain. Le refus d'assumer sa responsabilité individuelle au sujet des défis nombreux et variés qui assaillent l'Afrique par tous ses enfants dont une grande majorité renvoie la balle aux politiques reporte conjointement le destin attendu par les peuples pour le continent.

Sur cette question, l'homme politique doublé d'économiste, Abdoulaye Wade, s'interroge sur la pertinence des bourses étrangères que l'Afrique octroie à ses intellectuels si ces derniers sont destinés, après

[416] Elle a été élue Présidente de la Commission de l'Union Africaine le 16 juillet 2012 contre le Gabonnais Jean Ping après moults péripéties et reports. Elle a eu à occuper dans son pays les prestigieuses fonctions de ministre des Affaires étrangères et de l'Intérieur jusqu'au moment de son élection.

[417] John Stremlau, «African Renaissance and International Relations », in Malegapuru William Makgoba's, *African Renaissance*, Sandton, Cape-Town, Mafube-Tafelberg, 1999, p.101.

leur formation, à rester travailler pour leurs pays d'accueil parce que simplement ils y sont mieux rémunérés.

En effet, l'Afrique du Sud, compte tenu de son avance économique sur le reste du continent, peut s'offrir en alternative pour la formation de hauts cadres africains dans les secteurs de pointe. Mais ce ne sera pas avec l'expression de particularismes par le lancement de concepts mobilisateurs d'une certaine catégorie d'intellectuels et de penseurs très intéressés par les appels de sirènes du pouvoir politique que l'objectif le plus commun au panafricanisme, à la renaissance africaine, à l'union africaine et au Nouveau Partenariat pour le Développement de l'Afrique sera atteint.

L'élément unificateur le plus durable pour un décollage économique est la culture. C'est ainsi que la réappropriation des valeurs culturelles africaines apparaît comme un facteur de sauvetage des acquis économiques et d'exploitation rentable des atouts en la matière. La dimension unificatrice de la culture qui en fait un moteur du développement se vérifie à travers l'effet de l'unité des forces comme règle régissant les relations entre l'individu et sa communauté dans bon nombre de sociétés traditionnelles d'Afrique noire. C'est ce que Hubert Deschamps rappelle sous forme d'avertissement :

> « … L'isolement de l'individu est inconcevable. La force vitale est en relation constante avec celle des ancêtres et des autres membres du groupe. La plus grande calamité consiste à en être retranché et réduit ainsi à une existence déficiente, sans protection, voire au néant. »[418]

Cette interconnexion nécessaire avec sa communauté à laquelle on ne saurait se soustraire sans subir la furie des « ancêtres » et d'autres forces invisibles très puissantes, selon les croyances traditionnelles africaines, est aussi applicable à l'état actuel de l'Afrique à tous les pays, pourvu simplement qu'il y ait la volonté politique, car l'économie va agir comme cette force invisible très crainte dans les sociétés africaines. La pertinence économique d'une telle assertion est confirmée par l'analyse de la situation par l'auteur de *Un destin pour l'Afrique*. Abdoulaye Wade défend avec obsession la thèse du caractère essentiel, pour ne pas dire indispensable, de la réalisation de l'unité africaine comme un préalable à la réussite rapide, viable et durable du développement du continent.

[418] Hubert Deschamps, *Religions de l'Afrique Noire*, Paris, PUF, 1965, p.19.

> « L'unité africaine doit être recherchée par tous les moyens et se justifie pour des considérations historiques et culturelles, mais aussi et surtout pour des raisons économiques.
> De la même façon que les modèles politiques de nos petits Etats indépendants ont échoué, les modèles de développement qui se voulaient scientifiques et inspirés par la science économique ont, à leur tour, échoué. Le modèle de l'export-expansion, prolongeant le système colonial, était fondé sur l'idée que tous les efforts devaient être orientés vers les exportations de façon à nous procurer les ressources nécessaires à l'acquisition des biens d'équipement indispensables à notre développement. En raison de la détérioration des termes de l'échange, ce système a ruiné nos efforts et découragé les populations. Le modèle de la substitution d'importations qui lui a fait suite préconisait, lui, l'industrialisation en vue d'une économie sur les devises d'importation. Son résultat a été le grave endettement dont souffre l'Afrique aujourd'hui.
> La combinaison des deux modèles n'a pas été plus heureuse. »[419]

Face à une telle situation alarmante, l'économiste et homme politique sénégalais[420] ne laisse apparaître aucune issue positive pour une Afrique entretenant sa balkanisation en de multiples petits États qui s'étouffent dans l'étroitesse de leurs espaces économiques.

La solution à de tels problèmes est fondamentalement d'ordre politique. Pour que le XXIè siècle soit africain, comme Thabo M'beki l'a proclamé lors de son investiture à la présidence de la République sud-africaine en 1999, la volonté politique exprimée à l'unisson par tous les gouvernements d'Afrique en faveur du continent doit se décliner en actes conformes avec les nombreuses annonces à ce sujet.

Sur le plan des réformes en faveur du processus de démocratisation des États, l'Afrique du Sud confirme régulièrement son rôle de leader. Le concept de Renaissance africaine, qui peut être admis comme un prolongement de l'esprit de la réconciliation nationale, expose le pouvoir sud-africain à une obligation de résultats en faveur de la promotion de la paix, de la démocratie et du développement économique en Afrique.

Cependant, face aux défis internes auxquels doivent faire face les dirigeants sud-africains, le pays a la propension à miser surtout sur ses semblables comme nouveaux alliés. Ainsi, en plus des pays développés, le pays se concentre sur ses échanges avec des pays africains qui lui

---

[419] Abdoulaye Wade, *op.cit,* p.166-167.

[420] Abdoulaye Wade est un professeur agrégé d'économie. Il est un défenseur du libéralisme keynésien et panafricaniste de conviction.

offrent de bonnes opportunités d'affaires et ses alliances avec les pays émergents, d'où l'intérêt particulier qu'il accorde à ses partenaires des BRICS (Brésil, Russie, Inde, et Chine). Et c'est la même stratégie que le pays développe avec le groupe des pays de l'Union Européenne, au point de tenir en 2013 un sommet Afrique du Sud-Union Européenne.

L'histoire politique et diplomatique du continent est jalonnée de concepts mobilisateurs dont les idées et ambitions qu'ils véhiculent demeurent d'actualité pour la plupart dans le contexte actuel des réalités du monde. La négritude, le panafricanisme, le Nkrumanisme, le nationalisme, etc., accompagnés par l'intégration dans plusieurs constitutions nationales de la primauté de l'unité ou de l'union africaine sur la souveraineté du pays ont encore plus rempli les pages d'ouvrages laudateurs, coûté des sommes faramineuses pour l'organisation de colloques et rencontres internationales que produit des résultats palpables profitables aux populations africaines. Le NEPAD, qui a produit des vagues de tintamarres et de séminaires, croupit encore entre les mains d'administratifs loin des gestionnaires pour être productif immédiatement. Loin des peuples et des acteurs économiques du continent, il est encore l'affaire des gouvernants.

La réclamation africaine de sa présence au Conseil de sécurité de l'Organisation des Nations Unies (ONU) avec droit de véto est devenue facteur de divisions, de compétitions, d'initiatives solitaires et d'égoïsmes nationaux réveillés au grand détriment de la renaissance diplomatique de l'Afrique. L'idée de gouvernement continental[421] préconisé par Abdoulaye Wade, qui reprend ainsi en des termes plus précis une vieille idée que Kwame Nkrumah[422] faisait agiter aux premières heures de

[421] Partant du constat qu'à l'époque coloniale toutes les colonies françaises étaient placées sous la tutelle d'un ministre de même que pour les colonies anglaises, Abdoulaye Wade propose un gouvernement continental « *formé d'un nombre limité de ministères à compétences restreintes sous la direction d'un premier ministre* ».
Selon lui, la compétence de ces ministères n'entachera en rien celle des ministères des États actuels.
Il s'agit des ministères chargés ; 1 des Finances, 2 de l'Économie, 3 de l'Éducation et de la Recherche scientifique, 4 de l'Energie, 5 des Travaux publics et des Voies de communication, 6 de l'Information, 7 de la Santé, 8 des Sports, 9 de l'Environnement.
Lire Abdoulaye Wade, *op.cit.,* p.214-219.

[422] La proposition de création d'un gouvernement continental et la suppression des frontières territoriales créées de toutes pièces par les pouvoirs coloniaux sont défendues dans son ouvrage intituté : *Africa Must Unite.* Le partage de telles propositions politiques avait fait l'objet d'une campagne de promotion d'envergure à travers une large diffusion du livre lors de la rencontre des chefs d'État et de gouvernement de l'Afrique tenue à Addis-Abéba au

l'Organisation de l'Unité Africaine (OUA) n'a de cesse réussi à susciter des adhésions mais tarde à voir le jour. Les valeurs démocratiques font l'objet des plus grands éloges flatteurs mais cohabitent avec des laudateurs qui ont comme unité de mesure de la démocratie le nombre de décennies passées à la tête de leur pays. Là dessus, Cathérine Coquery-Vidrovitch et Henry Moniot, pour avoir beaucoup travaillé sur les questions africaines sont convaincu que « *(...) l'avenir économique de l'Afrique dépend de son avenir politique* »[423], pour ensuite dresser une série de recommandations allant dans le sens de la construction d'un meilleur avenir pour ce berceau de l'humanité qu'est l'Afrique:

> « Ce qui manque à ce continent, ce ne sont plus les compétences, elles existent ; ce sont des institutions économiques viables et incitatives, et une société civile mise en situation de contrôler l'appareil d'État. Ce n'est plus à l'élite de monopoliser le pouvoir, mais à la société tout entière de veiller à ce qu'il soit exercé dans l'intérêt public.
>
> La Renaissance africaine incarne une convergence d'intérêts susceptibles, et c'est là sa force principale, de catalyser des dynamiques multiples, parfois contradictoires, mais capables de favoriser à terme la réhabilitation de l'Afrique dans les dynamiques mondiales. »[424]

En effet, le jour où l'Afrique apparaîtra comme un tout cohérent composé d'entités indissociablement liées, elle s'imposera aux yeux de ses partenaires et au profit des Africains dans un monde où « *attendre, c'est céder sa place aux autres* ».[425]

Le paternalisme à la fausse générosité a longtemps remis en cause les aptitudes des Sud-africains noirs à se prendre en charge. L'infantilisation chronique dont ils faisaient l'objet a généré la perte de confiance en eux. Le nouveau pouvoir a ainsi besoin, en plus d'une politique de

mois de mai 1963 dans les locaux de la Commission économique des Nations Unies pour l'Afrique pour la création de l'Organisation de l'Unité Africaine (OUA). Sa propension à vouloir être à la tête de tout en très grand leader continental dans un contexte marqué par de récentes accessions à l'indépendance des anciennes colonies qui ont livré d'âpres batailles pour ces causes n'a beaucoup aidé à faire avancer son projet que d'aucuns comme Nnamdi Azikiwe, devenu premier président du Nigeria, qualifiaient d'« ambition personnelle ».

[423] Catherine Coquery-Vidrovitch, Henry Moniot, *L'Afrique noire de 1800 à nos jours*, Paris, PUF, 2005, p.362.

[424] Catherine Coquery-Vidrovitch, Henry Moniot, *op.cit*, p. 362.

[425] Abdoulaye Wade, Message à la nation prononcé le 31 décembre 2005.

redistribution équitable des richesses du pays[426], d'impulser une autre politique de promotion de l'auto-emploi par l'accès facile aux crédits, surtout en faveur des jeunes et des femmes.

Le peuple doit impérativement retrouver la confiance en ses aptitudes et capacités pour pouvoir jouer son rôle dans le développement économique et la cohésion sociale continue du pays. Tous les Sud-africains, hommes et femmes, ont réussi en un moment de leur vie à porter le combat de la lutte pour la libération de leur peuple des affres qui le rongeaient. Aujourd'hui, ils doivent faire preuve des mêmes vigueurs, conscience et détermination pour relever les nouveaux défis.

Une étude plus poussée nous a permis de déduire qu'aussi bien pour le colonisateur que le tenant de l'apartheid, le Noir a toujours été considéré non pas comme un problème (en dehors de la possibilité d'inversion des positions dans les rapports dominants-dominés), mais comme une solution à ses multiples projets et objectifs (main-d'œuvre servile).

Riche de ses leçons tirées de ses expériences du passé, de ses ressources humaines non encore totalement réveillées, car les stigmates de la longue domination demeurent encore, et de ses potentialités économiques renforcées par ses options diplomatiques[427] qui la mettent à l'abri de l'indifférence des autres, l'Afrique du Sud peut et doit transformer son lourd héritage colonial double (colonialisme et apartheid) en une force positive très puissante de reconstruction de son avenir dès à présent et de positionnement de sa diplomatie de façon irrémédiable comme la locomotive de l'Afrique dans le débat mondial en étant déjà le leader économique.

L'Afrique du Sud post-apartheid est un pays de grandes contadictions, de fossés, de fléaux, mais aussi d'espoir. L'étendue des déceptions de la grande masse est le fait que la libération du joug d'apartheid signifie pour

---

[426] Derrière des îlots d'extrême opulence pataugent des pauvres d'une précarité ayant rien de meilleur que la misère dans laquelle l'apartheid avait confiné les non Blancs.

[427] Le gouvernement sud-africain a invité le 2 mars 2006 Khaled Mechaal (chef du bureau politique du mouvement islamiste palestinien, le Hamas) à se rendre à Pretoria au moment où ce mouvement qualifié de terroriste par toutes les plus grandes puissances du monde est presque mis en quarantaine par ces dernières. L'Afrique du Sud exprime sa différence et son indépendance totale à travers ses choix diplomatiques. Elle ne s'embarrasse pas de trop de considérations relatives aux diktats diplomatiques et politiques des autres nations. Elle se veut une grande nation avec une économie émergente assez compétitive et se comporte comme telle.
Lire Elise Colette, « Bienvenue au Hamas », in *Jeune Afrique* N° 2357 du 12 au 18 mars 2006, p.41.

les anciennes victimes du système d'oppression raciale l'accès rapide aux richesses faciles et la fin de toutes les misères pour le peuple noir. Les mobilisations pour la lutte anti-apartheid comportaient beaucoup de promesses irréalistes formulées au nom de la démagogie politique ou de l'ignorance des réalités et des possibilités économiques qui s'offraient au peuple. La déception et la révolte sont les nouvelles réalités, en dépit des multiples opportunités que les dirigeants peinent encore à mettre à la disposition des couches vulnérables qui deviennent de plus en plus menaçantes et même dangereuses. Des barrières infranchissables plus robustes que l'obstacle racial des années d'apartheid se dressent sur la voie du bonheur des pauvres et des faibles.

Pays de superlatifs et d'assoiffés de grandeur et de rangs, l'Afrique du Sud est un pays à la fois occidental et africain en compétition avec toutes les nations du monde et ses citoyens les plus nantis sont dans la logique de l'accumulation illimitée en concurrence avec les plus grosses fortunes de la planète. Les empires financiers s'y construisent encore trop vite comme du temps de la main-d'œuvre servile et des lignes de fracture raciale. Des Sud-Africains commencent à oser la comparaison entre les périodes d'apartheid et post-apartheid sans se réjouir de leur présent, même s'ils ne sont point nostalgiques du passé. Dans le passé, le Noir vivait et subissait la misère et l'exclusion sans le choix et sa condition était connue de tous, tout comme la cause de celle-ci, alors qu'aujourd'hui il a le choix, mais ses propres frères lui ferment la voie de la réussite à cause de leur course effrénée vers la fortune facile et rapide.

L'ampleur de la pauvreté et des disparités sociales est la nouvelle menace contre la réconciliation nationale que Mandela a réussi à réaliser. L'égalité des chances est bloquée par l'accaparement des chances là où elles ne sont que rarement créées. Le problème de l'intégration effective et doublement utile (pour les concernés et la nation tout entière) des Noirs dans la nouvelle démocratie multiraciale ne peut pas se réduire en une fausse impression de bonheur réel ou probable simplement entachée par le sida, la criminalité et l'impatience des pauvres de bénéficier des richesses et des retomblées de la faible et très lente croissance économique. L'Afrique du Sud des touristes n'est pas celle quasi carcérale à ciel ouvert des non Blancs dont l'état actuel est le fait de politiques et de visions défaillantes, comme l'affirme l'écrivain blanc révolté, Roger Smith :

> « Il y a de la corruption, des viols, de la drogue, de l'alcool, des traditions qui parfois sont sources de destruction et d'injustice et

> que l'on ne songe pas à remettre en question… C'est cela la réalité du Kwazulu-Natal. Je ne veux pas être trop nostalgique de l'époque Mandela, mais c'était un visionnaire. Ce qu'il a réussi à faire, cela relève presque du miracle ! Grâce à lui, l'Afrique du Sud n'a pas sombré dans la violence à la fin de l'apartheid. Il avait su s'entourer de personnes de valeur ; il est pavenu à unifier le pays. Ensuite Mbeki est venu et il ne lui arrivait pas à la cheville. Il était inefficace, mais s'était entouré de gens bien. Tout cela s'est achevé avec Jacob Zuma. Soyons clairs : je n'aime pas Zuma. Son arrivée au pouvoir a été comme un signal, et le pillage et la corruption sont devenus la norme. Que faire ? Que dire ? Si vous critiquez le système et que vous êtes Blanc, vous êtes automatiquement raciste. Si vous êtes Noir, c'est que vous êtes un vendu, donc fermez-la ! (…). »[428]

La cohabitation conflictuelle entre riches et pauvres prend des tournures d'adversité entre des groupes d'une même race pour déboucher sur une atomisation du peuple en clans sociaux et politiques qui se rejettent mutuellement. À l'heure du bilan partiel portant presque sur une double décennie de démocratie et de libertés, la situation et les perspectives économiques laissent perplexes le peuple dont la majorité reste pourtant fidèle au régime politique incarné par l'ANC et ses alliés ; l'électeur conteste, se révolte, se rebelle, mais garde intact son soutien aux gouvernants[429]. La légitimité et la fidélité sont des vertus traditionnellement ancrées chez le Sud-africain, qu'il soit Noir ou Blanc, au même titre que la violence. Les Afrikaners sont des produits de la persécution qui fonde leur attachement à leur pays conquis, à l'unité et à la loyauté, et les Noirs sont des militants naturels de mouvements de libération comme l'ANC auxquels ils vouent une reconnaissance hystérique, d'où le fait que dans les deux anciens camps raciaux nul ne veut être taxé de traître, de lâche ou de défaillant. Ce contexte particulier de recomposition intégrale du pays favorise la naissance de nouveaux courants d'idées de toutes sortes dans le monde intellectuel, syndical, politique et économique. Le capitalisme incontournable, avec ses inconvénients dans des moments de crises et de récession économiques et

---

[428] Roger Smith, *op, cit.,* p. 86.

[429] Pour un objectif de 60 % des votants, l'ANC a obtenu un score supérieur à 62 % des voix aux élections générales du 7 mai 2014, en dépit des nombreuses et violentes contestations contre le régime avant la tenue des élections. Cependant, le taux de participation a connu une baisse en passant de 77 % en 2009 à 73 % en 2014 au moment où un million d'électeurs ont adoubé le jeune fraîchement exclu du parti au pouvoir, Julius Malema, à la tête du nouveau parti des *Economic Freedom Fighters*.

financières qui n'épargnent même pas les plus grandes puissances mondiales, a objectivement contraint l'Afrique du Sud à se démarquer soigneusement de ses visées socialistes telles que contenues dans le programme fondamental de l'ANC des années de braises et de promesses d'un avenir de bonheur pour tous les Sud-africains sans discrimination de race, de sexe, d'origine ou de religion. Ce réalisme idéologique des dirigeants noirs ne manque pas d'engendrer de multiples incompréhensions au sein des populations, surtout celles pauvres.

CONCLUSION

Le problème de l'intégration économique des Noirs en Afrique du Sud repose le débat crucial sur la question de l'altérité dans le monde moderne et celui des nouveaux conflits d'ordre identitaire à l'heure de l'émergence d'une nouvelle génération de droits humains. En effet, à partir de notre analyse portant sur l'Afrique du Sud, dont l'un des principaux objectifs est de participer intellectuellement à une meilleure compréhension des nouveaux défis complexes du pays et à l'exploration de nouvelles pistes d'amélioration des moyens de gestion de certains problèmes passés au crible de la critique scientifique basée sur des études contradictoires, nous notons de nombreuses contradictions politico-économiques à la base de profondes crises sociales.

La fin de l'apartheid, cette politique inique et unique au monde, qui a été inventée pour servir de socle solide à la suprématie blanche permanente, que l'ancien premier ministre sud-africain Pieter Willem Botha, devenu par la suite président de la République, qualifiait en 1979 de « *recette assurée du conflit permanent* », n'a pas pour autant mis un terme à ce « conflit » qui n'a fait que changer de camp, de nature et de statut. Désormais, il oppose principalement le camp des victimes d'hier à lui-même en devenant un conflit intra-racial avec quelques excroissances de type inter-communautaire et interracial. Le débat sud-africain relève maintenant plutôt du problème des classes sociales que des contentieux raciaux dont les traces, tout de même, sont toujours à la base de beaucoup de difficultés que traverse le pays.

La lutte contre les inégalités et la promotion de l'égalité des chances nécessite naturellement l'existence de possibilités de chances. Nelson Mandela a toujours lié l'égalité des chances à la création de ces mêmes chances par les pouvoirs publics. Et ce binôme fait appel à un génie économique post-apartheid qui allie à la fois la bonne prise en charge de la réconciliation nationale, de la cohésion sociale, du développement économique national et de l'épanouissement individuel de chacun de chaque groupe racial, ethnique ou religieux. Pour cela, il faut de la tolérance dans la rigueur, de la redistribution sans l'expropriation et du rétablissement de tous dans leurs droits (les Noirs), sans porter préjudice aux droits des autres (les Blancs). Malheureusement, la jeune génération de leaders politiques issus de l'ANC retient principalement de la philosophie de leur parti l'esprit marquant la phase de rébellion ouverte, de menaces et de recours à la violence et aux méthodes clandestines.

L'émergence des anciens syndicalistes et des grands populistes dans le parti au pouvoir et aux positions étatiques de premier plan avec des jeunes fougueux et mal formés, capables de mobiliser des foules autour d'idées hostiles aux Blancs et aux riches, comporte d'énormes risques liés à l'arrogance des partis dominants et des conséquences dangereuses sur le triomphe permanent de la démocratie et la promotion active de l'égalité des chances. De Mandela à Malema, le fossé est si grand et les contextes politiques tellement différents que les démons de la division ont énormément de places à occuper et promis assurément à un bel avenir, si des hommes de consensus capables de boucher les trous laissés béants par l'absence du père de la nation unifiée de la scène politique ne s'imposent pas dans le champ politique.

La fin officielle de la politique d'apartheid et des conséquences directes de la colonisation qui en fondaient les socles ne signifie pas pour autant la fin des discriminations et des ségrégations dans le pays. Les privations de libertés sous toutes les formes et dans tous les domaines par un pouvoir raciste laissent encore dans la conscience populaire des non Blancs une pilule amère à avaler au nom du pardon. La question identitaire épouse désormais les couleurs de la classe sociale et de l'appartenance religieuse, avec de nouvelles représentations de l'autre sur la base de ces différences. Les cycles de l'histoire de l'humanité inscrivent de nouveaux défis pour chaque phase ; c'est ainsi qu'il faut comprendre le fait que les défis religieux et les flux migratoires se mettent à se substituer à celui racial. L'Afrique du Sud, qui est aussi et surtout un pays de synthèse des particularismes du monde moderne, n'échappe pas à cette règle et à ce phénomène. Aujourd'hui, ce sont les religions, les migrants et les orientations sexuelles qui divisent le monde et opposent les communautés d'un même pays. Honnie dans un passé récent, la mixité est devenue un phénomène de mode. Ce glissement de l'adversité humaine vers la question religieuse trouve une explication de connaisseur par l'expérience chez le romancier anglo-pakistanais, grand théoricien de la mode de la mixité, Hanif Kureishi[430], lorsqu'il répond à

---

[430] Écrivain de renommée, il vit en Grande-Bretagne mais récuse le concept de « littérature du Commonwealth » pour classer ses écrits, et préfère le terme plus juste, à son entendement, de « littérature post-coloniale ». Il est l'auteur de plusieurs ouvrages

une interpellation relative au multiculturalisme dans la société britannique :

> « La discrimination positive a gagné du terrain. Les fantasmes de pureté raciale sont moins présents. Maintenant, la mixité est très à la mode. Peut-être est-il devenu évident, depuis l'élection d'Obama, que nous vivons dans un monde plus complexe. Pourtant, il serait illusoire de prétendre qu'il n'existe plus aucun racisme – quelle société pourrait l'affirmer ? Quand j'étais enfant, on parlait beaucoup de race. Aujourd'hui, avec la montée des extrémismes, la religion a remplacé la race : là où on nous traitait de « Pakis », on nous appelle maintenant « musulmans. »[431]

Nous assistons à un retour vers de nouvelles discriminations, ségrégations et stigmatisations à caractère non racial (la couleur de la peau étant trop visible à l'heure de la mode des droits humains) fondées sur de multiples éléments différenciateurs sournoisement dissimulés dans des comportements de respect supposé ou réel des idéaux et règles de la « *rule of law* » pour tous. En Afrique du Sud post-apartheid, le Noir souffre à bien des égards autant au temps du racisme officiel qu'à l'heure de la liberté multiraciale des postures victimaires et d'exploité dans lesquelles l'enserre son parent noir de même race. La nouvelle caste des riches est perçue par le pauvre peuple comme le nouveau camp ennemi, alors que ces derniers voient en ces parents pauvres la menace à endiguer. Et tout l'enjeu des problèmes de la nouvelle Afrique du Sud se trouve dans la manière et les méthodes de prise en charge de cette masse malade, pauvre, désespérée et devenue impatiente et violente. La basse classe sociale est impatiente de réussir socialement ou de mourir physiquement après la mort dans l'âme. Elle n'a plus peur, elle est simplement pressée. Elle tient à tous ses droits, mais vénère ceux économiques et sociaux, la question des droits humains dont la violation permanente et flagrante à des échelles quasi inimaginables est au centre des plus grandes préoccupations des citoyens de la nouvelle nation.

La hantise du passé lugubre incite à une tendance de la jouissance abusive des droits de la dernière génération : droits sociaux et économiques, le pouvoir de disposer de son corps en s'autorisant toutes les orientations et identités sexuelles avec le privilège de faire passer de

---

publiés chez Christian Bourgois Éditeur, notamment *My Beautiful Laundrette* (1991), *Le Bouddha de banlieue* (1993), *Black Album* (1996) et *Contre son cœur* (2005).

[431] Hanif Kureishi, « La mixité est très à la mode », entretien avec Sophie Pujas, in *Le Point,* hors série, No 25, décembre 2009-janvier 2010, p. 108.

nouvelles théories relatives à la nouvelle masculinité et à la nouvelle féminité, entre autres acquis non négociables. Du déni de droits, l'Afrique du Sud vit désormais sous l'empire et l'emprise de l'abus de droits. Elle adopte ainsi la posture de donneuse de leçons en affirmant de manière ostentatoire sa nouvelle identité politique, sa perception de ce qu'est l'accession décomplexée à la souveraineté internationale et son souci de protéger ses « *intérêts permanents*[432] » dans ses relations d'affaires avec toutes les nations du monde.

En résumé, l'un des systèmes politiques les plus déshumanisants de l'histoire de l'humanité en termes de violations des droits fondamentaux de l'homme et d'exploitation abusive de l'homme par l'homme connu pendant ce dernier siècle est assurément l'apartheid. En s'inscrivant dans une logique basée sur le statut et les privilèges d'un peuple supposé être dépositaire d'une « *mission tutélaire* » confiée par Dieu à une race supérieure, celle blanche, les fondateurs de l'apartheid ont fait subir à la majorité sud-africaine noire un tort irréparable au nom du christianisme. Cependant, les contradictions internes de leurs stratégies politico-religieuses à forte teneur économique ont toujours été de nature tellement injustifiables qu'elles ont fini par déboucher sur une confrontation raciale directe.

En dissolvant l'ANC en 1960, le cadre d'organisation politique de la lutte des Noirs, le premier ministre Hendrik Verwoerd a contraint ses militants au recours à la lutte armée clandestine. Le choix de l'abandon de la non-violence comme stratégie de lutte avec la création de la branche armée *Umkhonto we Sizwe,* était une réponse politique à la fin de non-recevoir par un silence méprisant que le gouvernement raciste avait réservé à la lettre d'invitation par Mandela à la tenue d'une convention nationale pour la rédaction par toutes les couches de la population d'une Constitution démocratique et non raciale.[433] Mandela, en homme politique réaliste et pragmatique, ne misait pas sur le triomphe de la violence pour démanteler l'apartheid, mais pour attirer l'attention du monde entier et des adversaires de son camp sur la nouvelle tournure, l'ampleur et les risques du conflit afin d'aboutir à un dialogue utile et sincère. Et c'est cette ambition patriotique que le dialogue a réussi,

[432] De la théorie défendue par Lord Palmerston qui fut ministre des Affaires étrangères de l'Angleterre, selon laquelle l'Angleterre n'a pas d'amis permanents encore moins d'ennemis permanents, mais plutôt des « *intérêts permanents* ». Cette philosophie politique consacre en effet la diplomatie de l'opportunisme patriotique.
[433] Allister Spark, *op. cit.,* p. 17-18.

comme solution alternative, à réaliser par le démantèlement de l'apartheid et de toute sa législation, tout en devenant le socle de la nouvelle nation de classes sociales et non de races opposées. La stratégie de cette « *Antigone moderne* », comme le surnomma un jour l'écrivain sud-africain André Brink (un grand militant anti-apartheid), pour qui la grandeur du héros Mandela se mesure à l'aune des limites de ses successeurs dans l'œuvre de construction de cette nouvelle nation : « *ses successeurs ne sont pas à la hauteur de l'exemple qu'il a donné* »[434]. Pourtant, après avoir œuvré avec d'autres compatriotes non moins méritants à l'avènement d'une nouvelle nation multiraciale réconciliée avec elle-même avec des institutions démocratiques favorables à un rayonnement international attrayant, Nelson Mandela a facilité, en toute évidence, la mission de planification et de réalisation d'un développement socioéconomique harmonieux et solidaire pour le pays aux autres générations de dirigeants qui acceptent de s'inspirer de ses expériences et de ses stratégies qui privilégient le sort, l'image et l'avenir de l'Afrique du Sud sur toute autre considération.

L'ampleur de la confrontation raciale issue de l'exploitation et de l'oppression du Noir a été tellement dense et rude sans fondement juste que la peur a changé de camps avec l'évolution des relations raciales qui devenaient de plus en plus tendues. Les incertitudes de l'avenir de ces relations tumultueuses avaient fait que « *l'homme blanc qui projette son hostilité sur l'homme noir en vient à redouter cette hostilité comme une menace dirigée contre sa personne* ».[435] Avec une telle hantise d'un retournement de situation, la férocité dissuasive du Blanc s'intensifia par le renforcement de la législation raciste et des attitudes haineuses et de mépris vis-à-vis du Noir dont le Mouvement de la Conscience Noire finira par déclencher la bombe de la révolte violente radicale sans concessions et sur fond de racisme anti Blanc. L'histoire et les péripéties de cette politique d'érection en dogme de l'inégalité des races et des hommes en pratiques institutionnalisées en terre africaine par des personnes étrangères ne saurait prendre fin en réalité par un simple acte d'abolition et la tenue d'élections démocratiques multiraciales libres et transparentes consacrant une nouvelle cohabitation reflétant les poids démographiques de chaque groupe racial.

---

[434] Extrait d'un entretien entre Pierre Cherruau et André Brink, cité par Pierre Cherruau, « Waiting for Madiba », in *Afrique Magazine,* N°334, juillet 2013, p. 47.
[435] Mac Crone, *Race Attitudes in South Africa*, Witswatersrand University Press, 1957, p. 309.

De la colonisation à l'apartheid en passant par la ségrégation pendant plus de trois siècles de domination blanche, les politiques économiques mises en œuvre en Afrique du Sud, dans leurs principes comme dans leurs pratiques, avaient pour finalité de creuser davantage le fossé profond entre Blancs et Noirs, la provocation et l'entretien de conflits tribaux et ethniques entre Africains (diviser pour mieux régner), mais surtout l'embrigadement sans issue des masses noires dans la pauvreté (expropriation foncière, confinement dans les *townships,* etc.), l'inconscience et l'ignorance totale (éducation bantoue). Ce sont de tels passifs qui rendent très difficile le rattrapage économique de masse dans un contexte marqué par de nouveaux défis (SIDA, criminalité, chômage, xénophobie, immigration massive, traditions obsolètes, etc.), en dépit des nombreuses potentialités dont dispose le pays.

Cependant, la double colonisation de l'Afrique du Sud par de multiples forces impérialistes rivales visant à tirer le maximum de profits des nombreuses richesses du pays et de l'asservissement de son peuple pendant plus de trois siècles et demi est révélatrice de la grandeur humaine du peuple sud-africain dont le pays est aujourd'hui la première puissance économique du continent africain. Malgré quelques traces de la soif de vengeance, l'adhésion active à la philosophie patriotique de construction nationale commune de Nelson Mandela et la lutte contre les conséquences sociales des crises économiques mondiales sur la vie d'une nation qui est une grande exportatrice de ressources naturelles et de matières premières qu'elle tente de transformer de plus en plus sur place mobilise plus les énergies sud-africaines que les règlements de comptes raciaux.

Le passage de « *l'institutionnalisation du travail servile* » à l'observance stricte des droits universels du travail, conformément aux normes fixées par le Bureau International du Travail (OIT) et les attentes de l'Organisation Internationale du Travail (OIT), a fait baisser le niveau de profitabilité de l'économie de rente aux allures esclavagistes, mais aussi l'ampleur des destructions de biens découlant des révoltes, violences et actes de sabotage notés chez les Noirs sous domination et sans droits. Cependant, la première phase de la période post-apartheid (celle transitoire) était piégée par l'inadéquation entre les opportunités d'emplois et les profils des Noirs à la recherche non pas simplement d'emplois, mais de responsabilités, de fortune et d'aisance matérielle ; d'où les fortes tentations de recours au racisme d'État inversé et au confort renversé chez les jeunes. Les déficiences en matière de compétence technique renforcées par les défaillances sociales sont en voie d'être comblées par la disparition des préjugés à connotation raciale suite à « *l'effacement de l'inégalité juridique* ».

En regardant de plus près les comportements sociaux d'après apartheid des deux grands groupes raciaux, il s'impose bien naturellement de s'interroger sur les réelles possibilités des nouveaux processus de socialisation « intégrationniste » des Sud-Africains (Noirs comme Blancs) de triompher de la prééminence dans les relations raciales pendant des siècles de conditionnement psychologique au service de la haine réciproque. Pour ce cas précis, nous nous interrogeons avec Alexis De Tocqueville, suite à son analyse de la condition noire aux États-Unis et de l'état d'esprit du Blanc :

> « Quoi de plus fictif qu'une infériorité purement légale ! Quoi de plus contraire à l'instinct de l'homme que ces différences permanentes établies entre les gens évidemment semblables ! Ces différences ont cependant subsisté pendant des siècles ; elles subsistent encore en mille endroits ; partout elles ont laissé des traces imaginaires, mais que le temps peut à peine effacer. Si l'inégalité créée seulement par la loi est si difficile à déraciner, comment détruire celle qui semble, en outre, avoir ses fondements immuables dans la nature elle-même ? »[436]

L'appât du gain facile, la recherche de la gloire personnelle par le truchement de la corruption et le recours à la violence qui est une réalité indissociablement liée à l'histoire et au vécu quotidien actuel de l'Afrique du Sud et le sentiment naturellement humain de la vengeance sont au cœur des dynamiques individuelles de changements de statut social pour les uns, et de la sécurisation des acquis et privilèges qui est devenue une obsession pour les autres. Pendant cette persistance des mœurs exacerbée par un impérialisme culturel mal mis en œuvre dans le passé colonial, les slogans et chiffres au service des similitudes permanentes font ressortir le « politiquement correct » pour masquer le « socialement invivable ». Néanmoins, plus que la bonne volonté politique, l'Afrique du Sud actuelle tient sur de solides institutions démocratiques et équitables ancrées dans de grandes valeurs intégrationnistes, progressistes et de concorde nationale inspirées par les pères fondateurs de la nouvelle nation arc-en-ciel dont le plus emblématique et le plus consensuel,

---

[436] Alexis De Tocqueville, cité par Philippe Steiner, « De la démocratie et de l'esclavage : Tocqueville à l'épreuve des colonies », in *L'économie de l'esclavage colonial,* sous la direction de Fred Célimène et André Legris, Paris, CNRS Éditions, 2005, p. 99.

Nelson Mandela, en luttant contre la mort avec la même détermination que celle dont il faisait preuve dans ses batailles contre l'apartheid, pour reporter autant que faire se peut son départ définitif de ce monde[437], son pays s'illustre par des rivalités terribles sur fond de querelles, de polémiques, d'ouvertures de procès en justice, d'exhumations de morts, de divisions familiales et claniques et de révocations de proches. Toute une preuve de la primauté de la quête du gain facile dans cette nouvelle nation.

Devenu une source d'inspiration politique et de principes de vie pour l'humanité tout entière qui lui a dédié une journée entière d'actions positives, le Mandela Day[438] célébré chaque année, à travers une décision des Nations Unies, le père de la nation arc-en-ciel laisse à la postérité un guide de gouvernance pour la paix et le développement. Malheureusement, ses enseignements et son œuvre sont le plus souvent interprétés de façon biaisée et partisane par des successeurs divisés par leurs quêtes du pouvoir et de la richesse, au point de faire douter de l'utilisation et de la compréhension dont son héritage multidimensionnel fera l'objet, à l'heure d'une grande exigence populaire d'harmoniser les libertés politiques et celles économiques en parfaite adéquation avec le respect intégral des droits humains sans trace ni signe de discrimination, encore moins de vengeance raciale. Cependant, les grandes percées politiques de jeunes gens populistes aux discours racistes, discriminatoires et contraires à l'esprit de la réconciliation nationale sont à la fois des avertissements pleins de symboles à l'endroit du tout-puissant ANC, mais aussi le reflet d'un nouvel état d'esprit d'un peuple las d'attendre la réalisation des grands changements promis.

La question à se poser maintenant est de savoir ce que ces nouveaux et derniers contentieux autour de ses derniers jours, lui, le ciment de la nation augure en une période marquée par l'adoubement de jeunes Noirs

[437] Il est finalement décédé le jeudi 5 décembre 2013 aux environs de 20 h 30 mn (heure sud-africaine), selon les termes de l'annonce officielle faite par le président de la République sud-africaine, Jacob ZUMA.

[438] En 2010, l'Organisation des Nations Unies (ONU) a déclaré le 18 juillet, date d'anniversaire de Nelson Mandela, *Mandela Day*. En souvenir de ses combats pour l'égalité, l'équité et la justice et pour célébrer les 67 ans de son militantisme politique en homme libre ou en prisonnier, l'Organisation mondiale a fortement recommandé à chacun des occupants humains de la planète terrestre d'être l'auteur, l'inspirateur ou l'instigateur d'une action positive au moins au profit de son prochain en consacrant ainsi symboliquement 67 minutes de son temps en pensant et en agissant positivement en l'honneur du premier président noir et prix Nobel de la paix sud-africain.

au discours d'un racisme anti-blanc apparent par un million d'électeurs dans un continent où les institutions fortes sont aussi importantes que les grands hommes valeureux et fédérateurs qui les secrètent pour ne pas dire les hommes forts.

GLOSSAIRE

Afrikaans : C'est la langue parlée par les Afrikaners. C'est une variété dialectale d'origine hollandaise

Afrikaner Broederbond : Association des Frères afrikaners

Afrikanerdom : Nation boer, communauté afrikaander

Afrikaners : Nom des Sud-Africains, la plupart de descendance hollandaise, accessoirement d'origine allemande ou française. Veut dire aussi Boers

Amandla (zoulou) : Le pouvoir !

Apartheid (afrikaans) : Littéralement le mot signifie séparation, vivre séparément.

Azikwelwa (zoulou) : Pas de transport !

Baas (afrikaans) : Maîtres

Baaskap (white baaskap) : Domination blanche, suprématie du maître.

Bantu (bantou) : Pluriel de muntu qui signifie l'homme, l'être métaphysique. Principal peuple de l'Afrique centrale et orientale

Bayete (zoulou) : Celui qui se tient entre Dieu et les hommes

Boer : Signifie paysan en néerlandais. Désigne les Afrikaners. C'est aussi une déformation de burger ou burgher qui veut dire citoyen des Républiques boers (Orange et Transvaal) bourgeois

Bokolo : Prisons destinées aux pratiques de tortures

Broederbond : Cercle secret très fermé à la fois mythico-religieux et politique qui fonctionne comme un lobby au service des Afrikaners

Burger ou burgher (Voir Boer): Bourgeois avec droit de citoyenneté. C'est également le nom d'une langue, d'une tribu, d'un peuple vivant en Afrique du Sud

Cafre : Mot d'origine arabe (kafir) signifiant mécréant pour désigner les Noirs

Colonie : (colonia, ae, en latin ; de colonus : paysan)

Coloured : Gens de couleur. En Afrique du Sud, le terme s'applique uniquement aux métis, jamais aux Noirs ou aux Asiatiques

Führer (allemand) : Chef, titre que portait Adolf Hitler

Gevaar KKK (afrikaans): Danger, Kaffer (Cafre), Koelie (Indien), Kommunismus (communisme)

Griquas : Race d'origine mélangée, européenne et hottentote

Herrenvolk (allemand): Race des seigneurs

Hottentot : Nom péjoratif pour désigner les Khoikhoi

Huguenot : Peuple d'origne française victime des persécutions religieuses

Indaba (xhosa) : Les informations

Isigidimi samaxhosa : Le messager xhosa

Kaapklenrige (afrikaans): Métis du Cap

Kairos : Mot grec pour dire « moment de vérité »

Kraal (black) : Camp noir des bantoustans, ensemble de cases indigènes

Lager ou laager (white) : Bastion blanc. Le terme désigne étymologiquement un groupe d'hommes ayant quitté leur pays d'origine pour aller habiter un autre

Mahatma (indien) : terme indien qui signifie « grande âme »

Mein Kampf (allemand) : Mon combat

Mfecane ou difagane : Coup violent dans une guerre totale ou martelage au sens de coup dur conduisant vers la défaite dans le cadre du Grand Trek. Aussi terme bantou pour désigner les guerres d'extermination entre Noirs pendant le XIX^{iè} siècle

Nanda (zoulou) : La délicieuse

Nkoulou-Nkoulou (zoulou) : Dieu suprême des Zoulou

Roi Gevaar (afrikaans) : Danger rouge pour parler des communistes

Shebeen : Débit clandestin de boissons alcoolisées

Shokiaan Queens : Celles qui tiennent les « s*hebeen*s »

Spin (anglais) : Manipulation intentionnelle de la vérité

Swaart Gevaar : (afrikaans) : Danger noir pour parler des Noirs

Trek : Déplacement en Afrikaans, migration

Ubuntu : (Zoulou) : La part d'humanité qui est en chacun de nous

Umkhonto We Sizwe (zoulou): Spear of the Nation / La lance de la nation

Uitlanders : Etranger non afrikaner vivant dans les Républiques boers d'Orange et de Transvaal

Veeraad (afrikaans) : Trahison

Veld (afrikaans) : Plaine herbacée

Volk (allemand) : Peuple

Volkstaat (afrikaans) : Etat blanc

Voortrekker : Participant au Grand Trek de 1834-1846

Wailers : Nom du groupe de reaggae de Bob Marley. Signifie « les crieurs »

Ware Afrikaaner : Afrikaner authentique

Witwatersrand : Nom de ville voulant dire en clair, white waters rand; la crête aux eaux blanches. Zone minière de Johannesburg

Zoulou : Nom de l'empire de Chaka dont la paternité du mot lui est accordée par certains historiens. Le mot signifie « ceux du ciel », « les habitants du ciel »

Annexe 1

The freedom charter

We, the people of South Africa,

Declare for all our country

And the world to know:

that South Africa belongs to all who live in it, black and white, and that no government can justly claim authority unless it is based on the will of all the people ;

that our people have been robbed of their birthright to land, liberty and peace by a from of government founded on injustice and inequality ;

that our country will never be prosperous or free until all our people live in brotherhood, enjoying equal rights and opportunities ;

that only a democratic State, based on the will of all the people, can secure to all their birthright without distinction of coulour, race, sex or belief ;

And therefore, we, the people of South Africa, black and white together-equals, countrymen and brothers-adopt this Freedom Charter. And we pledge ourselves to strive together, sparing neither strenght nor courage, until the democratic changes here set out have been won.

THE PEOPLE SHALL GOVERN !

Every man and woman shall have the right to vote for and to stand as a candidate for all bodies which make laws ;

All people shall be entitled to take part in the administration of the country ;

The rights of the people shall be the same, regardless of race, colour or sex ;

All bodies of minority rule, advisory boards, councils and authorities shall be replaced by democratic organs of self-government.

ALL NATIONAL GROUPS SHALL HAVE EQUAL RIGHTS !

There shall be equal status in the bodies of state, in the courts and in the schools for all national groups and races ;

All people shall have equal right to use their own languages, and to develop thier own folk culture and customs ;

All national groups shall be protected by law against insults to their race and national pride ;

The preaching and practice of national, race or colour discrimination and contempt shall be a punishable crime ;

All apartheid laws and pratices shall be set aside.

THE PEOPLE SHALL SHARE IN THE COUNTRY'S WEALTH !

The national wealth of our country, the heritage of all South Africans, shall be restored to the people ;

The mineral wealth beneath the soil, the Banks and monopoly industry shall be transferred to the ownership of the people as a whole ;

All other industry and trade shall be controlled to assist the well-being of the people ;

All people shall have equal rights to trade where they choose, to manufacture and to enter all trades, crafts and professions.

THE LAND SHALL BE SHARED AMONG THOSE WHO WORK IT !

Restrictions of land ownership on a racial basis shall be ended, and all the land redivided amongst those who work it, to banish famine and land hunger ;

The state shall help the peasants with implements, seed, tractors and dams to save the soil and assist the tillers ;

Freedom of movement shall be guaranteed to all who work on the land ;

All shall have the right to occupy land wherever they choose ;

People shall not be robbed of their cattle, and forced labour and farm prisons shall be abolished.

ALL SHALL BE EQUAL BEFORE THE LAW !

No one shall be imprisoned, deported or restricted without a fair trial ;

No one shall be condemned by the order of any Government official ;

The courts shall be representative of all the people ;

Imprisonnement shall be only for serious crime againts the people, and shall aim at re-education, not vengeance ;

The police force and army shall be open to all on an equal basis and shall be the helpers and protectors of the people ;

All laws which discriminate on grounds of race, colour or belief shall be repealed.

ALL SHALL ENJOY EQUAL HUMAN RIGHTS !

The law shall guarantee to all their right to speak, to organise, to meet together, to publish, to preach, to worship and to educate their children ;

The privacy of the house from police raids shall be protected by laws ;

All shall be free to travel without restriction from countryside to town, from province, and from South Africa abroad ;

Pass Laws, permits and all other laws restricting these freedoms shall be abolished.

THERE SHALL BE WORK AND SECURITY !

All who work shall be free to form trade unions, to elect their officers and to make wage agreements with their employers ;

The state shall recognise the right and duty of all to work, and to draw full unemployment benefits ;

Men and women of all races shall receive equal pay for equal work ;

There shall be a forty-hour working week, a national minimun wage, paid annual leave, and stick leave for all workers, and maternity leave on full pay for all working mothers ;

Miners, domestic workers, farm workers and civil servants shall have the same rights as all others who work ;

Child labour, compound labour, the tot system and contract labour shall be abolished.

THE DOORS OF LEARNING AND OF CULTURE SHALL BE OPENED !

The government shall discover, develop and encourage national talent for enhacement of our cultural life ;

All the cultural treasures of mankind shall be open to all, by free exchange of books, ideas and contact with others lands ;

The aim of education shall be to teach the youth to love their people and their culture, to honour human brotherhood, liberty and peace ;

Education shall be free, compulsory, universal and equal for all children ;

Higher education and technical training shall be opened to all by means of state allowances and scholarships awarded on the basis of merit ;

Adult illiteracy shall be ended by a mass state education plan ;

Teachers shall have all the rights of other citizens ;

The colour bar in cultural life, in sport and in education shall be abolished.

THERE SHALL BE HOUSES, SECURITY AND COMFORT !

All people shall have the right to live where they choose, to be decently housed, and to bring up their families in comfort and security ;

Unused housing space to be made available to the people ;

Rent and prices shall be lowered, food plentiful and no one shall go hungry ;

A preventive health scheme shall be run by the state ;

Free medical care and hospitalisation shall be provided for all, with special care for mothers and young children ;

Slums shall be demolished, and new suburbs built where all have transport, roads, lighting, playing fields, creches an social centres ;

The aged, the orphans, the disabled and the sick shall be cared for by the state ;

Rest, leisure and recreation shall be the right of all ;

Fenced locations and ghettoes shall be abolished, and laws which break up families shall be repealed.

THERE SHALL BE PEACE AND FRIENDSHIP !

South Africa shall be a fully independant state, which respects the right and sovereignty of all nations ;

South Africa shall strive to maintain world peace and the settlement of all international disputes by negotiation – not war ;

Peace and friendship amongst all our people shall be secured by upholding the equal rights, opportunities and status of all ;

The people of the protectorates-Basutoland, Bechuanaland and Swaziland shall be free to decide for themselves their own future ;

The right of all the peoples of Africa to independence and self-government shall be recognised, and shall be the basis of close co-operation.

Let all who love their people and their country now say, as we say here : "**These freedoms we will fight for, side by side, throughout our lives, until we have won our liberty**."

Annexe 2

Discours d'investiture de Nelson Mandela[439]
Pretoria, le 10 mai 1994

"Par notre présence ici aujourd'hui, et par nos célébrations dans d'autres regions du pays et du monde, nous glorifions cette liberté qui vient de naître et nous mettons en elle tous nos espoirs.

"D'un dramatique désastre humain qui a duré trop longtemps doit naître une société qui sera la fierté de l'humanité.

"Nos actes quotidiens d'Africains du Sud doivent construire une veritable réalité sud-africaine qui fortifiera la foi de l'humanité en la justice, qui affermira sa confiance en la noblesse de l'âme humaine et qui nourrira tous nos espoirs pour que notre vie à tous soit une vie épanouie.

"Tout ceci, nous le devons à la fois à nous- mêmes et aux peuples du monde entier qui sont si bien représentés ici, aujourd'hui.

"À mes compatriotes, je dis sans hésiter que chacun d'entre nous est aussi intimement enraciné dans le sol de ce pays magnifique que le sont les fameux jacarandas de Pretoria et les mimosas de la brousse. Chaque fois que l'un de nous touche le sol de ce pays, il ressent un profond sentiment de bonheur et d'exaltation. L'humeur nationale change avec les saisons. Nous sommes transportés de joie et d'enthousiasme quand l'herbe reverdit et que les fleurs s'ouvrent.

"Cette sensation spirituelle et physique de ne faire qu'un avec notre patrie commune explique l'intensité de la souffrance que nous avons tous portée dans nos coeurs lorsque nous avons vu notre pays déchiré par un conflit terrible et lorsque nous l'avons vu rejeté, boycotté et isolé par les peuples du monde entier, précisément parce qu'il était devenu le symbole d'une idéologie pernicieuse, du racisme et de l'oppression raciale.

"Nous, peuple d'Afrique du Sud, sommes aujourd'hui comblé de voir que l'humanité nous accueille à nouveau dans son sein, et que nous, les

---

[439] Ce discours décline de manière claire les grandes orientations de la vision politique, économique et sociale mise en œuvre en Afrique du Sud depuis la fin de l'apartheid à nos jours.

hors-la-loi d'hier, avons aujourd'hui le rare privilège d'accueillir sur notre sol toutes les nations du monde.

"Nous remercions nos distingués invités internationaux d'être venus prendre possession, avec notre peuple, de ce qui est, après tout, une victoire commune en matière de justice, de paix et de dignité humaine.

"Nous espérons que vous continuerez à vous tenir à nos côtés quand nous relèverons le défi de bâtir la paix, la prospérité, la démocratie, et d'oeuvrer contre le racisme et contre le sexisme.

"Nous apprécions infiniment le rôle joué par notre peuple et leurs masses politiques, les leaders démocratiques, religieux, les femmes, les jeunes, les entreprises, les leaders traditionnels et autres leaders, afin d'arriver à ce résultat. Parmi ceux-ci, et non le moindre, se trouve mon deuxième président adjoint[440], F. W. De Klerk.

"Nous aimerions également saluer nos forces de sécurité, quel que soit leur rang, pour le rôle insigne qu'elles ont joué dans la protection de nos premières élections démocratiques et dans la transition vers la démocratie contre les forces assoifées de sang qui refuse toujours de voir la lumière.

"Le temps de soigner les blessures est arrivé.

"Le temps de combler les fossés qui nous séparent est arrivé.

"Le temps de construire est arrivé.

"Nous sommes enfin arrivés au terme de notre émancipation politique. Nous nous engageons à libérer notre peuple de l'asservissement dû à la pauvreté, à la privation, à la souffrance, au sexisme et à toute autre discrimination.

"Nous avons réussi à passer les dernières étapes vers la liberté dans des conditions de paix relative. Nous nous engageons à construire une paix complète, juste et durable.

"Nous avons réussi à implanter l'espoir dans le coeur de millions de personnes de notre peuple. Nous nous engageons à bâtir une société dans laquelle tous les Africains du Sud, qu'ils soient blancs ou noirs, pourront se tenir debout et marcher sans crainte, sûrs de leurs droits inaliénables à la dignité humaine – une nation arc-en-ciel, en paix avec elle - même et avec le monde.

[440] Président adjoint est une maladroite traduction de l'anglais Vice-President. En bon français, dire vice-président.

" Comme preuve de son engagement dans le renouveau de notre pays, le nouveau gouvernement par intérim de l'Unité nationale prend la decision, en tant que question urgente, d'amnistier les différentes catégories de compatriotes accomplissant actuellement leur peine d'emprisonnement.

"Nous dédions ce jour à tous les héros et héroïnes de ce pays et du reste du monde qui se sont sacrifiés ou ont donné leur vie pour que nous puissions être libres.

"Leurs rêves sont devenus réalité. La liberté est leur récompense.

"Nous nous sentons à la fois humble et fier de l'honneur et du privilège que le peuple d'Afrique du Sud nous fait en nous nommant[441] premier président d'un gouvernement d'union démocratique non raciste et non sexiste.

"Nous sommes conscients que la route vers la liberté n'est pas facile. Nous sommes conscients qu'aucun de nous ne peut réussir seul. Nous devons donc agir ensemble, comme un peuple uni, vers une reconciliation nationale, vers la construction d'une nation, vers la naissance d'un nouveau monde.

"Que la justice soit la même pour tous.

"Qu'il y ait du travail, du pain, de l'eau et du sel pour tous.

"Que chacun d'entre nous sache que son corps, son esprit et son âme ont été libérés afin qu'il puisse s'épanouir.

"Que jamais, jamais plus ce pays magnifique ne revive l'expérience de l'oppression des uns par les autres, ni ne souffre à nouveau l'indignité d'être le paria du monde.

"Que la liberté règne.

"Que le soleil ne se couche jamais sur une réalisation humaine aussi éclatante !

"Que Dieu bénisse l'Afrique !"

[441] En réalité, il s'agit d'élection plutôt que de nomination.

Annexe 3

Composition du premier gouvernement multiracial de la nouvelle Afrique du Sud démocratique formé au mois de mai 1994

President: Nelson Rolihlahla Mandela (ANC)
First Deputy President: Thabo Mvuyelwa Mbeki (ANC)
Second Deputy President: Frederik Willem de Klerk (NP)

CABINET MINISTERS

Agriculture: Kraai van Niekerk (NP)
Arts, Culture, Science and Technology: Ben Ngubane (IFP)
Correctional Services: Sipho Mzimela (IFP)
Defence: Joe Modise (ANC)
Education: Sibusiso Bengu (ANC)
Environment Affairs: Dawid de Villiers (NP)
Finance: Derek Keys (NP)
Foreign Affairs: Alfred Nzo (ANC)
Health: Nkosazana Dlamini Zuma (ANC)
Home Affairs: Mangosuthu Buthelezi (IFP)
Housing: Joe Slovo (ANC)
Justice: Dullah Omar (ANC)
Labour Manpower: Tito Mboweni (ANC)
Land Affairs: Derek Hanekome (ANC)
Mineral and Energy Affairs: Roelof Botha (NP)
Posts, Telecommunications and Broadcasting: Pallo Jordan (ANC)
Provincial Affairs and Constitutional Development: Roelf Meyer (NP)
Public Enterprises: Stella Sigcau (ANC)
Public Service and Administration: Zola Skweyiya (ANC)

Public Works: Jeff Radebe (ANC)
Safety and Security: Sidney Mufamadi (ANC)
Sport and Recreation: Steve Tshwete (ANC)
Trade, Industry and Tourism: Trevor Manuel (ANC)
Transport: Mac Maharaj (ANC)
Water Affairs and Forestry: Kader Asmal (ANC)
Welfare and Population Development: Abe Williams (NP)
Minister Without Portfolio: Jay Naidoo (ANC)

DEPUTY CABINET MINISTERS

Agriculture: Thoko Msane (ANC)
Arts, Science and Technology: Winnie Mandela (ANC)
Defence: Ronnie Kasrils (ANC)
Education: Renier Schoeman (NP)
Environment Affairs: Bantu Holomisa (ANC)
Finance: Alec Erwin (ANC)
Foreign Affairs: Aziz Pahad (ANC)
Home Affairs: Penuell Maduna (ANC)
Justice: Chris Fismer (NP)
Land Affairs: Tobie Meyer (NP)
Provincial Affairs and Constitutional Development: Mohammed Valli Moosa (ANC)
Safety and Security: Joe Matthews (IFP)
Welfare and Population Development: Sankie Nkondo (ANC)

REGIONAL PREMIERS

Eastern Cape: Raymond Mhlaba (ANC)
Eastern Transvaal: Mathews Phosa (ANC)
Kwazulu / Natal: Frank Mdlalose (IFP)
Northern Cape: Manne Amsley Dipico (ANC)
Northern Transvaal: Ngoako Ramathodi (ANC)

Northwest: Popo Molefe (ANC)
Orange Free State: Patrick Lekota (ANC)
Pretoria / Witwatersrand / Vereeniging (PWV): Tokyo Sexwale (ANC)
Western Cape: Hernus Kriel (NP)

Bibliographie

A - Ouvrages sur l'apartheid et l'Afrique du sud

Abraham, Kinfe (Prof), *Politics of Black Nationalism. From Harlem to Soweto,*Trenton, New Jersey, Africa World Press, 1991, 292 p

Adotevi, John Bosco, *l'Apartheid et la société internationale*, NEA, 1978, 239 p.

Asmal, Kader, Chidester, David & James, Wilmot (edts), *Nelson Mandela: from freedom to the future. Tributes and Speeches,* Johannesburg & Cape Town, Jonathan Ball Publishers, 2003, 558 p.

Beaudet, Pierre, *Fin de cycle. Apartheid et capitalisme en Afrique du Sud,* Paris, L'Harmattan, 1991.

Becker, P., *Trails and Tribes in South Africa,* London, Hart-Davis MacGibbon, 1996

Beinart, William, *Twentieth Century South Africa,* Oxford University Press, 2001.

Beirnart, William and Saul Dubow (eds.), *Segregation and Apartheid in Twentieth- Century South Africa,* London, Routledge, 1995.

Benson, Mary, *Nelson Mandela*, London, Penguin, 1986.

Boraine, Alex, *A Country Unmasked: Inside South Africa's Truth and Reconciliation Commission,* Oxford University Press, 2000.

Boonzaier, E. A, *Farming in Eksteenfontein,* B.A. Thesis, University of Cape Town, 1977.

. *Race and Class in the Richterveld Reserve,* M.A. Thesis, University of Cape Town, 1980.

Bottomore, T, *Elites and Society*, Harmondsworth, Penguin, 1956.

Bouillon, Antoine, *Immigration africaine en Afrique du Sud*, Karthala et IFAS, 1999.

Budlender, G.M, « Influx control : The Politics of Exclusion and Administrative Rule. », Paper delivered at Conference on Urbanization, S.A. Institute of Race Relations, 1982.

Bunting, Brian, *The Rise of the South African Reich*, London, Penguin Books, 1964.

Chaliand, Gérard, *Où Va l'Afrique du Sud?,* Paris, Calmann-Levy, 1986.

Coquerel, Paul, *La nouvelle Afrique du Sud*, Evreux, Gallimard, 1999, 160 p.

Coquerel, Paul, *L'Afrique du Sud : une histoire séparée, une nation à réinventer,* Paris, Gallimard, 1992, 159 p.

. *L'Afrique du Sud des Afrikaners,* Paris, Éditions Complexes, 1992.

Crone, MAC, *Race Attitudes in South Africa*, Witwatersrand University Press, 1957.

D. Hindson, *Violence et reconstruction urbaine en Afrique du Sud*, CIDMAA, septembre 1991. 12 p., texte roneo.

Diouf, Abdou, *Hommage du Président Abdou DIOUF à Nelson Mandela et aux martyrs de Soweto. Hymne à la liberté,* Dakar, Ministère de l'Information du Sénégal, 1985, 29 p.

DMC, Sepuru, *Succession Disputes, MaCongress and Rural Resistance at gaMatlala, 1919-1980,* BA Honours Dissertation, University of Witwatersrand, Johannesburg, 1992.

Fall, Marouba, *Chaka ou le roi visionnaire,* Dakar, Les Nouvelles Éditions Africaines, 1984, 103 p.

Fanon, Frantz, *Pour la revolution africaine (Écrits politiques),* Paris, La Découverte (réédition), 2006, 220 p.

Fauvelle-Aymar, François-Xavier, *Histoire de l'Afrique du Sud*, Paris, Editions du Seuil, 2006, 469 p.

From the Depths of Poverty. Community Survival in Post-Apartheid South Africa, Ed Centre for Civil Society/ RASSP Research Reports, 2005, Vol.1, 203 p.

Harvey, Robert, *The Fall of Apartheid. The Inside Story from Smuts to Mbeki,* Palgrave / Macmillan, 2001, 257 p.

Harris, Lawrence, *The Mixed Economy of South Africa,* Institut des hautes etudes en administration publique, Université de Lausanne, juillet 1989.

H. J and RE, Simons, *Class and Colour in South Africa, 1850-1950*, Penguin Books, Harmondsworth, 1969.

Hepple, Alex, *South Africa: Workers under Apartheid***,** London, International Defence and Aid Fund, 1971, 88 p.

Hepple, Alexander, *Political Leaders of the Twentieth Century, Verwoerd,* London, Pelican Book, 1967.

Horwitz, R, *The Political Economy of South Africa*: Weidenfeld and Nicolson, 1967.

Hyslop, Jonathan, *The Notorious Syndicalist (J.T.Bain: A Scottish Rebel in Colonial South Africa),* Johannesburg, Editions Jacana, 2004, 342 p.

Illitha, Park, *Khayelitsha (25/11/03)* "Centre for Civil Society" www.nu.ac.za/ccs

Inkunzi Project Video cassette, Umlambongwenya Community, Workers College, Durban, 2002.

J. Yawitch, *Betterment: The Myth of Homeland Agriculture*, South African Institute of Race Relations, Johannesburg, 1981.

Jack, Vuyo (with Kyle Harris), *Broad-based BEE. The Complete Guide*, Cape Town, Frontrunner, 2007, 510 p.

Johnson, R. W, *South Africa: The First Man,The Last Nation,* Phoenix, 2006, 250 p.

Lacour-Gayet, *Robert, Histoire de l'Afrique du Sud*, Paris, Fayard, 1970, 487 p.

Lang, Jack, *Nelson Mandela (Leçon de vie pour l'avenir*), Paris, Perrin, 2004, 270 p.

Lefort, René, *L'Afrique du Sud. Histoire d'une crise*, Paris, éd. François Maspéro, 1977, Lerner Publications Company, 1985, 64 p.

Lesourd, Jean Alain, *La République d'Afrique du Sud,* Paris, PUF, coll. "Que sais-je?", 1963, 123 p.

Lodge, Tom & B. Nasson, *All, Here and Now: Black Politics in South Africa in the 1980's*, Cape Town, Ford Foundation/David Philip, 1991.

Lodge, Tom, *Black Politics in South Africa since 1945*, London, Longman, 1983, 387 p.

Lodge, Tom, *Politics in South Africa (from Mandela to Mbeki),* Cape-Town, David Philip, 2002, 314 p.

Lugan, Bernard, *Histoire de l'Afrique du Sud ; des origines à nos jours*, Paris, 1986.

Lugan, B, *Huguenots et Français, ils ont fait l'Afrique du Sud*, Paris, 1988.

Lugan, B, *Robert de Kersauson : le dernier commando boer*, Paris, 1989.

Lugan, Bernard, *Villebois-Mareuil. Le héros de l'Afrique du Sud*, Monaco, Ed du Rocher, édit Jean–Paul Bertrand, 1990, 326 p.

Mbeki, Govan, *South Africa: The Peasant's Revolt*, Penguin Books, 1964.

Maharaj, Mac, *Reflections in Prison*, Cape Town, Zebra and Robben Island Museum, 2001, 253 p.

Mandela, Nelson, *Long Walk to Freedom. The Autobiography of Nelson Mandela,* New -York Boston, Back Bay Books & Little, Brown and Company, 1994 /1995, 638 p.

Mandela, Nelson, *The Post-Apartheid Constitutions: Perspectives on South Africa's Basic Law.*

Mandela, Nelson, *Conversations With Myself,* Macmillan, 2010, 454 p.

Mayekisso, Mzwanele, *Working Class Civil Society*, African Communist, 2° trimestre, 1992.

Mbeki, Govan, *South Africa: the peasants' revolt*, Middlesese Penguin books LDT, 1964.

Minter, William, *Apartheid Contras: An Inquiry into the Roots of War in Angola and Mozambique,* London, Zed, 1994.

Mngxitama Andile and Eveleth Ann (2004), *Country by Country-South Africa 2003 Report: The Widening Gap Between Rich and Poor,* National Land Committee (NLC)

Nolutshungu, S, *Changing South Africa: Political Considerations,* Manchester University Press, 1982.

Nxumalo, O. E. H. M, Msimang, C. T, Cooke, I. S, *King of Goodwill. The Authorised Biography of King Goodwill Zwelithini kaBhekuzulu,* Cape Town, Nasou Via Afrika, 2003, 229 p.

Onana, Jean-Baptiste, *Questions urbaines en Afrique du Sud,* Paris, Montréal, L'Harmattan, 1999, 402 p.

Pagé, Lucie, *Une femme au coeur de l'apartheid*, Paris, Presses de la renaissance, 2004, 489 p.

Parsons, Raymond, *The Mbeki Inheritance: South Africa's Economy 1996-2004,* Johannesburg, Ravan Press, 2004.

Pelletier, J. G., *L'opinion française et la guerre des boers.* Thèse de doctorat de 3è cycle, 1972, Paris X, Nanterre, 564 p.

Philippe Gervais-Lambony, Sylvie Jaglin, Alan Mabin, *La question urbaine en Afrique Australe,* IFS –Karthala, 1999,332 p.

Porteilla, Raphaël, *Le nouvel État Sud-africain : des Bantoustans aux provinces (1948-1997),* Paris, L'Harmattan, 1998.

Porter A.N, *The Origins of the South African War: Joseph Chamberlain and the Diplomacy of Imperialism,* Manchester University Press, 1980.

Rautenbach, I.M, Malherbe, E.F.J, *What Does The Constitution Say? The Complete Constitution Made Easy,* Pretoria, JL van Schaik Academic, 1988, 74 p.

Roberts, Brian, *The Zulu Kings. A Major Reassessment of Zulu History,* New York, Charles Scribner's son, 1974.

Shamase, MZ, *Zulu Potentates,* Durban, SM Publications, 1996.

Slovo, Joe and Wilkinson, A.R, *Southern Africa: The New Politics of Revolution,* Penguin Books, 1976.

South Africa Survey.1999/2000, Millennium Edition, Johannesburg, South African Institute of Race relations, 1999, 604 p.

South African Communist Party, *South African Communists Speak,* Inkululeko Publications, 1981.

South African Communist Party, *The Road to South African Freedom Programme of the South African Communist Party,* Inkululeko Press, 1962.

South African Constitution (1996).

South African Institute of Race Relations, *Survey of Race Relations in South Africa,* 1983.

Sparks, Allister, *The Mind of South Africa (the Story of the Rise and Fall of Apartheid),* Jeppestown, Jonathan Ball Publishers, 2003, 448 p.

Sparks, Allister, *Tomorrow is Another Country. The Inside Story of South Africa's Negotiated Settlement,* Jonathan Ball Publishers, Johannesburg, Cape Town, 1995, 206 p.

South African Democracy Education Trust (SADET), *The Road to Democracy in South Africa,* Volume I (1960-1970), Pearl, Zebra, 2004, 756 p.

Statistic South Africa (2004), Unemployment: Labour Force Survey Key Findings

Statistics South Africa Census 2001- Census in Brief –

"Strategy for African mining" (PDF), in *World Bank Technical Paper, N° 181,* Washington, 1992.

Terreblanche, Sampie, *A History of Inequality in South Africa 1652-2002,* University of Natal Press, 2002, 527 p.

The Constitution of the Republic of South Africa, 1996, Act 108 of 1996. *The Informal Economy and Local Economic Development-*

The National Action Plan for the Promotion and Protection of Human Rights, Republic of South Africa, december 1998, 151 p.

Tutu, Desmond, *No Future without Forgiveness*, Johannesburg, Random House, 1999.

Vatcher, Henry, *White Laager, the Rise of Afrikaner Nationalism*, New York, Praeger, 1965.

Waldmeir, Patti, *Anatomie d'un miracle. La fin de l'apartheid et la naissance de la nouvelle Afrique du Sud,* Nouveaux horizons, 1997, 346 p.

Watson. R.L, *South Africa …….in Pictures*, Minneapolis, Lerner Publications Company, 1996, 64 p.

Weeramantry, C.G, *Apartheid, The Closing Phases?,* Lantana / Melbourne, Lantana Books, 1980, 302 p.

West, Martin, E, *Apartheid in a South African Town, 1968-1985*, Berkeley, Ed, Institute of International Studies, University of California, 1987, 150 p.

Wilson, Richard, *The Politics of the Truth and Reconciliation Commission in South Africa,* Cambridge University Press, Cambridge, 2001.

Wolpe, Harold, *Race, Class and the Apartheid State*, UNESCO Press, 1988.

Woods, Donald, *Biko - Asking for Trouble - In Black and White - A Guide to Apartheid - South African Dispatches - Filming With Attenborough*

Woods, Donald, *Rainbow Nation Revisited: South Africa's Decade of Democracy,* London, André Deutsch, 2003, 255 p.

Yawitch, J, *Betterment: The Myth of Homeland Agriculture*, South African Institute of Race Relations, Johannesburg, 1981.

B – Ouvrages sur la littérature et la critique littéraire relatifs à l'Afrique du sud et aux questions raciales.

Abrahams, Peter, *A Night of Their Own*, 1965.

A Wreath for Udomo, Knopf, 1956.

Mine Boy, London, Heinemann, 1989, 184 p.

Return to Goli, Faber & Faber, 1953.

Song of the City, Dorothy Crisp, 1945.

Tell Freedom, London, W.G. Bebbington, 224 p.

The Island Now, Faber, 1966.

The View from Coyaba, Faber & Faber, 1985.

Wild Conquest, Harper, 1950.

Behr, Mark, *Les rois du paradis*, (traduction), Paris, JC Lattès, 300 p.

Brutus, Dennis, *Letters to Martha,* London, Heinemann, 1968.

. *Sirens Boots Knuckles*, Ibadan: Mabari, 1963.

Bongolo, Zounga, *L'enfant prodigue de Soweto*, Dakar-Abidjan - Lomé, Nouvelles Editions Africaines, 1983, 139 p.

Carter, Wilfred, *Palaver: Modern African Writing*, Thomas Nelson Inc, 1970, 183 p.

Césaire, Aimé, *Discours sur le colonialisme*, Paris, ed. Présence Africaine, 4e édition, 1962, 72 p.

Conrad, Joseph, "Heart of Darkness", (pp.45-162) in *Youth, Heart of Darkness and the End of the Tether*, Introduction by CB Cox, London, Everyman's Library, 1982.

Eagleton, Terry, Jameson, Fredric, Said, Edward W, *Nationalism, Colonialism and Literature,* Minneapolis, London, University of Minnesota Press, A Field Day Company Book, 1990, 102 p.

Krog, Antjie, *Country of My Skull*, London, Jonathan Cape, 1988.

Haggard, Rider, *King Solomon's Mines*, London, 1985.

Hay, Malcom, Roberts, Philip, *Edward Bond a Companion to the Plays,* London, TQ Publications, 1978.

Heyns, Michiel, *Un passé en noir et blanc (*titre original: *Lost Ground),* Paris, Philippe Rey, 320 p.

Hitler, Adolf, *Mein Kampf,* (version anglaise traduite par Ralph Manheim), Boston, New York, Mariner Books, Houghton Mifflin Company, 2002.

La Guma, Alex, *The Writer in the Modern African State,* SIAS, 1968

Moreau, Jacques, Georges Dupuis et Jacques Georgel (édt), *Sociologie politique,* Paris, Éditions Cujas, 1966, 443 p.

Mphahlele, Ezekiel, *Down Second Avenue,* Seven Seas Publishers, 1962.

Mphahlele, Letlapa, *Child of this Soul. My life as a Freedom Fighter,* Cape Town, Kwela Books, 2002, 214 p.

Nkosi, Lewis, *Home and Exile*, London, Longmans, 1965.

Pieterse, Cosmo, *Protest and Conflict in African Literature,* London, Heinemann, 1969.

Smith, Roger, *Le sable était brûlant,* Paris, Calmann-Lévy, 344 p.

. *Mélanges de sangs,* Paris, Calmann-Lévy, 308 p (traduits de l'anglais).

Wilakazi, Benedict, *Zulu Horizons,* Bailey Bros and Swinten, 1962.

C - Articles scientifiques, de revues et de journaux

Abdi, Cawo, "Xenophobia and its discontents in South Africa", in www.aljazeera.com: (consulté le 18 juin 2013 à 21 heures).

ANONYME, "South Africa: Apartheid and the Struggle for Freedom", in *L'Afrique du Sud aujourd'hui,* Paris, Présence Africaine, 1978, pp. 35-46.

Barry, Ousmane, « De l'ANC à la constitution sud africaine : continuité ou rupture dans la protection des droits fondamentaux ? », in *Revue québécoise de droit international*, volume 10, 1997, pp. 3-74.

Bassori, Timité, « La dictature blanche » in *L'Afrique du Sud Aujourd'hui*, Paris, Présence Africaine, Numéro Spécial, 2, pp. 75-83.

Bemba, Sylvain, « La maison du pendu », in *L'Afrique du Sud aujourd'hui.* Nous sommes tous des noirs d'Afrique du Sud, 2, Paris, Présence Africaine, Numéro Spécial, 1978, pp. 122-132.

Bertrand Jordan, « Logiciels libres : Google adopte 'Ubuntu' », in *Jeune Afrique l'Intelligent, N° 2353,* Ecofinance, du 12 au 18 Février 2006.

Boisselet, Pierre, « Afrique du Sud-RD Congo. Jo'burg, nid d'opposants », in *Jeune Afrique*, N°. 2740, du 14 au 20 juillet 2013.

Bondy, Colin, "The Emergence and Decline of a South African Peasantry", in *African Affairs*, vol. 71, n°285, oct.1972.

Bonzo, Ariane, « Les églises dans la tourmente politique », in *Politique Africaine*, 48, L'Afrique du Sud. La nouvelle donne, Karthala, Décembre 1992, pp. 58-66.

Boraine, Andrew, « Upgrading of an oil spot », in *Work-in-Progress,* N° 56-57, Johannesburg, décembre, 1988.

Charolles, Michel, « La Gestion des orientations argumentatives dans les textes », in *Pratiques,* N°. 49, 1986.

Cherruau, Pierre, « Waiting for Madiba », in *Afrique Magazine,* N° 334, juillet 2013, pp. 42-47.

Cnuced, « Flux de capitaux et croissance en Afrique », Genève, 2000.

Cnuced, « Rapport sur le commerce et le développement 2006 », www.unctad.org

Cohen, Roger, « Égalité : rien n'est joué », in *Jeune Afrique, N° 2359*, du 26 mars au 1er avril 2006.

Collette, Elise, « Bienvenue au Hamas », in *Jeune Afrique N° 2357* du 12 au 18 mars 2006.

Coquerel, Paul, "Les mythes Afrikaners", in *Politique africaine, l'Afrique du Sud ambiguë*, Paris, N° 25, mars 1987.

Crankshaw, Owen, « Labour, class and urbanisation in the South African City », in Philipe Gervais-Lambony, Sylvy Jaglin, Alan Mabin (eds), *La question urbaine en Afrique australe-Perspectives de recherche*, Paris, Johannesburg, IFAS-Karthala, 1999, pp.49-63.

Custers, Raf, « Réviser des contrats miniers iniques », in *Manière de voir. Le Monde diplomatique,* N° 108, décembre 2009 – janvier 2010, pp. 90-92.

De Rochebrune, Renaud, « Miriam Makéba toujours 'so alone' », in *Jeune Afrique*, N°. 2736, du 16 au 22 juin 2013.

Dissez, Anne, « Soweto. La fin d'un mythe », in *Continental*, N° 33, décembre 2004, pp. 38-41.

« Douleurs et croissance. Afrique : la croissance repart enfin mais comment accélérer et soutenir la cadence pour réduire la pauvreté ? », in *Finances et développement*, FMI, Washington, DC, mars 2006.

Dupaquier, Jean-François, « De la Françafrique à la maffiafrique », in *Mouvements*, Paris, mai, 2002.

Farsakh, Leila, « De l'Afrique du Sud à la Palestine », in *Le Monde Diplomatique*, Novembre 2003, p.p. 22-23.

Foirry, Jean-Pierre, *L'Afrique : continent d'avenir ?*, Ellipses, coll. « Transversale Débats », Paris, 2006.

Gelb, Stephen, « Making sense of the crisis », in *Transformation,* 1988, (revue de sciences sociales publiée à Durban, Afrique du Sud).

Goguel, Anne Marie, « La crise du système éducatif sud africain », in *Revue politique africaine, N°25,* Paris, *Ed.* Karthala, mars 1987.

Guardian (South Africa) du 30 octobre 1941.

Habib Adam and Wishnu Padayachee, « Economic Policy and Power Relations in South Africa's Transition to Democracy », in *World Development*, (vol.28, N°2) 3, 2000.

Hemson, David, " Black trade unionism, industrial strikes and mass struggle in South Africa ", in *L'Afrique du Sud aujourd'hui,* Paris, Présence Africaine, 1978, p p. 247- 276.

Hirson Baruch, "Rural revolt in South Africa: 1937-1951", in *L'Afrique du Sud aujourd'hui*, Paris, Presence Africaine, 1978, p. p. 60-84.

Hudson, Peter A, « The Freedom Charter and Socialist Strategy », in *South Africa, Politikon*, 13, 1, 1986.

Huon, Patricia, « Afrique du Sud. Les gagnants de la réforme agraire », in *Jeune Afrique*, N° 2734 du 2 au 8 juin 2013, p p. 118 - 119

Jacques Alverez-Péreyre, "Le Black Consciousness", in *l'Afrique du Sud aujourd'hui*, Paris, Présence Africaine, p p. 313-330

Kodjo-Grandvaux, Séverine, « Afrique du Sud. Double arc-en-ciel », in *Jeune Afrique*, N° 2735, du 9 au 15 juin 2013.

Kureishi, Hanif, « La mixité est très à la mode », in *Le Point,* hors-série, N° 25, décembre 2009-janvier 2010.

Laulan, Y. M., « Où va l'Afrique », in *La Géographie, Société de géographie de Paris,* N° 1617, juin 2005, p p. 39-50.

Le racisme dans le monde depuis 1945 », in *Le Monde Diplomatique,* Janvier, 1963.

Little, Kenneth L, « Race et Société », in *Le racisme devant la science*, Paris, Gallimard, coll. Unesco, 1960, 544 p.

Martel, A, « La guerre du Transvaal vue par les compagnons de Villebois-Mareuil », Toulouse, *Actes du 78° Congrès des Sociétés Savantes*, 1953.

Mazibuko, Lindiwe, « Lindiwe Mazibuko : leader de l'opposition sud-africaine », in *Amina Magazine*, N° 516 de 2013.

M'bembé, Achille, « Le lumpen-radicalisme du président Zuma », in *Manière de voir. Le Monde diplomatique,* Bimestriel. No 108, décembre 2009-janvier 2010, pp. 93-97.

Michel, Nicolas, « Moi, Mark Behr, blanc, traître et gay », in *Jeune Afrique,* N° 2735 du 9 au 15 juin 2013

Morris, Alan, « La déségrégation de la ville en Afrique australe : le cas des quartiers centraux de Johannesburg », in *La question urbaine en Afrique australe*, IFAS, Karthala, 1999, pp. 65-79.

Nancy Thede et Pierre Beaudet, « De la lutte anti-apartheid aux mutations de la culture politique », in *Revue politique africaine*, N°48, éd, Karthala, décembre 1992, pp. 22-46.

Ngaloshe, E, « The Black Counsciousness and the Soweto Massacre », in *L'Afrique du Sud aujourd'hui/* South Africa Today, Paris, Présence Africaine, 1978, (version bilingue), pp. 106-113.

Ninsin, Kwame A, « Les nouveaux mouvements sociaux africains », in *Et si l'Afrique refusait le marché ?,* Paris, L'Harmattan, 2001.

Olivier, John & Ngwane, Rose, « Marching to a Different Tune », in *Indicator, South Africa, 1996.*

P. Deluis, « Migrants, Comrades and Rural Revolt: Sekhukhuneland 1950-1987 », in *Transformation,* 13, 1990, pp. 2-26.

Pélissier, Paul, « Où va l'Afrique (acte II) », in *La Géographie,* Société de géographie de Paris, n° 1518, septembre 2005, pp. 35-42.

Potekhin, I, « Problems of Economic Independence of African Countries », in *Proceedings of the First International Congress of Afrikanists, Accra 11th-18th-December*, 1962, London, Longmans, 1964, 368 p.

Pourtier, Roland, « L'Afrique noire au crible de la mémoire coloniale», in *Hérodote,* Revue de la géographie et de la géopolitique, N° 120, *La question postcoloniale*, Paris, Éditions La Découverte, 1er trimestre 2006, pp. 215-230.

Rantao, Jovial, « TRC blunder opened wounds », in *The Star, 10* septembre 1999.

Riviere, Philippe, "Quand les Sud-africains réclament un toit", in *Le Monde diplomatique,* avril 2008.

Rossouw, Johann, " "Embauche équitable" pour les Sud-africains" in *Le Monde diplomatique,* mai 2007.

Saul, John, « Cry for the Beloved Country: The post-Apartheid Denouement » (RAU Sociology), *www.ukzn.ac.za/ccs 8,* 2002.

Sevry, Jean, « Réalités économiques et justifications idéologiques en Afrique du Sud : l'apartheid et l'institutionnalisation de la ségrégation raciale », in *L'Afrique du Sud aujourd'hui/ South Africa Today*, Paris, Présence Africaine, 1978, pp. 277-312.

Sisulu, Max, « The Freedom Charter and a Post Apartheid South Africa », in *Miméo,* mars 1990.

Slovo, J, « South Africa-No Middle Road », in *B. Davidson,* 1976.

Smith, Roger, (Entretien avec Anne Kappès-Grangé), « Roger Smith. Le pillage et la corruption sont devenus la norme », in *Jeune Afrique*, N° 2731, du 12 au 18 mai 2013.

Stanley, Elizabeth, « Evaluating the Truth and Reconciliation Commission », in *Journal of Modern African Studies*, 39, 3, 2001.

Stengel, Richard, « Mandela: The Man and the Mask *», in Sunday Times,* Johannesburg, South Africa, 27 novembre, 1994.

Storey, Peter, in *Sunday-Independent*, 24 novembre 1996.

Stremlau, John, « African Renaissance and International Relations », in Malegapuru William Makgoba, *The African Renaissance. The New Struggle*, Sandton, Cape-Town, Mafube-Tafelberg, 1999, pp.101-124.

Suzman, A, « Race Classification and Definition in the Legislation of the Union of South Africa, 1910-1960 », in *Acta Juridica*, pp. 339-67.

W, Beinart, « Soil Erosion, Conservationism and Ideas about Development: A Southern African Exploration, 1900-1960 », in *Journal of Southern African Studies,* 11 (1), 1984.

Warwick, P., « The South Africa War, London, 1980 » La guerre des Boers, in *L'Histoire, N° 79, juin 1985.*

Wolpe, Harold, « The Changing Class Structure of South Africa: The African Petit-Bourgeoisie », in P. Lerembka (Eds), *Research in Political Economy (IAP).*

Yeboa Daakuk, « La traite des Noirs et la société africaine », in *Perspectives nouvelles sur l'histoire africaine, Congrès international d'historiens de l'Afrique, University College, Dar-es-Salaam, 1965,* Paris, Présence Africaine, 1971.

Zwelonke, D.M, « Historical Background of the Apartheid System », in *L'Afrique du Sud Aujourd'hui*, Paris, Présence Africaine 1978, pp. 123-137.

D - Documents officiels consultés :

La Déclaration universelle des droits de l'homme et des peuples.

La Charte africaine des droits de l'homme et des peuples.

The Draft Constitution, 1942.

Manifeste du Parti National de 1948.

The Freedom Charter (voire annexes).

The Interim Constitution, 1994.

The Final Constitution, 1996.

E. Ouvrages généraux de références :

Abraham, Kinfe, *The Horn of Africa. Conflicts and Conflict Mediation in the Greater Horn of Africa,* The Ethiopian International Institute for Peace and Development (EIIPD) and The Horn of Africa Democracy and Development International Lobby (HADAD), 2006, 475 p.

Africanus, Léo, *The History and Description of Africa*, Translated by John Pory, London, Edited by Robert Brown, Hackluyl Society, 1896; Vol.I.

Ayitteh, George B. N, *Africa Betrayed,* New York, St Martin's Press, 1992.

. *Africa in Chaos,* Macmillan, Basingstoke, 1998

Baldwin, James et Mead, Margaret, *Le Racisme en question*, Paris, Calmann-Lévy, 1972, 299 p.

Barnett, Tony and Piers Blaikie, *AIDS in Africa : Its Present and Future Impact,* London, Belhaven Press, 1992.

Boehmer, Elleke, *Colonial and Post-colonial Literature*, Opus, Oxford University Press.

Bohannan, Paul and Curtin Philip, *Africa and Africans*, Illinois, Waveland Press, 1988, 432 p.

Boni, Nazi, *Histoire synthétique de l'Afrique résistante,* Paris, Présence Africaine, 1971.

Burdeau, Georges, *La Démocratie*, Seuil, 1956, 185 p.

C. Fluchard, A. Salifou, *l'Europe et l'Afrique du XVe siècle aux indépendances*, Université de Kinshassa, Ed. Boeck, 1987.

Cartwright, John R, *Political Leadership in Africa,* New York, St Martin's Press, 1985.

CELTHO, *La Charte de Kurukan Fuga : Aux sources d'une pensée politique en Afrique,* Conakry, Paris, SAEC, L'Harmattan, 2008, 162 p.

Célimène, Fred et Legris, André (sous la direction de), *L'économie de l'esclavage colonial. Enquête et bilan du XVIIe au XIXe siècle,* Paris, CNRS Éditions, 2005, 188p.

Chabal, Patrick (ed.), *Political Domination in Africa: Reflections on the Limits of Power,* Cambridge University Press, 1986.

Chaliand, Gérard, *Anthologie mondiale de la stratégie : des origines au nucléaire,* Paris, Robert Laffont, 2009, 1527 p.

Les Guerres irrégulières. XXe-XXIe siècle (Guérillas et terrorisme), Paris, Gallimard, 2008, 980 p.

L'enjeu africain, Paris, Seuil, 1980.

Cissé, Jeanne Martin, *La fille du Milo*, Paris, Présence Africaine, 2009, 198 p.

Commission Economique pour l'Afrique. Bureau pour l'Afrique Centrale, *le NEPAD et les enjeux du développement en Afrique*, Paris, Maisonneuve &Larose, 2002, 283 p.

Cooper, Frederick, *Le colonialisme en question ; Théorie, connaissance, histoire,* Paris, Payot, 2O10, 426 p. (de l'Américain *Colonialism in Question. Theory, Knowledge, History*)

. *L'Afrique depuis 1940,* Paris, Payot.

Coquery-Vidrovitch, Catherine & Moniot, Henry, *L'Afrique noire de 1800 à nos jours,* Paris, PUF, 5e édition, 2005, 391 p.

Crocker, Chester A, *High Noon in Southern Africa: Making Peace in a Rough Neighbourhood,* New York, Norton, 1993.

Davidson, Basil, *Africa in History*, London, Phoenix Press, 2001, 425 p.

. *The Lost Cities of Africa,* Back Bay Books, 1987, 366 p.

Black Mother: The Atlantic Slave Trade, Back Bay Books, 1988, 304 p.

. *The African Genius: An Introduction to Social and Cultural History,* Ohio University Press, 2004, 277 p.

. *African Civilization Revisited: From Antiquity to Modern Times,* Africa World Press, (second edition), 1990, 459 p.

. *The Black Man's Burden: Africa and the Curse of the Nation –State,* Crown, 1992, 355 p.

De Bosschère, Guy, *Autopsie de la colonisation. Les deux versants de l'histoire,* Paris, Editions Albin Michel, 1967, 325 p.

Deroo, Éric et Champeaux, Antoine, *La force noire. Gloire et infortunes d'une légende coloniale,* Paris, Editions Tallandier, 2006, 223 p.

Deschamps, Hubert, *Les religions de l'Afrique Noire*, Paris, 3è édition, PUF, 1965, 128 p.

Diagne, Omar, *Intelligentsia et raison de société. (Essai d'anthropologie culturelle),* Paris, Monde Global Éditions Nouvelles, 2011, 249 p.

Diop, Boubacar B, Tobner, O, Verschave F-X, *Négrophobie,* Paris, Editions des Arènes, 2005.

Diop, Cheikh Anta, *Civilisation ou barbarie*, Paris, Présence Africaine, 1980, 526 p.

Diop, Cheikh Anta, *l'Afrique noire précoloniale*, Paris, Ed. Présence Africaine, 1987, 278 p.

Doo-Kingue, Michel, *Quelle démocratie en Afrique?,* Dakar, Les Nouvelles Éditions Africaines du Sénégal, 1999, 336 p.

Duster, Alfreda M (editor), *Crusade for Justice. The Autobiography of Ida B. Wells,* Chicago, London, The University of Chicago Press, 1972, 434 p.

Elungu, (P.E.A), *Tradition africaine et rationalité moderne*, Paris, éd l'Harmattan, Collection : Points de vue, 1992, 312 p.

Frobénius, Léo, *Histoire de la civilisation africaine*, Paris, 1952.

Garaudy, Roger, *Vladimir Ilitch Oulianov, dit Lénine* Paris, Hachette, coll. "Génie et réalités", 1972.

Guèye, Sémou Pathé, *Du bon usage de la démocratie en Afrique,* Dakar, NEAS Sénégal, 2003, 248 p.

Gibbs James L, Jr, *Peoples of Africa: Cultures of Africa South of the Sahara,* Standford University Press, 1988, 594 p.

Grimal, Henri, *Histoire du Commonwealth britannique*, Paris, PUF, coll. "Que sais-je ?" 1962, 128 p.

Hugon, Anne, *L'Afrique des explorateurs. Vers les sources du Nil,* Paris, Découvertes Gallimard, 176 p.

Harris, Joseph E, *Africans and their History,* New American Library, 1972, 240p.

Huntington, Samuel P., *Le choc des civilisations,* Paris, Odile Jacob, 1997, 400p.

Jaynes, Gerald David and Robin M. Williams, Jr., (Editors): Committee on the Status of Black Americans, Commission on Behavioral and Social Sciences and Education and National Research Council, *A Common Destiny. Blacks and American Society,* Washington D. C, National Academy Press, 1989, 608 p.

Joly, Jean, *Histoire du continent africain,* tome 2 (du XVII ème siècle à 1939), Paris, L'Harmattan, 1996, 226 p.

Joly, Jean, *L'Afrique des origines à nos jours,* Cahiers de l'Histoire, 1966 et 1967.

Jr. King, Martin Luther, *Why We Can't Wait,* Signet Classics, 2000, 223 p.

Iliffe, John, *Africans: The History of a Continent,* Cambridge University Press, 1995. (Version française) *Les Africains. Histoire d'un continent*, Paris, Flammarion, 2009, (edition revue et augmentée), 701 p

Kaké, I.B. et Ligier, Françoise, *Chaca*, coll. Grandes Figures Africaines, Paris-Dakar, éd. A. B. C, NEA, 1978.

Kaké, Ibrahima Baba, *Combats pour l'histoire africaine*, Paris, Présence Africaine, 1982, 300 p.

Keller, Bil, *Mandela. Le dernier héros du XXe siècle,* (de l'Américain *The Tree Shaker*), Paris, La Table Ronde, 2008, 125 p.

La Commission pour l'Afrique, *Notre intérêt commun*, Rapport de la commission pour l'Afrique, Mars 2005, 523 p.

Leach, Robert, *Political Ideology in Britain,* Palgrave, 2002.

Leymarie, Philippe, Perret, Thierry, *Les 100 clés de l'Afrique*, Paris, Hachette, 2006, 692 p.

Makgoba, Malegapuru William, *African Renaissance*, Sandton, Cape Town, Mafube & Tafelberg, 1999, 467 p.

Maloba, Wunyabari, *Mau Mau and Kenya: An Analysis of a Peasant Revolt,* Indiana University Press, 1993.

Mamdani, Mahmood, *Citizen and Subject: Contemporary Africa and the Legacy of Late Colonialism,* London, Currey, 1996.

Manning, Patrick, *Francophone Sub-Saharan Africa, 1880-1895*, 2nd edn, Cambridge University Press, 1999.

Mappa, Sophia, *La Coopération Internationale face au libéralisme*, Paris, Éditions Karthala, 2003, 410 p.

Mc Evedy, Colin, *The Penguin Atlas of African History*, Penguin Books, 1995, 144 p.

Médard, Jean-François (ed.), *Etats d'Afrique Noire : Formation, mécanismes et crises,* Paris, Karthala, 1994.

Memmy, Albert, *Le Racisme*, Paris, Ed. Folio, 1984, 248 p.

Meredith, Martin, *The Fate of Africa. A History of Fifty Years of Independance*, New York, BBS, Public Affairs, 2005, 752 p.

. *The Past Is Another Country : Rhodesia, UDI to Zimbabwe,* London, Pan, 1980.

Nelson Mandela : A Biography, London, Hamish Hamilton, (1997)

Mugabe: Power and Plunder in Zimbabwe, London, Public Affairs, 2003.

Moreau, Jacques, Dupuis, Georges, Georgel, Jacques, *Sociologie politique*, Paris, Éditions Cujas, 1966, 443 p.

Morris, Aldon. D, *The Origins of Civil Rights Movement. Black Communities Organizing for Change,* NewYork, Free Press, 1984, 354 p.

Morrison, Toni (edt.), *Race-**ing** Justice, **En**-gender**ing** Power. Essays on Anita Hill, Clarence Thomas, and the Construction of Social Reality,* New York, Pantheon Books, 1992, 475 p.

Moyo, Dambisa, *Dead Aid (Why aid is not working and how there is a better way for Africa)*, New York, Farrar, Straus and Giroux, 2009, 188 p.

Mugabe, Robert, *Our War of Liberation: Speeches, Articles, Interviews, 1976-1979*, Harare, Mambo Press, Gweru, Zimbabwe, 1983.

Museveni, Yoweri K, *What is Africa's Problem?,* Minneapolis, University of Minnesota Press, 2000, 261 p. (Foreworded by Mwalimu Julius K. Nyerere).

Nafziger, Wayne E., *Inequality in Africa: Political Elites, Proletariats, Peasants and the Poor,* Cambridge University Press, 1988.

Nguesso, Denis Sassou (entretiens avec Edouard Dor) / (Avant-propos de Nelson Mandela), *Parler vrai pour l'Afrique,* Paris, Michel Lafon, 2009, 263p.

Norbert, Johan, *In Defense of Global Capitalism*, Stockholm, Timbro, 2002, 291p.

Obama, Barack, *Les rêves de mon père. L'histoire d'un héritage en noir et blanc,* Paris, Presses de la Cité, 2008, 572 p (traduit de l'Américain par Danièle Darneau).

Palmer, Robin, *Land and Racial Discrimination in Rhodesia,* London, Heinemann, 1977.

Pame, Ousmane Aly, *La violence dans l'œuvre dramatique d'Edward Bond : une étude d'Early Morning (1977), de Plays II (1978) et de The Worlds (1992)*, Département d'Anglais, UCAD, thèse de doctorat de 3e cycle, /2000/2001, 248 p.

Press, Bill, *Spin This! All the Ways We Don't tell The Truth*, New York, London, Toronto, Sydney, Singapore, Pocket Books, 2001, 245 p.

Ray, Benjamin C, *African Religions: Symbol, Ritual, and Community*, Princeton University Press, 1976, 238 p.

Reboul, Anne, Moschler, Jacques, *La pragmatique aujourd'hui. Une nouvelle science de la communication,* Paris, Seuil, (collection Points), 1998, 209 p.

Renault, François et Daget, Serge, *Les traites négrières en Afrique*, Paris, Ed. Karthala, 1985, 235 p.

Roland, Marx, *La révolution industrielle en Grande Bretagne*, Paris, Édition Armand Colin, 1970.

Saaïdia, Oissila, Zerbini, Laurick (dir.), *La construction du discours colonial,* Paris, Karthala, 2009, 243 p.

Sakho, Papa Cheikh Jimbira, *Esclavage, racisme et religion ou... Maudit soit Canaan !* , Dakar, édition « JP », 2005, 403 p.

Sampson, Anthony, *Mandela : The Authorized Biography,* London, Harper Collins, 1999.

SOW, Aliou, *Religious and Social Perspectives on Chinua Achebe's Things Fall Apart and Arrow of God,* Mémoire de Maîtrise, Département d'Anglais, UCAD, 1999-2000, 106 p.

Smith, Adam, *The Wealth of Nations,* New York, Bantam Classic, 2003 (first published in 1776), 1231 p.

Smith, S, *Négrologie. Pourquoi l'Afrique meurt*, Paris, Calman - Levy, 2003.

Tévoedjré, Albert, *Vaincre l'humiliation* (Rapport de la Commission Indépendance sur l'Afrique et les Enjeux du 3è Millénaire), PNUD, 2è Edition, 2002, 189 p.

The World Bank, (eds. Marito Garcia, Alan Pence and Judith L. Evans), *Africa's Future, Africa's Challenge. Early Childhood Care and Development in Sub-Saharan Africa,* 2008, 523 p.

Thompson, Leonard M, *The Political Mythology of South Africa,* Yale University Press, 1985.

. *A History of South Africa,* Yale University Press, 1994.

UNESCO, *Sociological Theories: Race and Colonialism*, UNESCO, 1980.

Wade, Abdoulaye, *Un destin pour l'Afrique*, Paris, Ed. Michel Lafon, 2005.

Watson, Barrington, Thompson, Dudley, *They Are Africans,* Cape Town, Kwela Books, 2000, 86 p.

Wesseling, Henri, *Le partage de l'Afrique 1880 - 1914,* (du Néerlandais *Verdell en heers. De deling van Afrikan 1880-1914*), Denoël, 1996, 840 p.

Wright, Tony, *British Politics: A Very Short Introduction,* Oxford University Press, 2003, 122 p.

Young, Crawford, *Ideology and Development in Africa,* Yale University Press, 1982.

F - Ouvrages sur la méthodologie :

Avenne, Cécile Van Den, *Maîtriser son expression écrite*, Studyrama, 2007, 149 p.

Baril, D. et Guillet, J., *Techniques de l'expression orale et écrite,* t. 1 et t. 2, Paris, Sirey, 1992.

Beaud, Michel, *L'art de la thèse. Comment préparer et rédiger un mémoire de master, une thèse de doctorat ou tout autre travail universitaire à l'ère du Net,* Paris, La Découverte, 2006, 202 p.

Bogdan, R. C & Taylor, S. J., *Introduction to Qualitative Research Methods,* London, Wiley, 1975.

Constant, Anne-Sophie et Lévy, Aldo, *Réussir mémoires et thèses en LMD*, Pais, Gualino éditeur, 2006, 181 p.

Gorrell, Robert.M, and Laird, Charlton, *Modern English Handbook*, New Jersey, Prentice-Hall, Inc, Englewood Cliffs, 4th edition, 1967, 615p.

Grévisse, Maurice, *Le Français correct. Guide pratique,* éditions « entre guillemets » de boeck.duculot, 5è édition révisée et actualisée par Michèle Lenoble-Pinson, 2003, 396 p.

Locke, Louis G, Wilson Harris,W, *The University Handbook*, Holt, Rinchart and Winston, Second edition, 1966, 506 p.

Lummis, T., *Listening to History,* London, Hutchinson, 1987 (ouvrage portant sur l'histoire orale).

May,Tim, *Social Research, Issues, Methods and Process*, Buckingham, Open University Press, 1993.

Rouveyran, Jean Claude, *Le guide de la thèse. Le guide du mémoire. Du projet à la soutenance,* Paris, Maisonneuve et Larose, Nouvelle édition, 1999, 249 p.

Samb, Djibril, *Manuel de méthodologie et de normalisation, à l'usage des étudiants, des auteurs, des rédacteurs, des éditeurs et des secrétaires,* Dakar, Université Cheikh Anta Diop de Dakar, IFAN CH.A.DIOP (Catalogues et documents N° XXIV), 1999, 298 p.

Wragg, E. C., *Conducting and Analysing Interviews, Rediguide 11,* Nottingham, University of Nottingham School of Education, 1980.

Youngman, M. B., *Analysing Questionnaires,* Nottingham, University of Nottingham School of Education, 1986.

G – Webliographie :

http:// www.socwatch.org.uy/en/informes Nacionales/355.html (18 August 2004).

http ://www.statssa.gov.za

http ://www.statssa.gov.za/keyindicators/lfs.asp)

http ://www.worldbank.org/urban/led/informal_economy.html

INDEX[444]

INDEX DES NOMS PROPRES

[444] Nous avons omis volontairement des mots dont la fréquence est trop élevée tels que Blanc et Noir, la plupart des mots figurant dans les rubriques « Glossaire » et « Sigles, acronymes et abbréviations », de même que les noms d'auteurs et de personnes dont l'implication dans la question étudiée n'est pas d'une grande envergure.

INDEX DES CONCEPTS

A

B

K

L

M

P

R

Table des matières

Deuxième partie

Le mouvement du « *black consciousness* » et la lutte pour l'abolition de l'apartheid et l'avènement d'un état démocratique et d'une nouvelle nation multiraciale

Troisième partie

Le problème de l'intégration socioéconomique des Noirs en Afrique du sud post-apartheid

L'HARMATTAN, ITALIA
Via Degli Artisti 15 ; 10124 Torino

L'HARMATTAN HONGRIE
Könyvesbolt ; Kossuth L. u. 14-16
1053 Budapest

L'HARMATTAN BURKINA FASO
Rue 15.167 Route du Pô Patte d'oie
12 BP 226 Ouagadougou 12
(00226) 76 59 79 86

ESPACE L'HARMATTAN KINSHASA
Faculté des Sciences Sociales, Politiques et Administratives
BP243, KIN XI ; Université de Kinshasa

L'HARMATTAN GUINÉE
Almamya Rue KA 028 en face du restaurant le cèdre
OKB agency BP 3470 Conakry
(00224) 60 20 85 08
harmattanguinee@yahoo.fr

L'HARMATTAN CÔTE D'IVOIRE
M. Etien N'dah Ahmon
Résidence Karl / cité des arts, Abidjan-Cocody 03
BP 1588 Abidjan 03
(00225) 05 77 87 31

L'HARMATTAN MAURITANIE
Espace El Kettab du livre francophone
N° 472 avenue Palais des Congrès,
BP 316 Nouakchott
(00222) 63 25 980

L'HARMATTAN CAMEROUN
Immeuble Olympia face à la Camair
BP 11486 Yaoundé
(237) 458.67.00/976.61.66
harmattancam@yahoo.fr

L'HARMATTAN SÉNÉGAL
« Villa Rose », rue de Diourbel X G, Point E
BP 45034 Dakar FANN
(00221) 33 825 98 58 / 77 242 25 08
senharmattan@gmail.com

L'HARMATTAN MALI
Rue de Leipzig, face au Palais de la culture,
Porte 203, Badalabougou, Bamako
00 223 20 22 57 24 / 00 223 76 37 80 82
pp.harmattan@gmail.com

610499 - Juin 2015
Achevé d'imprimer par

1livre.com
du rêve à la réalité !

www.ingramcontent.com/pod-product-compliance
Lightning Source LLC
LaVergne TN
LVHW011138061026
849535LV00003B/526